Denk t räume wagen 3

Herausgegeben von

Prof. Dr. Barbara Brüning

Erarbeitet von

Prof. Dr. Barbara Brüning

Frederick Brüning

Martina Denda

Elisabeth Engel

Daniel Nachtsheim

Helen Florentine Oppen

Julia Robert

**Didaktische und
interkulturelle Beratung**

Simone Dürbeck

Cemile Niron

Cornelsen

Impressum

Redaktion: Dr. Martin Kloke
Bildassistenz: Martha Altenstein, Anja Schwerin
Illustrationen und Comics: Roland Beier, Bernd Kissel, Jörg Peter,
Hans Wunderlich
Gesamtgestaltung: Ungermeyer, grafische Angelegenheiten

www.cornelsen.de

Die Webseiten Dritter, deren Internetadressen in diesem Lehrwerk angegeben
sind, wurden vor Drucklegung sorgfältig geprüft. Der Verlag übernimmt keine
Gewähr für die Aktualität und den Inhalt dieser Seiten oder solcher, die mit
ihnen verlinkt sind.

Soweit in diesem Lehrwerk Personen fotografisch abgebildet sind und ihnen von
der Redaktion fiktive Namen, Berufe, Dialoge und Ähnliches zugeordnet oder
diese Personen in bestimmte Kontexte gesetzt werden, dienen diese Zuordnungen
und Darstellungen ausschließlich der Veranschaulichung und dem besseren
Verständnis des Inhalts.

1. Auflage, 3. Druck 2024

Alle Drucke dieser Auflage sind inhaltlich unverändert und können im Unterricht
nebeneinander verwendet werden.

© 2020 Cornelsen Verlag GmbH, Berlin

Druck und Bindung: Livonia Print, Riga

ISBN 978-3-06-065677-6
ISBN 978-3-06-065678-3 (E-Book)

PEFC zertifiziert
Dieses Produkt stammt aus nachhaltig
bewirtschafteten Wäldern und kontrollierten
Quellen.

www.pefc.de

PEFC/12-31-006

Liebe Schülerinnen und Schüler,

Durch unser Buch führt am unteren Rand ein dünner roter Faden. Er ist ein Denk-
faden, der euch beim Philosophieren über die verschiedenen Themen wie Wissenschaft, Menschenrechte oder den Umgang mit Medien begleiten soll. Der Denk-
faden stammt aus der griechischen Götterwelt und wurde dem Seefahrer Theseus
von Prinzessin Ariadne geschenkt. Dieser Faden sollte ihn aus dem Labyrinth
des Ungeheuers Minotauros herausführen. Seitdem gilt er in der philosophischen
Tradition als methodisches Werkzeug, um schwierige philosophische Denkauf-
gaben und Theorien zu bearbeiten.

Auch die Eule der Minerva kommt aus Griechenland, wo die europäische Philosophie
vor ungefähr 2500 Jahren entstanden ist. Sie war die Beschützerin der griechischen Göttin Athene, die auch Minerva genannt wurde. Die Eule war sehr klug
und wird deshalb als Zeichen für Weisheit betrachtet. Ihr findet sie vor einigen
Texten und Aufgaben in unserem Buch, die einen erhöhten Anspruch an euer philosophisches Verständnis stellen. Die Eule der Minerva soll helfen, eure Denkan-
strengungen zu bündeln – denn Eulen sind Tiere, die in der Dunkelheit das Licht
suchen. Und Licht ist ein Symbol für Erkenntnis und philosophischen Spürsinn.

Wir wünschen euch viel Spaß beim gemeinsamen Philosophieren sowie viele
gute Ideen und Lösungsvorschläge für die großen Fragen der Philosophie.

Eure Autorinnen und Autoren

Inhalt

Kapitel 1:
Was heißt es, ein Mensch zu sein?

Das größte Geheimnis ist der Mensch sich selbst.
Novalis*

Was heißt es eigentlich ein Mensch zu sein?
Notiere dir für jeden Finger deiner Hand einen Aspekt des Menschseins.

Die Hand-Malereien befinden sich in einer Höhle in Argentinien. Sie stammen aus vorchristlicher Zeit und gehören zum Weltkulturerbe.

In diesem Kapitel lernst du
- verschiedene Aspekte des Menschseins kennen
- über die Bedeutung von Mode nachzudenken
- über deine nahe Zukunft zu spekulieren

Dabei nutzt du
- die Methode des Gedankenexperiments
- die Methode des Bildvergleichs
- ein Bild und einen Text im Vergleich

Du beurteilst und bewertest
- was ein gutes Leben ausmacht
- ob wir zur Arbeit verpflichtet sind
- die Bedeutung von Bindungen für Heranwachsende

Denken – Fühlen – Handeln

Der Weltmeister

[…]
Trägst deine Haare immer noch wie früher
Und du tanzt genau wie früher
Die Augen treffen sich, der Raum ist schon halb leer
Haben uns so oft gesagt es geht nicht mehr
Das war am Anfang schwer, doch jetzt viel mehr
Musik ist aus und du kommst immer näher

Und immer, wenn es Zeit wär' zu gehen
Verpass ich den Moment und bleibe stehen
Das Herz sagt bleib, der Kopf schreit geh
Herz über Kopf
[…]

Joris

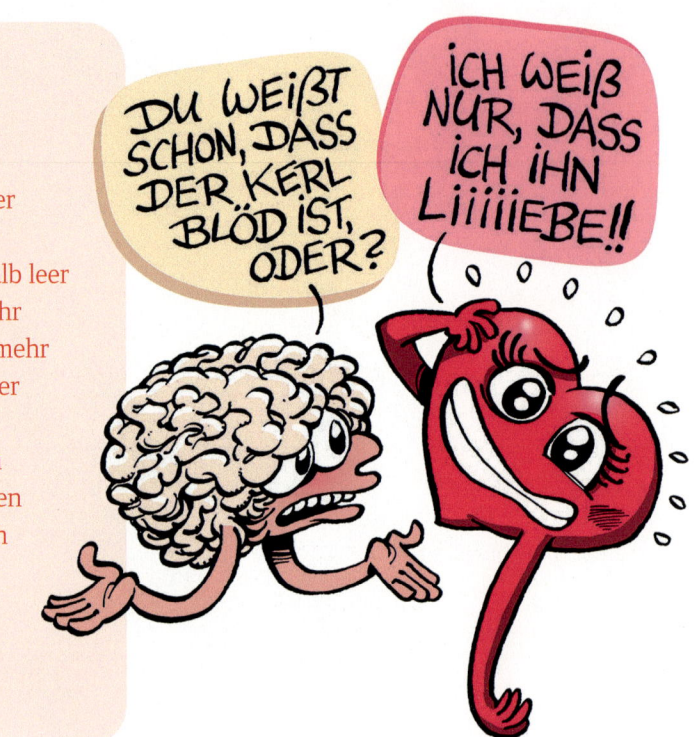

Warum Emotionen wichtig sind

> *Der Tod ihrer Mutter hat die Philosophin Martha Nussbaum dazu bewegt,*
> *sich mit dem Wesen von Emotionen auseinanderzusetzen.*

1: Synonym für Gefühl

2: Räsonieren = vernünftig denken und sprechen

3: Martha Nussbaum (Siehe S. 16)

Eine Emotion[1] […] hat mit Urteilen über wichtige Dinge zu tun – mit Urteilen, in denen wir unsere Bedürftigkeit und Unvollkommenheit angesichts jener Elemente anerkennen, die wir nicht vollständig unter Kontrolle haben. […] [Emotionen zeichnen sich aus durch] ihre Dringlichkeit und Hitze; ihre Tendenz, die Persönlich-
5 keit zu übernehmen und einen mit überwältigender Macht zum Handeln zu drän-gen; ihr[en] Zusammenhang mit wichtigen Bindungen, durch die man sein Leben definiert; dem Gefühl der Passivität ihnen gegenüber; ihrer augenscheinliche Gegnerschaft zur „Vernunft*" im Sinne einer kühlen Analyse oder Kosten-Nutzen-Rechnung, gelegentlich zu jeglichem Räsonieren[2]; ihrer enge Verbindung unter-
10 einander, wenn Hoffnung und Angst einander abwechseln, wenn ein einziges Er-eignis Hoffnung in Trauer verwandelt – eine Trauer, die nach einer Ursache sucht und sich als Wut Ausdruck verleiht – und wenn all diesen Dingen eines zugrun-den liegen kann: Liebe.
Martha Nussbaum[3]

🦉 Was das Besondere am Menschen ist

Unter den lebenden *Erdbewohnern* ist der Mensch durch seine *technische* [mit Bewusstsein verbunden-mechanische] zu Handhabung der Sachen, durch seine *pragmatische* [andere Menschen zu seinen Absichten geschickt zu brauchen] und durch die *moralische* Anlage in seinem Wesen [nach dem Freiheitsprinzip un-
5 ter Gesetzen gegen sich und andere zu handeln] von allen übrigen Naturwesen kenntlich unterschieden, und eine jede dieser drei Stufen kann für sich allein schon den Menschen zum Unterschiede von anderen Erdbewohnern charakteristisch unterscheiden. […]
Der Mensch ist durch seine Vernunft* bestimmt, in einer Gesellschaft mit Men-
10 schen zu sein, und in ihr sich durch Kunst und Wissenschaften zu kultivieren, zu *zivilisieren* und zu *moralisieren*, wie groß auch sein tierischer Hang sein mag, sich den Anreizen der Gemächlichkeit und des Wohllebens, die er Glückseligkeit nennt, passiv zu überlassen, sondern vielmehr tätig, im Kampf mit den Hindernissen, die ihm von der Rohigkeit seiner Natur anhängen, sich der Menschheit
15 würdig zu machen.

Immanuel Kant[1]

1: Immanuel Kant (1724–1804) gehört zu den wichtigsten deutschen Philosophen. In seinem Buch „Anthropologie in pragmatischer Hinsicht" hat er vor allem über den Unterschied zwischen Mensch und Tier nachgedacht.

Wissen und Merken: Was ist der Mensch?

Für die Beantwortung der Frage nach dem Wesen des Menschen, greift man oft auf den Unterschied zum Tier zurück. Anders als das Tier verfüge der Mensch über die Vernunft*. Aber auch der Mangel im Gegensatz zum Tier wird hervorgehoben. Die Tiere sind ihrer Umwelt angepasst, der Mensch aber wäre lebensunfähig. Er muss
5 sich seine Welt anpassen und tut dies durch die Kultur.
Definitionen des Menschen gibt es viele. Sie heben jeweils einen Aspekt des Menschseins besonders hervor. So wird der Mensch mal als denkendes (*homo sapiens*), als sprachbegabtes (*homo loquens*) oder leidendes Wesen (*homo patiens*), ein anderes Mal als „betendes Tier" (homo religiosus) bezeichnet. Der Mensch ist sich seiner
10 Endlichkeit bewusst (*homo metaphysicus*) und er richtet sich in der Welt mit Hilfe der Technik ein (*homo faber*). Die philosophische Disziplin, die sich mit dem Menschen beschäftigt, heißt Anthropologie.

1. Kennt ihr – ähnlich wie in dem Lied – Situationen, in denen der Kopf etwas anderes sagt als das Herz? Tauscht darüber Erfahrungen aus.

2. Sprecht darüber, wie Martha Nussbaum die Wichtigkeit von Gefühlen für unser Leben charakterisiert (siehe hierzu auch die Seite 21).

3. Erklärt anhand eines Beispiels, wie sich der Mensch nach Immanuel Kant kultivieren, zivilisieren und moralisieren kann. Lest hierzu auch die Seiten 204–207 im Naturkapitel).

🦉 Was würde Kant einem Menschen raten, der sich in einem Konflikt zwischen Vernunft* und Gefühl befindet? Schreibt einen fiktiven Brief* von Kant an das Ich des Lieds.

So bin ich – und das ist mein Stil

WILLST DU NICHT MAL WAS AUS DIR MACHEN?

Kleider machen Leute?
Aus der Sinus-Studie¹ „Wie ticken Jugendliche?"

1: Das Sinus-Institut führt regelmäßig Untersuchungen über die Lebenswelt von Jugendlichen durch.

2: Weltweite städtische Jugendbewegung, die einhergeht mit Stilelementen wie z.B. Rap-Musik, Graffitis und weiten, tiefhängenden Hosen.

Ich habe verschiedene Kleidungsstücke aus verschiedenen Richtungen. Es gibt natürlich Leute, die auf Kleidung achten und die andere Leute über die Kleidung beurteilen. Mir ist Kleidung aber relativ egal. Dass sich die Hip-Hop-Szene²
mit einer bestimmten Kleidung identifiziert und nur bestimmte Stile bevorzugt,
5 ist mir eigentlich egal. Ich muss es ja nicht tragen. Ich höre nur die Musik gern.
(männlich, 16 Jahre)

Ich lege Wert auf Klamotten, aber nicht so extrem, aber schon ein bisschen.
H&M, Zara, so die Standardläden.
(weiblich, 16 Jahre)

Sein eigenes Ding machen, sich vom Aussehen her alleine schon von den anderen
Menschen abgrenzen. Ich hatte auch mal so eine Zeit, in der ich als leichter
Punker rumgelaufen bin, so komplett schwarz geschminkte Augen und zerfetzte
Klamotten. Und ich finde es irgendwie toll, so Leute zu überraschen. Ich hab
5 mir auch mal meine Haare fast blau gefärbt an den Spitzen, also einfach von dem
einen Tag auf den anderen, und dann alle Leute so „Oh mein Gott, du hast blaue
Haare". Und das ist halt ganz witzig.
(weiblich, 15 Jahre)

Ich gehe in Secondhandläden. Ich hole mir sehr selten neue Klamotten.
(weiblich, 16 Jahre)

Kleidung und Lebensstil

Unsere Kleidung hat eine natürliche, praktische Funktion: Wir wollen unseren Körper schützen und uns bequem fühlen. Darüber hinaus hat Kleidung allerdings auch noch eine ästhetische Funktion: Wir kaufen Sachen, die auch für das Auge attraktiv sind. Aus diesem Grunde gibt es eine Vielzahl von Modefachleu-

5 ten und Designern. Ob in den primitiven oder hochentwickelten Kulturen – der Mensch liebt es, bewundert zu werden. Die ästhetische Funktion der Kleidung hat aber auch einen symbolischen Aspekt: Qualität und Stil der Kleidung sagen etwas über die Person aus, die sie trägt. So gibt es z.B. den Arbeiter im blauen Arbeitsanzug, den Soldaten in Uniform oder das Mitglied einer Punker-Gruppe.

10 Wir wählen unsere Kleidung oftmals auch danach aus, um die Zugehörigkeit zu einer bestimmten Altersgruppe oder einer sozialen Schicht zu betonen bzw. um unseren Lebensstil hervorzuheben. Manchmal sehen verheiratete Frauen wie Teenies aus; nicht selten tragen z.B. Lehrer Overalls. […]
Da Kleidung Geld kostet, und Geld nicht immer verfügbar ist, können hinsicht-

15 lich der Kleidung bzw. unserer Finanzen auch ethische Probleme entstehen. Manchmal sollte man seine Schuhe besonders sorgfältig auswählen, weil die Familie nicht in der Lage ist, ständig neue zu kaufen. Obwohl du vielleicht keine getragenen Sachen magst, ist deine Mutter glücklich, dass du einen Teil der Garderobe deiner Schwester übernehmen kannst. So entstanden in den letzten Jah-

20 ren viele Second-Hand-Läden, weil es vor allem bei den sozial schwächeren Schichten ein Bedürfnis danach gibt. Viele Menschen sind jedoch nur unzulänglich gekleidet. Deshalb ist es moralisch falsch, Kleidung genauso wie Nahrungsmittel zu verschwenden.
Häufig ist auch der Druck einer bestimmten Gruppe der Anlass für übermäßige

25 Kleiderwünsche. Auf der einen Seite willst du nicht in „Einheitsklamotten" herumlaufen. Wenn du auf der anderen Seite das trägst, was deine Freunde tragen, so entwickelt sich dein Zugehörigkeitsgefühl zu einer bestimmten Gruppe. Du giltst als Gleicher unter Gleichen.

Konstantin Kolenda[1]

1: Konstantin Kolenda (1928–2001) war ein amerikanischer Philosoph, der viele Bücher für Jugendliche geschrieben hat, u.a. „Ethik für die Jugend".

1. Was könnte das Mädchen antworten? Gestaltet eine Sprechblase in eurem Heft.

2. Welches eurer Kleidungsstücke charakterisiert euch am besten? Macht ein kleines Experiment. Alle außer einer Person im Raum schließen ihre Augen. Die Person beschreibt nun andere Jugendliche im Raum nur durch ihre Kleidung. Wie schnell erratet ihr, wer beschrieben wird?

3. Projekt: Startet in Kleingruppen ein Fotoprojekt auf dem Schulhof. Jede Gruppe wählt sich ein modisches Detail. Natürlich solltet ihr eure Mitschülerinnen und Mitschüler vorher fragen, ob sie damit einverstanden sind fotografiert zu werden. Gestaltet dann eine kleine Ausstellung im Kursraum, bei der ihr eure Fotostrecken präsentiert.

🦉 Erklärt, warum nach Ansicht von Konstantin Kolenda Kleidung auch eine ästhetische Funktion hat.

Menschsein

Wissen und Merken: Welche Lebenschancen brauchen Menschen?

1: Martha Nussbaum
(Siehe S. 16)

2: Amartya Sen
(geb. 1933) erhielt 1998 den Nobelpreisträger für Wirtschaftswissenschaften. Als er neun Jahre alt war, erlebte er in seinem Heimatland Indien eine schlimme Hungersnot, die Millionen von Menschen das Leben kostete. Dieses schlimme Kindheitserlebnis treibt ihn seither an, die Welt zu einem gerechteren Ort zu machen.

„Dies ist eine Liste der Fähigkeiten, die für ein menschliches Leben von grundlegender Bedeutung sind. Wir behaupten, dass bei einem Leben, dem eine dieser Fähigkeiten fehlt, ernsthaft bezweifelt werden kann, ob es ein wirklich menschliches ist, unabhängig, davon, was es sonst noch aufweist. Daher wäre es vernünftig, diese Dinge in den Mittelpunkt zu stellen, wenn wir darüber nachdenken, wie eine Regierung das Gute für die Menschen wirklich fördern kann."
Martha Nussbaum

Martha C. Nussbaum[1] hat gemeinsam mit Amartya Sen[2] im Auftrag des UN-Welternährungsprogramms die Lebensbedingungen von Menschen in verschiedenen Regionen der Welt untersucht. Beide sollten herausfinden, welche Grundfähigkeiten – man kann das englische Wort *capabilities* auch mit Lebenschancen übersetzen – Menschen benötigen, um ein gutes Leben führen zu können. Die Idee dahinter ist, dass der Staat so umgestaltet werden soll, damit Menschen diese Lebenschancen auch verwirklichen können.

Die zehn Grundfähigkeiten für ein gutes Leben

1. die Fähigkeit, das Leben bis zum Ende führen zu können
2. die Fähigkeit, sich guter Gesundheit zu erfreuen
3. die Fähigkeit, Schmerz zu vermeiden
4. die Fähigkeit, die fünf Sinne zu benutzen
5. die Fähigkeit, Bindungen haben zu können
6. die Fähigkeit, sich Vorstellungen vom Guten zu machen
7. die Fähigkeit, Freude empfinden zu können
8. die Fähigkeit, in Verbundenheit mit der Natur zu leben
9. die Fähigkeit, lachen und spielen zu können
10. die Fähigkeit, das eigene Leben individuell leben zu können

Nach Martha C. Nussbaum

🦉 Praktische Vernunft* und Verbundenheit mit anderen Menschen

Zwei menschliche Grundfähigkeiten organisieren und strukturieren alle anderen und geben ihnen eine typisch menschliche Ausformung. Es handelt sich um die praktische Vernunft* und die Verbundenheit mit anderen Menschen. Alle Lebewesen ernähren sich, gebrauchen ihre Sinne, bewegen sich fort usw. –
5 und all dies als voneinander getrennte Einzelwesen. Was die menschliche Weise der Verrichtung dieser Dinge auszeichnet und für uns besonders wertvoll macht, das ist die Tatsache, dass alle diese Tätigkeiten erstens von der praktischen Vernunft* geplant und organisiert und zweitens zusammen mit anderen Menschen ausgeübt werden.
10 Diese beiden Grundfähigkeiten sind nicht einfach zwei unter anderen. Sie sind die zwei, die das ganze Unternehmen zusammenhalten und es zu einem menschlichen machen. Die menschliche Ernährung unterscheidet sich von der tierischen Ernährung und die menschliche Sexualität von der tierischen Sexualität, weil die Menschen ihre Ernährung und ihre sexuellen Aktivitäten durch ihre
15 praktische Vernunft* regulieren können; und auch weil sie dies nicht als solitäre Zyklopen[1] tun [die alles, einschließlich ihrer Gäste verspeisen], sondern als Wesen, die mit anderen Menschen durch Bande der gegenseitigen Aufmerksamkeit und Fürsorge verbunden sind. […]
Die Idee ist, dass die gesamte Struktur des Gemeinwesens im Hinblick auf diese
20 Fähigkeiten und Tätigkeiten entworfen wird. Nicht nur die Allokationsprogramme[2], sondern auch die Verteilung des Grund und Bodens, die Eigentumsformen, die Gestaltung der Arbeitsverhältnisse, die institutionelle Förderung der Familie und der sozialen Beziehungen, der Umweltschutz und der Umgang mit Tieren, die politischen Partizipationsformen, die Freizeit- und Erholungseinrichtungen –
25 all dies sowie die konkreteren Programme und Maßnahmen in diesen Bereichen werden im Hinblick auf ein gutes menschliches Leben gewählt.

Martha C. Nussbaum

1: Gestalten aus der griechischen Mythologie, die Einzelgänger sind.

2: Zuweisung von finanziellen Mitteln, Produktivkräften und Materialien.

1. Bildet kleine Gruppen. Diskutiert darüber, welche der Grundfähigkeiten euch überzeugen und welche nicht. Begründet eure Entscheidung. Ergänzt mögliche fehlende Grundfähigkeiten auf der Liste. Lest hierzu auch das Interview mit Martha Nussbaum auf den beiden Folgeseiten.

2. Erschließt den Text nach der Plato-Methode (Methode siehe Seite 219) und begründet, warum Martha Nussbaum die praktische Vernunft* und die Verbundenheit mit anderen Menschen besonders hervorhebt (siehe auch die Seiten 16/17).

3. Legt dar, welche Rolle der Staat (das Gemeinwesen) übernehmen soll.

4. Überlegt, warum Martha Nussbaum die praktische Vernunft* und die Verbundenheit mit anderen Menschen besonders hervorhebt. Findet heraus, ob Immanuel Kant ihr zustimmen würde (siehe dazu auch die Seiten 10/11).

🦉 Martha Nussbaum möchte, dass die 10 Grundfähigkeiten in allen Staaten der Welt gelten sollen. Wie steht ihr dazu? Begründet euren Standpunkt.

Exklusiv:
Wie können wir ein gutes Leben führen?

Fragen an die Philosophin Martha C. Nussbaum

1: Martha C. Nussbaum
(geb. 1947), Ernst Freund
Distinguished Service
Professor of Law and
Ethics, Law School and
Philosophy Department an
der Universität Chicago

Lesetipp für Fortgeschrittene:
Martha C. Nussbaum:
Fähigkeiten schaffen: Neue
Wege zur Verbesserung
menschlicher Lebensqualität.
Verlag Karl Alber: Freiburg
2015

*Martha C. Nussbaum[1] ist Professorin an der Universität von Chicago, wo
sie die Ernst-Freund-Professur für Rechtswissenschaft und Ethik an der
Juristischen und Philosophischen Fakultät innehat. Zusammen mit Amartya
Sen arbeitete sie für Entwicklungsprogramme der UNO (siehe Seite 14) und
untersuchte die Lebensbedingungen von Menschen auf mehreren Kontinenten.
In ihrem Buch „Fähigkeiten schaffen" fasst sie ihre gewonnenen Einsichten
zusammen und bringt insbesondere die Grundfähigkeiten des Menschseins zur
Sprache (siehe die Seiten 14/15).*
*Die Schülerinnen und Schüler Eric, Juli und Zerda aus der 9. Klasse einer
Schule in Leverkusen-Opladen haben Martha C. Nussbaum die folgenden
Fragen gestellt:*

1. Was hat Sie dazu bewogen, Philosophin zu werden?
Philosophische Probleme haben mich schon immer fasziniert, obwohl ich eine
Zeitlang Schauspielerin werden wollte. Erst als ich als solche gearbeitet habe,
bemerkte ich, dass ich viel lieber über Theaterstücke nachdenke und schreibe als
5 auf der Bühne zu stehen. So ging ich zurück zur Universität, auch wenn Schau-
spielerei und Gesang für mich wichtige Hobbys geblieben sind. Weil mich vor allem
die philosophischen Ideen der Griechen und Römer begeisterten, erwarb ich
einen Doktor der Philosophie in Altertumswissenschaft. Zwar begleitet die Antike
weiterhin mein Schreiben und Unterrichten, doch bin ich allmählich zur modernen
10 ethischen und politischen Philosophie übergewechselt. Vor allem Fragen zu
Emotionen und Gerechtigkeit beschäftigen mich sehr.

*2. Wie sind Sie darauf gekommen, die berühmte Liste der 10 Grundfähigkeiten
aufzustellen?*
[…] Ich habe mich an Aristoteles' Methode der Durchdringung einzelner Lebens-
15 bereiche orientiert und stets gefragt: Worauf kommt es an, um kompetent entscheiden und handeln zu können? Dann habe ich dieses Vorgehen mit Kants Idee
von einem menschenwürdigen Leben verknüpft. Anders als Aristoteles und
Kant betreibe ich dieses Anliegen in einer politischen Weise: Ich suche nach zentralen Maßstäben, die der Idee von Gerechtigkeit entsprechen.

20 *3. Wenn sich jemand bewusst entscheidet, eine oder mehrere der von Ihnen
genannten Grundfähigkeiten nicht ausleben zu wollen, könnte man dann dieses
Leben nicht trotzdem als ein gutes Leben bezeichnen?*
Grundfähigkeiten sind keine Fertigkeiten, sondern strukturelle Chancen, um
aus seinem Leben etwas zu machen. In der Politik zählt, welche Chancen und

25 Wahlmöglichkeiten Menschen haben. Sie haben immer die Möglichkeit, diese nicht zu nutzen. Ein Mensch, dessen Regierung sich um eine ausreichende medizinische Versorgung kümmert, kann sich dennoch entscheiden, ein ungesundes Leben zu führen; ein Mensch, der über ausreichende Ernährungsmöglichkeiten verfügt, kann aus religiösen Gründen fasten. […] Menschen, die Religion ab-
30 lehnen, werden die Religionsfreiheit nicht in Anspruch nehmen; trotzdem ist es wichtig, dass ein Staat diese Möglichkeit zur Verfügung stellt. Meine Frage ist immer, ob der Staat Chancen zur Verfügung stellt, die zu halbwegs gerechten Verhältnissen führen. Weil Menschen eine große Bandbreite an unterschiedlichen religiösen und säkularen[1] Sichtweisen vom guten Leben vertreten, werden viele
35 von ihnen nicht alle Möglichkeiten ausschöpfen; aber der Staat hat seinen Job erfüllt, wenn er derartige Auswahlmöglichkeiten bereitstellt. Meine Frage ist nicht, ob das Leben eines Menschen gut ist oder nicht; vielmehr interessiert mich, inwieweit ein bestimmter Lebensweg mit dem individuell gewählten religiösen oder säkularen Konzept eines guten Lebens übereinstimmt.

40 *4. Wie sehen Sie heute ihre Liste der Fähigkeiten? Würden Sie sie korrigieren?*
[…] Zurzeit schreibe ich ein Buch darüber, wie die Liste angepasst werden kann, um als Basis für Tierrechte zu dienen. Wenn ich in der Lage wäre, […] Veränderungen vorzunehmen, würde ich unter der Kategorie „Körperliche und seelische Gesundheit" einen angemessenen Schlafbedarf hinzufügen […].

45 *5. Gibt es in Ihren Augen heutzutage ein Land auf der Erde, in dem die Menschen besonders hohe Chancen haben, ein gutes Leben führen zu können.*
[…] Moderne Demokratien sind in einigen Punkten gut aufgestellt, etwa in Bezug auf Meinungsfreiheit, Wahlrecht und Religionsfreiheit. Allerdings gibt es in jedem Land auch Defizite. So hinken die USA z.B. bei der allgemeinen Gesundheits-
50 versorgung hinterher, während einige nordische Staaten, auch Deutschland, die Anforderungen meiner Liste recht gut erfüllen. […]

1. Martha Nussbaum behauptet, dass die Anforderungen, die sie mit ihrer Liste aufgestellt hat, in einem Land wie Deutschland gut erfüllt seien. Findet Beispiele für jeden der zehn Punkte, die euch persönlich betreffen (siehe Seite 14).

2. Die Liste der Fähigkeiten könnte laut Nussbaum als Grundlage für eine neue Formulierung von Tierrechten dienen. Versucht in eurer Gruppe die zehn Punkte so umzuformen, dass sie Tiere einbeziehen.

🦉 Informiert euch über die Vorstellungen von Aristoteles und Immanuel Kant über das gute Leben und bereitet dazu Kurzreferate vor.

1: weltlichen

Bindungen eingehen

Familie als Ort des Leben-Lernens

*The Schäfer Family,
Meerbusch 1990.
©Thomas Struth*

In der großen, unübersichtlichen Welt ist Familie der Bau einer kleinen, über-
schaubaren Welt [...]. Sein ganzes Leben lang kann der Einzelne von diesem
Raum aus aufbrechen und zu ihm zurückkehren: Dort sind Menschen, die
meine Geschichte kennen und ich ihre, die vieles mit mir erlebt haben und ich
5 mit ihnen, Menschen, die sich aufrichtig für mich interessieren und ich mich
für sie, die mir helfen und ich ihnen. [...]
Zweifellos ist Familie auch ein Ort der Auseinandersetzung, hier ist reichlich
Gelegenheit dazu, ohne schon gleich unkalkulierbare Konsequenzen befürchten
zu müssen. [...] Zuweilen ist die Familie ein Irrenhaus, aber es lässt sich meist
10 gut darin leben. [...] Jede heftigere Auseinandersetzung, die durchgestanden
wird, beantwortet die Frage, ob die Beziehung verlässlich ist und auch in der
Gefahr noch Bestand hat.
In allen Belangen ist Familie ein Ort des Lebenlernens, ein Übungsfeld
der Lebenskunst.
Wilhelm Schmid[1]

1: Wilhelm Schmid
(geb. 1953) ist ein deutscher
Philosoph, der sich vor allem
mit dem Thema „Lebens-
kunst" beschäftigt (siehe
auch Seite 34).

Warum Bindungen wichtig sind

Die beiden Grundelemente einer Gemeinschaft [sind] die sozialen Bindungen und die Stimme der Moral [...]: Am besten hören die Menschen auf die Stimme der Moral, wenn sie sich auf diejenigen beziehen, um die sie sich sorgen, um jene, denen sie sich verbunden fühlen – also auf die Mitglieder ihrer Gemein-
5 schaft. [Die Familie ist eine kleine Gemeinschaft dieser Art; sie verfügt über ein affektives Gewebe und ein Bündel von Werten.] [...]
Dazu folgendes Gedankenexperiment: Stelle dir vor, dass ein Fremder an einer Bushaltestelle dir zuflüstert, du seist nicht ordentlich bekleidet, du würdest zu laut reden und dringend ein Bad benötigen. Jetzt stelle dir die gleichen Bemer-
10 kungen vor, nur, dass sie von einem guten Freund, einem nahen Verwandten oder einem vertrauten Arbeitskollegen geäußert werden. In diesem Fall haben die Äußerungen aufgrund der affektiven Bindungen weitaus mehr Gewicht. Psychologen können noch eine weitere Bindung anführen, die für die Art und Weise, wie Menschen erstmals für moralische Forderungen sensibilisiert werden,
15 entscheidend ist: die Eltern-Kind-Beziehung. Eltern machen sich die durch Pfle- ge und Liebkosung ihrer Kinder entstehenden Beziehungen zunutze, um sie zu einem Verhalten zu ermutigen, das in den Augen der Erwachsenen als richtig er- scheint. [...]
Amitai Etzioni [1]

1: Amitai Etzioni
(geb. 1929) ist ein ameri- kanischer Philosoph und Soziologe deutsch-jüdischer Herkunft. Er flüchtete 1936 mit seinen Eltern von Köln nach Palästina. Als Erwach- sener wanderte er in die USA ein. Sein Buch „Die Verantwortungsgesellschaft", in dem es um den Aufbau einer gerechten Gesellschaft geht, wurde in mehr als 40 Sprachen übersetzt (siehe auch Seite 94 und 248).

1. Vergleicht die beiden Familienporträts. Betrachtet die Fotografien und ver- sucht die Haltung der Personen und auch die Farbgebung zu deuten. Wie stehen die einzelnen Mitglieder der Familie zueinander?

2. Erklärt, welche Rolle die Familie nach Wilhelm Schmid beim Erwachsenwer- den erfüllt.

3. Diskutiert, inwiefern sich Familie mit einem „Irrenhaus" vergleichen lässt, in dem man aber doch ganz gut leben kann (Seite 18, Zeile 9)?

🦉 Der Fotograf hat die Familie auf dem oberen Bild in ihrem Zuhause fotogra- fiert. Er hat nicht vorgegeben, wie sich die Personen positionieren sollen. Welche Stelle bei dir zu Hause würdest du dir für ein Porträt deiner Familie aussuchen? Wer aus deiner Familie käme mit auf das Foto und wie würdet ihr euch aufstellen? Fertige eine Skizze an oder inszeniere ein Standbild* mit Hilfe deiner Mitschülerinnen und Mitschüler.

Der besondere Text:
Wie der Vater, so der Sohn?

1: Franz Kafka
(1883–1924) gilt weltweit als einer der bekanntesten deutschsprachigen Schriftsteller. Aufgewachsen in Prag, hatte er kein gutes Verhältnis zu seinem Vater.

Liebster Vater,

Du hast mich letzthin einmal gefragt, warum ich behaupte, ich hätte Furcht vor Dir. Ich wusste Dir, wie gewöhnlich, nichts zu antworten [...] [und] wenn ich hier versuche, Dir schriftlich zu antworten, so wird es doch nur sehr unvollständig sein, weil auch im
5 Schreiben die Furcht und ihre Folgen mich Dir gegenüber behindern [...].
Ich sage ja natürlich nicht, dass ich das, was ich bin, nur durch Deine Einwirkung geworden bin. [...] Es ist sehr leicht möglich, dass ich, selbst wenn ich ganz frei von Deinem Einfluss aufgewachsen wäre, doch kein Mensch nach Deinem Herzen hätte werden können. Ich wäre wahrscheinlich doch ein schwächlicher, ängstlicher,
10 zögernder, unruhiger Mensch geworden [...]. Ich wäre glücklich gewesen, Dich als Freund, als Chef, als Onkel, als Großvater, ja selbst (wenn auch schon zögernder) als Schwiegervater zu haben. Nur eben als Vater warst Du zu stark für mich [...].
Ich hätte ein wenig Aufmunterung, ein wenig Freundlichkeit, ein wenig Offen-
halten meines Wegs gebraucht, stattdessen verstelltest Du mir ihn, in der guten
15 Absicht freilich, dass ich einen anderen Weg gehen sollte. Aber dazu taugte ich nicht. [...]
Damals und damals überall hätte ich die Aufmunterung gebraucht. Ich war ja schon niedergedrückt durch Deine bloße Körperlichkeit. Ich erinnere mich zum Beispiel daran, wie wir uns öfters zusammen in einer Kabine auszogen. Ich mager, schwach,
20 schmal, Du stark, groß, breit. Schon in der Kabine kam ich mir jämmerlich vor, und zwar nicht nur vor Dir, sondern vor der ganzen Welt, denn Du warst für mich das Maß aller Dinge. [...]

Franz Kafka[1]

2: James Baldwin
(1924–1987) zählt zu den bedeutendsten amerikanischen Schriftstellern. Er ist im New Yorker Stadtteil Harlem unter schwierigen Familienverhältnissen aufgewachsen. In seinen Romanen beschäftigt er sich mit Erfahrungen der Unterdrückung in Familie und Gesellschaft.

„Und das ist mein Sohn"

Paul pflegte zu sagen „und das ist mein Sohn, Hall", so als wäre es gar nichts. Aber in den Augen seiner Kumpels konnte ich sehen, dass sie meinten, er dächte keineswegs, das wäre gar nichts. Sie schauten ihn an mit einem Aufblitzen von Liebe und einem bisschen Eifersucht. Dann schauten sie mich an, und in ihren
5 Augen konnte ich sehen, dass mein Vater stolz auf mich war. Ich wusste nicht, warum er stolz auf mich war, ich wusste nicht, was ich getan hatte, ihn stolz zu machen. Aber er war es, ich konnte das sehen in den Augen seiner Freunde, und es erfüllte mich mit einem Glück, das ich bis heute empfinde.
James Baldwin[2]

Moralische Gefühle und reaktive Einstellungen

Stephan Balkenhol [1]: Großer Kopf mit Figur, 2010

1: Der Bildhauer **Stefan Balkenhol** arbeitet in seinen Skulpturen oft menschliche Körper aus einem Holzbalken so heraus, dass sie mit dem Sockel verbunden bleiben. Das abgebildete Werk „Großer Kopf mit Figur" füllt einen ganzen Raum aus.

Nehmen wir bestimmte moralische Gefühle, auch reaktive Einstellungen gegenüber anderen Personen, wie verzeihen, etwas übelnehmen oder auch Dankbarkeit. Das sind zentrale Gefühle. Man kann sich kaum vorstellen, dass eine soziale Welt, jedenfalls so, wie wir sie kennen, ohne solch moralische Gefühle und
5 reaktive Einstellungen existieren könnte. Reaktive Einstellungen insofern, weil wir damit auf Handlungen oder Äußerungen reagieren. Wir verzeihen zum Beispiel etwas, nachdem wir es übelgenommen haben.
Julian Nida-Rümelin [2]

2: Julian Nida-Rümelin (geb. 1954) lehrt Philosophie an der Universität München. Seine Spezialgebiete sind theoretische und angewandte Ethik. In seinem Buch „Vom Wert des Lebens und der Freiheit" äußert er sich zu Problemen unserer Zeit (siehe auch die Seiten 252/253).

1. Beschreibt mit eigenen Worten das Verhältnis zwischen Franz Kafka und seinem Vater, wie es der Sohn in dem Brief schildert. Untersucht dabei auch verschiedene reaktive Einstellungen im Sinne Nida-Rümelins.
2. Kafka hat den Brief nie abgeschickt. Diskutiert im Kurs darüber, ob ihr seine Entscheidung nachvollziehen könnt.
3. Welchen Fehler hat Hermann Kafka in der Erziehung seines Sohnes gemacht? Bezieht euch bei der Beantwortung der Frage auch auf die Texte von Wilhelm Schmid, Amitai Etzioni und James Baldwin (siehe die Seiten 18–20).
   Bringt das Kunstwerk von Balkenhol mit dem Text von Franz Kafka in Verbindung.

Arbeiten und tätig sein

Der Mensch wird erst Mensch durch Arbeit

WENN SICH DIE TECHNIK WEITER SO RASANT ENTWICKELT, SCHLAGE ICH VOR, WIR ÜBERLASSEN MATHE DEN MASCHINEN UND GEHEN DRAUßEN SPIELEN!

Das Tier ist unmittelbar eins mit seiner Lebenstätigkeit. Es unterscheidet sich nicht von ihr. Es ist sie. Der Mensch macht seine Lebenstätigkeit selbst zum Gegenstand seines Wollens und seines Bewusstseins. Er hat bewusste Lebenstätigkeit. Es ist nicht eine Bestimmtheit, mit der er unmittelbar zusammen-
5 fließt: Die bewusste Lebenstätigkeit unterscheidet den Menschen unmittelbar von der tierischen Lebenstätigkeit. […]
Man kann den Menschen durch das Bewusstsein, durch die Religion, durch was man sonst will, von den Tieren unterscheiden. Sie selbst fangen an, sich von den Tieren zu unterscheiden, sobald sie anfangen, ihre Lebensmittel zu produzieren,
10 ein Schritt, der durch ihre körperliche Organisation bedingt ist.

Karl Marx[1]

1: Karl Marx
(siehe Seite 174)

Wissen und Merken: Was ist Arbeit?

Arbeit kann einerseits als Mühsal oder Beschwerde definiert werden. Eine Aufgabe bereitet in diesem Sinne viel Arbeit, wenn sie als besonders beschwerlich empfunden wird. Der Mensch sichert sich andererseits seinen Lebensunterhalt durch die Arbeit und verbessert seine Lebensbedingungen. Die Arbeit dient also
5 einem Zweck. Arbeit kann zudem als das Resultat von Anstrengungen bezeichnet werden. Dann meint es die Leistung, die jemand erbracht hat bzw. das Werk, welches er erschaffen hat.
Durch die Arbeit unterscheidet sich der Menschen vom Tier. Er fertigt Werkzeuge an und stellt Gebrauchs- und Verbrauchsgüter her. Schon in der Antike unter-
10 schied man Arbeit von freier Tätigkeit.

Girls' Day und Boys' Day

Rollenerwartungen und Geschlechterklischees beeinflussen Mädchen und Jungen in ihrer Berufswahl. Der Girls' Day/Boys' Day möchte dem entgegenwirken.

„Wer oder was will ich eigentlich werden?" In zwei Monaten soll das Berufspraktikum an unserer Schule stattfinden und ich habe noch keine Ahnung, was ich machen will. Viele meiner Freunde haben sich schon entschieden. Anton will zu einer Bank, Julius in ein Sportgeschäft und Elif in ein Krankenhaus. Und
5 dann ist da noch Alex. Der hat so wie ich überhaupt keinen Plan, was er später mal machen will und geht deswegen einfach in die Anwaltskanzlei von seinem Onkel. Obwohl ihn das überhaupt nicht interessiert und er auf gar keinen Fall Jura studieren und Anwalt werden will.
Ich habe mich schon immer sehr für Computer interessiert. Aber ein Praktikum
10 in einer Computerfirma? Da arbeiten doch nur Männer, oder? Die nehmen mich bestimmt nicht ernst. Ich habe mich ein bisschen im Internet informiert. Der Beruf heißt Fachinformatiker. Gibt es das überhaupt für Frauen? Jungs sind in Mathe meist besser. Das traue ich mir einfach nicht zu.
Julia Robert

Was ist der Girls' Day?
„Am Girls' Day öffnen Unternehmen, Betriebe, Hochschulen und Organisationen in ganz Deutschland ihre Türen für Schülerinnen ab der 5. Klasse. Die Mädchen lernen dort Ausbildungsberufe und Studiengänge in IT, Handwerk, Naturwissenschaften und Technik kennen, in denen Frauen bisher eher selten vertreten sind, oder sie begegnen weiblichen Vorbildern in Führungspositionen aus Wirtschaft und Politik."
Kompetenzzentrum Technik-Diversity-Chancengleichheit

1. Was haltet ihr von der Position des Jungen in der Comic-Szene auf dieser Seite? Zeichnet die Reaktion der Lehrkraft oder verfasst eine kurze Szene, die ihr in der Ethikgruppe vorspielt (siehe zu dem Thema auch die Seiten 134/135).
2. Begründet, warum die Arbeit nach Ansicht von Karl Marx zum Wesen des Menschen gehört.
3. Erklärt, wie sich die Beziehung des Menschen zur Arbeit im Laufe der Menschheitsgeschichte verändert hat und noch verändern wird. Berücksichtigt dabei sowohl den Girls' Day/Boys' Day als auch die Comic-Szene.
4. Wisst ihr schon, was ihr später werden wollt? Stellt eure Berufswünsche als Pantomime im Kurs vor und erratet sie gegenseitig.

Philosophisches Forum:
Muss ich arbeiten oder darf ich auch faul sein?

Arbeiten als Pflicht innerhalb der Gesellschaft

1: Existenzsicherung

2: Adjektiv von „Muße",
d. h. die Zeit, in der man in
aller Ruhe eigenen Interessen nachgehen kann.

3: In der Biologie ist ein
Schmarotzer ein Organismus, der sich an ein Lebewesen hängt und dessen
Nahrung aufsaugt, also auf
dessen Kosten lebt.

4: Jean-Jacques Rousseau
(1712–1778) war ein
Schweizer Philosoph. Er hat
neben zahlreichen philosophischen Werken auch pädagogische Texte verfasst. In
seinem Buch „Émile oder
Über die Erziehung" beschreibt er die Entwicklung
eines Jungen von der Geburt bis zur Heirat.

Denken wir uns zehn Menschen, von denen jeder zehn Bedürfnisse hat. Jeder
muss sich also zur Befriedigung seiner Bedürfnisse zehn verschiedenen Beschäftigungen widmen. Da aber jeder verschieden begabt und geschickt ist, so wird
einer das, der andere jenes schlechter machen. […] Und bilden wir aus den zehn
5 Menschen eine Gesellschaft und jeder widmet sich für sich und für die neun anderen derjenigen Beschäftigung, die ihm am besten liegt. […] Jeder vervollkommnet sein Talent durch dauernde Übung, und so kommt es dahin, dass nicht nur
alle zehn vollkommen versorgt sind, sondern noch Überschuss für andere haben.
[…]
10 Nach diesem Prinzip könnte ein Mensch, der sich als isoliertes Wesen betrachtet, an niemanden anschließt und völlig sich selbst genügen will, nur unglücklich
sein. Ja, er könnte nicht einmal existieren, denn die Welt ist in Mein und Dein
aufgeteilt, und er besitzt nichts als seinen Körper. […]
Der Mensch und Bürger, er sei, was er wolle, kann der Gesellschaft nichts anderes geben als sich selbst, denn seine anderen Güter gehören ihr ohnehin. […]
15 Ein Rentner, den der Staat für sein Nichtstun bezahlt, unterscheidet sich in meinen Augen nicht von einem Straßenräuber, der auf Kosten der Reisenden lebt.
Wer außerhalb der Gesellschaft lebt, schuldet niemanden etwas und hat das Recht
zu leben, wie es ihm gefällt. In der Gesellschaft aber lebt er notwendigerweise
20 auf Kosten der anderen: Er schuldet ihnen Arbeit als Preis für seinen Unterhalt[1].
Das gilt ohne Ausnahme. Arbeiten ist also eine unerlässliche Pflicht des Menschen innerhalb der Gesellschaft. Arm oder reich, mächtig oder schwach, jeder
müßige[2] Bürger ist ein Schmarotzer[3].
Jean-Jacques Rousseau[4]

Lob des Müßiggangs

Ich glaube […], dass in der Welt viel zu viel gearbeitet wird, dass die Überzeugung, Arbeiten sei an sich schon vortrefflich und eine Tugend, ungeheuren Schaden anrichtet, und dass es nottäte, den modernen Industrieländern etwas ganz anderes zu predigen, als man ihnen bisher immer gepredigt hat. […]

5 Dank der modernen Technik braucht heute Freizeit und Muße, in gewissen Grenzen, nicht mehr das Vorrecht kleiner bevorzugter Gesellschaftsklassen zu sein, könnte vielmehr mit Recht gleichmäßig allen Mitgliedern der Gemeinschaft zugutekommen. […]

Wenn auf Erden niemand mehr gezwungen wäre, mehr als vier Stunden täglich
10 zu arbeiten, […] wird es wieder Glück und Lebensfreude geben, statt der nervösen Gereiztheit, Übermüdung und schlechten Verdauung. Man wird genug arbeiten, um die Muße genießen zu können, und doch nicht bis zur Erschöpfung arbeiten müssen. Wenn die Menschen nicht mehr müde in ihre Freizeit hineingehen, dann wird es sie auch bald nicht mehr nach passiver und geistloser Unter-
15 haltung verlangen. […] Die normalen Männer und Frauen werden, da sie die Möglichkeit haben, ein glückliches Leben zu führen, gütiger und toleranter und anderen gegenüber weniger misstrauisch sein. […]

Die Lust am Kriegführen wird aussterben, teils aus diesem Grunde und teils, weil Krieg für alle lang dauernde, harte Arbeit bedeuten würde. […] Bisher sind wir
20 noch immer so energiegeladen arbeitsam wie zur der Zeit, als es noch keine Maschinen gab; das war sehr töricht von uns, aber sollten wir nicht auch irgendwann einmal gescheit werden.

Bertrand Russell [1]

1: Bertrand Russell (1872–1970) studierte im englischen Cambridge Mathematik und Philosophie. Ende der 1920er Jahre gründete er mit seiner Frau eine antiautoritär ausgerichtete Privatschule. 1950 erhielt er den Nobelpreis für Literatur für sein Buch „Ehe und Moral".

1. Vergleicht die Auffassungen von Jean-Jacques Rousseau und Bertrand Russell: Wie begründet Rousseau die Pflicht zur Arbeit und was setzt Russell dagegen?

2. Welche Position entspricht eurer Sichtweise? Verfasst einen fiktiven Brief* an den Philosophen, dessen Meinung ihr nicht teilt, und erklärt ihm eure eigene Position.

🦉 Stellt euch vor, ihr würdet eine Menge Geld erben und hättet bis ans Ende eures Lebens ausgesorgt. Würdet ihr trotzdem die Schule beenden, einen Beruf erlernen und arbeiten gehen wollen? Diskutiert: Was würden euch die beiden Philosophen raten?

Ein Blick in die nahe Zukunft

Was ich später machen will[1]

1: Die vier Aussagen stammen von Jugendlichen, die anonym befragt worden sind.

Wenn ich mit meiner Schule fertig bin, dann will ich natürlich heiraten. Heiraten und dann Kinder kriegen, das will ich natürlich. Ich liebe Kinder.

weiblich, 15 Jahre

Mit 20? Ich werde heiraten. Ich arbeite.

weiblich, 14 Jahre

Erst mal die Schule fertig, dann Studium und dann einen Job finden. Irgendwann auch Freundin finden und die richtige, und, und, und.

männlich, 15 Jahre

Es gibt ja diese Diskussion: Ist es besser, wenn man früher Mutter wird, oder ist es besser, wenn man später Mutter wird, dann kann man davor Karriere machen? Ich möchte auf jeden Fall nicht so früh Mutter werden. Ich bin auch nicht die Art von Frau, die sagt, ich möchte unbedingt drei Kinder haben.

weiblich, 17 Jahre

„Letztendlich sind wir dem Universum egal"

A heißt der Ich-Erzähler des Jugendromans „Letztendlich sind wir dem Universum egal" von David Levithan[2]. A wacht jeden Morgen in einem anderen Körper auf. Als er eines Tages das Mädchen Rhiannon kennenlernt, ändert sich sein Leben komplett.

2: David Levithan
(geb. 1972) ist ein amerikanischer Schriftsteller. Für sein Buch „Letztendlich sind wir dem Universum egal" erhielt er 2015 den deutschen Jugendbuchpreis. Der nebenstehende Textauszug befindet sich am Beginn des Romans.

5994. Tag. Ich werde wach. Und muss auf der Stelle herausfinden, wer ich bin. Nicht nur äußerlich – die Augen aufschlagen und nachsehen, ob ich am Arm helle oder dunkle Haut habe, ob meine Haare lang oder kurz sind, ob ich dick oder dünn bin, Junge oder Mädchen, voller Schrammen und Narben oder glatt und un-
5 versehrt. Darauf stellt man sich am leichtesten ein, wenn man es gewöhnt ist, jeden Morgen in einem neuen Körper aufzuwachen. Aber das Leben darum herum, das Umfeld – das ist manchmal schwer in den Griff zu bekommen.
Jeden Tag bin ich jemand anders. Ich bin ich – so viel weiß ich – und zugleich jemand anders.
10 Das war schon immer so. […] Soweit ich feststellen kann, sind alle, in die ich schlüpfe, so alt wie ich. Ich springe nicht von sechzehn zu sechzig. Im Augenblick

bin ich immer sechzehn. Keine Ahnung, wie das funktioniert, oder warum. Den Versuch dahinterzukommen, habe ich schon lange aufgegeben. Das werde ich nie ergründen, ebenso wenig wie ein normaler Mensch je seine Existenz ergründen wird.

David Levithan

Wir philosophieren: Ein Gedankenexperiment durchführen

Ein Gedankenexperiment enthält die folgenden Bestandteile:

A. Eine **Annahme** bzw. **Versuchsanordnung**

B. Eine **Frage**, die auf der Grundlage der Annahme beantwortet werden soll, z. B.: *Angenommen, es gäbe ein Medikament, das dich unsterblich macht, würdest du es nehmen?*

C. Die **Durchführung** des Experiments, d. h. Überlegungen, die zur Beantwortung der Frage führen.

Der äußere **Rahmen** für das Gedankenexperiment besteht aus zwei Teilen: einem **Prolog** (Vorwort), der die grundlegende Fragestellung thematisiert, und einem **Epilog** (Nachwort), der die Konsequenzen thematisiert, die sich aus der gewonnenen Antwort auf die Frage des Gedankenexperiments ergeben.

Nach Helmut Engels [1]

1: Helmut Engels
(geb. 1937) arbeitete viele Jahre als Lehrer an einem Gymnasium in Krefeld und bildete Lehrer aus. Er hat mehrere philosophische Bücher veröffentlicht, z. B. „Nehmen wir an …“: Das Gedankenexperiment in didaktischer Absicht.

Das Experiment: Dein zukünftiges Leben

Nehmen wir die Geschichte von A zum Anlass, ein Gedankenexperiment zu konstruieren, ändern aber die Versuchsanordnung ein wenig: Stelle dir vor, du wachst in deinem eigenen Körper in sechs Jahren auf. Dieser Körper ist dein eigener, aber irgendwie auch wieder nicht. Beschreibe möglichst genau, wo du dich befindest, als du aufwachst, und wie du dich fühlst. Skizziere danach den Ablauf eines typischen Tages in deinem zukünftigen Leben.

1. Worauf freut ihr euch besonders, wenn ihr an eure Zukunft denkt? Wovor habt ihr eher Angst? Beantwortet die Fragen in eurem Kurs und führt dann eine Umfrage unter Mitschülern verschiedener Altersstufen auf dem Schulhof durch.

2. Fändet Ihr es spannend, so wie A in andere Menschen schlüpfen zu können? Begründet euren Standpunkt.

3. Führt das Gedankenexperiment durch. Den Tagesablauf könnt ihr als Tagebuch-Eintrag oder als Comic-Szene gestalten.

🦉 „Wir bestehen alle nur aus buntscheckigen Fetzen, die so locker und lose aneinanderhängen, dass jeder von ihnen jeden Augenblick flattert, wie er will; daher gibt es ebenso viele Unterschiede zwischen uns und uns selbst wie zwischen uns und den anderen." Stimmt ihr diesem Zitat von Michel de Montaigne [2] zu? Begründet eure Meinung.

2: Michel de Montaigne
(1533–1592) studierte Rechtswissenschaften und war über mehrere Jahre Bürgermeister im französischen Bordeaux. In seinen philosophischen „Essais" widmete er sich auch der Frage nach dem Wesen des Menschen.

Wissen und Verstehen:
Was heißt es, ein Mensch zu sein?

Das weiß ich: Diese Namen und Begriffe kann ich ordnen

1. Verbindet die Namen und Begriffe in Form einer Mindmap miteinander. Schreibt dabei diejenigen Namen und Begriffe besonders groß und farbig, die euch am meisten interessiert haben.
2. Verfasst in Gruppen eine Szene, in der die oben angeführten Personen über die Frage diskutieren, worin ein gutes Leben besteht. Lasst jede/n mindestens zweimal zu Wort kommen. Beantwortet anschließend die Frage für euch selbst in Form eines Essays.

Darauf kommt es an: Ein gutes Leben führen

Der Mensch ist mehr oder weniger **frei sein Leben zu gestalten**. Ein **gutes Le-**
ben wird nach Ansicht von **Martha Nussbaum** von **zehn Grundfähigkeiten**
geprägt, wie zum Beispiel **Sinnlichkeit** und **Vernunft*** sowie **Gesundheit** und
Bindungen. Insbesondere die **Familie** gibt jungen Menschen nach Auffassung
5 von **Wilhelm Schmid** die Möglichkeit, in einem **Schutzraum** sich selbst und das
Leben kennenzulernen. Sie kann in der freien Entfaltung der Persönlichkeit aber
auch ein **Hindernis** darstellen, wie **Franz Kafkas „Brief an den Vater"** zeigt.
Die **Wahl eines Berufs** scheint ein entscheidender Schritt auf dem Weg zu einem
selbst gestalteten Leben zu sein. **Arbeit** allein macht jedoch nicht glücklich,
10 meint Bertrand Russell. Der Mensch benötigt auch **Muße**.

Das kann ich: Ein Gedankenexperiment erfinden

In diesem Kapitel habt ihr erfahren, wie ein Gedankenexperiment aufgebaut ist.
Versucht nun selbst ein Gedankenexperiment zu erfinden: Zunächst denkt ihr
euch eine Annahme aus; diese sollte mit dem Thema des Kapitels zusammenhängen. Ihr könntet zum Beispiel annehmen, dass alle Schülerinnen und Schüler
5 eurer Schule eines Tages aufwachen und ab diesem Tag nur noch auf ihr Herz
hören und völlig ignorieren, was ihnen ihr Verstand rät. Oder ihr geht von der
Annahme aus, dass es ein Land gibt, in dem niemand mehr arbeiten muss und
alle Menschen vom Staat jeden Monat genügend Geld für ein gutes Leben zur
Verfügung gestellt bekommen.
10 Setzt euch für diese Aufgabe in kleinen Gruppen zusammen. Formuliert gemeinsam eine Annahme und die daraus resultierende Frage und führt dann das Experiment zunächst in eurer Kleingruppe durch. Besprecht im Anschluss, ob ihr
vielleicht noch etwas an eurer Versuchsanordnung ändern solltet. Dann führt ihr
das Experiment mit eurem kompletten Kurs durch.

Lest zu philosophischen
Gedankenexperimenten
auch das Buch „Fünf Minu-
ten Ewigkeit. 101 philosophische Alltagsexperimente",
verfasst von Roger-Pol
Droit, erschienen im Heyne
Verlag.

Michael Wittschier:
Mond-Nacht, 2008

Kapitel 2:
Jung und Alt – verträgt sich das?

Mit der Reife wird man immer jünger.
Hermann Hesse, deutsch-schweizerischer Schriftsteller (siehe Seite 33)

Deutet den Gedanken von Hermann Hesse und überlegt,
ob er in einem Zusammenhang mit den Fotos steht.

In diesem Kapitel lernst du

- verschiedene Lebensphasen kennen
- über das Älterwerden nachzudenken
- Elternliebe wertzuschatzen

Dabei nutzt du

- die Methode des Argumentierens
- das Interview
- Gedankenexperimente

Du beurteilst und bewertest

- das Verhältnis zwischen Jung und Alt
- das Mehrgenerationenhaus
- nachhaltige Lebensformen

Wenn Menschen älter werden

Spuren des Lebens

Im Kreislauf der Lebenszeit

Bereits in der Antike wurden die Lebensabschnitte eines Menschen zur Natur in Beziehung gesetzt. So verglich der griechische Philosoph Heraklit (ca. 540–480 v. Chr.) das Werden und Vergehen des Menschen mit dem Frühling und Herbst.

Der Lebenskreislauf der Natur ist ähnlich wie bei den Menschen. Die Jahreszeiten beschreiben das sehr gut. Im Frühling erwacht die Natur zu neuem Leben, indem Tiere aus ihrem Winterschlaf erwachen oder aus dem Süden zurückkehren, und bei den Pflanzen die Knollen und Knospen sprießen. Zusätzlich
5 entsteht im Frühling auch neues Leben, denn Tiere paaren sich, es werden Nester gebaut und Jungtiere auf die Welt gebracht. Im Sommer entwickeln sich Sprösslinge, Blüten und Jungtiere. Die Sommerzeit kann man mit unserem Leben zwischen Geburt und Tod vergleichen.
In der Herbstzeit werden die Pflanzen alt und sterben langsam ab. Die Blätter der
10 Bäume fallen zu Boden, und die Blumen verblühen. Bis zum Winter verkriechen sich Tiere und halten ihren Winterschlaf oder fliegen wieder in den Süden. Herbst und Winter kann man mit dem Altwerden und dem Tod der Menschen vergleichen.

Cora, 15 Jahre

Caspar David Friedrich: Lebensstufen, um 1835

Caspar David Friedrich **1**: *Lebensstufen, 1835*

1: Caspar David Friedrich (1974–1840) war ein deutscher Maler der Romantik. In seiner Landschaftsmalerei spielen Allegorien wie Tod, Einsamkeit und Erlösungsvorstellungen eine wichtige Rolle.

2: Aristoteles (siehe die Seiten 45 und 226)

3: Tugend (siehe die Seiten 94 und 259)

4: Hermann Hesse (1877–1962) wurde in Deutschland geboren und lebte später in der Schweiz. 1946 erhielt er den Nobelpreis für Literatur. Er hat u. a. ein Buch über das Alter geschrieben: „Mit der Reife wird man immer jünger." Berühmt wurde Hesse mit dem „Steppenwolf", der die seelische Krise eines Mannes erzählt.

Wissen und Merken: Verschiedene Lebensphasen des Menschen

Als Altersstufen oder Lebensphasen werden verschiedene Entwicklungsabschnitte im Leben eines Menschen bezeichnet. Nach Ansicht des griechischen Philosophen Aristoteles **2** durchläuft der Mensch mindestens drei Entwicklungsstufen: Kindheit und Jugendalter, Erwachsenenalter und „die Zeit der Reife bis
5 zum Tod". Jede Station ist durch verschiedene Aufgaben in der Gemeinschaft und spezielle Interessen gekennzeichnet.

Wie jede Blüte welkt und jede Jugend
Dem Alter weicht, blüht jede Lebensstufe,
Blüht jede Weisheit auch und jede Tugend **3**
10 Zu ihrer Zeit und darf nicht ewig dauern. […]
Hermann Hesse 4

1. Erklärt das Älterwerden eines Menschen anhand der Fotos auf der Seite 32. Bezieht auch die Gedanken von Cora in eure Überlegungen mit ein.
2. Beschreibt das Ostsee-Bild von Caspar David Friedrich.
3. Überlegt, warum Cora ihren Text „Im Kreislauf der Lebenszeit" genannt hat. Welche Überschrift würde noch passen?

4. Die Lebensstufen im Bild spiegeln sich sowohl in den Personen als auch in den Booten wieder. Findet heraus, auf welche Weise.
🦉 Stellt euch vor, man könnte den „Herbst eines Menschen" medizinisch hinauszögern. Wäre dies eine gute Idee? Begründet euren Standpunkt mit Beispielen und berücksichtigt auch die Gedanken von Hermann Hesse.

Eltern und Kinder

„Was ist hilfreich beim Älterwerden?"

1: Siehe hierzu auch die Seite 39 zur Generationengerechtigkeit.

2: Wilhelm Schmid (geb. 1953) ist ein deutscher Philosoph, der sich vor allem dem Thema Lebenskunst widmet. In seinem Buch „Gelassenheit" beschäftigt er sich auch mit den verschiedenen Lebensphasen und dem Älterwerden.

„Gutmütige Kinder", antwortet mein 17-jähriger Sohn wie aus der Pistole geschossen. Er muss es wissen, er hat momentan missmutige Eltern vor sich, denn er hat die Schule abgebrochen. Ein unglücklicher Moment, der die Liebe zwischen Eltern und Kind dennoch nicht bedroht: Sie hat ihre tieferen Gründe nicht im
5 launischen Glück, sondern im dauerhaften Sinn, eine Wohltat für beide Seiten und eine Ermutigung für das Kind, kein Kind mehr zu sein, sondern sein Leben jetzt selbst in die Hand zu nehmen.

Kinder sind ein Grund für Gelassenheit beim Älterwerden, denn sie tragen das Leben weiter. Und sie stehen den Eltern in praktischen Dingen bei: Mit ihnen
10 gelingt es, auf Tuchfühlung zur Zeit zu bleiben, die schneller davonrennt, als die langsamer werdenden Eltern hinterherkommen. Zu allen Zeiten der Menschheitsgeschichte machten Eltern ihre Kinder mit dem Leben vertraut, aber mit den fortwährend neuen und neuesten Techniken, die das moderne Leben bestimmen, hat sich das Verhältnis zumindest teilweise ins Gegenteil verkehrt: Kinder
15 machen ihre Eltern mit dem Leben vertraut, denn beim Gebrauch von Techniken sind sie stets einen Schritt voraus, sie wachsen schließlich mit ihnen auf.

Die jeweils aktuellen technischen und mentalen Veränderungen an der Seite der Kinder mit zu vollziehen, erspart den Eltern das Schicksal, die Welt nicht mehr zu verstehen, die sich immer weiter von ihnen entfernt, sodass es immer
20 einsamer um sie wird. Die Liebe zwischen Eltern und Kindern erlebt jedoch ihre Bewährungsprobe, wenn die Eltern merklich altern: Hoffentlich haben sie vorgesorgt, um den Kindern keine zu großen Lasten aufzubürden[1].

Wilhelm Schmid[2]

Mutterliebe

Die ungarische Jüdin Eva Szepesi kam mit 12 Jahren nach Auschwitz. Sie wurde von ihren Eltern und ihrem Bruder getrennt und hat in ihrem späteren Leben mehr als 50 Jahre auf sie gewartet. Über ihre Erfahrungen im Konzentrationslager konnte sie jahrelang nicht sprechen. Jetzt hat die Journalistin Bärbel Schäfer ihre Geschichte in dem Buch „Meine Nachmittage mit Eva" für künftige Generationen erzählt.

Jahrelang bin ich durch das Leben gestolpert. Liebe suchend. Habe die Arme wie Schmetterlingsnetze ausgebreitet und wollte meine Eltern damit einfangen. Unser Zuhause wiederaufbauen. Selbst in der Warteschleife habe ich neues Leben geschenkt. Eine Familie gegründet. Um die Verlustlücke meiner Wurzeln zu füllen.
5 Den Schmerz zu stillen. Gegen diese ewig blutende Wunde gab es kein Trostpflaster. Dieses große Schmerzloch in mir, das mich seit Jahren von innen auffrisst. Wie gerne würde ich mich in die Arme meiner Mutter kuscheln, mir von ihr die Haare bürsten lassen. Verzweifelt habe ich mich nach Liebe gesehnt. Elternliebe ist nicht ersetzbar, muss ich heute sagen. Liebe habe ich verschenkt, wie eine
10 Traumfängerin. Ich wurde erwachsen und blieb innerlich immer das Kind, das noch Jahrzehnte auf seine Eltern wartete. Wartete. Immer nur wartete. Taubes Herz.
Bärbel Schäfer[1]

1: Bärbel Schäfer
(siehe Seite 198)

1. Beschreibt das Verhältnis zwischen Eltern, Kindern und Großeltern anhand der beiden Texte und des Comics.
2. Vergleicht die Gedanken von Wilhelm Schmid (Seite 34) mit denen von Franz Kafka auf der Seite 20. Arbeitet in kleinen Gruppen Unterschiede und Gemeinsamkeiten heraus und stellt sie in einer Tabelle gegenüber.

Erklärt den Gedanken von Eva, dass sie ihre Liebe wie eine „Traumfängerin" verschenkt habe.

3. **Projektvorschlag:** Befragt ältere Menschen und junge Erwachsene über die Chancen und Risiken des Älterwerdens. Erarbeitet vorher in kleinen Gruppen einen Fragenkatalog. Vergleicht anschließend die Antworten beider Personengruppen.

Der besondere Text:
(Mehr)generationenhaus – ein Projekt mit Zukunft?

Das richtige Modell fürs Alter finden

Mit Sicherheit ist es keine leichte Aufgabe für eine Gesellschaft, neue Wohn- und
Lebensformen zu schaffen. Eine Hausgemeinschaft kann nicht verordnet werden.
Und die richtigen Leute für eine solche Nähe zu finden, ist eher schwieriger
5 geworden. Die Welt der Massenkommunikation befördert unsere Individuali-
sierung. Die Werbung suggeriert doch jedem jeden Tag: Dreh dein eigenes Ding!
Wir haben im Freundeskreis nicht weniger als fünf Jahre gebraucht, bevor
wir die richtigen Leute und das richtige Modell für unser Alter gefunden haben.
Ganz behutsam haben wir das Konzept unserer Hausgemeinschaft entwickelt.
10 Wir gingen gemeinsam aus, machten gemeinsam Urlaub, um zu sehen, wie viel
Nähe wir ertragen und ob wir auch auf längere Zeit miteinander können.
Freunde sprangen ab, und wir machten Abstriche. Zunächst gab es die Idee eines
ganzen Dorfes, das wir mieten wollten. Daraus wurde dann die Wohngemein-
schaft mit gemeinsamer Küche und gemeinsamer Bibliothek – ich sah schon
15 meinen ehemaligen Arbeitstisch aus dem Bremer Rathaus mit zweieinhalb
Metern Durchmesser im gemeinsamen Esszimmer. Und als uns klar wurde, dass
jeder doch seine Lieblingsbücher für sich behalten würde und uns eine gemeinsame
Küche schon während unserer Studentenzeit zu anstrengend war, wurde aus
dieser Idee schließlich die alte Stadtvilla mit ihren fünf Parteien, einem Fahrstuhl
20 für unsere alten Tage und einem samstäglichen Frühstück, das von Küche zu
Küche wandert. Wir hoffen, dass wir mit unseren Freunden in diesem Haus alt
werden können. Dazu gehört auch, dass wir, sobald es nötig wird, gemeinsam
eine Haushalts- und Pflegehilfe bezahlen werden.

„Die Hölle, das sind die anderen"

Viele, die uns um diese WG-Hausgemeinschaft beneiden, schrecken dennoch
davor zurück, sich mit Freunden im Alltag so eng zu verbinden. Und man darf
das Unternehmen tatsächlich nicht unterschätzen. Schnell kann ein solches
Modell auf den berühmten Satz von Jean-Paul Sartre[1] hinauslaufen: „Die Hölle,

1: Jean-Paul Sartre
(1905–1980) war einer
der bedeutendsten Vertreter
der französischen Existenzphilosophie*. Er erwarb
sich auch internationale
Anerkennung als Schrift-
steller und Theaterautor. In
dem Buch „Die Zeremonie
des Abschieds" beschrieb
die Philosophin Simone de
Beauvoir* die schwierigen
Jahre des Sterbens ihres
zuletzt fast blinden Lebens-
gefährten.

5 das sind die anderen." Wenn man sich nicht gegenseitig im Wege stehen oder
gar einander nerven will, muss man an sich arbeiten. Solch ein behutsames,
diskretes Begleiten, bei dem keiner dem anderen zur Last wird, ist etwas Kostbares.
Unsere Kinder nannten uns „postpubertäre Romantiker", als sie von unseren
Haus-Plänen erfuhren. Sie waren skeptisch, ob ihre Eltern sich noch einmal auf
10 ein gemeinsames Leben mit anderen würden einlassen können. Aber unser Modell trägt, lässt jedem genug Distanz und ermöglicht Nähe. Seit 1988 leben wir
nun schon hier, und das mit großem persönlichen Gewinn. Inzwischen sind auch
unsere Kinder davon überzeugt. Sie sind gerne hier, bewegen sich ganz frei von
Wohnung zu Wohnung und schicken uns die sechs Enkel, die zu richtigen Haus-
15 kindern geworden sind. So haben wir letztlich doch die bunte Großfamilie bekommen, die ich mir so gewünscht habe. Und unsere Kinder leben ihr selbstbestimmtes Leben mit ihren Familien in Cardiff, Hamburg und Berlin.

Henning Scherf [2]

2: **Henning Scherf** (geb. 1938) war von 1995–2005 Bürgermeister von Bremen. Er hat in zahlreichen Büchern wie z. B. „Grau ist bunt" über Probleme des Älterwerdens und neue Wohnformen nachgedacht.

Wir philosophieren: Argumentieren üben

Was ist das richtige Modell fürs Alter? Das Altenheim? Die Familie?
Das Mehrgenerationenhaus? [3] Stellt Argumente in folgenden Schritten zusammen.

1. Schritt > Ihr formuliert eine These, z. B.: *Das Altenheim ist das beste Modell.*

2. Schritt > Anschließend begründet ihr die These durch ein oder mehrere Argumente, mit der Konjunktion „weil": *Das Altenheim ist das beste Modell, weil dort die Menschen rund um die Uhr versorgt werden.*

3. Schritt > Ihr prüft das Argument hinsichtlich seiner Überzeugungskraft, indem ihr fragt: Ist das Argument geeignet, meine These zu begründen? Als Antwort erfolgt eine Rechtfertigung des Arguments, z. B.: *Aufgrund der Tatsache dass ältere Menschen öfter Medikamente benötigen und nicht allein sein möchten, rechtfertigt das Argument die aufgestellte These.*

3: Ein Mehrgenerationenhaus ist eine Lebensform, in der junge und ältere Menschen gemeinsam alt werden konnen.

1. Prüft das Argument der älteren Dame aus der Comic-Szene mithilfe der Argumentationsmethode.
2. Welche Vor- und Nachteile hat ein Mehrgenerationenhaus gegenüber anderen Lebensmöglichkeiten für ältere Menschen? Sucht entsprechende Stellen aus dem Text heraus und bewertet das Modell mithilfe der Argumentationsmethode in der Ethikgruppe.

3. **Projektvorschlag:** Recherchiert im Internet unter www.mehrgenerationenhaeuser.de verschiedene Modelle von Mehrgenerationenhäusern und stellt sie in Kurzreferaten oder Collagen* im Kurs vor.
   🦉 Interpretiert den Ausspruch „Die Hölle, das sind die anderen" in Bezug auf das Zusammenleben der Generationen.

Was heißt nachhaltig leben?

Nach Mallorca fliegen?

Jonas hat Abitur gemacht. Seine Großeltern sind stolz auf ihn und haben deshalb als Geschenk heimlich eine Urlaubsreise nach Mallorca gebucht. Sie wollen mit ihrem Enkel einmal richtig ausspannen und sich mit ihm über seine Zukunft unterhalten. „Du hast ja im letzten Jahr wegen des Abiturs nicht viel Zeit mit uns
5 verbringen können", sagt der Großvater und lächelt. „Deshalb wollen wir mit dir mal ausführlich Urlaub machen. Und da wir eine gute Rente bekommen, können wir uns das auch leisten." Jonas beißt sich auf die Lippen. So richtig freuen kann er sich irgendwie nicht.

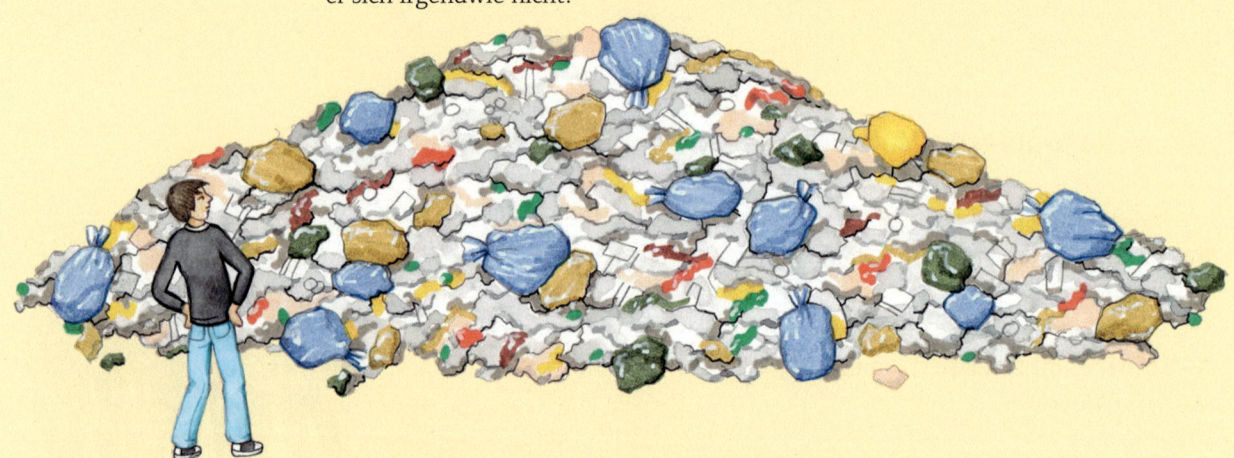

Wir müssen wissen, was wir wollen

Die Gefährdung unserer Zukunftsfähigkeit entspringt keinem Mangel an Wissen und Information. Wir „wissen" sehr wohl, dass Radfahren weniger Ressourcen verbraucht als Autofahren, dass Urlaubsflüge sehr viel Energie verschlingen und das Klima stark belasten. Unternehmen „wissen" ebenso, dass Wegwerfprodukte
5 mehr Naturgüter verschlingen und in der Summe mehr Energie benötigen als lang haltbare, reparaturfreundliche Dinge. Doch wir wollen (vorsätzlich oder fahrlässig) dies oft nicht wissen, verdrängen es, sind bequem, reagieren aggressiv auf die Mitmenschen und politischen Gruppierungen, die uns dies auf die Nase binden. Damit ist eine ausführliche Wissenshilfe über unsere vielen
10 technisch-wirtschaftlichen Möglichkeiten wohl kaum das, was wir brauchen […]. Die Zukunftsgefährdung hängt vielmehr an unserem Willen bzw. Unwillen, wobei wir es natürlich oft mit unbeabsichtigten und unbewussten (verdrängten) Nebenfolgen unseres Handelns zu tun haben. Und dieses Motivationsproblem betrifft die Politik ebenso wie die Bürger, also letztlich uns alle. Es reicht eben
15 noch nicht, wenn einzelne „Nachhaltigkeitsfreunde" uns die Möglichkeit sparsamer Autos, regionaler Urlaubsreisen, regionaler Bioprodukte usw. bunt ausmalen – geändert hat dies bisher noch nicht sehr viel.
Felix Ekardt[1]

1: Felix Ekardt (geb. 1972) ist Philosoph und Jurist. Er lehrt und forscht an verschiedenen deutschen Universitäten und Forschungseinrichtungen, vor allem in Rostock und Leipzig. Seine Spezialgebiete sind Umweltrecht und Generationengerechtigkeit.

Wissen und Merken: Was heißt Generationengerechtigkeit?

Der Begriff „Generationengerechtigkeit" beinhaltet die gerechte Verteilung
von materiellen Ressourcen und Lebenschancen zwischen den Generationen.
Er umschreibt die Forderung, dass jede Generation so verantwortungsvoll leben
soll, dass sie nachfolgenden Generationen keine unzumutbaren Lasten auf-
5 bürdet, zum Beispiel hohe Schulden oder Umweltschäden.

Unsere Enkel dürfen die Lasten nicht tragen

Generationengerechtigkeit herrscht, wenn die Generation meiner Enkel durch
die politischen Entscheidungen der aktiven Generation und die Zukunftslasten,
welche die nicht mehr Aktiven angehäuft haben, nicht stärker belastet wird
als es den vorausgegangenen Generationen gerade noch zumutbar erschien.
5 Die Gerechtigkeit zwischen den Generationen ist verletzt, wenn die Chancen
der kommenden Generation, ihr eigenes Leben so zu gestalten wie ihre Eltern,
unter einem Gebirge von Lasten begraben werden. Diese Gerechtigkeit unter
den Generationen wird zunehmend verletzt. Wir haben die Zukunft mit rund
1300 Milliarden Euro Staatsschulden belastet, von denen nur der geringere Teil
10 Investitionen dient. Die Ansprüche aus Renten- und Pflegeversprechen betragen
rund 5000 Milliarden Euro. Der Geburtenrückgang verringert die Zahl derer,
welche diese Lasten tragen sollen. All dies berechtigt die Generation meiner
Enkel, den Teil künftiger Lasten zu verweigern, der über den heute zumutbaren
hinausgeht. Ich werde sie dabei unterstützen.
Kurt Biedenkopf [1]

1: Kurt Biedenkopf
(1930–2021) war Jurist,
Ökonom und Politiker.
Er lehrte Volkswirtschaft
an der Universität Leipzig
und Sozialökonomie am
Wissenschaftskolleg Berlin
mit dem Schwerpunkt
„Demografischer Wandel".
Von 1990–2002 war Kurt
Biedenkopf Minister-
präsident des Freistaates
Sachsen.

---

1. Wie sollte sich Jonas entscheiden? Formuliert einen
begründeten Vorschlag in eurem Heft (Methode
siehe Seite 37). Bezieht dabei die Argumente von
Felix Ekardt und Kurt Biedenkopf ein und stellt
eure Vorschläge anschließend einander vor.
2. Denkt darüber nach, ob und wie sich die Positionen von Ekardt und Biedenkopf unterscheiden.

3. Projektvorschlag: Wie könnte ein
nachhaltiges Zusammenleben der Generationen
gewährleistet werden? Erarbeitet in kleinen
Gruppen eure eigenen Vorschläge.
🦉 Erklärt den Gedanken, dass die heutigen
Generationen die Verantwortung für die
künftigen Generationen tragen.

Wissen und Verstehen:
Alt und Jung – verträgt sich das?

Das weiß ich: Diese Namen und Begriffe kann ich ordnen

Älterwerden

Altenheim

Henning Scherf

Hermann Hesse

Elternliebe

Lebensphasen

Generationengerechtigkeit

Kreislauf der Jahreszeiten

Felix Ekardt

Wilhelm Schmid

Mehrgenerationenhaus

Nachhaltig leben

1. Baut mit den Begriffen dieses Kapitels ein Begriffsmolekül*.
Ihr könnt dies auch als Einzelarbeit auf einem Extra-Zettel mithilfe
von aufgemalten Kugeln realisieren.
2. Stellt euch vor, ihr wärt plötzlich alt und hättet keine Erinnerungen
mehr an euer früheres Leben. Was würdet ihr aus heutiger Sicht am
meisten vermissen? Sprecht darüber in Vierergruppen.

Darauf kommt es an: Zusammenleben verschiedener Generationen

Der Mensch durchläuft in seinem Leben als Mitglied verschiedener sozialer **Gemeinschaften**, zum Beispiel der Familie, langjährige **Entwicklungsphasen**: vom Kindesalter über das Jugend- und Erwachsenenalter bis hin zum „reifen Alter".
5 Innerhalb der Gemeinschaften gibt es **verschiedene Generationen**, die **miteinander verbunden** sind und in einem Austausch von Geben und Nehmen stehen. Dieser Austausch kann zum Beispiel in einem **Mehrgenerationenhaus** stattfinden. Diskutiert wird in der heutigen Gesellschaft auch darüber, ob es so etwas wie **Generationengerechtigkeit** gibt. Dahinter steht die Sorge, dass
10 durch den ungehinderten Verbrauch natürlicher und sozialer Ressourcen künftigen Generationen die notwendigen Mittel zum Leben entzogen werden könnten.

Das kann ich: Über mein Leben nachdenken

Der Philosoph Alasdair MacIntyre (siehe Seite 95) schreibt: „Das Subjekt eines Lebens zu sein, das von der Geburt bis zum Tod reicht, bedeutet […] verantwortlich für die Handlungen und Erfahrungen zu sein, aus denen ein Leben besteht. Es bedeutet sozusagen […] eine bestimmte Darstellung dessen zu geben, was
5 man gemacht hat, oder was einem widerfahren ist. […]. Es gibt keine Gegenwart, die nicht von einem Bild irgendeiner Zukunft erfüllt ist."

Schreibe im Sinne MacIntyres zu den Lebensabschnitten auf der Seite 33 auf einen Extra-Zettel, was du in der Vergangenheit gern noch einmal erleben würdest und was du in deinem künftigen Leben gern noch erleben möchtest.
10 Vergleicht eure Ideen anschließend in der Ethikgruppe.

1. Kindheit (Grundschule):   *Ich würde gern noch einmal …*
2. Jugend: *Ich stelle mir vor irgendwann …*
3. Erwachsenenalter: *Ich wäre künftig gern …*
4. Alter: *Ich möchte noch einmal …*

Kapitel 3:
Ist Glück utopisch?

*Es fiele leichter glücklich zu werden, wenn die Menschen ihrem Tun
Überlegungen und einen Plan für die Vorgehensweise vorausgehen ließen.*
Emilie du Châtelet

Habt ihr auch einen Plan vom Glücklich-sein?
Schreibt ihn in einem Miniaturtext* auf und wertet eure Ideen gemeinsam aus.

In diesem Kapitel lernst du

– die Begriffe „Glück", „Utopie" und „Dystopie" kennen
– inwiefern du dein Glück selbst bestimmen kannst
– dass Utopien mit Gleichheit und Gerechtigkeit zu tun haben.

Dabei nutzt du

– einen eigenen Glücksplan
– ein Projekt, um eigene Utopien zu entwickeln
– mehrere Thinktank-Methoden
– Mindmaps* und Gedanken-experimente

Du beurteilst und bewertest

– den Unterschied zwischen Glück und gelingendem Leben
– inwiefern kulturelle Gegebenheiten das Glücks-gefühl beeinflussen
– die Bedeutung von Utopien für die Zukunftsgestaltung

Wie sieht ein glückliches Leben aus?

Gleiche Glücksbringer

1: Siehe auch die Seiten 48/49.

> *Der folgende Textauszug von Maike van den Boom stammt aus ihrem Buch „Wo geht's denn hier zum Glück?"* [1] *Die Autorin beschreibt den Anfang ihrer Weltreise – mit dem Ziel, die glücklichsten Menschen auf unserem Planeten zu finden.*

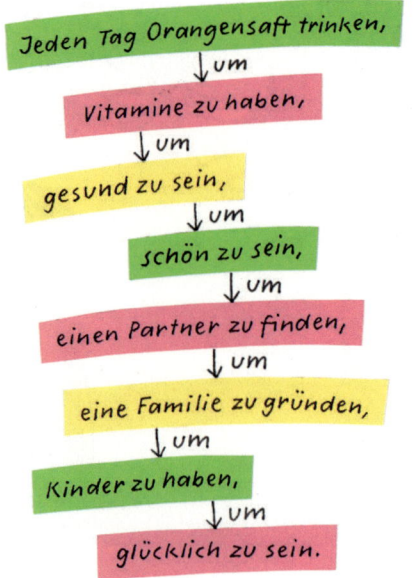

Mein individueller Glücksplan

2: Maike van den Boom (siehe Seite 48)

Ich ziehe also los und hoffe, mit einer prall gefüllten Tasche an unterschiedlichen Glückstipps aus allen Ländern nach Hause zu kommen. Aber es kommt anders.

Die Länder sind sich größtenteils einig in dem, was sie glücklich
5 macht. Und so füllt sich meine Tasche langsam mit nur einigen gleichen Glücksbringern! Egal, ob in tropischer Hitze oder karger Kälte. Mit nordischer Zurückhaltung oder lateinamerikanischem Überschwang. Was das Glück bedingt, scheint viel universeller zu sein, als ich erwartet hatte: „Folge deinem Herzen!" (Australien,
10 Island, Norwegen, Schweden, Dänemark, Schweiz, Kanada) „Das Wichtigste in meinem Leben bin ich. Denn wenn es mir gutgeht, geht es auch den Menschen um mich herum gut." (Mexiko, Schweden, Schweiz, Dänemark, Kolumbien, Luxemburg, Island, Panama) „Wir sind nur einmal auf der Erde, da sollten wir dafür sorgen,
15 dass wir es gut haben." (Australien, Costa Rica, Mexiko, Kanada, Luxemburg, Norwegen) „Das Wichtigste in meinem Leben ist meine Familie." (Alle) Glücksbringer scheinen kulturübergreifend zu gelten.

Maike van den Boom [2]

Happiness

Bonheur

Suerte

Mutluluk

счастье

سعادة

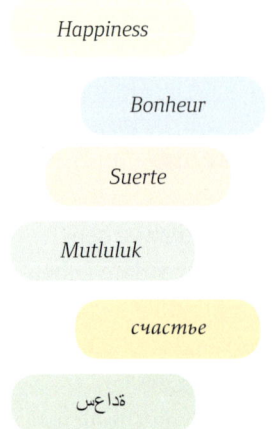

Glück als Lebensziel

Nachdem also jede Erkenntnis und jeder Entschluss nach einem bestimmten
Gut zielt, wollen wir wieder einsetzen mit der Frage: „Was ist das Ziel der Staatskunst und welches das höchste von allen Gütern, die man durch Handeln
erreichen kann?"

5 In seiner Benennung stimmen fast alle überein. „Das Glück" – so sagen die Leute
und so sagen die feineren Geister, wobei gutes Leben und gutes Handeln in
eins gesetzt werden mit Glücklichsein. Aber was das Wesen des Glückes sei, darüber ist man unsicher und die Antwort der Menge lautet anders als die des
Denkers. Die Menge stellt sich etwas Handgreifliches und Augenfälliges darunter

10 vor, z. B. Lust, Wohlstand, Ehre; jeder etwas anderes. Bisweilen wechselt
sogar ein und derselbe Mensch seine Meinung: Wird er krank, so sieht er das
Glück in der Gesundheit, ist er arm, dann im Reichtum. […]
Wir müssen nun versuchen, dies noch weiter zu klären. Es gibt offenkundig
mehrere Ziele. Manche wählen wir um weiterer Ziele willen, z. B. Geld, Flöten,

15 überhaupt Werkzeuge. Nicht alle Ziele also sind Endziele. Das oberste Gut aber
ist zweifellos ein Endziel. […] Als solches Gut gilt in hervorragendem Sinne
das Glück. Denn das Glück erwählen wir uns stets um seiner selbst willen und
niemals zu einem darüber hinausliegenden Zweck. Die Ehre dagegen und die
Lust und die Einsicht und jegliche Tüchtigkeit wählen wir einmal um ihrer selbst

20 willen – denn auch ohne weiteren Vorteil würden wir jeden dieser Werte für
uns erwählen – sodann aber auch um des Glückes willen, indem wir annehmen,
dass sie uns zum Glück führen. Das Glück aber wählt kein Mensch um jener
Werte – und überhaupt um keines weiteren Zweckes willen.

Aristoteles [1]

1: Aristoteles
(384–322 v. Chr.) gehört
neben Sokrates (siehe Seite
96) und Platon (siehe Seite
199) zu den wichtigsten
griechischen Philosophen der
Antike. Seine Ansichten
über das Glück entwickelte
er in der „Nikomachischen
Ethik".

Wissen und Merken: Was ist Eudaimonia?

Die Philosophie des Glücks setzt sich mit dem Wesen des Glücks und mit dem
Weg, wie der Mensch das Glück erlangen kann, auseinander. Das altgriechische
Wort eudaimonia (wörtlich übersetzt: „einen guten Dämon haben") bezeichnet
eine Richtung der Ethik, die eudämonistische Ethik. Sie geht davon aus, dass

5 das Streben nach Glück der höchste Zweck im Leben eines Menschen ist.

---

1. Klärt den Begriff „Glück". Schreibt dazu vollständige Sätze auf große Papierbögen.
Streichungen, Anmerkungen oder Pop-up-Fenster
sind erwünscht. Achtet darauf, dass der Begriff
„Glück" in euren Sätzen nicht vorkommt.

2. Betrachtet den Glücksplan auf der linken Seite.
Was braucht ihr um glücklich zu sein? Entwerft
zu eurem Leben einen Glücksplan und vergleicht
anschließend eure Ideen!

3. Definiert den Unterschied von „Glück haben" und
„gelingendem Leben".

🦉 Versucht euch eine Person vorzustellen, die in
unserer Gesellschaft ganz im Sinne von Aristoteles
glücklich lebt. Ihr habt diese Person kennengelernt und berichtet jetzt einem guten Freund
über diese Person. Beschreibt ihre Charaktereigenschaften, Lebensumstände, Lebensweisen
und Tagesabläufe.

Sind wir alle auf die gleiche Art und Weise glücklich?

Muss ich glücklich sein?

Das deutsche Wort „Glück" geht aus dem Mittelhochdeutschen „gelücke/lücke" hervor. Es bezeichnete den zufälligen Ausgang einer Angelegenheit im günstigen wie ungünstigen Sinne. Dafür stehen die Göttinnen Tyche (griechisch) und Fortuna (lateinisch).

„Heute ist nicht mein Tag!" Wer das sagen kann, hat noch einmal Glück gehabt: Bei vielen Menschen dauert das länger als nur einen Tag. Sie müssen mit dem Unglücklichsein leben, sie haben es sich nicht selbst ausgesucht. Gesteigert wird dieser Zustand noch von einer Zeit, die die Menschen glauben macht, sie
5 müssten dauernd glücklich sein. Von den Plakatwänden schreit es herab: „Glück!" Aus den Werbespots blitzt es hervor: „So werden Sie glücklich!" […]
Um nicht missverstanden zu werden: Es ist ein Gewinn, wenn es im menschlichen Leben um Glück gehen darf und nicht mehr nur um Lebenserhaltung und Pflichterfüllung. Aber was ist, wenn das Glück selbst zur Pflicht wird? Die Rede
10 vom Glück hat eine normative Bedeutung gewonnen, malt den Menschen also eine neue Norm an die Stirn: Du musst glücklich sein, sonst lohnt sich dein Leben gar nicht. Wer unglücklich ist, beginnt sich Vorwürfe zu machen, dass ihm etwas fehlt und dass er den Anforderungen des glücklichen Lebens nicht gewachsen ist. Offenkundig hat er versagt. Alle anderen scheinen es ja zu schaffen,
15 jedenfalls arbeiten sie hart daran, diesen Eindruck zu erwecken. Neid zerfrisst die Seele der Unglücklichen: Nie wird Anschluss an all die Glücklichen zu finden sein, die diesen Planeten bevölkern, sofern den weltweiten Glücksforschungen Glauben geschenkt werden darf. Eine drohende Diktatur des Glücks lässt keinen Raum dafür übrig, unglücklich zu sein.
20 **Wilhelm Schmid**[1]

1: Wilhelm Schmid
(siehe Seite 34)

Ist Glück machbar?

Gina Schöler und Daniel Clarens haben 2013 ein interaktives Kunstprojekt ins Leben gerufen. Seither bringt Gina Schöler das Thema „Glück" mit öffentlichen Aktionen ins Gespräch und motiviert zum Umdenken und Mitmachen. Gina Schöler bezeichnet sich als „Glücksministerin" vom „Ministerium für Glück und Wohlbefinden". 2016 hängte sie in Mannheim ein „Erste Hilfe Glücks-Set" an einem Laternenmast auf.

Glück und Unglück

Das Streben nach Glück […] erscheint Europäern und Nordamerikanern völlig normal. […] In anderen Kulturen rufen solche Vorstellungen dagegen Befremden hervor, wie Mohsen Joshanloo und Dan Weijers von der Victoria University of Wellington in Neuseeland herausgefunden haben. […] Aus ihrer Sicht zieht zu
5 viel Glück nämlich wiederum das Unglück an […]. Sie glauben etwa, dass zu viel Zufriedenheit ihrem Ansehen schadet, weil sie in den Augen anderer als selbstsüchtig, langweilig und oberflächlich erscheinen könnten. In Japan glaubt man, dass überschwängliches Glück zu großer Unaufmerksamkeit führt, die fatal enden kann. In Russland erweckt jemand, der anderen zu glücklich erscheint,
10 viel Neid und auch den Verdacht, dass dahinter unmoralisches Handeln stecken könnte. In manchen Kulturen, wie etwa im Iran und in den benachbarten Ländern, fürchtet man sogar übernatürliche Kräfte, denen persönliches Glück missfallen könnte und die einen am Ende dafür bestrafen könnten. Der „böse Blick", an den auch Menschen in Südamerika glauben, ist ein Beispiel dafür. […] Sie
15 zeigen den Forschern zufolge aber vor allem, dass man nicht für alle Menschen einen einheitlichen Glückskanon definieren könne.

Fanny Jimenez [1]

1: **Fanny Jimenez** (geb. 1970) studierte Psychologie und arbeitet als Wissenschaftsjournalistin.

1. Erklärt anhand der Gedanken von Wilhelm Schmid, wann Glück „diktatorisch" werden kann.

2. In welchem Verhältnis stehen Glück und Unglück? Gestaltet dazu Mindmaps* und besprecht eure Ergebnisse im Plenum. Entwickelt aus den Präsentationen zu beiden Begriffen einen überzeugenden Text für ein „Schülerlexikon Philosophie", indem ihr Glück und Unglück mit Beispielen gegenüberstellt.

3. Was würde für euch in ein „Erste Hilfe Glücks-Set" gehören? Zeichnet oder gestaltet dazu Vorschläge. Wertet anschließend eure „Produkte" aus: Diskutiert und begründet, welche Vorschläge euch am meisten überzeugen.

🦉 Für die französische Philosophin Émilie du Châtelet* (siehe auch Seite 42) gehören Glück und Unglück zusammen. Stimmt ihr zu? Begründet euren Standpunkt.

Exklusiv:
Wo geht's denn hier zum Glück?

Schülerinnen befragen Maike van den Boom

Maike van den Boom [1] hat Menschen aus 13 verschiedenen Ländern interviewt und sie über ihr Glück befragt. Die Schülerinnen Lydia und Muriel aus Berlin haben ihr dazu einige Fragen gestellt.

1: Maike van den Boom geb.1971) ist Deutsch-holländerin, Buchautorin und Rednerin. Sie lebt mit ihrer Tochter in Stock-holm. Bekannt geworden ist sie durch ihre Bücher „Wo geht's denn hier zum Glück? und „Acht Stunden mehr Glück."

1. Wir beschäftigen uns im Ethikunterricht auch mit dem Thema „Glück". Warum haben Sie ein Buch über das Glück geschrieben?
Glück hat sehr viel mit eurer persönlichen Einstellung zu tun. Ich habe 13 Jahre in Mexiko und den Niederlanden gelebt. Nach meiner Rückkehr nach Deutschland habe ich mich gefragt, warum die Mexikaner sagen: „Gerade, wenn
5 dir das größte Unglück geschieht, gerade dann sollst du feiern, lachen und zusammen mit anderen tanzen! Wenn du unglücklich bist, musst du glücklich sein." Das ergibt einen Sinn, oder? Sonst bestrafst du dich ja gleich zwei Mal. Und in Deutschland? Da wird schon gemeckert, wenn es regnet, der Typ vor mir an der Kasse ewig sein Kleingeld sucht oder die Ampel vor der Nase rot wird.
10 Warum sehen Menschen anderswo das Leben viel positiver und sind somit glücklicher als wir? Da bin ich einfach hingefahren, habe mit Bewohnern und Experten in den Glücksländern gesprochen und darüber ein Buch geschrieben.

2. Was verstehen Sie unter Glück? Ist Glück Geschmackssache?
15 Glück ist natürlich etwas ganz Persönliches und jeder versteht darunter etwas anderes, wie bei allen Gefühlen, die wir haben. Eine Definition ist deshalb schwierig. Meist denken wir bei Glück an diese euphorischen Glücksmomente, wie wenn wir z. B. frisch verliebt sind. Wenn man die Leute dann fragen würde, welche Zahl sie sich auf einer Skala von 0 (total unglücklich) bis 10
20 (überglücklich), geben würden, dann antworten sie wahrscheinlich 10. Aber jetzt stellt euch mal vor: Ständig frisch verliebt! Wie anstrengend ist das denn? Eine 10 ist also gar nicht so erstrebenswert. Eine 8 oder 9 auf der Glücksskala reicht für ein glückliches Leben völlig aus. Und zu einem glücklichen Leben gehört auch das Unglück mit dazu: der Liebeskummer, den wir haben, die
25 Fehler, die wir machen, bis hin zu den Katastrophen, die uns im Leben eine Ohrfeige verpassen – sie fordern uns heraus und von ihnen lernen wir am meisten. Es ist nicht wichtig, was uns widerfährt, sondern, was wir daraus machen.

3. In welchem Land sind die Menschen am glücklichsten und warum?
30 Die Reihenfolge der glücklichsten Länder verschiebt sich Jahr um Jahr ein wenig und ist abhängig davon, wen ihr wann, was genau fragt. „Bist du glücklich? Zufrieden? Wie hast du dich gestern gefühlt? Siehst du das Leben positiv?"

Doch die Skandinavier sind immer vorne mit dabei, genau wie Kanada, die Schweiz oder Australien. Ja, und dann gibt es noch so arme Länder wie Costa Rica, Mexiko
35 oder Kolumbien. Und das ist doch sehr seltsam. Müssen wir also arm sein um glücklich zu werden? Nein, ein wenig benötigen wir schon: Essen, ein Dach über dem Kopf, warme Kleidung. Der Glücksforscher Ruut Veenhoven hat es mir einmal so erklärt: Stell dir vor, du hast ein Brot mit Käse und ich lege dir noch eine Scheibe darauf. Das macht dich nicht wirklich glücklicher.
40 Wenn du aber noch nicht mal eine Scheibe Brot zu Essen hast, dann würde dich schon eine halbe Scheibe Käse überglücklich machen. Aber was ist eigentlich Armut?
Die Lateinamerikaner empfinden sich selbst nämlich
45 nicht als arm, sondern eher uns reiche Länder. Denn der eigentliche Reichtum des Lebens, der uns langanhaltend glücklich macht, ist die menschliche Wärme und nicht die materielle Kälte. Der soziale Zusammenhalt ist folglich in allen Glücksländern
50 sehr stark.

Nach dem Weltglücksreport 2019 leben die glücklichsten Menschen in Finnland. Deutschland liegt an 17. Stelle. Entscheidend für die Rangfolge sind Aspekte wie Lebenserwartung, Wohlstand, Unterstützung im sozialen Umfeld, Freiheit und weitgehende Abwesenheit von Korruption.

4. Haben Sie für uns Jugendliche einen Tipp fürs Glücklichsein?
Bleibt neugierig, bleibt aufmüpfig, steht auf, wenn ihr etwas zu sagen habt. Dann werdet ihr euren ganz individuellen Weg gehen und es gibt tausende Abzweigungen. Wenn ihr euch nicht entscheiden könnt, dann lauft einfach los.
55 Ihr könnt keine Fehler machen, denn es gibt kein richtig oder falsch, nur den Weg, der für euch einen Sinn ergibt. Wenn ihr das tut, dann werdet ihr automatisch wertvoll für die Gemeinschaft. Denn wenn wir alle immer nur dasselbe machen, nach demselben streben und dasselbe sagen, dann entwickelt sich auch die Gemeinschaft nicht weiter. Nur wenn jeder sein Bestes gibt, können
60 wir zusammen das Beste sein. Und darum geht es beim Glück, um das „zusammen". Aber keine Sorge, einen einzigartigen Beitrag könnt ihr nicht nur als Supernerds, brillante Juristen oder erfolgreiche Banker leisten, sondern vielleicht, weil ihr gut zuhören könnt, die richtigen Fragen stellt, Visionen habt oder einfach, weil ihr mit eurem Lachen das Klassenzimmer erhellt.
65 Deshalb, anstatt euch zu ärgern, überlegt euch doch einfach ab heute bei jeder roten Ampel, an der ihr steht, was denn bisher geklappt hat und worauf ihr wirklich stolz sein könnt. Das könnte schon der erste Wegweiser sein.

1. Erklärt den Satz von Maike van den Boom: „Wenn du unglücklich bist, musst du glücklich sein."
2. Diskutiert über den Gedanken, dass wir aus Katastrophen am meisten im Leben lernen. Überlegt, ob ihr dieser Einschätzung zustimmen wollt, und belegt eure Sichtweisen durch Beispiele.
3. „Nur wenn jeder sein Bestes gibt, können wir zusammen das Beste sein. Und darum geht es beim Glück, um das ‚zusammen'". Übertragt den Gedanken auf eure Ethikgruppe und erstellt ein Wandposter, auf dem jeder einzelne darstellt, was er oder sie für eure Klassengemeinschaft beisteuert. Bedenkt bei eurer Planung, wie ihr das „zusammen" darstellen wollt.
4. Beurteilt den Zusammenhang von materiellem Wohlstand und Glück. Berücksichtigt dabei auch den Gedanken des sozialen Zusammenhalts.

Philosophisches Forum:
Glück durch Lust oder Vernunft*?

🦉 Schmerzen vermeiden, Freude empfinden

1: Epikur
(341–271 v. Chr.) war ein griechischer Philosoph, der das Streben nach Lust zum höchsten Prinzip erhob. Er gründete vor Athen in einem Garten eine philosophische Schule, in der auch Frauen und Sklaven lernen durften.

Wir müssen uns also um das bemühen, was uns die Glückseligkeit schafft; denn wenn wir sie besitzen, haben wir alles, wenn wir sie nicht besitzen, sollen wir alles tun, um sie zu erlangen. [...] All unser Tun zielt ja doch darauf ab, weder Schmerzen des Leibes zu erleiden noch Störung des Seelenfriedens zu erfahren.

5 Wenn uns dies einmal zuteilgeworden ist, dann legt sich der ganze Aufruhr unserer Seele. Das lebende Wesen braucht sich gleichsam nicht mehr umzusehen nach dem, was ihm fehlen könnte, und braucht nichts Weiteres zu suchen, womit es der Seele und des Leibes Wohlbefinden erst vollkommen machen sollte. Denn dann nur haben wir Verlangen nach Freude, wenn wir die Freude

10 schmerzlich vermissen. Wenn wir aber keinen Schmerz haben, bedürfen wir der Freude nicht mehr.

Und aus diesem Grunde behaupte ich, dass die Freude der Anfang und das Ziel des glücklichen Lebens ist. Denn sie habe ich als das erste und uns angeborene Gut erkannt; von ihr gehen wir aus, wenn wir etwas wählen oder meiden, und

15 auf sie gehen wir zurück, wenn wir sie gleichsam Maßstab unseres Empfindens sein lassen und danach jedes Gut beurteilen. Und gerade weil sie unser erstes und angeborenes Gut ist, wählen wir auch nicht jede Freude, sondern übergehen zuweilen viele Freuden, wenn sich aus ihnen für uns eine größere Widerwärtigkeit als Folge ergäbe; und umgekehrt halten wir viele Schmerzen für wertvoller

20 als Freuden, wenn für uns auf lange Schmerzenszeit eine umso größere Freude folgt. Jede Freude ist also ein Gut, weil das ja ihr ureigenstes Wesen ausmacht, doch nicht jede ist schon deshalb erstrebenswert; gleicherweise ist jeder Schmerz wohl ein Übel, aber nicht jedem Schmerz muss man deshalb ausweichen. Es ist demnach unsere Aufgabe, alles Zuträgliche und Abträgliche richtig zu un-

25 terscheiden, abzuwägen und danach zu beurteilen. Zu gewissen Zeiten bedienen wir uns nämlich des Guten wie eines Übels und wiederum des Übel wie eines Guten.

Epikur [1]

🦉 Der Vernunft* gehorchen

Sinnliche Genüsse werden den Guten wie den Schlechten in gleicher Weise zuteil, und die Schändlichen erfreuen sich an ihren Schändlichkeiten ganz ebenso wie die Edlen an dem Anständigen. Darum gaben die Alten die Vorschrift, man solle nicht dem angenehmsten, sondern dem besten Leben
5 nachstreben, so dass das Vergnügen nicht dem Rechten und Guten vorangeht, sondern es begleitet. Die Natur muss man zur Führerin nehmen; der Vernünftige beobachtet und befragt sie. Glückselig leben und naturgemäß leben ist ein und dasselbe. Was das heiße, will ich genauer erklären. Es heißt, die körperlichen Anlagen und Bedürfnisse der Natur sorgfältig, aber nicht ängstlich
10 beachten als etwas Vorübergehendes, uns nur für kurze Zeit Gegebenes, nicht ihr Sklave werden und sich durch nichts Fremdes beherrschen lassen; was dem Körper angenehm ist und uns von außen zukommt, ansehen wie Hilfsvölker im Lager und wie leichte Truppen. Sie mögen uns dienen, nicht uns beherrschen, nur so sind sie für unsern Geist von Wert. Äußerlichkeiten dürfen einen
15 Mann nie gefangen nehmen und beherrschen; er halte nur auf sich selbst etwas. [...] Auf solche Weise wird ihm eine in sich harmonische Macht eigen werden, und es wird daraus jene sichere Vernunft* entstehen, die sich nicht widerspricht, die nicht schwankt in Meinungen, Begriffen oder eigener Überzeugung. Wenn diese sich geordnet hat, klar und harmonisch geworden ist, so erreicht sie
20 das höchste Gut. [...] Somit kann man kühn sagen, dass ein mit sich selbst einiger Geist das höchste Gut sei.
Seneca[1]

1: Seneca
(um 1–65 n. Chr.) gehörte in der römischen Antike zu den meistgelesenen Philosophen. Zusammen mit Cicero (106 bis 43 v. Chr.) zählt man ihn zur römischen Stoa*. Diese ging davon aus, dass sich der Mensch von Vernunft* leiten lassen und ein leidenschaftsloses Leben führen sollte.

1. Analysiert beide Texte in vier Schritten:
a) Formuliert das im Text behandelte Thema und die Absicht des Autors. b) Gliedert den Text in Sinnabschnitte. c) Gebt jedem Sinnabschnitt eine Überschrift. d) Fasst die Inhalte in eigenen Worten zusammen.

2. Vergleicht die Glückskonzepte von Epikur und Seneca. Arbeitet Gemeinsamkeiten und Unterschiede heraus.

🦉 Zeichnet einen Comic mit Sprechblasen, in dem beide Philosophen diskutieren, wessen Philosophie sich in unserer Zeit stärker durchgesetzt hat.

Glück für alle – philosophische Utopien

Glück durch Gleichheit?

1516 verfasste Thomas Morus sein Werk „Utopia" und beschreibt darin ein erdachtes Traumland, eine Insel. In der Folgezeit wurde aus dem Werkstitel die Bezeichnung einer Gattung. Das Wort leitet sich aus den altgriechischen Wörtern ou (nicht) und topos (Ort) her, also ein Nichtort bzw. Nirgendwo. Damit ist ein Ort gemeint, den es nicht oder noch nicht gibt. Utopisch heißt also keineswegs unmöglich, sondern nicht wirklich.

„Eine Weltkarte, auf der die Utopie nicht erscheinen würde, (wäre) keines Blickes würdig, weil sie der Menschheit die Küste, an der sie immer landen wollte, nicht zeigen würde." Oscar Wilde (1854–1900, irischer Schriftsteller)

1: Thomas Morus
(1478–1535) war ein englischer Philosoph und Politiker. „Utopia" gehört zu seinen wichtigsten Veröffentlichungen. König Heinrich VIII. ließ Morus hinrichten, weil dieser als überzeugter Katholik und Lordkanzler nicht in dessen Scheidung einwilligen wollte.

Die Insel der Utopier dehnt sich in der Mitte, wo sie am breitesten ist, zweihundert Meilen weit aus. Sie hat vierundfünfzig Städte, alle weiträumig und prächtig, in Sprache, Sitten, Einrichtungen und Gesetzen vollständig übereinstimmend. Es gibt kein Haus, das
5 nicht, genauso wie es sein Vordertor zur Straße hat, eine Hinterpforte zum Garten besitzt. Diese zweiflügligen Türen, die durch einen leichten Druck der Hand zu öffnen sind und sich darauf wieder von allein schließen, lassen einen jeden ein: so gibt es keinerlei Privatbereich. Denn sogar die Häuser wechseln sie alle
10 zehn Jahre durch Auslosung. Die Gärten schätzen sie außerordentlich. In ihnen ziehen sie Reben, Obst, Gemüse und Blumen von solcher Pracht und Schönheit, dass ich niemals etwas Üppigeres und zugleich Geschmackvolleres gesehen habe. […]
Sie teilen den Tag in 24 Stunden ein, von denen sie nur sechs
15 Stunden für die Arbeit bestimmen: drei vor Mittag, nach denen sie zum Essen gehen; nach der Mahlzeit ruhen sie zwei Nachmittagsstunden, widmen dann wiederum drei Stunden der Arbeit und beschließen das Tagewerk mit dem Abendessen. Die Stunden zwischen Arbeit, Schlaf und Essen sind jedem zur eigenen Verfügung überlassen, jedoch
20 nicht, um sie zu Ausschweifungen und Faulenzerei zu vergeuden, sondern um die Freizeit nach eigenem Gutdünken zu irgendeiner nützlichen Beschäftigung zu verwenden. Die meisten benützen diese Unterbrechungen zu geistiger Weiterbildung. […]
Doch ich kehre zum Zusammenleben der Bürger zurück. Der Älteste steht an der
25 Spitze der Familie. Die ganze Stadt ist in vier gleich große Bezirke eingeteilt: in der Mitte jedes Bezirkes liegt der Markt für Waren aller Art. Dort werden in einem Speicher die Erzeugnisse aller Familien zusammengebracht. Der Familienälteste fordert hier nun an, was er und seine Familie braucht, und erhält dies ohne Bezahlung, überhaupt ohne jegliche Gegenleistung, alles, was er verlangt. Warum
30 sollte man ihm etwas verweigern, da doch alles im Überfluss vorhanden ist und keinerlei Befürchtung besteht, es könne einer mehr fordern, als er braucht?
Thomas Morus

Heute Jäger, morgen Fischer?

Karl Marx [1] übernahm von Thomas Morus die Forderung nach ökonomischer Gleichheit unter den Menschen. In seinem Buch „Die Deutsche Ideologie" entwickelte er die Grundzüge einer kommunistischen Gesellschaft, in der die Arbeit gerechter verteilt werden sollte.

Karl Marx vor der Porta Nigra in Trier – im Rahmen einer Installation des Künstlers Ottmar Hörl (2013)

Sowie nämlich die Arbeit verteilt zu werden anfängt, hat Jeder einen bestimmten ausschließenden Kreis der Tätigkeit, der ihm aufgedrängt wird, aus dem er nicht heraus kann; er ist Jäger, Fischer oder Hirt oder kritischer Kritiker und muss es bleiben, wenn er nicht die Mittel zum Leben verlieren will – während in der
5 kommunistischen Gesellschaft, wo Jeder nicht einen ausschließlichen Kreis der Tätigkeit hat, sondern sich in jedem beliebigen Zweig ausbilden kann, die Gesellschaft die allgemeine Produktion regelt und mir eben dadurch möglich macht, heute dies, morgen jenes zu tun, morgens zu jagen, nachmittags zu fischen, abends Viehzucht zu treiben, nach dem Essen zu kritisieren, wie ich
10 gerade Lust habe, ohne je Jäger, Fischer, Hirt oder Kritiker zu werden.
Karl Marx, 1846

1: Karl Marx (1818–1883) wurde in Trier geboren. Zusammen mit Friedrich Engels (siehe Seite 106) entwarf er „Das kommunistische Manifest". Der Kommunismus (lateinisch „communis" (= „gemeinschaftlich") verfolgt das Ziel einer Gesellschaft, in der jeder dasselbe besitzt und allen alles gehört.

In Trier steht das Geburtshaus von Marx, heute ein Museum. Nähere Informationen: www.fcs.de/museum-Karl-Marx-Haus

1. Beschreibt Morus' Utopia, indem ihr den Text auf folgende Punkte hin untersucht: Verhältnis von Arbeit und Freizeit, Anspruch auf Privateigentum und Mitbestimmung des Einzelnen.

2. Stellt euch vor, alle Einwohner eurer Stadt müssten per Gesetz alle 10 Jahre umziehen. Die neue Wohnung würde euch per Auslosung zugewiesen. Formuliert mögliche Reaktionen. Welche Position würdet ihr persönlich vertreten? Begründet euren Standpunkt mit mindestens zwei Argumenten.

3. Diskutiert darüber, wie nach Ansicht von Karl Marx die Arbeit in einer kommunistischen Gesellschaft neugestaltet werden soll.

🦉 Vergleicht die Ideen von Thomas Morus und Karl Marx. Recherchiert zu Karl Marx und dem Kommunismus. Diskutiert über die Grenzen der Utopien von sozialer Gleichheit. Warum sind diese, auch wenn sie nicht leicht umsetzbar sind, für viele Menschen faszinierend? Bezieht in eure Überlegungen auch das Zitat von Oskar Wilde ein.

Schöne neue Welt?

Soma bringt Glück

In dem 1932 erschienenen Roman „Schöne neue Welt", einer negativen Utopie, beschreibt Aldous Huxley eine zukünftige Gesellschaft, in der die Menschen mit Hilfe von Genmanipulation, Drogenkonsum und hochentwickelter Technik ein lustvolles, aber völlig manipuliertes Leben führen. Hier erläutert einer der Kontrolleure die Grundidee der neuen Welt.

1: Eine stimmungsaufhellende und anregende Droge, die den Bewohnern des Romans regelmäßig verabreicht wird.

2: Filme in Huxleys Roman, bei denen die im Film gezeigten Gefühle unmittelbar auf ihre Zuschauer übertragen werden.

3: Aldous Huxley (1894-1963) war ein britisch-amerikanischer Schriftsteller, der neben Romanen auch Kurzgeschichten und philosophische Essays veröffentlicht hat. Sein Roman „Schöne neue Welt" beschreibt die Entmenschlichung einer Gesellschaft, die von der Technik völlig beherrscht wird.

„Die Welt ist heute stabil. Die Menschen sind glücklich; sie bekommen, was sie wollen, und sie wollen nie, was sie nicht bekommen können. [...] Sie sind so konditioniert, dass sie sich praktisch gar nicht anders benehmen können, als sie sich benehmen sollen. Und wenn wirklich etwas schiefgehen sollte, gibt es
5 Soma[1] [...]. [Ihre Arbeit] empfinden sie nicht als schrecklich. Im Gegenteil, sie gefällt ihnen. Sie ist leicht, kindisch einfach. Keine Anstrengung für Kopf und Muskeln. Siebeneinhalb Stunden milde, nicht erschöpfende Arbeit und dann die Somaration und Spiele und uneingeschränkter Beischlaf und Fühlfilme[2]. Was wollen sie mehr? Freilich", fügte er hinzu, „sie könnten verkürzte Arbeits-
10 zeit fordern. Und natürlich könnten wir gekürzte Arbeitszeit gewähren. Technisch gesehen, wäre es ganz einfach, alle Unterkastenarbeit auf drei bis vier Stunden pro Tag zu reduzieren. Aber wären sie deshalb glücklicher? [...] Das Erfindungsbüro ist bis unters Dach voll von Vorschlägen für arbeitssparende Verfahren. Tausende." Mustapha Mond machte eine verschwenderische Geste.
15 „Und warum überführen wir die nicht in die Praxis? Den Arbeitern zuliebe; es wäre die reine Grausamkeit, sie mit überlanger Freizeit zu quälen. [...] Alles für ein ruhiges Leben. Seitdem fahren wir fort, alles zu überwachen. Der Wahrheit hat das natürlich nicht sehr gut getan. Wohl aber dem Glück. Von nichts kommt nichts. Für Glück muss man zahlen."
Aldous Huxley[3]

Wissen und Merken: Was sind Dystopien?

Der Begriff der Dystopie kommt aus dem Griechischen: Dys bedeutet „schlecht" und Topos ist der Ort. Dystopien beschreiben also „schlechte Orte", die von totalitären Herrschaftsformen geprägt werden, welche die Handlungsfreiheit der Menschen beschränken (siehe auch Seite 57). Darüber hinaus beschäftigen sich
5 Dystopien auch mit technischen Entwicklungen, die die Existenz unseres Planeten und der Menschheit gefährden.
Zu den bekanntesten Dystopien zählen neben der von Aldous Huxley auch George Orwells* Roman „1984".

Wir sind alle Uploads!

Tatsächlich sind technische Aufwertungen heute schon so attraktiv, dass viele Menschen Brillen, Hörgeräte, Herzschrittmacher und Prothesen tragen oder Arznei-moleküle in ihrem Blutkreislauf zirkulieren lassen. Manche Jugendliche scheinen dauerhaft an ihr Smartphone gebunden zu sein, während meine Frau mich damit
5 aufzieht, ich sei mit meinem Laptop verheiratet.
Einer der prominentesten Cyborg-Befürworter[1] von heute ist Ray Kurzweil. In seinem Buch „The Singularity is Near" [Menschheit 2.0: Die Singularität naht] behauptet er, die natürliche Fortführung dieses Trends sei der Einsatz von Nano-bots, intelligenten Biofeedback-Systemen und ähnlicher Technik, um bis zu Beginn
10 der 2030er Jahre zuerst unseren Verdauungsapparat und das Hormonsystem, unser Blut und Herz zu ersetzen und anschließend – in den nächsten zwei Jahr-zehnten – Skelett, Haut, Gehirn und den Rest unseres Körpers aufzurüsten. Er glaubt, wir werden die Ästhetik und die Bedeutung menschlicher Körper wahr-scheinlich beibehalten, sie allerdings umgestalten, um sowohl ihre physische
15 als auch ihre virtuelle Erscheinung (dank neuartiger Gehirn-Computer-Schnitt-stellen) rasch und nach unserem Willen zu verändern. […]
Weiterhin behauptet er, dass wir sogar besser dran wären, wenn wir den Körper ganz und gar eliminierten und unseren Intellekt hochladen würden, das heißt, eine Nachbildung des gesamten Gehirns in Software erschaffen würden. Ein solcher
20 Upload kann in einer virtuellen Welt leben oder in einen Roboter eingebettet werden, der gehen, fliegen, schwimmen, durch den Weltraum reisen und auch sonst alles tun kann, was die Naturgesetze erlauben, unbelastet durch Alltags-sorgen wie Tod oder begrenzte kognitive Ressourcen.
Wenngleich diese Ideen wie Sciencefiction klingen mögen, verletzen sie jeden-
25 falls keine bekannten Naturgesetze, so dass die interessanteste Frage nicht lautet, ob sie umgesetzt werden können, sondern ob sie umgesetzt werden und wenn ja, wann.
Max Tegmark[2]

1: Mit dem Begriff „Cyborg" beschreibt man einen Men-schen, dessen Körper dauer-haft durch künstliche Teile ergänzt wird, und damit halb Mensch, halb Maschine ist.

2: Max Tegmark
(siehe Seite 250)

1. Erklärt, inwiefern es sich bei Huxleys Roman um eine Dystopie handelt. Bezieht auch den Titel des Buches in eure Überlegungen mit ein.

2. Beschreibt das Verhältnis von Individuum und Gesellschaft in beiden Texten.

🦉 Gibt es nach eurer Meinung ein angemessenes Verhältnis zwischen menschlichen und künstlichen Bauteilen, das eingehalten werden sollte, um dieses Wesen noch Mensch nennen zu können? Begründet euren Standpunkt und entscheidet anschließend, ob es sich bei solchen Uploads um eine Dystopie oder um eine Utopie handelt.

Der besondere Text:
Treffpunkt Zukunft

Du hast es in der Hand!

Im Jahre 2100 leben ca. 11 Milliarden Menschen auf unserer kleinen Erde. Kyra ist eine davon. Um diesem Massenansturm von Menschen beizukommen, hat man sich architektonische Meisterwerke überlegt, die nichts für Menschen mit Höhenangst sind. Kyra wacht heute auf und lässt sich ihre Checkliste für den
5 Tag an die Wand projizieren, während sie ihr Frühstück zubereitet, das wie alle Lebensmittel aus Gentechnik entstanden ist. Sie macht sich bereit für ihr Meeting. Per Gedankenübertragung gibt sie den Befehl, die Hologramme ihrer Kollegen starten zu lassen. Bereits seit dem Jahr 2080 ist das durch Nano-Maschinen, die direkt an Neutronen im Gehirn befestigt sind, möglich. Diese ermöglichen eine
10 virtuelle Welt, die von der für uns normalen nicht zu unterscheiden ist. Unsere Gedanken werden ins Internet gepostet, ohne sie aussprechen zu müssen. Die Hologramme von Kyras Kollegen sind erschienen und die Besprechung beginnt in den einzigen verbliebenen Sprachen: englisch und chinesisch. Die anderen Sprachen sind verschwunden, genauso wie die einzelnen Länder. Es gibt nur noch
15 eine Zentralregierung und eine Kultur. Die Jugendlichen auf der ganzen Welt lesen dieselben Bücher, kleiden sich identisch und hören dieselben Lieder. Individualität ist ein Wort, das niemand mehr kennt. Kommen wir von unserer kleinen Expedition in die Zukunft zurück auf den Boden der heutigen Realität. Kyras Tag, wie er hier beschrieben wurde, war ja lediglich ein mögliches
20 Szenario unter Tausenden von Möglichkeiten. Hat dir dieses nicht gefallen? Dann hallo, aufwachen! Du hast es schließlich selbst mit in der Hand zu entscheiden, in welchem Szenario wir in 100 Jahren aufwachen.

Josephine, *Schülerin aus Berlin*

Wir philosophieren: mit Thinktank-Methoden[1] nachdenken

1: Vorbereitung: Jede(r) erhält ein Blatt mit drei Spalten und sechs Zeilen …

6-3-5-Methode: Bildet Sechser-Gruppen und denkt euch drei Ideen in fünf Minuten zu unserer Welt in 100 Jahren aus. In die erste Zeile trägt jede(r) seine drei Ideen ein. Danach gebt ihr die Blätter eurem Nachbarn weiter, der die Vorschläge liest und in die zweite Zeile drei weitere Vorschläge einträgt. Wenn
5 jede(r) jedes Formular bearbeitet hat, sind in kurzer Zeit 108 (= 6 x 3 x 6) Vorschläge entstanden.
No-Go: Im zweiten Schritt legt ihr eine Liste von Reizwörtern an, die nichts mit der Welt in 100 Jahren zu tun haben dürfen. Dann gleicht ihr die Vorschläge aus der ersten Phase mit den Reizwörtern ab.
10 *Perspektive hoch 3:* Nun betrachtet ihr nacheinander aus der Sicht eines Träumers, eines Realisten und eines Kritikers die übriggebliebenen Vorschläge der zweiten Phase. Es gewinnt die Lösung, die auch härtester Kritik standhält.

Wozu brauchen Menschen Utopien?

Wer sind wir? Wo kommen wir her? Wohin gehen wir? Was erwarten wir? Was erwartet uns? [...] Es kommt darauf an, das Hoffen zu lernen. Seine Arbeit entsagt nicht, sie ist ins Gelingen verliebt statt ins Scheitern. Hoffen, über dem Fürchten gelegen, ist weder passiv wie dieses noch gar in ein Nichts gesperrt.
5 [...] Wie reich wurde allzeit davon geträumt, vom besseren Leben geträumt, das möglich wäre. Das Leben aller Menschen ist von Tagträumen durchzogen, darin ist ein Teil lediglich schale, auch entnervende Flucht, auch Beute für Betrüger, aber ein anderer Teil reizt auf, lässt mit dem schlecht Vorhandenen sich nicht abfinden, lässt eben nicht entsagen. Dieser andere Teil hat das Hoffen im Kern,
10 und er ist lehrbar. [...] Kein Mensch lebt je ohne Tagträume, es kommt aber darauf an, sie immer weiter zu kennen und dadurch unbetrüglich, hilfreich, aufs Rechte gezielt zu halten. Möchten die Tagträume noch voller voller werden [...] Nicht im Sinn des bloß betrachtenden Verstands, der die Dinge nimmt, wie sie gerade sind und stehen, sondern des Beteiligten, der sie nimmt, wie sie gehen,
15 also auch besser gehen können. Möchten die Tagträume also wirklich voller werden, das ist heller, unbeliebiger, bekannter, begriffener und mit dem Lauf der Dinge vermittelter. Damit der Weizen, der reifen will, befördert und abgeholt werden kann. Denken heißt überschreiten.
Ernst Bloch[1]

1: Ernst Bloch
(1885–1979) war ein deutscher Philosoph, der sich insbesondere mit dem Thema „Utopien" beschäftigt hat. Sein bekanntestes Werk ist „Das Prinzip Hoffnung", in dem er verschiedene Utopien analysiert. Für ihn waren auch Märchen eine Art Utopie, weil in ihnen meistens das Gute siegt.

Wissen und Merken: Verschiedene Formen von Utopien

Positive Utopien
Idealzustand einer Gesellschaft: Gleichheit, Gerechtigkeit, z. B. *Utopia* von Thomas Morus

Dystopien (negative Utopien)
Schreckensvision einer Gesellschaft: Zerstörung, Entmenschlichung, Gewalt , z. B. *Schöne neue Welt* von Aldous Huxley

Technische Utopien
Gesellschaft auf hohem wissenschaftlich-technischem Niveau, z. B. *Nova-Atlantis* von Francis Bacon*

Religiöse Utopien
Paradiesvorstellungen, z. B. die 1000-jährige Herrschaft Jesu

Utopie

?

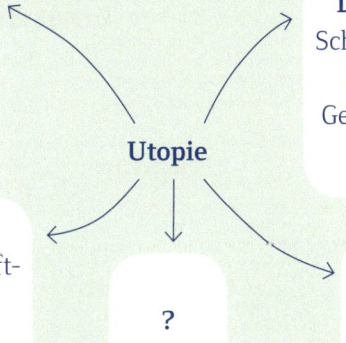

---

1. Du hast es mit in der Hand, zu entscheiden, in welchem Szenario wir in 100 Jahren aufwachen, behauptet Josephine. Entwickle ein eigenes Szenario, bei dem du in 100 Jahren aufwachst. Gehe nach den Methoden des Thinktanks vor.
2. Fasst den Text von Ernst Bloch mit eigenen Worten zusammen und gebt ihm eine neue Überschrift.

3. Erarbeitet in kleinen Gruppen eine Präsentation zu Ernst Bloch. Stellt sein Leben, seine Werke und seinen Einfluss auf die Gesellschaft vor.
🦉 Findet weitere Beispiele zu den verschiedenen Formen von Utopien. Recherchiert, ob es noch weitere Typen gibt und ergänzt das Schema in eurem Heft.

Wissen und Verstehen:
Ist Glück utopisch?

Das weiß ich: Diese Namen und Begriffe kann ich ordnen

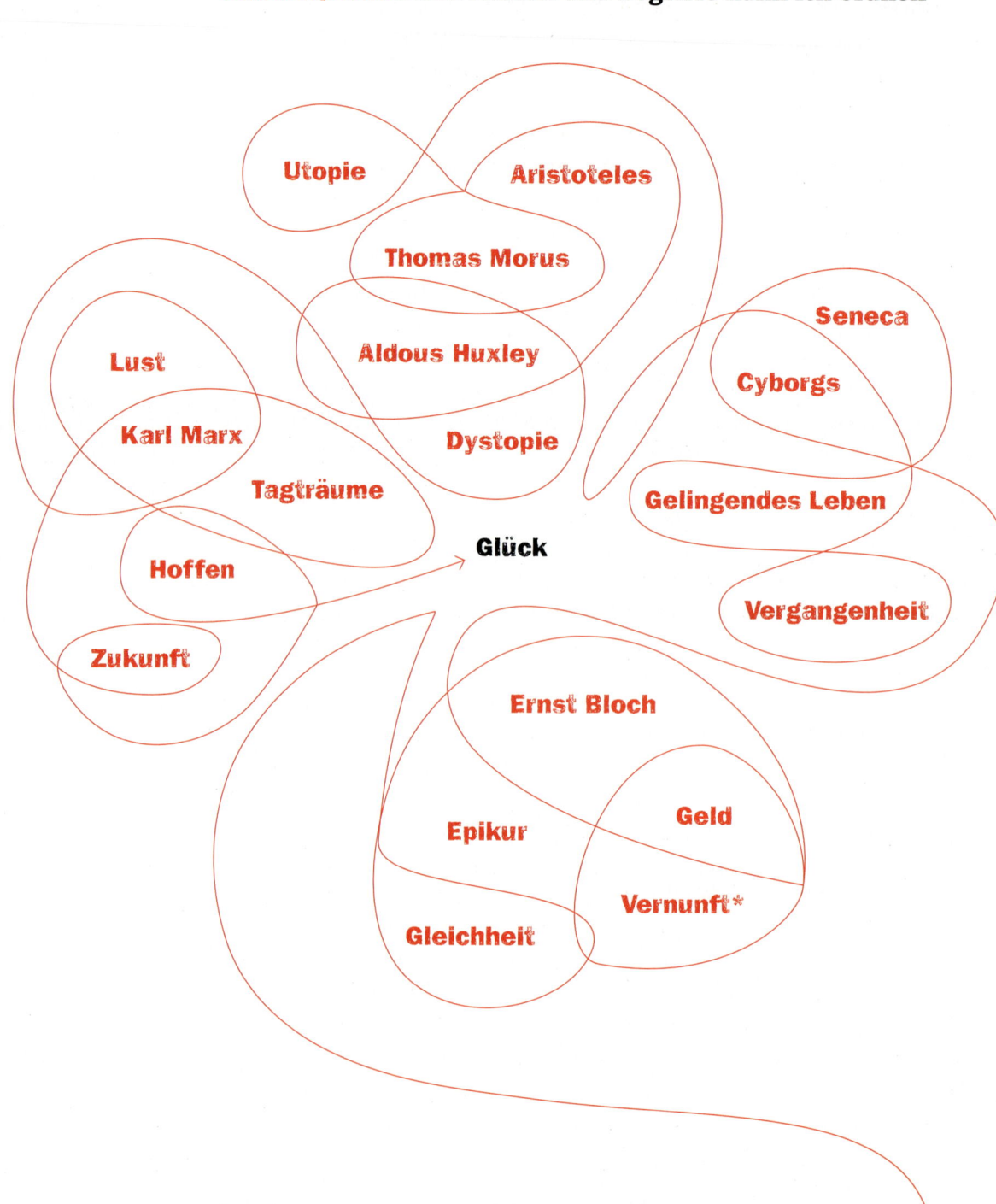

Utopie · Aristoteles · Thomas Morus · Seneca · Cyborgs · Lust · Aldous Huxley · Karl Marx · Dystopie · Gelingendes Leben · Tagträume · Glück · Hoffen · Vergangenheit · Zukunft · Ernst Bloch · Geld · Epikur · Vernunft* · Gleichheit

1. Erläutert an einem Beispiel den Zusammenhang von Glück und Utopie.

Darauf kommt es an: Glück haben und Glücklich-sein"

Jeder Mensch strebt nach Glück – davon war nicht nur **Aristoteles** überzeugt. In der Philosophie wird zwischen **Glück haben** und **Glücklich-sein** unterschieden. Glück haben bezieht sich auf äußere Umstände, die der Mensch nicht beeinflussen kann, während er, um glücklich zu sein, an sich arbeiten muss. Verschiebt
5 man die Perspektive vom individuellen Glück auf die Gesellschaft, rücken Utopien als Träume von einer besseren Welt in den Mittelpunkt. Dazu gehören soziale, technische und religiöse **Utopien**, die eine gerechte, humane Welt beschreiben. Demgegenüber gibt es auch philosophische Entwürfe einer schlechten Welt, sogenannte **Dystopien**, in denen alles Menschliche, z. B. durch die Technik,
10 zerstört wird.

Das kann ich: Merkmale einer Utopie erkennen

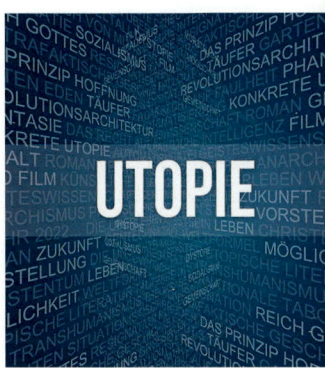

Auf der Suche nach einer neuen idealen Welt irrten wir mit unserem Schiff von Kontinent zu Kontinent. Nach langer Reise landeten wir auf einer Südseeinsel in einem sicheren Hafen. Der lag vor einer großen, aber schön angelegten Stadt, die vom Meer aus einen prächtigen Anblick bot. Exotische Pflanzen und Blu-
5 men, deren Namen wir nicht kannten, säumten die Hafenpromenade. Die Insel war bewohnt, doch schnell töteten wir den Häuptling und übernahmen die Herrschaft über mehrere hundert Untertanen. Überall, wo wir entlangkamen, sammelten sich die Menschen und standen in Reih und Glied. Sofort führten wir eine Zwei-Klassen-Gesellschaft ein, der zufolge die Einheimischen die Insel
10 nicht verlassen dürfen. Die meisten von uns sind den anderen jedoch nahezu unbekannt.
Wir sind stolz auf die strenge Abgeschlossenheit unseres Staates von der Außenwelt. Dies ist unser besonderes Kennzeichen. Unser einziger Kontakt zur Außenwelt besteht zu einem weltweit agierenden Getränkehersteller. Wir haben
15 unsere Quellen mit Sauerstoff und Mineralien versetzt und exportieren es als „Paradieswasser" in die ganze Welt. Dadurch verdient unsere Gemeinschaft im zweistelligen Milliardenbereich. Das Geld liegt auf einem Schweizer Nummernkonto und dient als Polster, falls eine Naturkatastrophe geschieht.
Jeder auf unserer Insel kennt seinen Platz. Er ist für diesen Platz geboren, und
20 durch die mühsame Disziplin bei seiner Ausbildung, seiner Erziehung und durch gewisse ärztliche Eingriffe, die er über sich ergehen lassen muss, wird er schließlich für seine Aufgabe so vollkommen vorbereitet, dass ihm jegliche Ideen, die über diese Aufgabe hinausgehen, fehlen. Für uns gibt es keine Freiheit und niemand hat ein Recht auf sie.…

Martina Denda

2. Im obigen Text hat die Autorin einiges durcheinandergebracht: Überprüft die Zeilen im Hinblick auf die Merkmale einer Utopie. Welche Passagen sind gelungen? Welche Teile sind misslungen? Begründet eure Entscheidung.

Kapitel 4:
Liebe ist wie Achterbahn-Fahren!?

Liebe ist wie eine Achterbahn; mal ist man oben und mal unten.
Aber immer kribbelt es im Bauch.
Lasse, 15 Jahre

1. Sprecht darüber, warum Lasse die Liebe mit einer Achterbahn vergleicht.
2. Sucht euch eine Frage von Martina Denda aus und beantwortet sie.

Fragen über die Liebe

Was ist wichtiger in der Liebe: die Dauer oder die Intensität?
Was bevorzugst du: eine große oder viele kleine Lieben?
Welches Gefühl hast du, wenn du eine alte Liebe wiedertriffst?
Was würdest du nicht tun, um geliebt zu werden?
Wie wichtig ist dir die Drei-Wort-Formel *Ich liebe dich*?
Auf einer Skala von 1 (unwichtig) bis 10 (ganz wichtig):
Welchen Stellenwert hat die Liebe für dich?

Martina Denda

In diesem Kapitel lernst du
– unterschiedliche Formen von
  Liebe zu unterscheiden
– über Begriffe wie „Liebe" und
  „Sex" nachzudenken
– die Bedeutung von ver-
  antwortlichem Umgang mit
  Sexualität kennen

Dabei nutzt du
– die Technik des Interviews
– den Work of Art-Talk
– kreative Schreibformen
– Bildbetrachtungen
– die Pro- und Kontra-Diskussion

**Du beurteilst und
bewertest**
– Ehrlichkeit in der Liebe
– ob Liebe auch eine Illusion
  sein kann
– Liebe als Ware

Kribbeln im Bauch

LAILA, WORAN MERKT MAN, DASS MAN VERLIEBT IST?

Je ne parle pas français[1]

Ich hab' mich irgendwie verlaufen
Hab' keinen Plan, wohin ich geh'
Steh' mit meinem kleinen Koffer
Hier auf den Champs-Élysées
5 Auf einmal sprichst du mich an
„Salut, qu'est-ce que vous cherchez?"[2]
Ich sag': „Pardon, es tut mir leid
Ich kann dich leider nicht versteh'n!"

Doch du redest immer weiter
10 Ich find's irgendwie charmant
Und male zwei Tassen Kaffee
Mit ,nem Stift auf deine Hand

Je ne parle pas français
Aber bitte red weiter
15 Alles, was du so erzählst
Hört sich irgendwie nice an
Und die Zeit bleibt einfach steh'n
Ich wünscht', ich könnte dich versteh'n
Je ne parle pas français
20 Aber bitte red weiter […]

Die Sonne fällt hinter die Häuser
Schiffe zieh'n an uns vorbei
Und alles, was wir woll'n
Dass der Moment noch etwas bleibt
25 Um uns über tausend Menschen
Sie reden aufeinander ein
Doch die Sprache, die wir sprechen
Die verstehen nur wir zwei

Je ne parle pas français […]

Namika, *Sängerin*

1: „Ich spreche nicht Französisch."

2: „Hallo, was suchen Sie?"

Liebe ist ein Urbedürfnis

„Liebe ist nur ein Wort", so hieß ein Bestseller von Johannes Mario Simmel. Die Aussage stimmt und irritiert zugleich: Nur ein Wort – aber was für eines! Kaum ein Wort, das so häufig in der Sprache gebraucht wird, kaum, ein Wort auch mit so vielen schillernden Bedeutungen. Da gibt es die geschlechtliche Lie-
5 be zwischen Männern und Frauen, zwischen Männern untereinander, zwischen Frauen [siehe auch die nächste Seite]. Menschen können miteinander „Liebe machen" oder können „sich lieben", was beides Umschreibungen für die sexuelle Betätigung sind. „Sich lieben" aber können sie auch geistig: begehrend, verehrend, zärtlich, leidenschaftlich, mit allen Sinnen, von allen Sinnen, auf Distanz,
10 offen oder heimlich, flatterhaft oder treu.
Aber Liebe gibt es bekanntlich nicht nur zwischen zwei Personen, die sich einander zugehörig fühlen. Man liebt auch, je nachdem, seine Kinder, in gewissem Sinn seine Freunde, seine Haustiere, wilde Tiere, die Heimat, die Natur, die Großstadt, manche auch ihr Auto, viele einfach das Leben – die Möglichkeiten
15 sind unerschöpflich.
Liebe ist ein Urbedürfnis des Menschen, lieben zu können eine Urgabe. Liebe ist Emotion – also das Gegenteil von Ratio. Im Kern nicht steuerbar, und vielleicht auch deshalb so gefährdet.

Klaus Waller

1: Klaus Waller (geb. 1946) ist Journalist und Buchautor. Er hat u. a. ein Lexikon der Werte und Tugenden veröffentlicht („Von Achtung bis Zivilcourage").

Wir philosophieren: Ein Interview führen

1. Vorbereitung des Interviews > Ihr solltet die Fragen vorher genau überlegen. Achtet darauf, möglichst offene Fragen zu stellen. Eine Frage ist offen, wenn man sie nicht nur mit „Ja", „Nein" beantworten kann. Überlegt, auf welche Weise ihr die Antworten der Befragten notiert. Beratet, welche Klassenstufen für eure Interviews interessant sind. Organisiert, wer welche Klassen wann befragt. Als Muster für eure Interview-Fragen könnte ihr die Interviews mit Philosophinnen und Philosophen sowie anderen Persönlichkeiten in diesem Buch heranziehen.

2. Durchführung des Interviews > Stellt euch zuerst vor: Name und Anlass der Befragung. Sagt ihm oder ihr, wofür ihr die Ergebnisse benötigt und ob sie veröffentlicht werden. Stellt eine angenehme Atmosphäre her. Vermeidet Kettenfragen, das heißt mehrere Fragen hintereinander zu stellen.

3. Auswertung des Interviews > Fertigt ein Wandplakat an, auf dem ihr die Ergebnisse in eurer Schule präsentiert, so dass sich alle informieren können.

---

1. Gestaltet die Sprechblase des Vaters in eurem Heft und vergleicht untereinander eure Ideen.
2. Habt ihr ähnliche Situationen wie Namika erlebt? Erzählt darüber in einem Miniaturtext*.
3. Stellt eine Verbindung zwischen dem Lied von Namika und dem Thema „Liebe" her. Bezieht dabei auch die Gedanken von Klaus Waller ein.

4. **Projektvorschlag:** Führt an eurer Schule ein Interview durch zum Thema „Was verbindet ihr mit dem Wort ‚Liebe'?" (zur Methode: siehe oben).
🦉 Begründet, warum Liebe ein Urbedürfnis des Menschen ist. Diskutiert auch darüber, ob die Liebe als Emotion im Gegensatz zur Ratio steht und nicht gesteuert werden kann.

Liebe hat viele Gesichter

Erotische Liebe

Die plötzlich entfachte Liebe aus Übermacht ist die, die niemand zu deuten vermag.

Mechthild von Magdeburg[1]

1: Mechthild von Magdeburg (1212–1283) lebte im Kloster Helfta bei Eisenach. Sie schrieb das Buch „Das fließende Licht der Gottheit", in dem sie auch über verschiedene Formen der Liebe nachdachte.

Auguste Rodin: Der Kuss, 1899

Selbstliebe

2: Zum Begriff der Tugend siehe die Seiten 94 und 259.

3: Erich Fromm (siehe Seite 113)

Wenn es eine Tugend[2] ist, meinen Nächsten als ein menschliches Wesen zu lieben, dann muss es doch auch eine Tugend und kein Laster sein, wenn ich mich selbst liebe, da ja auch ich ein menschliches Wesen bin. Liebe zu meinem Selbst ist untrennbar mit der Liebe zu allen anderen Wesen verbunden. Liebe ist grund-
5 sätzlich unteilbar; man kann die Liebe zu anderen Menschen nicht von der Liebe zum eigenen Selbst trennen. Echte Liebe ist Ausdruck inneren Produktivseins und impliziert Fürsorge, Achtung, Verantwortungsgefühl und Erkenntnis. Sie ist kein Affekt in dem Sinn, dass ein anderer auf uns einwirkt, sondern sie ist ein tätiges Bestreben, das Wachstum und das Glück der geliebten Person zu fördern.
10 Dieses Streben aber wurzelt in unserer eigenen Liebesfähigkeit auch uns selbst gegenüber. Selbstsucht und Selbstliebe sind keineswegs identisch, sondern in Wirklichkeit Gegensätze. Es stimmt zwar, dass selbstsüchtige Menschen unfähig sind, andere zu lieben, aber sie sind auch nicht fähig, sich selbst zu lieben.

Erich Fromm[3]

🦉 Liebe zur Weisheit

> *In seinem Dialog „Symposion" erzählt der griechische Philosoph Platon[1] von einem „Trinkgelage" des Philosophen Sokrates[2] mit seinen Schülern. Dabei geht es nur um ein Thema – die Liebe. Plötzlich taucht die Philosophin Diotima[3] auf und erklärt Sokrates, welche Form der Liebe ihrer Meinung nach die höchste ist.*

1: Platon (siehe Seite 199)

2: Sokrates (siehe Seite 96)

3: Diotima (um 420 v. Chr.) soll Priesterin in Mantinea gewesen sein. Es wird erzählt, Sokrates habe sie in jungen Jahren gebeten, ihn in die Kunst der Liebe einzuführen. Ob sie eine reale Person war oder nur eine Fiktion von Platon, ist bis heute umstritten.

Kein Gott philosophiert oder begehrt, weise zu werden, sondern er ist es, noch auch, wenn sonst jemand weise ist, philosophiert dieser. Ebenso wenig philosophieren auch die Unverständigen oder bestreben sich, weise zu werden. Denn das ist eben das Arge am Unverstande, dass er, ohne schön und gut und vernünftig

5 zu sein, doch sich selbst ganz genug zu sein dünkt. Wer nun nicht glaubt, bedürftig zu sein, der begehrt auch das nicht, dessen er nicht zu bedürfen glaubt. – Wer also, sprach ich, Diotima, sind denn die Philosophierenden, wenn es weder die Weisen sind noch die Unverständigen?

Das muss ja schon, sagte sie, jedem Kinde deutlich sein, dass es die zwischen

10 beiden sind, zu denen auch Eros gehören wird. Denn die Weisheit gehört zu dem Schönsten und Eros ist Liebe zu dem Schönen, so dass Eros notwendig weisheitsliebend ist und also als philosophisch zwischen den Weisen und Unverständigen mitteninne steht. Und auch davon ist seine Herkunft Ursache; denn er ist von einem weisen und wohlbegabten Vater, aber von einer unverständigen und dürf-

15 tigen Mutter. Dies also, lieber Sokrates, ist die Natur dieses Dämons. Was du aber glaubtest, dass Eros sei, ist nicht zu verwundern. Du glaubtest nämlich, wie ich aus dem, was du sagst, vermuten

20 muss, Eros sei das Geliebte, nicht das Liebende. Daher, meine ich, erschien dir Eros so wunderschön. Denn das Liebenswerte ist auch in der Tat das Schöne,

25 zarte, Vollendete, Seligzupreisende. Das Liebende aber hat ein anderes Wesen.

Platon

Anselm Feuerbach: Das Gastmahl des Platon, 1869

---

1. Deutet den Ausspruch von Mechthild im Zusammenhang mit Platons Symposion. Formuliert dazu in eurem Heft selbst einen Aphorismus*.

2. Arbeitet heraus, wie Erich Fromm die Wichtigkeit der Selbstliebe begründet. Positioniert euch anschließend zu den Gedanken von Fromm und überlegt, ob es stimmt, dass selbstsüchtige Menschen andere nicht lieben können.

🦉 Erschließt den Text von Platon nach der Methode von Seite 219 und sucht für ihn eine neue Überschrift. Bezieht in eure Deutung auch das Bild von Anselm Feuerbach ein.

3. Projektvorschlag: Gestaltet eine Collage* zu den verschiedenen Formen der Liebe. Weitere Formen wie Elternliebe oder Mutterliebe findet ihr in dem Kapitel „Jung und Alt".

Wenn ein Mädchen ein Mädchen liebt

Das Gefühl zu platzen

Als Lea 15 ist, zieht Nele mit ihrer Mutter aus Berlin nach Cottbus. Nele bringt
von Anfang an Farbe und Aufregung in die Klasse. Alles an ihr ist anders, bunter,
schriller. Lea und Nele verstehen sich von Anfang an gut, lernen zusammen, gehen
in die neusten Filme. Auf einer Party tanzen sie eines Tages zusammen und irgend-
5 wann knutschen sie. Und das fühlt sich für Lea an, wie endlich zu Hause angekommen zu sein. Als ihr klar wird, dass sie ein Mädchen liebt und anders ist
als die anderen, fahren ihre Gedanken plötzlich Achterbahn. Monatelang wispert
Lea vor sich hin und fragt sich, was passieren würde, wenn sie es laut hinaus-
schreit: „Ich liebe ein Mädchen!" Stell dir vor, du bist frisch verliebt und kannst
10 es niemandem erzählen! Irgendwann hat Lea das Gefühl zu platzen …

Martina Denda

Wissen und Merken: Sexuelle Orientierungen

Linktipp Bundeszentrale für
gesundheitliche Aufklärung:
http://www.bzga.de
(Suchbegriff: „sexuelle
Orientierungen")

Sexuell orientieren sich die meisten Menschen an Personen des jeweils anderen
Geschlechts, sind also *heterosexuell*. *Homosexuelle* hingegen fühlen sich von
Personen des eigenen Geschlechts angezogen – sie sind entweder *schwul* oder
lesbisch. Menschen, die sowohl Frauen als auch Männer als begehrenswert emp-
5 finden, nennt man *bisexuell*. *Sexuelle Identität* beschäftigt sich damit, wie das
Individuum sich selbst betrachtet. *Transgender* ist ein Begriff für alle Personen, die
zeigen, dass ihnen die typischen Männer- und Frauenrollen nicht entsprechen.
Das kann sich zum Beispiel durch gezieltes Aufbrechen von *Geschlechterklischees*
(z. B. durch Kleidung) äußern. Menschen werden als *transsexuell* bezeichnet,
10 wenn sie sich wünschen, auch körperlich dem jeweils anderen Geschlecht zu entsprechen.

Ich bin du

Die ursprüngliche Bedeutung von „androgyn"[1] ist „männlich-weiblich". Das Wörterbuch spezifiziert jedoch genauer. Es erklärt den Androgynen zunächst als ein Individuum, das Geschlechtsmerkmale des anderen Geschlechts aufweist, schränkt diese Bedeutung aber dadurch ein, dass sie auf die äußere Gestalt bezogen
5 bleibt und durch den Hinweis auf den legendären Hermaphroditen, der eine menschliche Gestalt mit zwei Geschlechtsapparaten besessen haben soll. Biologisch und medizinisch gesehen ist der Hermaphrodit ein anormales Individuum, eine Missgeburt. Das ist wohl einer der Gründe, warum man sich davor scheut, vom Androgynen zu sprechen.
10 In Wirklichkeit sind wir alle Androgyne, weil die Menschen in mehrfacher Hinsicht und in unterschiedlichem Ausmaß zweigeschlechtig sind. In jedem von uns sind Männliches und Weibliches ineinander verflochten, auch wenn die meisten Kulturen uns lieber als ausschließlich einem Geschlecht zugehörig beschrieben haben. Als Norm galt der Unterschied und der Gegensatz. Die Erziehung hat dafür
15 zu sorgen, dass Zweifel zum Schweigen gebracht werden und dass man lernt, den anderen Teil seines Selbst zu verneinen. Das Ideal ist, von einem eingeschlechtigen Menschen entbunden zu werden: einem „virilen" Mann, einer „femininen" Frau. Doch die Adjektive enthüllen gerade, was man
20 verbergen möchte: dass es nämlich eine ganze Reihe von möglichen Zwischenformen zwischen den beiden Idealtypen gibt.

Elisabeth Badinter

1: Androgyn kommt aus dem Griechischen und heißt „Zwitter".

2: Elisabeth Badinter (geb. 1944) ist eine der wichtigsten französischen Philosophinnen. In ihrem Buch „Ich bin du" plädiert sie dafür, die Grenzen zwischen den Geschlechtern „aufzuweichen".

Peter Behrens: Der Kuss, 1898

1. Versetzt euch in Leas Lage. Schreibt einen fiktiven Brief* an ihre Eltern, in dem Lea von ihrer sexuellen Orientierung erzählt. Lest zu dieser Thematik auch die Seiten 154/155.

2. Wie begründet Elisabeth Badinter, dass die meisten Menschen androgyn sind? Tragt Argumente aus dem Text zusammen.

3. Interpretiert das Bild von Peter Behrens (zur Methode siehe Seite 159). Überlegt, ob es eine Verbindung zum Gedanken der Androgynität hat.

🦉 Sind wir eine androgyne Gesellschaft, in der sich die Geschlechter einander angleichen? Führt dazu eine Pro- und Kontra-Diskussion (zur Methode siehe Seite 113).

Der besondere Text:
Die Welt fällt aus den Angeln

Jetzt bloß nicht heulen

„Ich muss sagen, im Moment hab ich keinen Bock mehr auf uns." Du sitzt da.
Der Satz fällt völlig überraschend. Nie hättest du das erwartet. Du sitzt wie versteinert, alle reden immer von diesem versteinert Dasitzen, jetzt weißt du, man fühlt sich wirklich so. Du bewegst dich nicht. Es reicht nicht einmal, um vor
5 Schreck die Augen aufzureißen. Deine Ohren gehen zu, als ob du in einem startenden Flugzeug säßest. Und ab hier hast du deinen Körper nicht mehr unter Kontrolle. Deine Psyche ergreift die Macht über ihn. Dein Magen produziert quälende Gase, du hast das Gefühl, dringend auf die Toilette zu müssen, und Brechreiz steigt in dir auf. Du zitterst, obwohl dir nicht kalt ist, das Zittern, wenn
10 einem kalt ist, fühlt sich anders an. Tränen? Nein, die kommen erst später. Die Gedanken rasen wirr durcheinander: Was kann ich sagen? Wie kann er mir das antun? Wie kann ich ihn nur vom Gegenteil überzeugen? Was soll ich nur machen? O nein, was passiert hier?
In deinem Gehirn passiert erst mal gar nichts. Du hast seine Bemerkung zwar
15 aufgenommen, doch um das wirklich zu begreifen, brauchst du lange. Dein Herz empfängt die Botschaft zuerst. Auf jeden Fall fühlst du in der linken Brusthälfte einen heftigen Schmerz. Dann fängt dein Herz an, schneller zu schlagen, dein Puls beschleunigt sich. Du willst schreien: „Was? Wie bitte?" So schnell kann es vorbei sein.
20 Es war ja auch zu schön, um wahr zu sein. Monate des Glücks, der Zweisamkeit, kein Streit, keine Krisen, Harmonie, Liebe, Umarmungen, kleine Vertrautheiten, Integrieren in die Familien, Zusammenwachsen des Freundeskreises, Partys, Übernachtungen, Unternehmungen. Es war nicht einfach nur eine Beziehung. Hast du gedacht! Der wichtigste Mensch schickt dich einfach zum Teufel. Nun ja, eher
25 in die Wüste. Denn danach folgt eine lange Durststrecke.
All die Liebe, die du bisher empfangen hast, dieser Schub fürs Selbstbewusstsein, diese Gewissheit, immer jemanden zu haben, der dich liebt, der zu dir gehört – in Sekunden dahin. Ohne Vorankündigung. Batz! Da hast du es. Es mag ihm nicht leichtfallen. Aber dafür kannst du in diesem Moment kein Verständnis aufbringen.
30 Wenn es ihm nicht leichtfällt, hätte er es bleiben lassen sollen. Wieso? Wieso muss es vorbei sein?
Sara, 16 Jahre

Was tun gegen Liebeskummer oder bei anderen Problemen?
Darüber reden kann helfen. Die „Nummer gegen Kummer" steht montags bis samstags von 14 bis 20 Uhr zur Verfügung – anonym und kostenlos:
116111

Ist Liebe nur eine Illusion?

Wenn wir uns verlieben und diese Liebe erwidert wird, erschaffen wir eine groß-
artige Illusion: Wir glauben, dass nahezu alles an dem anderen wunderbar ist.
Diese Illusion wird im Laufe der Zeit mehr und mehr an unseren Bedürfnissen
überprüft; manchmal bleibt von der Faszination viel übrig, manchmal hingegen
5 nur sehr wenig oder gar nichts. Bezeichnenderweise lebt die Illusion des Anfangs
also gerade davon, dass sich die Verliebten nicht kennen. Mit Michael Mary
gesagt: „Gerade dieses Fremdsein schafft die Voraussetzung für ihre scheinbar
vollständige Übereinstimmung. Gerade weil sie sich in vielen Aspekten ihrer
Persönlichkeit nicht kennen, können sie den Eindruck gewinnen, sich ganz und
10 gar zu verstehen. Um den Eindruck des völligen Verstehens nicht zu beschädigen,
konzentrieren sich die Liebespartner darauf, nur Verbindendes zu kommunizieren.
Sie tauschen zärtliche Blicke und Berührungen aus, Küsse und Sexualität, erzählen sich Geschichten aus ihrem Leben, hören sich gegenseitig geduldig zu,
träumen von einer gemeinsamen Zukunft, schwören sich ewige Liebe. Sie kommu-
15 nizieren, was Erwiderung findet, und vermeiden, was Ablehnung hervorruft.
Richard David Precht[1]

1: Richard David Precht
(geb. 1964) ist ein deut-
scher Philosoph und Autor.

René Magritte[2]*: Les Amants
(Die Liebenden), 1928*

2: René Magritte
(1898–1967) war ein belgi-
scher Maler, der sich in
seinen Bildern auch mit
philosophischen Themen
wie Liebe, Freiheit und
Wirklichkeit beschäftigt hat.

1. Gebt dem Text von Sara eine neue Überschrift und
tauscht euch darüber aus, ob ihr ähnliche Situationen kennt. Versucht die letzte Frage aus Saras
Text zu beantworten.

2. Findet Ursachen für das Ende einer Liebe, und
bezieht in eure Überlegungen auch die Gedanken
von Richard David Precht mit ein. Beantwortet
anschließend die Frage aus der Überschrift.

3. Bildet kleine Gruppen und assoziiert zu dem Bild
von René Magritte: Einer von euch beginnt und
äußert in einem Satz einen Gedanken dazu. Der
nächste setzt diesen Gedanken wiederum mit einem
Satz fort, sodass eine gemeinsame Bildinterpreta-
tion entsteht.

🦉 Findet heraus, ob das Bild zu den Gedanken von
Richard David Precht passt.

Philosophisches Forum:
Muss ich in der Liebe immer ehrlich sein?

Ohne Ehrlichkeit keine Liebe

Jonathan lernt beim Schüleraustausch in Bordeaux Jocelyne kennen und verknallt sich in sie. Nach dem gemeinsamen Lagerfeuer der deutschen und französischen Schülerinnen und Schüler am Strand kommen die beiden sich näher – und es passiert mehr, als Jonathan hinterher lieb ist. Nun hat er Gewissensbisse: Soll er seiner Freundin Saskia von Jocelyne erzählen?

1: Simone Debour (geb. 1969) ist Medienunternehmerin und Autorin. Sie hat u. a. die University of Happiness gegründet.

Für viele von uns gilt eines als gesetzt: Ehrlich währt am Längsten. Vor allem in Beziehungen. Egal, mit wem man darüber spricht, „Ehrlichkeit" wird oftmals als Erstes genannt, wenn man danach fragt, was eine gute Beziehung ausmacht. Und das ist auch verständlich. Wir alle haben Angst davor, belogen zu werden.

5 Nicht alles zu erfahren, was den Partner umtreibt. Oder mit wem er sich umtreibt. Schließlich geben wir in einer Beziehung vieles von dem preis, was das Intimste für uns ist. Geheime Gedanken, unsere Körper. Ganz Alltägliches, aber auch vieles von dem, was wir sicher aufgehoben wissen wollen. Und da scheint Ehrlichkeit die beste Strategie. [...]

10 Wer über Betrug in der Partnerschaft nachdenkt und sich mit Freundinnen darüber unterhält, wird immer wieder hören, dass Ehrlichkeit dabei das Wichtigste ist. Wer vom Partner betrogen wurde, möchte alles darüber wissen. Das ist ganz verständlich, denn ein Betrug wirft einen aus der Bahn. Es ist eines der schlimmsten Dinge, die einem in einer Beziehung passieren können.

15 Der Betrogene fühlt sich nicht nur verletzt und belogen, er hat auch Angst: Was hat die oder der andere, was ich nicht habe. Ist sie oder er „besser" als ich? Wie sieht sie oder er aus und was macht dieser Mensch? Das Bedürfnis, einfach alles zu erfahren, wird fast übermenschlich. Wann, warum, wieso? Man kann gar nicht aufhören zu fragen.

20 Und ein Partner, der betrogen hat, sollte dieses Bedürfnis auch ernst nehmen. Denn es hilft, wenn das beide möchten oder können, die Beziehung wieder langsam aufzubauen und Vertrauen zurückzugeben.

Simone Debour [1]

Wissen und Merken: Verantwortung übernehmen

Eine Liebesbeziehung zwischen zwei Menschen bedeutet, dass jeder für die gemeinsame Beziehung verantwortlich ist und entscheiden muss, wie er mit möglichen Konflikten umgeht.

Liebe braucht auch Geheimnisse

Eine Affäre lebt vom Reiz der Geheimhaltung – eben der Tatsache, eine Affäre zu sein. […]

Wenn ein untreuer Partner dennoch die Wahrheit sagen möchte, dann sollte er zuvor überlegen, ob seine Ehrlichkeit möglicherweise mehr Schaden anrichtet,
5 als Nutzen bringt. Bisweilen werden solche Geständnisse aus falsch verstandener Loyalität abgelegt. Mit dem Paar- und Sexualtherapeuten Ulrich Clement gesprochen: „Es kann rücksichtsvoller und sogar liebevoller sein, dem Partner eine Affäre ganz zu verschweigen."

Umgekehrt kann es durchaus ratsam sein, nicht der zermürbenden Frage nach-
10 zugehen, ob die Partnerin oder der Partner tatsächlich wegen Überstunden bei der Arbeit so spät nach Hause kam. Nicht immer sollte man den Dingen auf den Grund gehen, weder alles auskundschaften noch aussprechen. Es kann für einen selbst besser sein, nicht alles so genau wissen zu wollen, dem Partner einen eigenen Lebensbereich zuzugestehen und über manches großherzig hinwegzusehen,
15 wie es der Ehegatte in Arthur Schnitzlers Frau des Weisen tat. Obwohl dieser seine Gattin in flagranti ertappte, ohne dass sie es bemerkte, schlich er leise und unmerklich davon. Er behielt seine Beobachtung ganz für sich und ersparte sich selbst wie auch seiner Frau hierdurch schmerzhafte Konflikte mit ungewissem Ausgang. Von dieser Größe ihres Mannes erfuhr sie nie etwas. Das nennt man
20 Nachsicht, und wir alle haben sie bitter nötig.

Franz Josef Wetz

1: Franz Josef Wetz (geb. 1958) ist Professor für Philosophie an der Pädagogischen Hochschule in Schwäbisch Gmünd. In seinem Buch „Lob der Untreue" diskutiert er verschiedene Aspekte der Liebe.

1. Was würdet ihr Jonathan raten? Verfasst schriftlich einen Blogeintrag* und bezieht auch die Gedanken von Simone Defour und Franz Josef Wetz mit ein.

2. Führt eine Pro- und Kontra-Diskussion: Ehrlichkeit um jeden Preis oder eher „Nachsicht" in Bezug auf die Wahrheit? (Methode siehe Seite 115).

3. „Liebe lebt vom Reiz der Geheimhaltung". Stimmt ihr zu? Begründet euren Standpunkt. Geht dabei auch auf die Frage ein, ob Ehrlichkeit in der Liebe manchmal mehr Schaden anrichten kann.

🦉 Überlegt, ob beide Positionen zu Aufgabe 2 auch etwas Gemeinsames haben. Formuliert eure Gedanken in einem Miniaturtext*.

Liebe als Ware?

Abgerutscht

Nina ist 17 Jahre alt, als sie von zu Hause ausreißt und nach Hamburg geht. Denn sie sehnt sich nach Freiheit und Unabhängigkeit von ihren Eltern. Sie träumt von einer Karriere als Fotomodell und einer eigenen Wohnung. Und als sie in einer Kneipe, in der sie jobbt, den Fotografen Jonas kennenlernt, scheint sich ihr großer Traum zu verwirklichen. Nina merkt allerdings nicht, dass Jonas ihr Verliebt-Sein nur ausnutzt und sie schließlich in die Prostitution treibt.

Das „Netzwerk gegen Menschenhandel" listet Beratungsstellen für von Prostitution betroffene Jugendliche auf, die nach Bundesländern geordnet sind. Suchwörter im Internet sind „Beratungsstellen" und „Liebe ohne Zwang" (*www.liebe-ohne-zwang.de*).

1: Kunden, die für Sex bezahlen

2: Marliese Arold (geb. 1958) ist eine deutsche Kinder- und Jugendbuch-Autorin. Mit ihrem Buch „Abgerutscht" zeigt sie, wie schnell große Träume auf dem harten Boden der Wirklichkeit zerplatzen können.

„Versuch doch mal, noch ein paar Freier[1] mehr zu machen", riet ihr Jonas, nachdem er sie nach Sankt Pauli gebracht hatte. „Red nicht so lange mit den einzelnen Männern, sondern tu einfach, was sie wollen, und hol dir den nächsten. Ich wette, du kannst locker 1000 Euro schaffen." „Das sagst du so einfach", wehrte
5 sich Nina. „Es kostet mich jedes Mal Überwindung. Es widert mich an. Ich kann die Typen noch nicht mal richtig anquatschen." „Das schaffst du schon." Jonas tätschelte ihr die Wange. „Gib dir Mühe und denk dran: Tausend Euro müssen heute Nacht drin sein. Mach's gut, Mäuschen."
„Bestimmt nicht", beteuerte Nina.
Nach **Marliese Arold**[2]

Wissen und Merken: Was heißt Prostitution?

Das Wort Prostitution leitet sich von dem lateinischen Wort *prostituere* ab und bedeutet so viel wie „sich zur Schau stellen". Frauen und Männer werden als Prostituierte bezeichnet, wenn sie sich für sexuelle Handlungen bezahlen lassen, d. h., ihre Körper als Ware anbieten. Prostitution gab und gibt es zu allen Zeiten
5 und in allen Kulturen. Erfolgt sie nicht freiwillig, sprechen wir von „Zwangsprostitution". Innerhalb der Philosophiegeschichte finden sich erste Aufzeichnungen über Prostituierte – im antiken Griechenland „Hetären" genannt – bei Diogenes Laertios. Er rühmte vor allem die griechische Hetäre Lamia von Athen als schöne und gebildete Frau.

Liebe per Mausklick?

Die Bedeutung des Internets fürs Flirten, für den sexuellen Kick und für die Anbahnung kurz- und langfristiger Paarbeziehungen ist in den letzten Jahren rasant gestiegen. […] Nach einer […] Studie des Internetportals

5 Kiss-No-Frog […] verbringen Singles in der Altersgruppe von 20–35 Jahren durchschnittlich dreieinhalb Stunden in der Woche mit der Partnersuche im Internet. Interessant wird diese Zahl, wenn, man sie mit der Zeit der Partnersuche im wirklichen Leben vergleicht – hier ist

10 es gerade einmal eine Stunde pro Woche. So etwa geht man alle vier Wochen Samstagabend vier Stunden aus, um jemanden kennenzulernen. Speeddating-Anbieter setzen dagegen auf die größtmögliche Effizienz. Wo früher nur (geschönte) Bilder und Texte ausgetauscht

15 wurden, kommen heute Webcams und Voice-Chats zum Einsatz: Man kann den anderen „real" sehen und hören. Fehlinvestitionen von Zeit und Energie bei einem Gegenüber, der vorgibt, etwas zu sein, was er nicht ist, sollen damit vermieden werden.

Die Möglichkeiten, sich selbst zu testen und auf andere Menschen zuzugehen,

20 steigen auf den Spielwiesen des Internets rapide an. Was sich in realen Situationen häufig nur verklemmt und verkrampft entwickelt, geht hier spielerisch und leicht über die virtuelle Bühne. Die Suche nach einem Flirt- oder Lebenspartner überwindet nicht nur reale Räume und weitet sich über das unmittelbare Lebens- und Berufsumfeld aus. Sie überwindet auch Skrupel und Selbstzweifel. Das Inter-

25 net wird somit zu einem einzigartigen zweiten „Lebensraum" und auch zum „Liebesraum" mit ganz eigenen Qualitäten. Zwar sind es bislang überwiegend die Jüngeren, die diese Räume nützen. Doch wirklich lebensentscheidend werden sie künftig vermutlich eher für die Älteren. Für sie ist die Partnersuche gemeinhin ja viel schwieriger als für die Jugend. So […] profitieren vor allem Special-Interest-

30 Klienten und Menschen mit einem Manko auf wundersame Weise von der Anbahnung im Internet. Alleinerziehende Mütter und Väter ebenso wie Gehörlose, Suchtkranke und HIV-Positive – für jede Gruppe gibt es mehr als ein eigenes Portal, in dem sich Gleich und Gleich gerne begegnen.

Richard David Precht[1]

1: Richard David Precht
(siehe Seite 69)

---

1. Nina ist abgerutscht und wurde zur Prostitution gezwungen. Diskutiert in kleinen Gruppen über die Ursachen und unterbreitet Vorschläge, wie Nina aus diesem „Job" wieder herauskommen kann.

2. Projektvorschlag: Ladet euch einen Mitarbeiter oder eine Mitarbeiterin von Beratungsstellen gegen Prostitution von Kindern und Jugendlichen in den Ethikkurs ein und befragt sie zu ihrer Tätigkeit.

3. Was kritisiert Richard David Precht an der Liebe in Zeiten des Internets?

4. Diskutiert den Gedanken von Precht, dass in virtuellen Räumen Selbstzweifel und Hemmungen leichter überwunden werden.

🦉 Prüft, ob in virtuellen Partnerbörsen die Liebe auch zur Ware degradiert wird. Entwickelt in kleinen Gruppen Kriterien für eure Meinungsbildung.

Exklusiv:
Ist gelingende Liebe möglich?

Fragen an den Philosophen Markus Tiedemann[1]

1: Markus Tiedemann
(geb. 1970)

> *Markus Tiedemann lehrt Philosophie an der Technischen Universität Dresden.*
> *In seinem Buch „Liebe, Freundschaft und Sexualität" stellt er kontroverse*
> *Antworten der Ideengeschichte vor und lädt zum Weiterdenken ein.*
> *Ilka und Jannis aus Berlin haben ihm dazu einige Fragen gestellt.*

1. Sie haben als Philosoph ein Buch über die Liebe geschrieben. Warum war Ihnen das so wichtig?

Ein wichtiger Aspekt der Philosophie besteht darin, die Bedingungen eines gelungenen menschlichen Lebens zu erforschen. Liebe und Freundschaft gehören
5 definitiv dazu. Bereits im Mutterleib hat eine liebevolle Beziehung positive Auswirkungen auf die Gesundheit des Ungeborenen. Eine glückliche Kindheit ist ganz wesentlich von selbstverständlicher Liebe und Fürsorge abhängig. Spätestens in eurem Alter kommen dann sehr intensive Gefühle wie Begehren, Erregung, Eifersucht oder Liebeskummer hinzu. Mit etwas Glück macht man im Laufe des
10 Lebens sehr intensive Erfahrungen von Intimität und Vertrauen. Liegt es da nicht auf der Hand, zu fragen, was eigentlich den Kern von Sexualität, Liebe und Freundschaft ausmacht?

2. Wie unterscheiden sich Liebe und Freundschaft?

Das hängt sehr davon ab, von welcher Art der Liebe und Freundschaft wir
15 sprechen. Auf den ersten Blick gibt es zwei Unterschiede: Einseitigkeit und Freiwilligkeit. Jeder, der schon einmal unglücklich verliebt war, weiß, dass Liebe einseitig und unfreiwillig sein kann. Eine Freundschaft schließe ich freiwillig und sie ist wechselseitig. Strenggenommen gibt es daher nur Naturliebhaber, keine Naturfreunde. Die Natur empfindet ja keine Wertschätzung oder Fürsorge für uns.
20 Bei dem, was viele Philosophen als „reife" Liebe und „wahre" Freundschaft bezeichnen, sehe ich diese Trennung jedoch nicht: Wahre Freunde lieben einander und wahre Liebende sind Freunde

3. Sind wahre Liebe und Freundschaft eine Utopie oder doch für jeden von uns möglich?

25 Wieder kommt es auf die Ebenen der Liebe und Freundschaft an. Verlieben kann sich fast jeder. Auch Freundschaften zum Zweck eines wechselseitigen Nutzgewinns wie Fußballspielen, Kostenteilung, Abschreiben, One-Night-Stands usw. sind recht leicht. Sie sind „wahr" im Sinne von „real".
„Wahre" Liebe und Freundschaft beruhen hingegen auf einer Wertschätzung, ohne dass man selbst einen konkreten Vorteil aus der Beziehung zieht. In beiden
30 Fällen gilt die Zuneigung dem Wesenskern des anderen, seinem Charakter, seinem

Verhalten, wenn es wirklich um Gut und Böse geht. Diese Beziehungen sind keine Utopien, aber sehr, sehr selten. Sie erfordern vor allem eines: harte Arbeit am eigenen Charakter. Wer Liebe und Freundschaft zu wahrhaft guten Menschen will, muss selbst erst einmal einer werden.

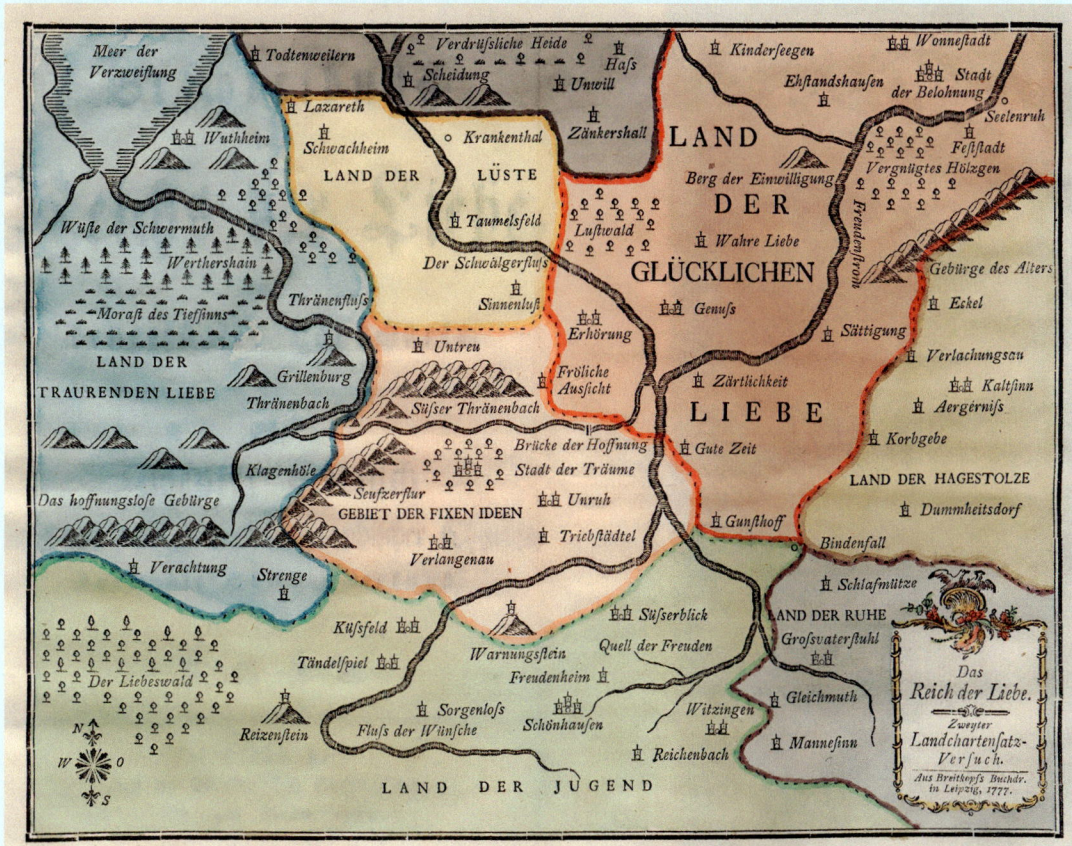

Johann Gottlob Emmanuel Breitkopf: Das Reich der Liebe. Kupferstich (koloriert), 1777

35 *4. In Platons Buch „Symposion" bezeichnet die Philosophin Diotima die Liebe zur Weisheit als höchste Form der Liebe. Sehen Sie das auch so?*
Entscheidend ist, was wir unter Weisheit verstehen wollen. Wenn Weisheit bedeutet, ein Leben ohne Lust und Leidenschaft in der reinen Betrachtung abstrakter Ideen zu verbringen, lautet die Antwort NEIN! Wenn Weisheit aber für die
40 Erkenntnis steht, dass es Wahrheiten gibt, die unabhängig von meiner Meinung gelten und dass Ideale und Menschen existieren, die wertvoller als mein eigenes Leben sind, dann lautet die Antwort JA!

1. Beantwortet in einem Satz, was für euch den Kern von Freundschaft, Liebe und Sexualität ausmacht.

2. Interpretiert in kleinen Gruppen anhand von Beispielen die geografischen Bezeichnungen der Landkarte des Reichs der Liebe: Land der glücklichen Liebe, Land der trauernden Liebe, Land der Lüste, Meer der Verzweiflung sowie das Gebiet der fixen Ideen. Vergleicht eure Ergebnisse anschließend im Plenum.

3. Markus Tiedemann spricht von „harte(r) Arbeit am eigenen Charakter", die für eine gelingende Liebe nötig sei. Formuliere drei Eigenschaften oder Merkmale deines Charakters, mit denen du nicht zufrieden bist. Überlege, was du künftig ändern könntest.

Wissen und Verstehen:
Liebe ist wie Achterbahn-Fahren!?

Das weiß ich: Diese Namen und Begriffe kann ich ordnen

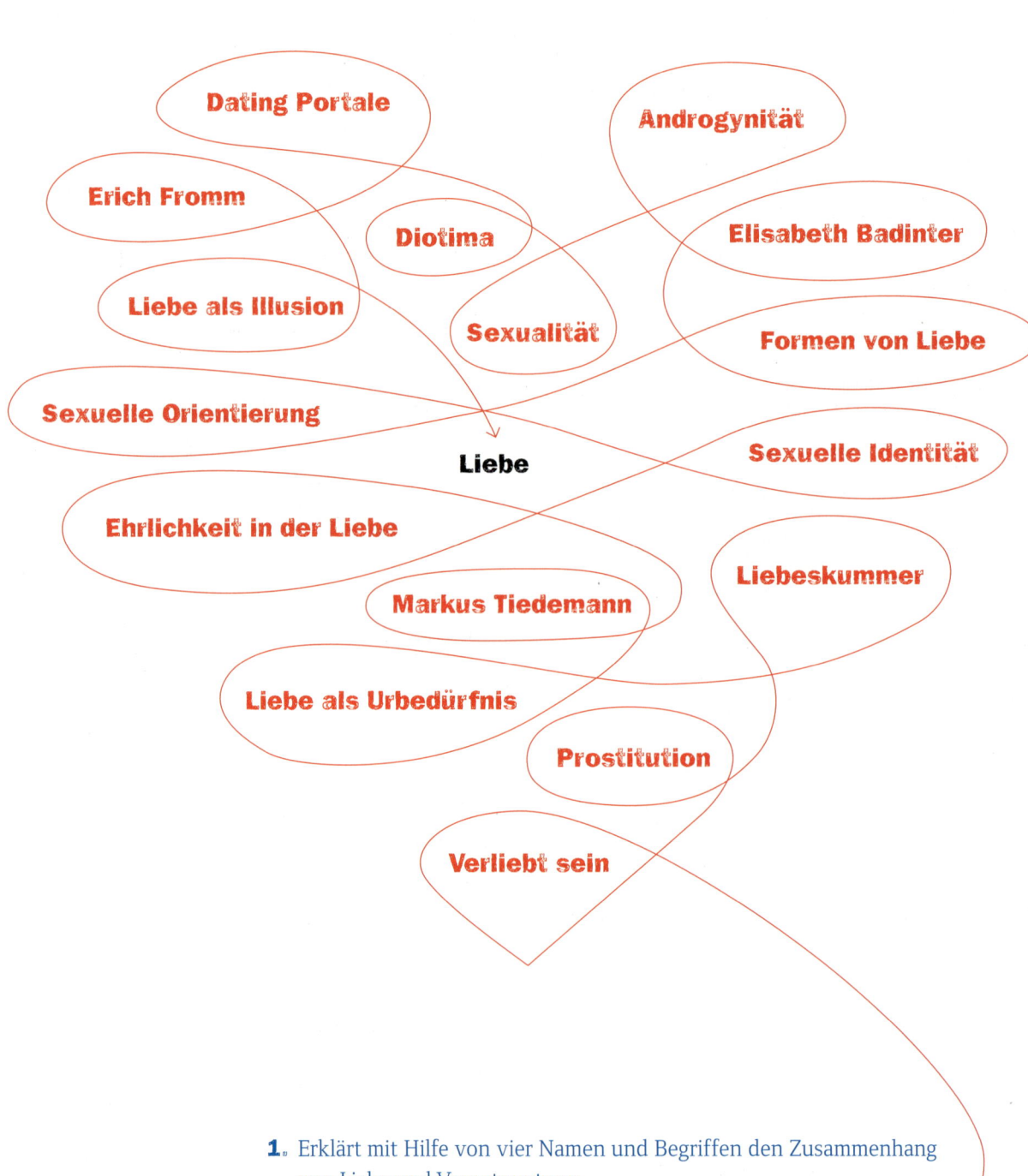

Dating Portale

Androgynität

Erich Fromm

Diotima

Elisabeth Badinter

Liebe als Illusion

Sexualität

Formen von Liebe

Sexuelle Orientierung

Liebe

Sexuelle Identität

Ehrlichkeit in der Liebe

Liebeskummer

Markus Tiedemann

Liebe als Urbedürfnis

Prostitution

Verliebt sein

1. Erklärt mit Hilfe von vier Namen und Begriffen den Zusammenhang von Liebe und Verantwortung.

Darauf kommt es an: Liebe in ihrer Vielschichtigkeit verstehen

Liebe ist ein **Gefühl**, das Menschen verbindet und verschiedene Formen hat: Liebe kann sich auf Eltern, Kinder, Freundinnen oder Freunde ebenso wie auf eine Sache oder die Weisheit beziehen. Die **Liebe zur Weisheit** hebt die griechische Philosophin **Diotima** in Platons Dialog „Symposion" hervor, während **Erich Fromm**
5 die **Selbstliebe** als Voraussetzung dafür betrachtet, andere Menschen überhaupt lieben zu können.

Liebe drückt immer auch eine besondere Wertschätzung und eine starke Zuneigung zu dem, den (die oder was) wir lieben, aus. Es gibt neben heterosexuellen auch homosexuelle und transsexuelle Beziehungen; die französische Philosophin
10 Elisabeth Badinter spricht sogar von **Androgynität**. Sie meint damit, dass in jedem Menschen sowohl weibliche als auch männliche Merkmale vorhanden sind, die jeweils eine unterschiedlich starke oder schwache Ausprägung erfahren.

Richard David Precht geht davon aus, dass **Liebe in Zeiten des Internets** zunehmend von kommerziellen Aspekten überschattet wird, da zum Beispiel Dating-
15 Portale davon leben, dass Menschen für die Aussicht auf Liebe „bezahlen".

Das kann ich: Ein Work of Art-Talk führen

Constantin Brâncusi: Der Kuss (vom Künstler gegossen um 1920, nach der Steinskulptur 1907/08)

2. Betrachtet die Skulptur von Constantin Brâncusi. Recherchiert dann zu Platons Mythos vom Kugelmenschen (siehe auch „Denkträume wagen 2", S. 58/59). Schreibt abschließend einen Beitrag zu einem Museumskatalog, der die Skulptur beschreibt und interpretiert.

3. Bringt die Figuren auf dem Bild zum Sprechen, indem ihr das Werk skizzenhaft in eure Hefte übertragt. Startet ein Work of Art-Talk [1]: Verziert das Bild mit Sprechblasen und gestaltet es neu. Prämiert in einem Kurswettbewerb das philosophisch treffendste und gelungenste Ergebnis.

1: Kreatives Kunstwerk-Gespräch (englische Wortkombination)

Kapitel 5:
Wie kann und soll ich handeln? – Ethik in der Diskussion

Handeln allein ist das ausschließliche Vorrecht des Menschen;
weder Tier noch Gott sind des Handelns fähig.

Hannah Arendt*, deutsch-jüdische Philosophin

1. Erweitert den Gedanken von Hannah Arendt, indem ihr Handeln und Moral in Beziehung setzt.

2. Betrachtet die Bilder. Überlegt euch, was in den dargestellten Situationen moralisch gutes Handeln wäre. Schreibt es auf, und bewertet die Bilder am Schluss erneut.

In diesem Kapitel lernst du
- Egoismus und Altruismus zu unterscheiden
- deontologische und utilitaristische Ethik zu vergleichen
- moralische Gefühle und den Kommunitarismus zu verstehen

Dabei nutzt du
- die Diskursethik
- die Methode der Argumentation
- szenisches Gestalten

Du beurteilst und bewertest
- die Überzeugungskraft verschiedener ethischer Theorien
- ob die Schuld eines Menschen abgewogen werden darf
- wie sich moralische Haltungen entwickeln

Darf ich egoistisch handeln?

Ich will die Nummer 1 sein

Muriel spielt mit Begeisterung Theater. Im Fach „Darstellendes Spiel" hat sie immer eine Eins gehabt. Nun beginnt ihr Kurs mit den Proben zu „Romeo und Julia" von William Shakespeare. Für Muriel ist es ganz klar, dass sie die Hauptrolle bekommt. Als ihre Freundin Svea auch Anspruch auf die Hauptrolle erhebt, sagt Muriel zu ihr: „Ich werde mit allen Mitteln versuchen, die Nummer 1 zu sein."

Jeder ist sich selbst am nächsten

1: Adam Smith
(1723–1790) war ein schottischer Philosoph. Er hat sich sowohl mit Ökonomie (z. B. mit der Rolle des freien Marktes) beschäftigt als auch mit moralischen Gefühlen wie Sympathie und Empathie (siehe auch Seite 87).

Jedermann ist von der Natur in erster Linie und hauptsächlich seiner eigenen Fürsorge anvertraut worden. Daher liegt jedermann weit mehr an demjenigen, was ihn selbst unmittelbar betrifft, als an dem, was einen anderen angeht; es wird in geringerem Grade unsere Anteilnahme erwecken, wenn wir etwa vom Tode eines
5 Menschen hören, zu dem wir nicht in besonderer Beziehung gestanden sind, und es wird uns diese Nachricht weit weniger verdrießen oder unsere Ruhe stören als irgendein ganz unbedeutender Unfall, der uns selbst zugestoßen ist.
Jeder fühlt, dass die anderen seinen Hang, sich selbst den Vorzug zu geben, niemals werden nachfühlen können, und dass er ihnen – so natürlich er auch für
10 ihn selbst sein mag – doch immer als maßlos und übertrieben erscheinen muss. Sobald er sich in jenem Licht betrachtet, in welchem ihn, wie er wohl weiß, die anderen betrachten werden, dann sieht er, dass er für diese nur einer aus der Menge ist, in keiner Hinsicht besser als irgendein anderes Individuum dieser Masse. Wollte er so handeln, dass der unparteiische Zuschauer den Maximen seines
15 Verhaltens zustimmen könnte, dann müsste er bei dieser wie bei allen anderen Gelegenheiten die Anmaßungen seiner Selbstliebe dämpfen und diese auf jenen Grad herab stimmen, den andere Menschen noch nachzuempfinden vermögen. Die anderen aber werden ihm seine Selbstliebe so weit nachsehen, dass sie ihm gestatten werden, um sein eigenes Glück in höherem Maße besorgt zu sein und
20 dasselbe mit mehr Ernst und Beharrlichkeit anzustreben als dasjenige irgendeiner anderen Person.
Adam Smith[1]

Der Mensch ist des Menschen Wolf

Egoismus als rücksichtslose Selbstbehauptung

Der englische Philosoph Thomas Hobbes beschreibt den Menschen in einem vorstaatlichen Zustand, dem sogenannten Naturzustand ohne Gesetze. Hobbes geht davon aus, dass alle Menschen in diesem Zustand gleich sind und jeder sich nur um sich selbst kümmert. Dieser natürliche Egoismus des Menschen hat zur Folge, dass die Menschen blind ihre Triebe und Begierden ausleben. Ein Kampf aller gegen alle ist die Folge: „Der Mensch ist des Menschen Wolf."

1: Thomas Hobbes
(1588–1679 gehört zu den führenden Vertretern der philosophischen Staatstheorie des 17. und 18. Jahrhunderts. Sein wichtigstes Buch ist „Der Leviathan", in dem Hobbes auch über die egoistische Natur des Menschen nachdenkt.

Sooft daher zwei ein und dasselbe wünschen, dessen sie aber beide nicht zugleich teilhaftig werden können, so wird einer des andern Feind, und um das gesetzte Ziel, welches mit der Selbsterhaltung immer verbunden ist, zu erreichen, werden beide danach trachten, sich den andern entweder unterwürfig zu machen oder
5   ihn zu töten. [...] Mitbewerbung, Verteidigung und Ruhm sind die hauptsächlichsten Anlässe, dass die Menschen miteinander uneins werden. Mitbewerbung zielt auf Herrschaft und veranlasst Streit über Gewinn; Verteidigung hat Sicherheit zur Absicht und streitet für Wohlfahrt; Ruhm strebt nach einem guten Namen und bewirkt oft über geringfügige Dinge Uneinigkeiten wie z. B. über ein
10 Wort, ein Lächeln, eine Äußerung und über jeden Beweis der Geringschätzung entweder unserer selbst oder unserer Freunde und Anverwandten oder unseres Vaterlandes, Gewerbes und Namens.
Thomas Hobbes[1]

1. Wie können Muriel und Svea ihr Problem lösen? Unterbreitet in Partnerarbeit Vorschläge.
2. Worin besteht der wesentliche Unterschied zwischen den Gedanken von Thomas Hobbes und Adam Smith? Erarbeitet für die beiden Formen des Egoismus eine Definition.
3. Findet Alltagsbeispiele für die verschiedenen Formen der Selbstliebe und vergleicht sie in der Ethikgruppe.
🦉 Der ethische Egoismus nach Adam Smith wird als Theorie moralischen Handelns in der Philosophie anerkannt. Erklärt, warum.

Muss ich anderen helfen?

Hilfe!

Wissen und Merken: Was ist Altruismus?

1: Ludwig Siep (geb. 1942) war Professor für Philosophie an verschiedenen deutschen Universitäten.

Altruismus bedeutet nach Ansicht von Ludwig Siep[1] „Handeln für den „alter", den Anderen – Handeln oder Verhalten, das die Interessen, die Zwecke oder das Wohl anderer begünstigt: „Anders als Kooperation, Tausch oder andere Handlungsformen, die anderen nützen, kommt es beim Altruismus darauf an, dass die
5 eigenen Interessen bewusst und definitiv, das heißt, ohne sich eigene Vorteile davon erwarten zu können, denjenigen der anderen untergeordnet werden." Als wichtiger Kern altruistischen Verhaltens gilt die uneigennützige Hilfe in Notsituationen.

Zwei Sichtweisen auf die menschliche Natur

2: Der **Dalai-Lama** ist das Oberhaupt des tibetischen Buddhismus (siehe Seite 164)

Es gibt zwei Sichtweisen auf die menschliche Natur. Die eine meint, der Mensch sei von Natur aus gewalttätig, rücksichtslos und aggressiv. Die andere glaubt, wir neigen von Natur aus zu Güte, Harmonie und einem friedlichen Leben. Diese zweite Sichtweise entspricht meiner eigenen. Deshalb halte ich die Ethik nicht
5 für die Summe von Geboten und Verboten, die es zu befolgen gilt, sondern für ein natürliches, inneres Angebot, das uns zu Glück und Zufriedenheit mit uns selbst und mit anderen führen kann.
Der **Dalai-Lama**[2]

Caritas[1]

SPERES TIBI ACCIDERE QVOD ALTERI ACCIDIT, ITA DEMVM EXCITABERIS AD OPEM FERENDAM
SI SVMPSERIS EIVS ANIMVM QVI OPEM TVNC IN MALIS CONSTITVTVS IMPLORAT

1: Der Begriff der Caritas kommt aus dem Lateinischen und heißt auf Deutsch „Wohltätigkeit", „Barmherzigkeit" und „Nächstenliebe."

Caritas ist auch der Name einer Hilfsorganisation der römisch-katholischen Kirche mit über 200 internationalen Dachorganisationen (siehe auch *www.caritas.de*).

Pieter Bruegel der Ältere: Caritas. Kupferstich aus der Serie „Die Sieben Tugenden", 1559

🦉 Wohltätigkeit ist Pflicht

Wohltätig, d. h. anderen Menschen in Nöten zu ihrer Glückseligkeit, ohne dafür etwas zu hoffen, nach seinem Vermögen beförderlich zu sein, ist jedes Menschen Pflicht.
Denn jeder Mensch, der sich in Not befindet, wünscht, dass ihm von anderen
5 Menschen geholfen werde. Wenn er aber seine Maxime[2], anderen wiederum in ihrer Not nicht Beistand leisten zu wollen, laut werden ließe, d. h. sie zum allgemeinen Erlaubnisgesetz machte; so würde ihm, wenn er selbst in Not ist, jedermann gleichfalls seinen Beistand versagen oder wenigstens zu versagen befugt sein. Also widerstreitet sich die eigennützige Maxime selbst, wenn sie zum all-
10 gemeinen Gesetz[3] gemacht würde.
Immanuel Kant[4]

2: Grundsatz

3: Hier ist der Kategorische Imperativ gemeint (siehe die folgende Seite).

4: Immanuel Kant (siehe Seite 11)

1. Beschreibt den Comic und verwendet dabei die Begriffe „egoistisch" (Seite 80) und „altruistisch" (Seite 82).
2. Was würden Kant und der Dalai-Lama zu dem Verhalten des Joggers sagen? Begründet euren Standpunkt.
3. Beschreibt das Bild von Peter Bruegel (Methode siehe Seite 242) und untersucht, ob es altruistische Verhaltensweisen zum Ausdruck bringt.
🦉 Erklärt, mit welchen Argumenten Immanuel Kant begründet, dass eigennütziges Verhalten nicht vernünftig ist.

Soll ich tun, was vernünftig ist?

Die Vernunft* als Maßstab für moralisches Handeln

Der norwegische Schriftsteller und Philosoph Jostein Gaarder hat ein Buch über die Geschichte der Philosophie geschrieben; dort erklärt er auch den kategorischen Imperativ von Immanuel Kant. Im folgenden Textauszug diskutieren Sofie und Alberto über das Moralgesetz von Kant.

1: Rationalismus bedeutet, dass alle Entscheidungen auf der Grundlage der Ratio, d. h. der Vernunft* getroffen werden.

2: Allgemein (gültig/anerkannt)

Kant hatte von Anfang an ganz stark den Eindruck, dass der Unterschied zwischen Recht und Unrecht mehr als nur eine Gefühlssache sein musste. Darin stimmte er den Rationalisten[1] zu, die erklärt hatten, es liege in der menschlichen Vernunft*, Recht und Unrecht zu unterscheiden. Alle Menschen wissen, was Recht ist
5 und was nicht, und wir wissen das nicht nur, weil wir es gelernt haben, sondern auch, weil es unserer Vernunft* innewohnt. Kant glaubte, alle Menschen hätten eine praktische Vernunft*, die uns jederzeit sagt, was im moralischen Bereich Recht ist und was Unrecht."

„Sie ist also angeboren?"

10 „Die Fähigkeit, zwischen Recht und Unrecht zu unterscheiden, ist ebenso angeboren wie alle anderen Eigenschaften der Vernunft*. Alle Menschen fassen die Ereignisse in der Welt als ursächlich bestimmt auf – und alle haben auch Zugang zum selben universellen[2] Moralgesetz. Dieses Moralgesetz hat dieselbe absolute Gültigkeit wie die physikalischen Naturgesetze. Es ist für unser moralisches
15 Leben genauso grundlegend wie es für unser Vernunftleben grundlegend ist, dass alles eine Ursache hat, oder dass sieben plus fünf zwölf ist."

„Und was sagt dieses Moralgesetz?"

„Da es vor jeder Erfahrung liegt, ist es „formal". Das bedeutet, dass es nicht mit bestimmten moralischen Wahlmöglichkeiten zusammenhängt. Es gilt für alle
20 Menschen in allen Gesellschaften und zu allen Zeiten. Es sagt also nicht, dass du

in dieser oder jener Situation dies oder jenes tun sollst. Es besagt, wie du dich in allen Situationen zu verhalten hast."

„Aber welchen Sinn hat ein Moralgesetz, wenn es uns nicht sagt, wie wir uns in einer bestimmten Situation zu verhalten haben?"

25 „Kant formuliert sein Moralgesetz als kategorischen Imperativ. Darunter versteht er, dass das Moralgesetz „kategorisch" ist, das heißt, in allen Situationen gilt. Außerdem ist es ein „Imperativ" und damit ein „Befehl" und absolut unumgänglich."

„Hm …"

„Allerdings formuliert Kant seinen kategorischen Imperativ auf verschiedene

30 Weise. Erstens sagt er, wir sollten immer so handeln, dass wir uns gleichzeitig wünschen können, die Regel, nach der wir handeln, würde allgemeines Gesetz. Wörtlich heißt es bei ihm: „Handle nur nach derjenigen Maxime, durch die du zugleich wollen kannst, dass sie ein allgemeines Gesetz werde."

„Wenn ich etwas tue, muss ich also sicher sein, dass ich mir wünschen kann, alle

35 anderen würden in derselben Situation dasselbe tun."

Jostein Gaarder[1]

1: Jostein Gaarder (geb. 1972) arbeitete viele Jahre als Philosophielehrer, bevor er begann, philosophische Romane für Jugendliche zu schreiben. Sein berühmtestes Buch ist „Sofies Welt".

Wissen und Merken: Was ist deontologische Ethik?

Die Ethik Immanuel Kants wird als deontologisch bezeichnet. Der griechische Begriff *deon* heißt auf Deutsch „Pflicht" oder „das Gesollte". Demnach sind Handlungen moralisch gut, wenn die ihnen zugrundeliegenden Motive und Absichten moralisch gut sind. Das Kennzeichen dafür ist, ob eine Handlung auf-

5 grund einer verpflichtenden Regel erfolgt bzw. ausgeführt wurde. Eine solche Regel wäre zum Beispiel „Du sollst anderen Menschen in Not helfen".

Der Kategorische Imperativ

Gönna Warncke: Der Kategorische Imperativ, 2011
Der goldene Barockrahmen symbolisiert die Zeit, in der Immanuel Kant lebte. Die Fragezeichen stehen für die täglichen Entscheidungen, die der Mensch treffen muss.

1. Fasst mit eigenen Worten die Bedeutung des Kategorischen Imperativs für das moralische Handeln zusammen.

2. Interpretiert das Bild von Gönna Warncke: Welche Rolle spielt das Ausrufezeichen?

3. Hätte Immanuel Kant dem Jogger die Belohnung gegeben? Begründet euren Standpunkt.

4. Erklärt weitere verpflichtende Regeln, die ihr bei einigen eurer moralischen Entscheidungen im Alltagsleben zugrunde gelegt habt.

🦉 Kant wollte mit dem Kategorischen Imperativ die Selbstverantwortung des Menschen für sein Handeln stärken. Erfüllt Kants Imperativ diese Forderung? Führt dazu einen Diskurs (siehe dazu Seite 97).

Mit anderen mitfühlen?

> DU HAST EIN GUTES HERZ; DU HAST ALLES GEGEBEN, UM MEINEN SOHN VOR DEM ERTRINKEN ZU RETTEN.

Gefühle als Motor moralischen Handelns

1: David Hume (1711–1770) studierte schon mit 12 Jahren Philosophie an der Universität von Edinburgh. In seiner „Untersuchung über die Prinzipien der Moral" vertrat er die These, dass nur Gefühle wie Mitleid oder Sympathie zu moralischem Handeln motivieren.

David Hume[1] ging davon aus, dass menschliche Handlungen von Lust und Unlust bestimmt werden. Die Vernunft* nimmt im praktischen Handeln im Gegensatz zur theoretischen Tätigkeit des Denkens nur eine dienende Stellung ein. Dies trifft auch auf den Bereich der Ethik zu. Motive für moralisches Handeln
5 können nur Neigungen und Affekte sein. Auf der Basis von Lust und Unlust nennt Hume gut, was Lust hervorruft und schlecht, was Unlust erregt.
Hume unterscheidet zwischen direkten Affekten, die sich auf uns selbst beziehen (zum Beispiel Freude und Kummer) und indirekten Affekten, d. h. moralischen Gefühlen, die andere Menschen betreffen (etwa Achtung und Liebe.
10 Die Vernunft* hat beim moralischen Handeln jeweils nur die Aufgabe, die geeigneten Mittel auszuwählen: Jemand droht im See zu ertrinken, wie gehe ich vor? Was mache ich zuerst? In diesem Sinn ist die Vernunft* für Hume lediglich die „Sklavin der Leidenschaften".

Barbara Brüning

Wissen und Merken: Philosophie der moralischen Gefühle

David Hume gehört zu den wichtigsten Vertretern der Moral Sense Philosophy, die sich in Schottland und England im 18. Jahrhundert entwickelte. Weitere Vertreter waren Anthony Ashley Cooper, Graf von Shaftesbury (1671–1713) und Adam Smith. Shaftesbury ging davon aus, dass Menschen einen angeborenen
5 moralischen Sinn (moral sense) haben, moralisch gut zu handeln. Adam Smith entwickelte auf dieser Grundlage eine „Theorie moralischer Gefühle", in deren Mittelpunkt die Sympathie steht. Sie bewegt Menschen dazu, mit anderen mitzuleiden und ihnen in Notsituationen beizustehen.

Empathie entwickeln

Mag man den Menschen für noch so egoistisch halten, es liegen doch offenbar gewisse Prinzipien in seiner Natur, die ihn dazu bestimmen, an dem Schicksal anderer Anteil zu nehmen, und die ihm selbst die Glückseligkeit dieser anderen zum Bedürfnis machen, obgleich er keinen anderen Vorteil daraus zieht, als das
5 Vergnügen, Zeuge davon zu sein. Ein Prinzip dieser Art ist das Erbarmen oder das Mitleid, das Gefühl, das wir für das Elend anderer empfinden, sobald wir dieses entweder selbst sehen, oder sobald es uns so lebhaft geschildert wird, dass wir es nachfühlen können. Dass wir oft darum Kummer empfinden, weil andere Menschen von Kummer erfüllt sind, das ist eine Tatsache, die zu augenfällig ist,
10 als dass es irgendwelcher Beispiele bedürfte, um sie zu beweisen; denn diese Empfindung ist wie alle anderen ursprünglichen Affekte des Menschen keineswegs auf die Tugendhaften und human Empfindenden beschränkt […].
Da wir keine unmittelbare Erfahrung von den Gefühlen anderer Menschen besitzen, können wir uns nur so ein Bild von der Art und Weise machen, wie eine
15 bestimmte Situation auf sie einwirken mag, dass wir uns vorzustellen suchen, was wir selbst wohl in der gleichen Lage fühlen würden.

Adam Smith [1]

1: Adam Smith (siehe Seite 80)

Herzenshärte anstelle von Mitleid

Hildegard von Bingen erkannte in ihrem Buch „Der Mensch in der Verantwortung", dass manche Menschen nicht die Fähigkeit besitzen, mit anderen mit zu empfinden, denen ein Unheil widerfahren ist. Sie nannte den Mangel an sozialem Mitgefühl Herzenshärte. Menschen ohne moralisches Einfühlungsvermögen sind
5 „ohne jedes Erbarmen und ohne alles Wohlwollen". Sie sind nicht in der Lage, anderen Menschen Gutes zu tun, weil sie es seit frühester Kindheit nicht gelernt haben: „Die Herzenshärte ist unter den Übeln das schlimmste, da sie auf niemanden Rücksicht nimmt und keinem Barmherzigkeit erweist. Sie macht das Menschliche als solches verächtlich und verzichtet darauf, jemandem noch ein Interesse ent-
10 gegenzubringen. Sie freut sich nicht mehr mit einem anderen, noch gibt sie ihm einen guten Rat; in allen Dingen bleibt sie einfach hart."

Nach **Hildegard von Bingen** [2]

2: Hildegard von Bingen (1098–1179) war Äbtissin, Ärztin, Theologin und Philosophin. Sie beschäftigte sich in ihrem Buch „Der Mensch in der Verantwortung" auch mit moralischen und unmoralischen Verhaltensweisen (siehe auch die Seiten 109 und 112/113 zum Gewissen).

1. Charakterisiert an einem Beispiel das Verhältnis von Gefühl und Vernunft* in der Moral Sense Philosophy.
2. Wie begründet Adam Smith die Notwendigkeit, moralisch zu handeln? Diskutiert darüber in der Ethikgruppe.
3. Erzählt schriftlich in einer eigenen Geschichte von einer Situation, in der ihr die von Hildegard beschriebene Herzenshärte erlebt habt.
🦉 Betrachtet die Bilder auf der Auftaktseite erneut und erläutert, wie die dargestellten Situationen von den Vertretern der „Moral Sense"-Philosophie beurteilt werden würden.

Ist moralisch gut, was mir nützt?

🦉 Das Prinzip der Nützlichkeit

1: John Stuart Mill (1806–1873) ist einer der wichtigsten englischen Philosophen. Mit drei Jahren musste er unter Anleitung seines Vaters Griechisch lernen und mit 7 Jahren die Dialoge Platons lesen. Mit seiner Frau, der Philosophin Harriet Taylor-Mill (1897–1858), schrieb er das Buch „Die Hörigkeit der Frau", in dem es um Frauenrechte geht (siehe auch die Seiten 134/135).

Die Auffassung, für die die Nützlichkeit oder das Prinzip des größten Glücks die Grundlage der Moral ist, besagt, dass Handlungen insoweit und in dem Maße moralisch richtig sind, als sie die Tendenz haben, Glück zu befördern, und insoweit moralisch falsch, als sie die Tendenz haben, das Gegenteil von Glück zu bewirken.

5 Unter „Glück" wird dabei Lust (*pleasure*) und das Freisein von Unlust (*pain*), unter „Unglück" Unlust und das Fehlen von Lust verstanden.

Damit die von dieser Theorie aufgestellte Norm deutlich wird, muss freilich noch einiges mehr gesagt werden, insbesondere darüber, was die Begriffe Lust und Unlust einschließen sollen und inwieweit dies von der Theorie offengelassen wird.

10 Aber solche zusätzlichen Erklärungen ändern nichts an der Lebensauffassung, auf der diese Theorie der Moral wesentlich beruht: dass Lust und das Freisein von Unlust die einzigen Dinge sind, die als Endzwecke wünschenswert sind, und dass alle anderen wünschenswerten Dinge (die nach utilitaristischer Auffassung ebenso vielfältig sind wie nach jeder anderen) entweder deshalb wünschenswert

15 sind, weil sie selbst lustvoll sind oder weil sie Mittel sind zur Beförderung von Lust und zur Vermeidung von Unlust. […]

Die Anerkennung der Tatsache, dass einige Arten der Freude wünschenswerter und wertvoller sind als andere, ist mit dem Nützlichkeitsprinzip durchaus vereinbar. Es wäre unsinnig anzunehmen, dass der Wert einer Freude ausschließlich

20 von der Quantität abhängen sollte, wo doch in der Wertbestimmung aller anderen Dinge neben der Quantität auch die Qualität Berücksichtigung findet.

Fragt man mich nun, was ich meine, wenn ich von der unterschiedlichen Qualität von Freuden spreche, und was eine Freude – bloß als Freude, unabhängig von ihrem größeren Betrag – wertvoller als eine andere macht, so gibt es nur eine mög-

25 liche Antwort: Von zwei Freuden ist diejenige die wünschenswertere, die von allen oder nahezu allen, die beide erfahren haben, ungeachtet des Gefühls, eine von beiden aus moralischen Gründen vorziehen zu müssen, entschieden bevorzugt wird.

John Stuart Mill[1]

Wissen und Merken: Was ist teleologische Ethik?

Telos heißt auf Griechisch „Zweck" oder „Ziel". Die teleologische Ethik bezeichnet Handlungen als moralisch gut, wenn der Zweck oder das beabsichtigte Ziel gut sind. Sie formuliert Zwecke und Ziele, die als höchste Ziele allgemein akzeptiert werden können. In der eudämonistischen Ethik des Aristoteles war das höchste
5 Ziel zum Beispiel das gelingende Leben (siehe Seite 45).
Im 19. Jahrhundert haben die beiden englischen Philosophen Jeremy Bentham[2] und John Stuart Mill eine besondere Form der teleologischen Ethik entwickelt: den Utilitarismus. Die Bezeichnung wird von dem lateinischen Begriff *utilitas* abgeleitet, der auf Deutsch „Nutzen" bedeutet. Demnach sind alle Handlungen
10 moralisch gut, die einen individuellen oder allgemeinen Nutzen befördern und ein größtmögliches Übergewicht von guten gegenüber schlechten Folgen bewirken. Jeremy Bentham bezeichnete als höchstes Ziel ethischen Handelns „das größtmögliche Glück der größtmöglichen Anzahl" von Menschen.

2: Jeremy Bentham (1748–1832) war der Lehrer von John Stuart Mill. Er beschrieb die Grundlagen des Utilitarismus in dem Buch „Eine Einführung in die Prinzipien der Moral und Gesetzgebung"

Ethisches Handeln
(wird bestimmt durch)

Motive	Folgen
(Warum mache ich das?)	*(Was folgt daraus?)*
z.B. Grundsätze wie Normen, Prinzipien, Pflichten	z.B. Zwecke und Ziele wie ein gutes Leben

Ethische Theorien

Egoismus und Altruismus	Eudämonistische Ethik
Deontologische Ethik (z.B. I. Kant)	z.B. Aristoteles
Mitleidsethik (z.B. A. Smith)	Teleologische Ethik (z.B. J. St. Mill)
(*Deon* = Pflicht)	(*Telos* = Zweck)

1. Stellt euch vor, ihr wärt der Richter. Würdet ihr dem Jogger die Belohnung geben? Begründet euren Standpunkt.

2. Wie würden die Utilitaristen im Fall des Joggers entscheiden? Sucht Stellen aus dem Text von John Stuart Mill, die geeignet sind, die Meinung der Utilitaristen zu verdeutlichen.

3. Wiederholt in Partnerarbeit anhand des Schemas die wichtigsten Merkmale der bisherigen ethischen Theorien.

🦉 Bildet kleine Gruppen und studiert eine Szene ein: Der Jogger und der Rollstuhlfahrer stehen beide vor dem Richter. Wer soll die Belohnung erhalten? Argumentiert mithilfe von ethischen Theorien und spielt eure Szenen in der Ethikgruppe vor. Wertet eure Entscheidungen anschließend gemeinsam aus.

70 000 Menschen retten und 164 opfern?

Der Major der Luftwaffe, Lars Koch, steht vor Gericht. Er ist 31 Jahre alt, verheiratet und Vater eines zweijährigen Jungen. Er sitzt seit sieben Monaten in Untersuchungshaft, weil er gegen den Befehl seines Vorgesetzten ein von Terroristen gekapertes Flugzeug abschießen ließ, das Kurs auf ein mit 70 000 Menschen besetztes Stadion in München nahm. Zu Beginn des Prozesses ergreift sein Verteidiger das Wort.

Bei der Fotoprobe mit Timo Weissschnur zum Bühnenstück „Terror" im Deutschen Theater Berlin, 2015 (Regie: Hasko Weber; Videokunst: Daniel Hengst)

Besondere Situationen erfordern schnelles Handeln

Sie, verehrte Damen und Herren Richter, müssen heute entscheiden. Folgendes ist passiert: Ein Terrorist entführte eine Passagiermaschine. Er wollte sie mitten in ein Fußballstadion stürzen lassen und so 70 000 Menschen töten. Aber ein Mann – dieser Mann – hatte den Mut und die Kraft zu handeln. Er schoss das
5 Flugzeug ab, alle 164 Insassen starben. Das ist der Vorwurf der Anklage. Und die Staatsanwaltschaft hat recht, Lars Koch hat es getan. Er hat die Menschen in dem Flugzeug getötet, Männer, Frauen und Kinder. Er hat abgewogen: das Leben von 164 unschuldigen Menschen gegen das Leben von 70 000 unschuldigen Menschen. Lars Koch hat gestanden, es getan zu haben, und wir werden daran
10 auch nichts beschönigen.
Aber, meine Damen und Herren Richter, damit endet dieser Prozess nicht, damit beginnt er. 82 Hauptakten, 158 Beiakten, 46 Beweismittelordner, 15 Lichtbild- mappen und so weiter. Das sind die Akten zu diesem Verfahren. Mein Mandant sitzt jetzt seit sieben Monaten in Untersuchungshaft, sein Kind hat er ebenso
15 lange nicht gesehen, seine Frau darf ihn alle 14 Tage für eine halbe Stunde besuchen. Aber die einzige Frage in diesem Verfahren, die einzige Frage, die Sie hier und heute gestellt bekommen, lautet: Durfte Lars Koch diese 164 Menschen töten? Gibt es Situationen in unserem Leben, in denen es richtig, vernünftig und klug ist, Menschen zu töten? Und mehr noch: in denen alles andere absurd und sogar
20 unmenschlich wäre?

Wir leben in einer unsicheren Welt

Natürlich, diese Fälle sind so furchterregend, dass sie uns selbst infrage stellen. Aber zu glauben, dass es sie nicht gibt, weil es sie nicht geben darf - das ist nicht nur naiv, es ist gefährlich, sehr gefährlich, sogar. Es geht nicht anders: Wir müssen uns damit abfinden, dass wir in einer Welt leben, in der das Unvorstell-
5 barste und Schrecklichste längst Realität geworden ist. Wir müssen verstehen, dass es Grenzen für die Prinzipien unserer Verfassung gibt. Und es ist Ihre Aufgabe, verehrte Damen und Herren Richter, Ihre Pflicht, diese Realität zu erkennen und zu bewerten. Ich bin mir sicher: Wenn Sie das tun – aufrichtig tun –, werden Sie am Ende des Verfahrens Lars Koch freisprechen. Sie werden ihn freisprechen,
10 weil er gehandelt hat. Sie werden ihn freisprechen, obwohl er 164 Menschen getötet hat.

Ferdinand von Schirach[1]

1: Ferdinand von Schirach (geb. 1964) ist Strafverteidiger und Schriftsteller. Sein Theaterstück „Terror" wird seit 2015 an verschiedenen deutschen Bühnen gespielt. Deutschlandradio Kultur nannte es eine „Anstiftung zu moralischem Denken."

Timo Weissschnur als Angeklagter Lars Koch bei der Probe zum Bühnenstück „Terror" im Deutschen Theater Berlin, 2015

1. In dem Stück wird das Publikum gefragt, wie es im Fall von Lars Koch entscheiden würde. Wie ist eure Meinung dazu? Tauscht in der Ethikgruppe erste Standpunkte aus (siehe dazu auch die nächsten Seiten).

2. Stellt euch vor, Immanuel Kant und John Stuart Mill säßen im Gerichtssaal. Sie werden anschließend von der Presse nach ihrer Meinung gefragt. Was könnten sie antworten? Lest dazu auch die Seiten 132/133 zur Menschenwürde. Bereitet in kleinen Gruppen die Stellungnahmen vor und spielt anschließend eine Szene, in der die beiden Philosophen von Journalisten befragt werden.

🦉 Beantwortet in einem Essay* die Frage des Verteidigers: „Gibt es Situationen in unserem Leben, in denen es richtig, vernünftig und klug ist, Menschen zu töten?"

Philosophisches Forum:
Schuldig oder nicht?

Lars Koch ist nicht schuldig! *(siehe die Seiten 90/91)*

1: Entscheidung
2: GG = Grundgesetz
Lest zur Menschenwürde
auch die Seite 133 (Position
von Immanuel Kant)

3: Rupert Scholz
(geb. 1937) war Professor
für öffentliches Recht an
der Freien Universität Berlin
und 1988/89 Bundes-
minister für Verteidigung.

Seit den Anschlägen auf die Twin Towers in New
York am 11. September 2001 existiert dieses Horror-
szenario im allgemeinen Bewusstsein: Terroristen
entführen ein Passagierflugzeug, um es gleichsam als
5 lebende Bombe gegen Gebäude, Menschenansamm-
lungen am Boden, Kraftwerke oder Stadien einzusetzen. Was kann angesichts solcher Gefährdungen
helfen? Im Ergebnis sicherlich nur ein Einsatz der
Luftwaffe oder der Einsatz von Luftabwehrraketen.
10 Kampfflugzeuge müssen in solchen Fällen zunächst
versuchen, das entführte Flugzeug zur Landung zu
zwingen, um das Leben der entführten Passagiere
zu retten. Was aber, wenn die Entführer solchen
Forderungen nicht folgen, stattdessen das Flugzeug
15 auf das geplante Angriffsziel abstürzen lassen?
Wenn dies geschieht, verlieren nicht nur viele
Menschen in dem entführten Flugzeug ihr Leben,
sondern darüber hinaus alle jene, die sich in dem
konkreten Angriffsziel befinden. In einer solchen
20 Notlage hilft nur der gezielte Abschuss der entführten Maschine, selbst wenn dieser den Flug-
passagieren in aller Regel das Leben nehmen wird.

Dieser Auffassung hat das Bundesverfassungsgericht allerdings widersprochen.
Es hat eine einschlägige Ermächtigungsnorm[1] im Luftsicherheitsgesetz für un-
25 vereinbar mit dem Recht auf Leben und Gesundheit aus Art. 2 Abs. 2 Satz 1 und
auf Schutz der Menschenwürde gemäß Art. 1 Abs. 1 GG[2] erachtet. Dem ist
jedoch – so schmerzhaft dies ist – nicht zuzustimmen. In einer solchen fast aus-
weglosen Lage muss wenigstens das Leben der in der betreffenden Anlage
versammelten Menschen nach Möglichkeit geschützt werden. Und dies wird im
30 hiesigen Extremfall leider nur über eine entsprechende Abschussentscheidung
gelingen. Dies verkennt das Bundesverfassungsgericht. Es will eine entsprechende
Abschussentscheidung nur dann zulassen, wenn das entführte Flugzeug unbe-
mannt ist oder wenn sich an Bord nur die Entführer, also die Terroristen, befinden.
Wie jedoch die Erfahrung von New York indessen zeigt, werden Terroristen in
35 aller Regel besetzte Passagierflugzeuge entführen, um auch diese Menschen ihres
Lebens zu berauben. Mit anderen Worten: Gleichgültig, wie man im Einzelfall
verfahren will und so schrecklich dies ist, das Leben dieser Passagiere wird in aller
Regel nicht zu retten sein. [...]
Rupert Scholz[3]

Lars Koch ist schuldig!

Unser Grundgesetz enthält ein Prinzip, auf dem die gesamte Rechtsordnung fußt: Die Würde des Menschen ist unantastbar. Daraus ergibt sich, dass jedes menschliche Leben genauso viel wert ist wie alle anderen. Und dass ein Menschenleben deshalb auch nicht eingetauscht, geopfert oder auf sonstige Weise verrechnet werden darf.

1: Juli Zeh (geb. 1974) ist Juristin und Schriftstellerin. Sie hat mit Ilja Trojanow das Buch „Angriff auf die Freiheit" veröffentlicht. Darin kritisiert sie, dass viele Maßnahmen zur Terrorabwehr die Freiheit des Einzelnen gefährden würden.

Mit Blick auf diese Maxime stellt uns der Film „Terror" vor ein Dilemma: Wenn es nun möglich wäre, durch den Tod von 164 Menschen, sagen wir, 70 000 andere zu retten – müsste das nicht die einzig richtige Entscheidung sein? Aber wo verliefe die Grenze, ab welchem Faktor soll denn ein Mensch für andere geopfert werden? 1:500 wäre noch in Ordnung, 1:10 hingegen nicht mehr? Und wie viele Greise braucht man, um ein Kind aufzuwiegen? Wie viele Todkranke darf man opfern, um eine Schwangere zu retten?

Das Bauchgefühl sagt: Der nette und gutaussehende Major Lars Koch kann doch kein Mörder sein! Er ist vielmehr ein Held, wollte das Vaterland verteidigen und Menschen retten. Und die Passagiere in der entführten Maschine wären ja so oder so gestorben.

Das ist das Vertrackte an solchen Szenarien – sie sind immer klar und eindeutig und zielen auf das Bauchgefühl. […]

Wir Menschen sind so leicht zu verführen, weil wir Szenarien ständig mit der Realität verwechseln. In der echten Welt gibt es kein „ganz sicher gerettet" oder „so oder so gestorben". Kein Mensch auf Erden besitzt die Legitimation, zwischen wertvollerem und weniger wertvollem Leben zu unterscheiden. Deshalb hat unsere Verfassung die weise Entscheidung getroffen, dass eine solche Abwägung komplett zu unterbleiben hat. Hintergrund ist nicht zuletzt die Erinnerung an das Grauen der Nazi-Zeit, als Menschenleben auf den Wert von Kennziffern reduziert waren.

An diese Verfassung und nicht an das Bauchgefühl sollten wir uns halten, wenn wir über Lars Koch und seine vermeintlich heldenhafte Entscheidung nachdenken. […]

Dass er von seinen Vorgesetzten keinen Befehl zum Abschuss bekommen hat, liegt daran, dass das Bundesverfassungsgericht den entsprechenden Paragrafen im Luftsicherheitsgesetz für grundgesetzwidrig erklärt hat. In seinem Urteil wendet sich das höchste Gericht ausdrücklich gegen die Sichtweise, dass Menschen in einem solchen Flugzeug nur noch Teil einer Waffe seien und die Staatsorgane deshalb einer Schutzpflicht gegenüber den Leuten im Fußballstadion nachkommen müssten.

Juli Zeh[1]

---

1. Sucht Argumente aus den Positionen von Rupert Scholz und Juli Zeh, die euch überzeugen – oder auch nicht überzeugen.

2. Positioniert euch anschließend noch einmal selbst: Tendiert ihr eher zu schuldig oder nicht schuldig? Schreibt dazu eine Standpunktrede*.

3. Formuliert eure Position danach in einem fiktiven Brief* an Lars Koch.

🦉 Stellt euch vor, ihr müsstet den Eltern eines getöteten Flugpassagiers das Verhalten von Lars Koch erklären. Verwendet dazu den Standpunkt des Utilitarismus (siehe die Seiten 88/89).

Wie entwickeln sich moralische Haltungen?

Ich gebe dir eine neue Familie

Szene in Anlehnung an den Film nach der Erzählung „Ein Menschenschicksal", 1959

Der russische Autor Michail Scholochow[1] hat in seinem Buch „Ein Menschenschicksal" die Geschichte eines sowjetischen Soldaten während des Zweiten Weltkriegs erzählt. Der Schmied Andrej Sokolow nimmt Abschied

5 von seiner Familie und kämpft an der Front gegen die deutschen Truppen, die 1941 die Sowjetunion überfallen hatten. Er gerät verwundet in Gefangenschaft und muss zwei Jahre in einem Konzentrationslager leiden. Eines Tages gelingt ihm die Flucht mit Geheimpapieren, die er

10 den sowjetischen Truppen übergibt. Als er in sein Dorf zurückkehrt und seine Familie in die Arme schließen will, steht er vor einem Trümmerhaufen. Seine Frau und seine beiden Töchter sind bei einem deutschen Luftangriff ums Leben gekommen. Sein Sohn ist in den letzten Kriegstagen gefallen,

15 und Andrej fühlt sie allein auf der Welt. Sein Leben erscheint ihm sinnlos. Da trifft er eines Tages den Waisenjungen Wanja, der seine Eltern sucht und sie nicht finden kann. Er hat vergessen, wie sie aussehen und wie es sich anfühlt, gestreichelt zu werden. Die Behörden haben ihm gesagt, seine Eltern seien im Krieg umgekommen. Wanja ist traurig, doch Andrej kann plötzlich wieder lächeln. Er

20 sagt Wanja, dass er sein Vater sei und schließt ihn in die Arme.

1: Michail Scholochow (1905–1984) war ein russischer Schriftsteller. Er erhielt 1965 den Nobelpreis für Literatur, u. a. für den Roman „Der stille Don" über die russische Revolution von 1917.

Was ist kommunitaristische Ethik?

Andrej Sokolow verkörpert moralische Tugenden wie Mut, Liebe und Mitmenschlichkeit. Er hat dem Waisenjungen Wanja eine neue Familie gegeben. Die Vertreter der kommunitaristischen Ethik wie Alasdair MacIntyere, Michael Walzer (siehe Seite 145) oder Amitai Etzioni (siehe Seite 19) gehen davon aus, dass Menschen

5 nur als Mitglieder von Gemeinschaften wie zum Beispiel der Familie – *communitas* ist das lateinische Wort für Gemeinschaft – moralische Haltungen entwickeln können. Moralische Haltung ist ein moderner Ausdruck für den Begriff der Tugend. Er wurde in der griechischen Philosophie insbesondere von Aristoteles verwendet (siehe Seite 45).

10 Tugend bedeutet, dass sich die Menschen durch fortwährende Übung eine bestimmte Lebenshaltung zu eigen machen, die sie befähigt, moralisch gut zu handeln. Für dieses Ziel sollten alle Kräfte gebündelt werden. Allerdings kann niemand von außen dazu gezwungen werden; jeder Mensch muss sich sozusagen aus eigenem Antrieb entschließen, moralisch gut handeln zu wollen. Deshalb meinte

15 Immanuel Kant (siehe Seite 11), dass Tugenden so etwas wie die „moralische Stärke" des Menschen seien.

Barbara Brüning

Verwurzelung

Verwurzelung ist wohl das wichtigste und am meisten verkannte Bedürfnis der menschlichen Seele. Es zählt zu denen, die sich nur sehr schwer definieren lassen. Der Mensch hat eine Wurzel durch seinen wirklichen, aktiven und natürlichen Anteil am Dasein eines Gemeinwesens, in dem gewisse Schätze der Vergangen-
5 heit und gewisse Vorahnungen der Zukunft am Leben erhalten werden. Natür-
licher Anteil heißt: automatisch gegeben durch den Ort, die Geburt, den Beruf, die Umgebung. Jeder Mensch braucht vielfältige Wurzeln. Fast sein gesamtes moralisches, intellektuelles und spirituelles Leben muss er durch jene Lebensräume vermittelt bekommen, zu denen er von Natur aus gehört.
Simone Weil[1]

1: Simone Weil (siehe Seite 247)

 Das gute Leben braucht Gemeinschaften

Ich bin der Sohn oder die Tochter von jemandem, der Vetter oder Onkel von ir-
gendwem; ich bin ein Bürger dieser oder jener Stadt, ein Mitglied dieser oder jener Zunft oder Berufsgruppe; ich gehöre zu dieser Sippe, jenem Stamm, dieser Nation. Was also gut für mich ist, muss gut für jemanden sein, der diese Rollen innehat.
5 Als solcher erbe ich aus der Vergangenheit meiner Familie, meiner Stadt, meines Stammes, meiner Nation eine Vielzahl von Schulden, Erbschaften, berechtigten Erwartungen und Verpflichtungen. Sie konstituieren[2] das Gegebene meines Lebens, meinen moralischen Ausgangspunkt. Dies verleiht meinem Leben einen Teil seiner moralischen Besonderheit. [...]
10 Man beachte auch, dass aus der Tatsache, dass das Selbst seine moralische Iden-
tität in seiner und durch seine Zugehörigkeit zu Gemeinschaften wie der Familie, der Nachbarschaft, der Stadt und dem Stamm finden muss, nicht folgt, dass das Selbst die moralischen Beschränkungen der Besonderheit jener Gemeinschafts-
formen anerkennen muss. Ohne diese moralischen Besonderheiten dort zu be-
15 ginnen hieße, nie irgendwo zu beginnen; aber in der von solchen Besonderheiten ausgehenden Vorwärtsbewegung liegt die Suche nach dem Guten, nach dem Universellen[3]. Trotzdem kann die Besonderheit nie einfach zurückgelassen oder ausgelöscht werden. [...]
Alasdair MacIntyre[4]

2: Bestimmen

3: Für alle Menschen gültig

4: Alasdair MacIntyre (geb. 1929) ist ein schot-
tisch-amerikanischer Philo-
soph. In seinem Buch „Der Verlust der Tugend" kritisiert er den Egoismus in der modernen Gesellschaft.

1. Erklärt anhand des Schicksals von Andrej und Wanja, welche Rolle eine Gemeinschaft für die Entwicklung von moralischen Haltungen spielt.

2. Fasst die wichtigsten Gedanken von Simone Weil und Alasdair MacIntyre zusammen. Notiert dazu Stichworte an der Tafel.

3. Gestaltet einen Begriffskreis zu dem Wort „Verwurzelung".
Erklärt anschließend, warum Simone Weil meint, dass der Begriff schwer zu definieren sei.

🦉 Simone Weil meint, dass der Mensch vielfältige Wurzeln braucht. Erklärt diesen Gedanken anhand von Beispielen.

Wie können wir Dialoge führen?

LASST UNS MITEINANDER DISKUTIEREN!

DAZU BRAUCHEN WIR REGELN!

DARF ICH ALS FRAU AUCH MITMACHEN?

UND WAS SOLL BITTE BEI UNSEREM DISKURS HERAUSKOMMEN?

ADAM SMITH

IMMANUEL KANT

HILDEGARD VON BINGEN

JOHN STUART MILL

1: Aspasia von Milet (um 460–401 v. Chr.) war die Geliebte des Herrschers Perikles. Sie soll u. a. das Epitaph, die Leichenrede des Perikles, für die Gefallenen im Peleponnesischen Krieg geschrieben haben.

2: Sokrates (469–399 v. Chr.) war neben Platon und Aristoteles der berühmteste Philosoph der Antike. Er berief sich auf sein Gewissen und wurde wegen der Einführung neuer Götter in Athen zum Tode verurteilt. Sokrates hat keine Schriften hinterlassen.

Wie Sokrates philosophieren

Die griechische Philosophin Aspasia von Milet[1] gründete im 5. Jahrhundert vor Christus in Athen einen philosophischen Salon. Dort trafen sich berühmte Persönlichkeiten, um bei Essen und Wein gemeinsam über ein Problem wie zum Beispiel „Muss man immer tapfer sein?" nachzudenken. Jeder, der eingeladen

5 wurde, hatte auch das Recht seine Meinung zu äußern. Zu den häufigsten Gästen gehörte Sokrates[2], der später der Begründer der sokratischen Gesprächsmethode in der philosophischen Tradition wurde. Diese setzt sich zum Ziel, mithilfe von Argumenten ein schwieriges Problem zu klären. Dazu schrieb Gustav Heckmann: „Sokratische Methode im weitesten Sinne wird praktiziert, wo und wann immer

10 Menschen durch gemeinsames Erwägen von Gründen der Wahrheit in einer Frage näher zu kommen suchen. Dieses Bestreben tritt vielfach hier und da in Gesprächen auf. Sokratisch würde ich ein Gespräch nennen, in dem es nicht nur sporadisch auftritt, sondern durchgängig das Gespräch bestimmt; ein Gespräch, in dem durchgängig ein gemeinsames Erwägen von Gründen stattfindet."

15 Auf der Grundlage des sokratischen Gesprächs haben Jürgen Habermas[3] und Karl-Otto Apel[4] die Diskursethik entwickelt. Sie geht davon aus, dass alle Teilnehmerinnen und Teilnehmer an einem Diskurs gleichberechtigte und mitverantwortliche Diskurspartner sind. Sie haben die moralische Verpflichtung, alle Konflikte und Meinungsverschiedenheiten bezüglich eines strittigen Problems in „argumen-

20 tative Diskurse" aufzulösen, mit dem Ziel, einen Konsens zu finden.

Barbara Brüning

Wissen und Merken: Was ist ein Diskurs?

Ein Diskurs oder Dialog ist eine Diskussion zwischen mindestens zwei Personen. *Discursus* bedeutet auf Lateinisch ein „hin und hergehendes Gespräch". In einem Diskurs wird über eine These gestritten, wie zum Beispiel, ob Lars Koch schuldig ist, weil er ein Flugzeug mit Terroristen und 164 Passagieren an Bord abschießen
5 ließ, um 70 000 Menschen in einem Stadion zu retten (siehe die Seiten 90–93). Bei der Diskussion dieser These sollten die Teilnehmenden rational argumentieren und Gesprächsnormen aufstellen.

3: Jürgen Habermas (geb. 1929) gehört zu den wichtigsten deutschen Philosophen des 20. Jh. Er entwickelte die „Theorie des kommunikativen Handelns", deren Kern der argumentative Diskurs ist.

Wir philosophieren: Regeln für einen Diskurs aufstellen

1. Gesprächsziel ist die Antwort auf eine Problemfrage; sie dokumentiert sich in einem Konsens aller am Gespräch Beteiligten, der auf eigener Einsicht und Zustimmung beruht.
2. Alle am Gespräch Beteiligten bemühen sich um eine klare und verständliche
5 Sprache […]
3. Alle am Gespräch Beteiligten bemühen sich um genaues Zuhören und Verstehen der Äußerungen der anderen Gesprächspartner und Gesprächspartnerinnen […]
4. Aufrichtigkeit: Jede/r stellt nur solche Behauptungen auf, hinter denen er oder sie steht.
10 5. Jeder Einzelne, der eine Behauptung aufstellt, übernimmt die Verpflichtung, sie auf Nachfrage zu begründen.
6. Die Gesprächsgruppe ist gemeinsam verantwortlich für den Erkenntnisprozess, in dem […] so unvoreingenommen wie möglich Gründe und Gegengründe für aufgestellte Behauptungen gemeinsam untersucht werden.
15 7. Revisionsbereitschaft: Wer eine neue Einsicht gewonnen oder einen alten Irrtum erkannt hat […], der sollte die Bereitschaft aufbringen, dies um der Problemlösung willen mitzuteilen.

Nach **Gisela Raupach-Strey** [5]

4: Karl-Otto Apel (1922–2017) war ein Philosoph und Vertreter der Diskursethik. Er ging davon aus, dass sich in Diskursen neue moralische Normen entwickeln.

1. Erarbeitet Kurzreferate zu den im Text auf der Seite 96 genannten Philosophen.
2. Bildet kleine Gruppen und ergänzt die Regeln von Gisela Raupach-Strey.
3. Führt einen Diskurs zu dem Problem von Lars Koch. Wählt zwei Beobachterinnen, die während des Diskurses dokumentieren, ob ihr die Gesprächsregeln einhaltet. Wertet euer Gesprächsverhalten anschließend gemeinsam aus.
   Warum sind Argumente in einem Diskurs wichtig? Begründet euren Standpunkt. Lest zur Methode des Argumentierens auch die Seite 37).

5: Gisela Raupach-Strey (geb. 1946) war Gymnasiallehrerin und Lehrerausbilderin an Hochschulen. Sie ist eine wichtige Vertreterin der Sokratischen Gesprächsmethode.

Wissen und Verstehen:
Wie kann und soll ich handeln?

Das weiß ich: Diese Namen und Begriffe kann ich ordnen

1. Baut in Vierergruppen ein Begriffsmolekül* mit den Begriffen und Namen. Ihr müsst nicht alle berücksichtigen.
2. Die Ethik beschäftigt sich mit der Frage nach dem guten Leben. Diskutiert anhand eurer Begriffsmoleküle, unter welchen Umständen ihr ein Leben als ein gelungenes Leben betrachten würdet. Lest hierzu auch noch einmal die Texte von Aristoteles (Seite 45) und Martha Nussbaum (Seiten 16/17).

Darauf kommt es an: Die beiden großen Richtungen der Ethik

Die **Ethik** beschäftigt sich mit der Frage nach dem moralisch guten Handeln. Sie lässt sich als philosophische Disziplin insbesondere in zwei größere Richtungen unterteilen: in die **deontologische Ethik** mit dem Hauptvertreter **Immanuel Kant**, und in die **teleologische Ethik** mit den **Utilitaristen**, z.B. **John Stuart**
5 **Mill**. Deontologisch bedeutet, dass Menschen ihrem Handeln ethische Prinzipien zugrunde legen, etwa den **Kategorischen Imperativ**. Er besagt, dass Menschen immer so handeln sollen, dass ihr Handeln auch allgemeines Gesetz werden könnte. Wenn jemand z.B. lügt und dies moralisch gut findet, dann geht er nach Ansicht von Kant davon aus, dass dies zu einem allgemeinen Gesetz wer-
10 den sollte.
Die Utilitaristen hingegen beurteilen moralisches Handeln nach seiner **Nützlichkeit**. Nach ihrer Auffassung ist eine moralische Handlung nur dann gut, wenn sie **das größte Glück für die größte Anzahl von Menschen** bewirkt. Wenn eine Lüge beispielsweise vielen Menschen hilft zu überleben, dann ist sie mora-
15 lisch gerechtfertigt.
Weitere Richtungen der Ethik sind die **Philosophie der moralischen Gefühle**, die das **Mitgefühl** als Grundlage moralischen Handelns ansieht sowie der **ethische Egoismus** und der **Altruismus**. Egoistisch handeln bedeutet von den eigenen Interessen auszugehen, während der Altruismus die Interessen der anderen
20 in den Mittelpunkt stellt.

Das kann ich: Eine Lösung für die überladene Eisscholle finden

Ihr bildet vier Gruppen. Zu Beginn klebt ihr mehrere Zeitungsseiten mit Tesafilm zu einer Eisscholle zusammen, sodass alle Gruppenmitglieder darauf passen. Danach nehmt ihr auf der auf der Eisscholle Platz und stellt euch vor, dass ihr in der Arktis treibt. Plötzlich ist ein Eisberg in Sicht, sodass einige die Eisscholle verlassen müssen, damit sie langsamer treibt. Wie sollte das Problem gelöst werden? Jede Gruppe findet eine Lösung, die den folgenden ethischen Positionen entspricht. (Ihr wisst untereinander nicht, wer welche Position vertritt.)
Gruppe 1: Wie würde Immanuel Kant das Problem lösen?
Gruppe 2: Wie würden die Utilitaristen das Problem lösen?
Gruppe 3: Was würden die Vertreter des Egoismus machen?
Gruppe 4: Wie würden die Altruisten handeln?

3. Ihr spielt zunächst eine Szene zu eurer ethischen Position vor. Die anderen Gruppen erraten, welche Position ihr vertreten habt.
4. Ihr diskutiert darüber, welche Position die überzeugendste war und warum.
5. Ihr versucht, selbst eine Lösung vorzuschlagen.

Kapitel 6:
Freiheit und Gewissen

Manchmal höre ich auf meine innere Stimme, manchmal aber auch nicht.
Was ich mache oder nicht mache, ist meine freie Entscheidung.
Mia, 16 Jahre

1. Deutet das Foto im Zusammenhang mit dem Liedtext von Reinhard Mey.
Kennt ihr das dort beschriebene Gefühl auch? Tauscht darüber Erfahrungen aus.
2. Wie bewertet ihr Mias Gedanken? Schreibt dazu einen Miniaturtext* und
verändert ihn möglicherweise am Schluss des Kapitels.

Über den Wolken muss die Freiheit wohl grenzenlos sein.
Alle Ängste, alle Sorgen, sagt man,
Blieben darunter verborgen und dann
Würde, was uns groß und wichtig erscheint,
Plötzlich nichtig und klein.

Reinhard Mey, *deutscher Liedermacher*

In diesem Kapitel lernst du
– Handlungs- und Willensfreiheit
  voneinander abzugrenzen
– das autoritäre Gewissen
  von dem humanistischen zu
  unterscheiden
– Werte und Normen zu definieren

Dabei nutzt du
– das Pro- und Kontra-Gespräch
– den Miniaturtext*
– Internet-Recherchen

**Du beurteilst und
bewertest**
– Grenzen der Freiheit
– ob du frei bist, nach deinem
  Gewissen zu entscheiden
– ob und wie sich Werte wandeln

Was heißt frei sein?

FELIX, KÖNNTEST DU BITTE DEIN ZIMMER AUFRÄUMEN?

NEIN! ICH MACH, WAS ICH WILL!

Vor dem Unmöglichen ist niemand frei

Der Begriff „Freiheit" wird gewöhnlich in unterschiedlichen Bedeutungen verwendet, die in Erörterungen des Themas häufig durcheinandergeraten. Es ist daher ratsam, sie zumindest so weit wie möglich zu unterscheiden.

Die wichtigste Bedeutung der Freiheit beinhaltet die Fähigkeit, gemäß den eigenen
5 Wünschen und Plänen zu handeln. Dies ist die gebräuchlichste Bedeutung des Wortes, auf die wir uns am häufigsten stützen, wenn das Thema im Gespräch auftaucht. Es bezieht sich auf Situationen, in denen physische, psychologische oder rechtliche Hindernisse fehlen, die unseren Willen beschränken könnten [siehe hierzu auch die Seiten 104/105]. Nach diesem Verständnis ist derjenige frei – sich
10 zu bewegen, zu gehen oder zu kommen, der nicht gefesselt oder eingesperrt ist, bedroht oder gefoltert wird oder unter Drogeneinfluss steht.

Darüber hinaus ist […] frei, wer am öffentlichen Leben teilnehmen und sich um öffentliche Ämter bewerben kann und nicht durch diskriminierende Gesetze an den Rand gedrängt oder ausgeschlossen ist. […]

15 Meiner Auffassung nach umfasst diese Definition von Freiheit nicht nur die Möglichkeit, das Gewollte anzustreben, sondern auch eine gewisse Chance, es zu erreichen. Wenn es überhaupt keine Erfolgsaussicht gibt, würden wir auch nicht sagen, dass es Freiheit gibt: Vor dem Unmöglichen ist niemand wirklich frei.

Nach **Fernando Savater**[1]

1: Fernando Savater (geb. 1947) ist ein spanischer Philosoph. Für Jugendliche hat er das Buch „Tu, was du willst" veröffentlicht, in dem er den Begriff der Freiheit ausführlich vorstellt.

Woher kommt das Wort „Freiheit"?

Ursprünglich, belehrt mich das Etymologische Wörterbuch, hieß „frei" so viel wie „lieb". Die „Freien" waren diejenigen, mit denen man freundlich, d. h. von gleich zu gleich verkehrte. [...]

Das stolze Wort „frei" gehörte der Herrensprache an. Es wurde zum Synonym[1]
5 für alles, was die „lieben" Angehörigen der Oberschicht miteinander verband und sie vom gemeinen Volke, den Leibeigenen und Sklaven, trennte: wirtschaftliche Unabhängigkeit, politische Autonomie und ein durch Bildung und Reisen relativ aufgeklärtes Denken. Kein Wunder, dass alle Menschen sich nach Freiheit sehnten, aber es gab, wenn man nicht zufällig frei geboren war, nur drei Wege
10 zu diesem Ziel: Weg eins, die gnädige Freilassung, war mit Arbeit gepflastert und unsicher. Die Flucht setzte voraus, dass es einen Zufluchtsort gab. Weg Nummer drei, der Aufstand gegen die Unterdrückung, endete gewöhnlich im Massengrab. [...]

Freiheit wird heutzutage leicht mit Freizeit verwechselt. Dabei ist sie etwas völlig
15 anderes. Freizeit ist frei von Verpflichtungen, Freiheit ist frei für Verpflichtungen. In der Freizeit suche ich die Zerstreuung, in der Freiheit bemühe ich mich um die Konzentration meines Wesens. Die Freizeit flieht vor den Aufgaben des Lebens. Die Freiheit verfolgt ein Ziel, einen Sinn, eine Lebensaufgabe.

Friedhelm Moser[2]

1: Sinnbild

2: Friedhelm Moser (1954–1999) war ein deutscher Philosoph. In seinem Buch „Kleine Philosophie für Nicht-Philosophen" beschäftigte er sich auch mit dem Problem der Handlungs- und Willensfreiheit.

1. Was könnte die Mutter ihrem Sohn Felix antworten? Entwerft eine Sprechblase in eurem Heft und vergleicht eure Ideen in der Ethikgruppe.

2. Überlegt, ob es in dem Text von Fernando Savater Argumente für Felix´ Verhalten gibt.

3. Legt zur Freiheit einen Begriffskreis* an und verwendet zunächst die begrifflichen Bedeutungen von Friedhelm Moser. Ergänzt den Begriffskreis im Laufe der Unterrichtseinheit.

4. Diskutiert über Friedhelm Mosers Unterscheidung zwischen Freiheit und Freizeit. Berücksichtigt in euren Überlegungen auch die Comic-Szene.

5. Entwerft einen Gegen-Comic in eurem Heft, auf dem ein Mädchen oder Junge eine Gegenforderung zu Felix' Slogan „Freiheit und Freizeit" aufstellt. Vergleicht eure Ideen anschließend in der Ethikgruppe.

🦉 Interpretiert Savaters Gedanken „Vor dem Unmöglichen ist niemand wirklich frei."

Kann und will ich frei handeln?

Liebe Joana,
ich weiß nicht, was mit mir los ist? Ich muss einfach auf jede Party gehen, so als ob mich irgendetwas antreiben würde. Kennst du dieses Gefühl auch? Ich will den Arm heben und Stopp sagen, aber …
Deine Muriel

Wir haben es in der Hand

Doch worin unterscheidet sich, den Arm „bewegen zu wollen" davon, ihn „zu bewegen"? Wäre es denkbar, dass ich den Arm bewegen wollte und mein Arm sich nicht bewegt – auch wenn ich nicht gefesselt oder gelähmt wäre? Würde es Sinn machen zu sagen, „Ich wünsche mit ganzer Kraft, meinen Arm zu bewegen,
5 und erwarte in Kürze, dass er sich schließlich bewegt?" Ist es also, mit einem Wort, nicht dasselbe: ihn bewegen zu wollen und wirklich zu bewegen – zumal mich nichts Äußerliches oder Physiologisches daran hindert meinen Arm zu bewegen? Sind das zweierlei Dinge oder nur eines? [...]
Ich weiß nicht, wie ich den Arm bewege, wenn ich es will, ich weiß nicht, ob es
10 einen Unterschied zwischen bewegen wollen und dem tatsächlichen Bewegen des Arms gibt. Aber ich weiß, dass er sich nicht bewegt hätte, wenn ich ihn nicht hätte bewegen wollen. Die Fachleute, die sich mit der Beziehung zwischen Nervensystem und Muskeln auskennen, können erklären, wie es geschieht, dass ich den Arm bewege, wenn ich ihn bewegen will. Aber was für mich von grund-
15 legender Bedeutung ist – und was diese banale Geste in eine wirkliche Handlung verwandelt – ist die Tatsache, dass ich ebenso fähig bin, ihn zu bewegen wie ihn nicht zu bewegen.
Dieses oder jenes willentlich getan zu haben bedeutet also: Ohne meine Erlaubnis wäre dieses oder jenes nicht geschehen. Alles, was nicht geschehen wäre, wenn
20 ich es nicht gewollt hätte, ist meine Handlung. Diese Möglichkeit, etwas zu tun oder nicht zu tun, sein Ja oder Nein im Hinblick auf bestimmte Handlungen auszusprechen, die von einem selbst abhängen, ist das, was wir Freiheit nennen können.
Fernando Savater [1]

„Jedes vernunftbegabte Geschöpf hat einen eigenen Weinberg. Das ist der Weinberg seiner Seele, in welchem der Wille mit seiner Entscheidungskraft Arbeiter ist, nämlich, so lange das Leben währt."
Caterina von Siena *

1: Fernando Savater
(siehe Seite 102)

Entscheidungen treffen

Was […] ist eine Entscheidung? Darauf hat Aristoteles[1] geantwortet: Eine Entscheidung ist ein „freiwilliger Akt", dem eine Überlegung vorausgegangen ist. Entscheidung ist mit richtiger Planung und vernünftigem Nachdenken verbunden. Dabei hat Aristoteles als erster Philosoph auch darüber nachgedacht, worüber der Mensch vernünftig nachdenken und freiwillig entscheiden kann. Er überlegte sich, „was in unserer Macht steht". Es ist das, „was von uns selbst ins Werk gesetzt wird und in seinem Verlauf nicht unabänderlich und notwendig feststeht". Deshalb hat Aristoteles geschrieben: Wie das Weltall aufgebaut ist und sich bewegt; wann die Sonnenwende stattfindet oder […] ob man zufällig von einem Ziegel getroffen wird, der gerade vom Dach fällt – all das steht nicht in unserer Macht und entzieht sich unserer Willensfreiheit. Aber wenn wir überlegen, wie
5 wir einem Menschen helfen können, wie wir eine handwerkliche Arbeit gut verrichten, wie wir ein Schiff steuern, wie wir ein gutes Geschäft machen oder was wir sagen und schreiben wollen, dann geschieht das „freiwillig". Es liegt in uns selbst begründet.
Zu dieser Freiwilligkeit gehört deshalb auch, dass wir uns vernünftigerweise nur
10 für das entscheiden, was „möglich" ist. […] Der freie Wille des vernünftigen Menschen braucht einen Spielraum von Möglichkeiten.
Manfred Geier[2]

1: Aristoteles (siehe Seite 45)

2: Manfred Geier (geb. 1943) lehrte Sprach- und Literaturwissenschaften an der Universität Hannover. Für Jugendliche schrieb er das Buch „Was konnte Kant, was ich nicht kann?"

1. Fasst die wesentlichen Gedanken von Fernando Savater zusammen. Verfasst anschließend einen fiktiven Blogeintrag* an Muriel und erklärt ihr mithilfe von Savaters Gedanken, wie sie ihr Problem lösen kann. Berücksichtigt auch den Gedanken von Caterina von Siena.
2. Stellt in einem Kurzreferat das Leben und Wirken der Caterina von Siena vor.
3. Deutet die Zeichnung mit dem Schlüssel: Welche Aussage über den freien Willen bringt er zum Ausdruck? Positioniert euch dazu.
4. Erstellt zum Text von Manfred Geier eine Mindmap* mit den wichtigsten Aussagen.
🦉 Der freie Wille ist für Immanuel Kant die Voraussetzung für den Kategorischen Imperativ (siehe die Seiten 84/85). Erklärt, warum.

Wann stoße ich an meine Grenzen?

1: Konrad Lorenz (1903–1989) war ein bedeutender Verhaltensforscher. Er begründete die vergleichende Verhaltenskunde. Aus der Untersuchung tierischer Instinkte zog er auch wichtige Rückschlüsse auf das menschliche Handeln (siehe auch Seite 120).

M. C. Escher: Bond of Union, 1956

Moral verhindert Willkür

Es kann doch keiner ernstlich meinen, freier Wille bedeute, dass es der Willkür des Einzelnen, wie einem völlig verantwortungslosen Tyrannen anheimgestellt sei, über Tun und Lassen zu entscheiden. Unser Wollen unterliegt den strengen Gesetzen der Moral, und unser Drang nach Freiheit ist u. a. dazu da, zu verhindern,
5 dass wir anderen Gesetzen, als eben diesen gehorchen.

Konrad Lorenz[1]

2: Friedrich Engels (1820–1895) stammte aus einer Unternehmerfamilie. Er entwickelte gemeinsam mit Karl Marx das „Kommunistische Manifest" (siehe auch Seite 53).

Wir sind abhängig von Naturgesetzen

Nicht in der geträumten Unabhängigkeit von den Naturgesetzen liegt die Freiheit, sondern in der Erkenntnis dieser Gesetze und in der damit gegebenen Möglichkeit, sie planmäßig zu bestimmten Zwecken wirken zu lassen. Es gilt dies mit Beziehung sowohl auf die Gesetze der äußeren Natur wie auf diejenigen, welche
5 das körperliche und geistige Dasein des Menschen regeln.

Friedrich Engels[2]

🦉 Regellose Freiheit ist nicht menschlich

Freiheit als Fundament menschlicher Praxis ist keine regellose Willkürfreiheit, der gemäß jeder tun und lassen kann, was ihm beliebt. Der Mensch ist auch nicht wie das Tier schon von Natur aus durch Instinkt und Triebe so optimal eingerichtet, dass Freiheit überflüssig würde. Vielmehr besteht die menschliche Freiheit als

1: Annemarie Pieper (geb. 1941) lehrte Philosophie an der Universität Basel. Eines ihrer wichtigsten Bücher ist die „Einführung in die Ethik".

5 moralische Freiheit darin, sich selber Regeln im Hinblick auf das, was man als von Bedürfnissen und Trieben abhängiges, durch diese aber nicht schlechthin determiniertes Sinnenwesen ist, zu geben und diese Regeln aus Freiheit und zur Erhaltung der Freiheit zu befolgen. Erst durch die Selbstbindung an solche Regeln der Freiheit entsteht so etwas wie Verbindlichkeit und damit eine Moral.

10 Regellose Freiheit ist keine menschliche, vielmehr eine unmenschliche Freiheit. Das andere Extrem, eine total von Regeln bestimmte, in Zwangsmechanismen erstarrte Freiheit – z.B. in totalitären Staaten oder Gesellschaftsformen, wo kein Spielraum mehr bleibt für die Freiheit des Einzelnen –, ist ebenso unmenschlich. Moralische Freiheit dagegen setzt sich selbst um der Freiheit aller willen Regeln,

15 an die sie sich bindet, sowie man beim Spiel Regeln gehorcht, die das Spielen nicht aufheben, sondern als Spiel gerade ermöglichen sollen.

Annemarie Pieper[1]

🦉 Institutionen legen den Spielraum fest

2: festlegen

Es wäre zwar falsch zu glauben, Institutionen würden das konkrete Handeln vollständig determinieren[2], folglich der Spezies Mensch ihre biologisch mögliche Handlungsfreiheit auf sozialer Ebene wieder unmöglich machen. In Wahrheit legen Institutionen nur einen gewissen Spielraum fest, innerhalb dessen das konkrete Handeln situationsgerecht und individuumsspezifisch durchgeführt werden kann.

Otfried Höffe[3]

3: Otfried Höffe (geb. 1945) beschäftigt sich als Philosoph insbesondere mit den Beziehungen zwischen Staat, Moral und Recht.

Wissen und Merken: Determinanten der Freiheit

1. Deutet das Bild von M.C. Escher*. Welche Verbindung zur Freiheit bringt es zum Ausdruck?
2. Erklärt anhand der Gedanken von Konrad Lorenz, Friedrich Engels und Otfried Höffe, welcher Unterschied zwischen Freiheit und Willkür besteht.
3. Wie begründet Annemarie Pieper, dass Freiheit nicht regellos ist?
4. Erklärt das Schema zu den Grenzen der Freiheit mit Beispielen und vervollständigt es.

🦉 Diskutiert darüber, warum nach Ansicht von Annemarie Pieper erst durch die Selbstbindung an Regeln moralisches Bewusstsein entsteht. Stützt eure Meinungen durch Beispiele aus eurem Alltagsleben.

Wenn sich mein Gewissen meldet

Stopp!

Hannah sieht in der Elektronikabteilung das neuste Smartphone. Es ist zum Greifen nah – sie müsste bloß die Hand ausstrecken und ihre Tasche öffnen … Doch irgendetwas sagt ihr plötzlich „Stopp". Sie zuckt zusammen und sieht sich vorsichtig um, als wollte sie sichergehen, dass niemand sie bei ihrem Ge-
5 danken ertappt hat.

Der Mensch muss sein Verhalten prüfen

Gewissen (lateinisch *conscientia* in der Bedeutung von „Mitwissen") bezeichnet die Fähigkeit des Menschen, zwischen moralisch guten und bösen Handlungen zu unterscheiden. So spricht Sokrates (siehe nächste Seite) von einer inneren Stimme, seinem *daimonion*, die ihn davor warnt, gegen das Gute zu verstoßen
5 und Böses zu tun.

1: Hildegard von Bingen (siehe Seite 87)

Für Hildegard von Bingen[1] ist das Gewissen die größte Gabe des Menschen, die er von Gott erhalten hat. „Mit seinem Wissen um Gut und Böse besitzt der Mensch die Gottesliebe und die Gottesfurcht. Mit beiden Fähigkeiten nehme er einen Pflug in die Hand und lasse seinen Acker fruchtbar werden."

2: Immanuel Kant (siehe Seite 11)

10 Immanuel Kant[2] ist davon überzeugt, dass ein Mensch, der auf sein Gewissen hört, darüber nachdenkt, ob er gut oder schlecht gehandelt hat. So muss jemand beispielsweise darüber befinden, ob er Normen wie „Du sollst nicht lügen" einhält oder gegen sie verstößt. Für Kant ist die Überprüfung des eigenen Verhaltens eine Art innerer Gerichtshof des Menschen. Dort verklagt oder entschuldigt der
15 Mensch sich selbst und entscheidet dann als Richter, ob er moralisch gut oder schlecht gehandelt hat. „Man könnte das Gewissen auch so definieren: *Es ist die sich selbst richtende moralische Urteilskraft*."

Barbara Brüning

Das Grundgesetz garantiert in Artikel 4 die Gewissensfreiheit als Grundrecht für alle in Deutschland lebenden Menschen:
"Die Freiheit des Glaubens, des Gewissens und die Freiheit des religiösen und weltanschaulichen Bekenntnisses sind unverletzlich."

Hans Keller: Foto-Kunstwerk zu Artikel 4 des Grundgesetzes im Rahmen der Ausstellung „Grundrechte" in der Frankfurter Paulskirche (2018)

Das Gute als Ziel – Sokrates[1] setzt Maßstäbe

Die Hauptfrage, die Sokrates sich stellt, lautet: Wie soll man leben, um richtig zu leben? Wie soll man leben, um auf das Gute hin zu leben? Wir sehen, diese Problemstellung unterscheidet sich deutlich von den zentralen Anliegen früherer Denker. Sokrates ist der erste, der diese Frage zum Zentrum seines Nachdenkens

5 macht: „Wie soll ich leben, um auf das Gute hin zu leben?"
Er entwickelt folgende Überlegung: Wenn ein Mensch etwas tut, tut er es immer, weil er etwas erreichen will, das er als gut betrachtet. Nehmen wir gar den schlimmsten Fall an, einen Verbrecher: Auch er will etwas Gutes für sich. Nur ein geistig Unzurechnungsfähiger ist nicht verantwortlich für sein Tun. Ein gesunder

10 Mensch jedoch setzt sich ein Ziel, das in seinen Augen gut ist. So sagt Sokrates: „Wenn ein Mensch handelt, nimmt er sich immer etwas Gutes als Ziel vor [...]."
Woher kommt dann aber das Schlechte? „Das Schlechte rührt daher", sagt Sokrates, „dass der Mensch sich über das Gute irrt." Er hält ein falsches Gutes für ein wahres Gutes, und er hält ein kleineres Gutes für ein viel größeres Gutes, oder er

15 opfert ein größeres Gutes für ein kleineres. Er irrt sich in Bezug auf das Gute. Das Schlechte kommt vom Unwissen. Den Sinn für das Gute beim Menschen zu entwickeln, das ist für Sokrates das Kernproblem.

Jeanne Hersch[2]

1: Sokrates (siehe Seite 96)

2: Jeanne Hersch (siehe Seite 241)

Wissen und Merken: Normen und Werte als Kern des Gewissens

Das Gewissen orientiert sich an

Werte legen fest, was für einen Menschen oder eine Gruppe von Menschen wertvoll ist und deshalb im Leben als erstrebenswert gilt:
– Soziale Werte, z. B. Mitgefühl
– Materielle Werte, z. B. Kleidung
– Religiöse Werte, z. B. Glauben

Normen beschreiben Verhaltenserwartungen in einer Gruppe als Richtschnur für moralisch gutes Handeln:
– Gebote: Du sollst …
– Verbote: Du sollst nicht …
Im rechtlichen Bereich sind Normen Gesetze.

1. Erklärt am Beispiel von Hannah die Rolle des Gewissens für das menschliche Handeln.
2. Sprecht darüber, wie Sokrates das Verhältnis zwischen Gut und Böse beurteilt.
3. Begründet, warum Werte und Normen den Kern des Gewissens darstellen (siehe hierzu auch die folgenden Seiten 110/111).
4. Werte und Normen können sich verändern. Verändert sich das Gewissen auch? Begründet euren Standpunkt.

5. **Projektvorschlag:** Betrachtet das Foto-Kunstwerk zur Gewissensfreiheit und diskutiert darüber, inwieweit es dem Artikel 4 gerecht wird. Erarbeitet anschließend in kleinen Gruppen eigene Foto-Collagen* zur Gewissensfreiheit und hängt sie in eurem Schulgebäude auf.

🦉 Diskutiert darüber, warum es wichtig ist, dass Menschen in einem demokratischen Staat Gewissensfreiheit garantiert wird. Überlegt, wie eine Gesellschaft ohne Gewissenfreiheit aussehen würde.

Der besondere Text:
Werte wandeln sich

Das Verständnis von Werten verändert sich

1: Susanne Porsche (geb. 1952) lebt als Filmproduzentin in München. Sie produziert u. a. die Fernseh-Krimiserie „Der Alte". Porsche hat 2003 ein Buch über Werte und Wertewandel geschrieben. Es ist in erster Linie für Eltern gedacht und viel diskutiert worden.

Werte existieren nicht unabhängig von Personen, sondern bekommen Gültigkeit nur dadurch, dass Menschen ihnen zustimmen und ihr Leben nach diesen Werten ausrichten (wobei entscheidend ist, die Vokabel „Wert" nicht mit Ideologie* zu verwechseln). Je mehr Menschen nach einem bestimmten Wert leben, desto
5 größer ist seine Bedeutung für das Miteinander der Menschen und desto prägender ist er für das Bild unserer Gesellschaft. Umgekehrt verliert ein Wert seine gesellschaftliche Bedeutung, wenn eine zunehmende Mehrheit ihn ablehnt und immer weniger Menschen danach leben. Werte unterliegen einem ständigen Wandel. Sie nehmen von Generation zu Generation an Bedeutung zu oder ab.
10 Oder ihr Inhalt – also das kollektive Verständnis dieser Werte – verändert sich. Und manche Werte, auf denen noch das Zusammenleben früherer Generationen basierte, haben heute ganz ausgedient. Solche überholten Werte sind zum Beispiel blinder Gehorsam oder Demut im Sinne von Unterwürfigkeit.

Werte verändern auch ihre Bedeutung

Gewandelt in ihrer Bedeutung haben sich etwa Werte wie Fleiß oder Bescheidenheit. Fleiß um seiner selbst willen, quasi als Gegenentwurf zur Todsünde der „Trägheit", findet wohl niemand mehr sinnvoll. Denn dass man auch mal alle Viere von sich strecken und sich entspannen darf, hat heute im Gegensatz zu früher
5 einen ganz eigenen Wert – und das zu Recht. Bescheidenheit im Sinne von Ständig-Zurückstecken wird hoffentlich niemand mehr von seinen Kindern fordern. Dagegen hat in einer Gesellschaft, in der Teile nur noch konsumorientiert leben und auf die Befriedigung ihrer Bedürfnisse ausgerichtet sind, Bescheidenheit als Gegenmodell zu Alles-haben-Wollen, Immer-der-Erste-sein-Wollen sehr wohl
10 noch ihren Wert.

Neue Werte kommen hinzu

Wertewandel bedeutet auch, dass neue Werte dazugekommen sind. Ein relativ
junger Wert, der erst seit wenigen Jahrzehnten in unserer Industriegesellschaft
eine Rolle spielt, ist der Umweltschutz. Dahinter steht die Verantwortung gegenüber der Umwelt als Lebensgrundlage unserer und der nächsten Generationen.
5 Auch die Toleranz gegenüber Andersdenkenden und Minderheiten, gegenüber
anderen Völkern und Religionen hat heute eine Bedeutung bekommen, die sie
nie zuvor in der Geschichte hatte. Deshalb müssen wir heute unseren Kindern
die Selbstverständlichkeit vermitteln, Menschen anderer Hautfarben und Kulturen
in unmittelbarer Nachbarschaft zu akzeptieren. […]. Im Ansatz ist das bereits
10 der Wertkreis aus Toleranz, Respekt und Achtung gegenüber anderen.
Susanne Porsche[1]

Aserbaidschan

Gastfreundschaft – ein alter neuer Wert?

In der Markthalle der Nachbarstadt Barda entdecke ich, wo die Frauen sind, wenn
die Männer Tee trinken: bei der Arbeit. Einfache Bäuerinnen, denke ich, der
Kleidung und den Furchen im Gesicht nach zu urteilen, um zu erfahren, dass die
eine Lehrerin war, die andere Vorarbeiterin in einer Fabrik, eine dritte Putzfrau
5 in einem Sanatorium. Das waren noch Gehälter!, seufzen sie, und krankenversichert
waren sie in der Sowjetunion auch. Geblieben ist ihnen nur das Stückchen Land
hinter ihrem Haus, auf dem sie Obst anbauen oder eine Ziege halten, im besten Fall
eine Kuh. Manche Frauen haben nicht mehr als eine kleine Küche oder auch
nur eine Küchenzeile, dort stellen sie Eingemachtes her, Pasten, Marmelade oder
10 Soßen, von denen sie am Tag mit Glück zwei oder drei verkaufen. Andere haben
Männer, die als Fahrer arbeiten oder Angestellte sind, so kommen sie irgendwie
durch. […].
Als ich Aprikosen und Kirschen kaufen möchte, eine Tüte Nüsse, Schafskäse, auch
etwas von dem Eingemachten, muss ich erst den Marktaufseher herbeiholen,
15 den einzigen Mann, damit eine der Frauen von mir Geld annimmt, schließlich sei
ich doch ein Gast. So oft schreibe ich über Unterdrückung, Kriege, die blutige
Geschichte, auch auf dieser Reise an vielen Tagen. Zu selten erwähne ich die Freundlichkeit der Welt. Speziell die Gastfreundschaft!
Navid Kermani[2]

2: Navid Kermani (geb.
1967) ist ein deutscher
Schriftsteller mit iranischen
Wurzeln. Er ist Orientalist
und lebt in Köln. Kermani
erhielt 2015 den „Friedenspreis des deutschen Buch-
handels (siehe auch Seite
146).
Kermani ist durch das östliche Europa gereist und hat
auch das Land Aserbaidschan
besucht, welches vor 1989
zur Sowjetunion gehörte
und jetzt ein unabhängiger
Staat ist. Dort entdeckte
er auch einen „alten Wert"
wieder: die Gastfreundschaft

---

1. Interpretiert den Cartoon auf der Seite 110
und entwerft eine Sprechblase für den Vater in
eurem Heft.

2. Erklärt mit eigenen Worten, was die Autorin unter
Wertewandel versteht.

3. **Projektvorschlag:** Bildet kleine Gruppen.
Erarbeitet eine Liste mit „überholten Werten"
und „neuen Werten" aus der Jugendszene.

Stellt eure Ergebnisse anschließend einander vor
und begründet eure Auswahl.

4. Erzählt eine Geschichte aus eurem Herkunftsland,
in der es um Gastfreundschaft geht.

🦉 Erklärt anhand von Beispielen aus eurem Schul-
alltag, warum Werte wie Achtung und Toleranz
eine wichtige Bedeutung für das Zusammenleben
von Menschen haben.

Philosophisches Forum:
Braucht mein Gewissen Autoritäten?

DU SOLLST DOCH NICHT RAUCHEN, SAGEN DEINE ELTERN!

UND WAS MACHST DU, OPA?

Autoritäten als Quelle des Gewissens

Der Inhalt unseres Gewissens ist alles, was in den Jahren der Kindheit von uns ohne Grund regelmäßig gefordert wurde, durch Personen, die wir verehren oder fürchteten. Vom Gewissen aus wird also jenes Gefühl des Müssens erregt („dieses muss ich tun, dieses lassen"), welches nicht fragt: Warum muss ich?

5 In allen Fällen, wo eine Sache mit „weil" und „warum" getan wird, handelt der Mensch ohne Gewissen; deshalb aber noch nicht wider dasselbe.

Der Glaube an Autoritäten ist die Quelle des Gewissens: Es ist also nicht die Stimme Gottes in der Brust des Menschen, sondern die Stimme einiger Menschen im Menschen.

Friedrich Nietzsche [1]

1: Friedrich Nietzsche (1844–1900) war einer der bedeutendsten deutschen Philosophen des 19. Jahrhunderts. Er verfasste seine philosophischen Gedanken vorwiegend in geistreichen Sinnsprüchen (Aphorismen). Mit der Gewissensproblematik beschäftigte er sich in seinem Buch „Menschliches, Allzumenschliches".

2: Diana Satori (geb. 1946) lehrte Philosophie an der Universität von Verona. Sie gehört der italienischen Philosophinnen-Gruppe „Diotima" an (siehe auch Seite 65).

Wissen und Merken: Gewissen und Vorbilder

Neben Werten und Normen (siehe Seite 111) gelten in der Gewissensethik auch Autoritäten als Orientierungsmaßstab. Ähnlich wie Friedrich Nietzsche geht auch die italienische Philosophin Diana Sartori [2] davon aus, dass sich Kinder und Jugendliche bei moralischen Entscheidungen am Vorbild ihrer Eltern orientieren.

5 Diese Ansicht basiert auf der Theorie des Über-Ichs von Sigmund Freud. Das Über-Ich ist ein System von Werten und Normen, das dem Ich von außen als Maßstab für sein Handeln vorgegeben wird. Es hat eine Art Zwangscharakter, weil es gesellschaftlich wünschenswertes Handeln als Vorbild präsentiert; bei Kindern wird das Über-Ich nach Freud größtenteils von den Eltern vorgegeben.

🦉 Auf die eigene Stimme hören

Das humanistische Gewissen ist nicht die nach innen verlegte Stimme einer Autorität, der wir gefallen wollen und der zu missfallen wir fürchten; es ist die eigene Stimme, die in jedem Menschen gegenwärtig ist und die von keinen äußeren Strafen und Belohnungen abhängt. Worin besteht das Wesen dieser Stimme?

5 Weshalb hören wir sie, und weshalb können wir gegen sie taub werden? […] Handlungen, Gedanken und Gefühle, die ein richtiges Funktionieren und die Entfaltung unserer Gesamtpersönlichkeit fördern, rufen ein Gefühl der inneren Zustimmung, der Richtigkeit hervor. […]

Das humanistische Gewissen ist nicht nur der Ausdruck unseres wahren Selbst, es

10 ist gleichzeitig der Ausdruck unserer entscheidenden moralischen Erfahrungen im Leben. In unserem Gewissen zeigt sich die Kenntnis unseres Lebenszieles und der Prinzipien, durch die wir es erreichen; sowohl der Prinzipien, die wir selbst entdeckt haben, als auch solche, die wir von anderen gelernt und als wahr befunden haben.

15 Das humanistische Gewissen ist ein Ausdruck des Selbstinteresses des Menschen an sich und seiner Integrität[1]. Das autoritäre Gewissen dagegen beschränkt sich auf den Gehorsam des Menschen, auf seine Selbstaufopferung, seine Pflicht oder gesellschaftliche Anpassung. Das Ziel des humanistischen Gewissens ist Produktivität und demzufolge Glück, denn Glück ist eine sichere Begleiterscheinung

20 produktiven Lebens. Sich selber zu verkrüppeln, indem man sich zum Werkzeug anderer macht – gleichgültig, wie sehr sie würdig erscheinen mögen – „selbstlos", unglücklich resigniert, entmutigt zu sein, widerspricht den Forderungen des Gewissens. Jede Verletzung der Integrität und des Funktionierens unserer Persönlichkeit ist gegen unser Gewissen, ob es sich nun um unser Denken oder unsere

25 Taten, ja sogar um Vorliebe und Abneigung im Essen oder das sexuelle Verhalten handelt.

Erich Fromm[2]

1: Übereinstimmung des persönlichen Wertesystems mit dem eigenen Handeln

2: Erich Fromm (1900–1980) war ein deutscher Philosoph und Psychoanalytiker*, der als Jude 1934 vor den Nazis in die USA flüchtete. In seinem Buch „Den Menschen verstehen" charakterisierte er u. a. das autoritäre und humanistische Gewissen.

Wir philosophieren: Eine Pro- und Kontra-Diskussion führen

Bei einer Pro- und Kontra-Diskussion werden zwei Gruppen gebildet. Die eine Gruppe vertritt zu einem ethischen Problem eine These und begründet sie mit mehreren Argumenten. Die zweite Gruppe präsentiert die Gegenthese und begründet diese auch mit mehreren Argumenten. Am Schluss prüft das Plenum, ob es möglich

5 ist, einen Konsens (Übereinstimmung) zwischen beiden Positionen herbeizuführen. Wenn nicht, wird entschieden, welche begründete These die überzeugendere ist und warum.

1. Unterscheidet das autoritäre von dem humanistischen Gewissen. Wie beurteilt ihr diesbezüglich das Verhalten des Jungen in der Comic-Szene? Überlegt euch eine Antwort des Großvaters.

🦉 Interpretiert den Gedanken von Erich Fromm: „Das Ziel des humanistischen Gewissens ist Produktivität und demzufolge Glück". Lest hierzu auch die Seiten 44/45.

Wissen und Verstehen:
Freiheit und Gewissen

Das weiß ich: Diese Namen und Begriffe kann ich ordnen

Annemarie Pieper

Erich Fromm

Autoritäten

Gastfreundschaft

Gewissen

Friedrich Nietzsche

Werte

Jeanne Hersch

Navid Kermani

Normen

Gut und Böse

Immanuel Kant

Sokrates

Freiheit

Susanne Porsche

Regellose Freiheit

Gewissensfreiheit

Wertewandel

Willensfreiheit

Handlungsfreiheit

1. Klärt die Begriffe in Partnerarbeit. Schreibt anschließend einen
Miniaturtext* über den Zusammenhang zwischen Freiheit und Gewissen.

Darauf kommt es an: Sein Gewissen überprüfen

Der Mensch ist frei, über **Pläne** und **Ziele** in seinem Leben zu entscheiden. Dabei stößt er an **Grenzen**, die u. a. durch Naturgesetze sowie rechtliche und moralische Normen bestimmt werden. Auch das **Gewissen** setzt seinem Handeln Grenzen. Es ist die **innere Stimme des Menschen**, die dazu dient, **Entscheidungen** und
5 **Handlungen** zu überprüfen.
Zum Kern des Gewissens gehören **Werte** und **Normen**. **Friedrich Nietzsche** geht davon aus, dass Normen, die durch **Autoritäten** gesetzt werden, ausschlaggebend für Gewissensentscheidungen sind. Demgegenüber betont **Erich Fromm**, dass sich ein **humanistisches Gewissen** von einem autoritären dadurch unterscheidet,
10 dass der Mensch aufgrund seiner moralischen Erfahrungen **selbst zwischen Gut und Böse** entscheidet und sich nicht zum „Werkzeug anderer" macht.

Das kann ich: Ein Rückzahlungsversprechen prüfen

Quentin Massys: Der Goldwäger[1] und seine Frau, 1514

Immanuel Kant erzählt in seinem Buch „Die Metaphysik der Sitten" die folgende Geschichte:

Jemand sieht sich durch Not gezwungen, Geld zu borgen. Er weiß wohl, dass er nicht wird bezahlen können, sieht
5 aber auch, dass ihm nichts geliehen werden wird, wenn er nicht festiglich verspricht, zu einer bestimmten Zeit zu bezahlen. Er hat Lust, ein solches Versprechen zu tun; noch aber hat er so viel
10 Gewissen, sich zu fragen: Ist es nicht unerlaubt und pflichtwidrig, sich auf solche Art aus der Not zu helfen?

Immanuel Kant

2. Stellt euch vor, ihr seid der Freund desjenigen, der sich Geld besorgen will. Was würdet ihr ihm raten? Erarbeitet in kleinen Gruppen Vorschläge und spielt sie anschließend als Szenen in der Ethikgruppe vor.
3. Diskutiert darüber, ob es auch in Notlagen bzw. gerade in Notlagen wichtig ist, sein Gewissen zu befragen.
4. Überprüft in Zusammenhang mit dem Geschichtsunterricht, welche Rolle Geldverleiher im Geschäftsleben spiel(t)en.

1: Geldverleiher bzw. Bankier. Diesen Beruf gibt es in Europa seit dem 9. Jahrhundert. Wer Geld ausleiht, muss es später als Gegenleistung mit Zinsen zurückzahlen.
Im 12. Jahrhundert verbot die Kirche ihren Gläubigen, Zinsen für den Geldverleih zu nehmen. Da die christliche Mehrheitsgesellschaft den Juden die Ausübung eines Handwerks und den Erwerb von Grundbesitz verwehrte, wurden sie in die Rolle von Geldverleihern gedrängt. Obwohl keine Wirtschaft ohne einen geregelten Geldverleih auskommt, wurden jüdische Geldverleiher besonders in Krisenzeiten als „Wucherer" beschimpft. So entwickelte sich das Klischee vom reichen und habgierigen Juden.

115

Kapitel 7:
Konflikte und Gewalt

[...] alle, die zum Schwert greifen, werden durch das Schwert umkommen.
Jesus von Nazareth (Seiten 154/155)

1. Interpretiert das Bild und die Feststellung von Jesus.
Berücksichtigt dabei auch die Erfahrungen, die ihr bei dem Spiel
„Fäuste ballen" gemacht habt. Entscheidet anschließend, ob
und warum ihr Jesus zustimmt oder nicht.

Adriaen Brouwer: Die Schule, 17. Jahrhundert

Fäuste ballen

Ihr bildet Paare. Einer von euch ballt die
Hände zu Fäusten und blickt sein Gegenüber
kampfeslustig an. Dieser muss nun versuchen
zu erreichen, dass die Fäuste geöffnet werden.
5 Dabei darf keine physische oder psychische
Gewalt ausgeübt werden. Wenn die Fäuste
geöffnet wurden, wird getauscht.
Wenn jeder Partner einmal an der Reihe
gewesen ist, werden neue Paare gebildet,
10 und das Spiel beginnt von vorn.

In diesem Kapitel lernst du
- verschiedene Theorien über
  Gewalt und Aggression kennen
- über Gewalt und Konflikte
  nachzudenken
- Lösungen für Konflikte zu finden

Dabei nutzt du
- die Methode der Begriffsanalyse
- Internet-Recherchen
- Rollenspiele

**Du beurteilst und
bewertest**
- Ursachen von Gewalt
- die Umgangsmöglichkeiten mit
  Konflikten
- den Ursprung von Aggression

Streiten und kämpfen

Plötzlich Feinde?

Marvin und Lennard sind seit der Grundschule beste Freunde – solange, bis Sina im letzten Jahr in ihre Klasse kommt. Sie freundet sich mit den beiden an, und alle Drei erleben gemeinsam viele tolle Sachen, denn sie lieben das Roller-Skaten. Beim Klassenfest passiert es dann: Sina und Marvin verlieben sich ineinander.

5 Seitdem herrscht Funkstille zwischen Lennard und Marvin. Sie gehen sich aus dem Weg und ziehen im Netz übereinander her. Von Lügen und Verrat ist die Rede und auch Sina ist es bisher nicht gelungen, zwischen den beiden zu vermitteln. Lennard will auch mit ihr nichts mehr zu tun haben und nennt sie vor allen anderen Schülerinnen und Schülern eine „Bitch". Sina ist ganz verzweifelt, denn

10 eigentlich mag sie beide …

Wissen und Merken: Merkmale von Konflikten

Es gibt viele Konflikte im Alltagsleben mit unterschiedlichen Ursachen, die jedoch eine Reihe von gemeinsamen Elementen haben, die mehr oder weniger in allen Konflikten vorkommen. Dabei ist es zunächst unerheblich, ob sie sich auf der interpersonellen, der gesellschaftlichen oder auf der (zwischen-)staatlichen Ebene

5 abspielen. In jedem Konflikt lassen sich idealtypisch drei Ebenen ausmachen:
 – ein bestimmtes Verhalten der Konfliktparteien, das auf den Konflikt hindeutet und ihn allzu oft weiter verschärft (z. B. Konkurrenz, unangemessene Aggressivität, Hass, Gewalt),
 – ein Widerspruch, der sich zwischen den unvereinbar erscheinenden Zielen,

10 Interessen bzw. Bedürfnissen der Konfliktparteien auftut,
 – Einstellungen und Haltungen der Konfliktparteien, die die eigene Position – bewusst oder unbewusst – rechtfertigen. Dazu gehören ihre Wahrnehmungen und Annahmen in Bezug auf die eigene Stellung im Konflikt, die Konfliktursachen und die Bewertung der „anderen Seite" (z. B. Feindbilder).

Nach **Lutz Schrader**

🦉 Ohne Kampf wäre das Leben zu Ende

Der Kampf ist eine Grundform aller Existenz. Alles was existiert braucht Platz und materielle Bedingungen; beide nimmt es anderen möglichen Existenzen fort. […]
In der Seele des Menschen nimmt der Kampf mannigfaltigere Gestalten an. […]
Die geistigen Leistungen werden verglichen, aufeinander bezogen, stellen sich
5 gegenseitig in Frage […].
Ohne Kampf hört der Lebensprozess auf, macht der Ruhe Platz […]. Aber die scheinbare Ruhe verdeckt auch im Übrigen hier nur den Kampf. Jede Stellung, die ich gewinne, drängt einen anderen weg; jeder Erfolg, den ich habe, verkleinert andere. Meine Existenz als solche nimmt anderen weg, wie andere mir wegnehmen.
10 In aller Existenz ist zwar auch gegenseitige Hilfe, schon überall im Biologischen – ohne sie würde das organische Beben nicht sein –, aber alle Gegenseitigkeit baut für den empirischen[1] Standpunkt nur Einheiten auf, die nun ihrerseits kämpfen, und die in sich als Spannung, ohne welche das Leben nicht gedeihen würde, Kampf zurücklassen, wenn er auch durch die Kraft des Zusammenschlusses
15 begrenzt ist.

Karl Jaspers[2]

1: Auf Erfahrung und auf nachprüfbare Fakten bezogen

2: Karl Jaspers (1883–1969) gehört zu den wichtigsten deutschen Philosophen des 20. Jahrhunderts. In seinem Buch „Psychologie der Weltanschauungen" hat er sich auch mit der Rivalität zwischen Menschen beschäftigt.

Wir philosophieren: Begriffe klären

Wir benutzen philosophische Begriffe wie „Konflikt" oder „Kampf", ohne ihre verschiedenen Bedeutungen zu kennen. Um diese Bedeutungen herauszufinden, kann eine Begriffsanalyse in drei Schritten durchgeführt werden:

1. Schritt > Zunächst wird ein Wortfeld für den zu klärenden Begriff erstellt. Ihr sucht nach Wörtern (Begriffsbedeutungen), durch die der Begriff charakterisiert werden soll. Beim Begriff „Konflikt" können solche Begriffsaspekte z. B. Hass oder Mobbing sein.

2. Schritt > Die Begriffe aus dem Wortfeld werden mittels einer Mindmap*, eines Begriffsmoleküls* oder einer anderen geeigneten Methode geordnet. So unterscheidet ihr wesentliche Begriffe von weniger wichtigen.

3. Schritt > Zum Schluss wird eine Begriffsdefinition erarbeitet, die kurz, knapp und präzise sein sollte.

1. Macht Vorschläge, wie Lennard, Sina und Marvin den Konflikt lösen könnten.

2. Beantwortet die Frage des Mädchens aus der Comic-Szene in eurem Heft. Überprüft eure Antworten noch einmal am Schluss des Kapitels.

3. Erschließt den Text von Karl Jaspers und fasst die wichtigsten Gedanken über den Kampf mit eigenen Worten zusammen (Methode siehe Seite 219).

4. Analysiert den Begriff „Kampf" bei Jaspers nach der oben angeführten Methode. Wählt bei Schritt 2 eine der dort angeführten Methoden aus und arbeitet dazu in kleinen Gruppen. Präsentiert eure Ergebnisse anschließend in der Ethikgruppe.

🦉 Bezieht die Gedanken von Karl Jaspers auf das Beispiel von Marvin und Lennard. Zu welchem Ergebnis gelangt ihr?

Philosophisches Forum:
Gehört Aggression zum Menschsein dazu?

Aggressivität ist natürlich

Vor allem aber ist es mehr als wahrscheinlich, dass das verderbliche Maß
an Aggressionstrieb, das uns Menschen
heute noch als böses Erbe in den
5 Knochen sitzt, durch einen Vorgang
der intraspezifischen Selektion[1] verursacht wurde, der durch mehrere
Jahrzehntausende, nämlich durch die
ganze Frühsteinzeit, auf unsere Ahnen
10 eingewirkt hat. Als die Menschen
eben gerade so weit waren, dass sie
kraft ihrer Bewaffnung, Bekleidung
und ihrer sozialen Organisation die
von außen drohenden Gefahren des Verhungerns, Erfrierens und Gefressen-
15 werdens von Großraubtieren einigermaßen gebannt hatten […], muss eine
böse intraspezifische Selektion eingesetzt haben. Der nunmehr Auslese trei-
bende Faktor war der Krieg, den die feindlichen benachbarten Menschenhorden
gegeneinander führten. Er muss eine extreme Herauszüchtung aller sogenannten
„kriegerischen Tugenden" bewirkt haben, die leider noch heute vielen Menschen
20 als wirklich anstrebenswerte Ideale erscheinen. […]
Gerade die Einsicht, dass der Aggressionstrieb ein echter, primär arterhaltender
Instinkt ist, lässt uns seine volle Gefährlichkeit erkennen: Die Spontaneität des
Instinktes ist es, die ihn so gefährlich macht. Wäre er nur Reaktion auf bestimmte
Außenbedingungen, was viele Soziologen und Psychologen annahmen, dann
25 wäre die Lage der Menschheit nicht ganz so gefährlich, wie sie tatsächlich ist.
Konrad Lorenz[2]

1: Auslese innerhalb einer Art

2: Konrad Lorenz
(1903–1989) war ein österreichischer Zoologe und
Verhaltensforscher. Er wurde 1973 mit dem Medizin-
nobelpreis ausgezeichnet.
Eines seiner wichtigsten
Bücher heißt „Das soge-
nannte Böse. Zur Naturge-
schichte der Aggression"
(siehe auch Seite 106).

Wissen und Merken: Was heißt aggressiv sein?

Mit Aggression bezeichnen wir ein Verhalten, das die Verletzung anderer Lebe-
wesen oder die Beschädigung von Gegenständen zum Ziel hat. […] Hinter der
feindseligen Aggression verbergen sich häufig Frustration, Wut, Abwehr der
Aggression anderer oder Rache. Es kommt meist zu tätlichen Handlungen, wenn
5 die Betroffenen verbal nicht in der Lage sind, ihren Frust auszudrücken. In positiver
Form zeigen sich Aggressionen in der Selbstbehauptung, im Wettkampf oder
Wettbewerb im Beruf.
Doris Wolf, *Psychologin*

Es geht auch ohne Aggressionen

In den Bergwäldern von Mindoro[1] gibt es den Hauch
eines irdischen Paradieses […], eine Kultur der
Friedfertigkeit, eine Gesellschaft ohne Mord, Totschlag
und Krieg; eine Idylle zwischen grünem Dschungel
5 und Bergen. 75 000 Menschen vom Volk der Mangyan
leben hier, zurückgezogen im grünen Hochland. Sie
sind die ursprüngliche Bevölkerung der Insel. […]
Was machen die Mangyan so anders als alle anderen
Völker?
10 Ihr Leben kreist um die Familie und die Großfamilie.
Männer und Frauen sind weitgehend gleichberechtigt.
Man lebt eng aufeinander, redet viel und hilft sich. Die Häuser aus Bambus und
Dschungelgras werden gemeinsam errichtet, der Acker gemeinsam bestellt, das
Essen, mehrmals am Tag, gemeinsam zubereitet. Ihre Kultur erscheint schlicht,
15 aber sie hat es in sich. Ein Teil der Mangyan schreibt Sanskrit in einer ganz
eigenen Variante. Schriftzeichen, drei Vokale und 15 andere Zeichen, werden mit
einem kegelförmigen Messer in den Bambus geritzt. Doch ihre Gesetze sind
ungeschrieben. Trotz ihrer alten Schrift leben die Mangyan in einer Gesellschaft
aus mündlichen Überlieferungen. Die Ältesten, die den Dörfern vorstehen,
20 treffen die wichtigen Entscheidungen der Gemeinschaft, wahren die Sitten und
sprechen Recht. […]
Warum existiert in den Gesellschaften der Mangyan so wenig Gewalt und Aggression? Und warum haben sie, soweit die Überlieferung zurückreicht, nie Kriege
geführt? Weder untereinander noch gegen andere Völker? Wenn es richtig ist,
25 dass der Mensch ein Tier mit eingeschränkter Glücksfähigkeit ist, wenn wir über
eine mehr oder weniger starke Aggressionsdynamik verfügen, leicht zu reizen
sind und auch ein enormes Frustpotential besitzen – warum nicht die Mangyan?
Ihrer Natur nach sind Menschen zu vielen Emotionen fähig, darunter auch zur
Aggressivität. Aggressives Verhalten kann zur Gewalt führen, zu Mord, Totschlag,
Rache usw. Als Erklärungsgrund dafür, dass es in der Geschichte der Menschheit
zu ungezählten Kriegen gekommen ist, taugt der Hinweis auf die […] aggressive
Natur des Menschen eher wenig. Krieg ist nicht die Verlängerung des Aggressions-
triebs ins Gesellschaftliche und Politische. Aus dieser Sicht betrachtet steht dem
friedlichen Umgang der Völker miteinander prinzipiell nichts entgegen.
Richard David Precht[2]

1. Positioniert euch zu den Gedanken von Konrad Lorenz und Richard David
   Precht.
2. Findet Erklärungen, warum die Mangyan ein so friedfertiges Volk sind.
3. **Projektvorschlag:** Recherchiert im Internet zum Leben und Wirken von
   Konrad Lorenz und haltet dazu ein Kurzreferat.
🦉 Zeichnet in Gruppen eine Aggressionsskala und einigt euch auf Merkmale
   der Aggression, um die Skala einzuteilen. Stellt eure Ergebnisse einander vor.

1: Insel im Nordosten der
Philippinen

Mindoro

**Inwiefern sind die
Mangyan einzigartig?**
„Durch die Spanier und die
Piraten von den Küsten
ins Inland vertrieben, streifen
sie halbnomadisch umher,
roden den Wald und bauen
Süßkartoffeln an, Wurzel-
gemüse und Hochlandreis.
[…]
All dies macht die Mangyan
zu einer interessanten
Kultur, aber nicht zu einer
besonderen. Familienclans,
gemeinsames Jagen, Arbeiten
und Essen gibt es bei vielen
indigenen Völkern – das Besondere an den Mangyan ist,
was es bei ihnen nicht gibt.“
Richard David Precht

2: Richard David Precht
(siehe Seite 69)

Draufhauen – warum Gewalt Menschen erniedrigt

Happy Slapping[1]

Darja ist in ihrer Klasse eine Außenseiterin. Sie macht immer alle Hausaufgaben und hat fast nur Einsen. Hinter ihrem Rücken wird oft getuschelt; manche nennen sie verächtlich „Streberin". Eines Tages wird Darja auf dem Schulhof plötzlich von hinten an den Haaren gezogen und zu Boden gestoßen. „Du hast meine Jacke
5 geklaut, du Bitch", schreit Emma und spuckt sie an. Einige Mitschüler stehen lachend daneben und filmen die „Bestrafung" mit dem Handy. Am nächsten Tagen kann jeder in der Schule das Video herunterladen.

Der Hass nimmt Menschen die Luft zum Atmen

Hass zeigt sich in Gesten, in Blicken, oftmals zeigt er sich auch im Sprechen. Hass lässt also nicht nur körperlich handeln, er lässt auch sprechen und verletzt somit den anderen. Wir verletzen mit Worten, nicht nur, weil wir bestimmte Schimpfworte
5 benutzen, sondern auch durch […], die Art und Weise des Sprechens, in der das Gegenüber herabgesetzt und erniedrigt wird. Hasserfülltes Sprechen zielt darauf, dem anderen den Boden unter den Füßen wegzuziehen, ihn zu entsichern, ihn seinen Rahmen verlieren zu lassen. Im sprechenden Hass geht
10 es darum, jemandem die Selbstkontrolle zu entziehen, ihn welt- und heimatlos zu machen. […] Die Unerträglichkeit des anderen wird dadurch bewältigt, dass man diesen zu zerstören sucht. Indem ich den anderen beschimpfe, ihn z. B. als „Schwein" diffamiere, sinkt er – für mich, aber gegebenenfalls auch für sich – auf die Stufe eines Borstenviehs herab, dessen
15 Wohl und Wehe letztlich nur von meinem „Appetit" abhängig ist. Man erwartet von dem anderen als Mensch nichts mehr, weil der Hass durch seine Gewalt die Möglichkeit der Kommunikation unterläuft. Hass ist ein Verhalten, das dem Gegenüber die Luft zum Atmen nimmt. Er schafft eine vergiftete Atmosphäre […]. Hass konfrontiert uns mit der Frage nach dem anderen oder mit der Frage, wie
20 es wäre, der andere zu sein; nicht so sehr mit der Möglichkeit, so zu tun, als wäre man der andere, sondern mit der Möglichkeit, seine Stelle einzunehmen, an seiner Stelle zu stehen. Wir verletzen und demütigen mit unserem Hass dasjenige, was wir sein könn(t)en. Wir negieren das, was uns nervt, was uns lästig ist, und das, was wir „weg" haben möchten. Wir akzeptieren dieses Andere, Fremde nicht, sind
25 weder gleichgültig noch cool, sondern stören uns an ihm, wollen es aus dem Land, dem Blick, den Sinnen jagen. Vordergründig entzündet sich der Hass an Kleinigkeiten, Peripherem, doch steht letztlich im Zentrum des Hasses das Leben des anderen.
Andreas Brenner[2] und Jörg Zirfas[3]

Die Lust an der Gewalt

Das Einzigartige beim Menschen ist, dass er von Impulsen, zu morden und zu quälen, getrieben werden kann und dass er dabei Lustgefühle empfindet. Er ist das einzige Lebewesen, das zum Mörder und Vernichter der eigenen Art werden kann, ohne davon einen entsprechenden biologischen oder ökonomischen Nutzen
5 zu haben. […]

Die bösartige Aggression[1] ist spezifisch menschlich und nicht aus einem tierischen Instinkt entstanden. Sie dient nicht dem physiologischen Überleben des Menschen und ist trotzdem ein wichtiger Bestandteil seines seelischen Haushalts. Sie ist eine der Leidenschaften, die bei gewissen Individuen und Kulturen dominant und
10 mächtig sind, während dies bei anderen nicht der Fall ist.

Der Kern der bösartigen Aggression, der allen ihren Formen gemeinsam ist, ist die Leidenschaft, absolute und uneingeschränkte Herrschaft über ein lebendes Wesen auszuüben, ob es sich nun um ein Tier, ein Kind, einen Mann oder eine Frau handelt. Jemand zu zwingen, Schmerz oder Demütigung zu erdulden, ohne
15 sich dagegen wehren zu können, ist eines der Merkmale absoluter Herrschaft, wenn auch keineswegs die einzige. Wer ein anderes lebendes Wesen völlig beherrscht, macht dieses Wesen zu einem Ding, zu seinem Eigentum, während er selbst zum Gott dieses Wesens wird. […] Ein anderes menschliches Wesen völlig zu beherrschen, bedeutet es zu verkrüppeln, zu ersticken und in seiner Ent-
20 wicklung zu behindern.

Nach **Erich Fromm**[2]

1: Bei Erich Fromm ein anderes Wort für Gewalt

2: Erich Fromm (siehe Seite 113) hat zum Thema „Gewalt" das Buch „Anatomie der menschlichen Destruktivität" geschrieben.

Verschiedene Formen von Gewalt

Personale Gewalt
geht von Tätern aus und zeigt sich als seelische oder körperliche Gewalt

Strukturelle Gewalt
ist eine Frage von gesellschaftlichen Bedingungen und keine Konsequenz aus einzelnen Taten

Psychische Gewalt
– Beschimpfungen
– Drohungen
– Mobbing
– Diskriminierung

Physische Gewalt
– absichtliches Verletzen
– Freiheitsberaubung
– sexueller Missbrauch
– Vandalismus

– keine beruflichen Perspektiven
– ungleiche Chancen von Mann Frau, Jung und Alt, oder Menschen aus unterschiedlichen Kulturen

1. Klärt, welche Formen von Gewalt beim „Happy Slapping" gegen Darja angewendet wurden. Sucht weitere Beispiele zu den angeführten Gewaltarten.

2. Übertragt die Gedanken von Andreas Brenner und Jörg Zirfas auf das Verhalten von Darjas Mitschülerinnen und Mitschülern an. Zu welchem Ergebnis gelangt ihr?

3. Diskutiert anhand der Gedanken von Erich Fromm mögliche Ursachen von Gewalt und erstellt dazu ein Tafelbild.

🦉 Versetzt euch in Darjas Position und überlegt, wie ihr euch an ihrer Stelle fühlen würdet. Bringt eure Gedanken und Gefühle in einer kreativen Form zum Ausdruck.

Exklusiv:
Was tun gegen Mobbing und Gewalt in der Schule?

Interview mit der Mediatorin Manette Kayser[1]

1: Manette Kayser
(geb. 1962) ist Ethik-Lehrerin an einem Gymnasium in Luxemburg und seit 2010 zusätzlich ausgebildete Mediatorin. In dieser Rolle kümmert sie sich besonders um die Klärung und Schlichtung von Konflikten und Streitfällen an ihrer Schule.

1. Sie sind an Ihrer Schule Beauftragte gegen Mobbing. Was machen Sie in dieser Funktion?

Gemeinsam mit weiteren erwachsenen Mediatorinnen und Mediatoren unterstütze ich regelmäßig Klassen oder Gruppen von Schülerinnen und Schülern, die
5 Mobbing erleben. Wir ermutigen Jugendliche, Zivilcourage zu zeigen und sich gegen Mobbing zu wehren. Zusammen trauen sie sich viel eher, Mitschüler/innen, die Opfer von Mobbing geworden sind, zu verteidigen und sich an gerechten Lösungen für die Mobbingsituation zu beteiligen.

2. Mit welchen Problemen kommen die Schülerinnen und Schüler zu Ihnen?

10 Sehr häufig erzählen die Schülerinnen oder Schüler, dass sie sich in ihrer Klasse ausgeschlossen und deswegen sehr allein fühlen. Auch beklagen sie sich über ein schlechtes Klassenklima, verbale Aggressionen, die Beschädigung oder den Diebstahl von persönlichem Eigentum sowie über die Verbreitung von Gerüchten; Letzteres geschieht immer öfters über soziale Netzwerke (Cybermobbing).
15 Die betroffenen Jugendlichen leiden sehr unter diesen Gewaltformen, die oftmals sehr ausgeklügelt und gemein durchgezogen werden.

3. Wie werden diese Probleme gelöst?

Da Mobbing ein Gruppenproblem ist – die Klasse duldet Mobbing und viele Mitschüler/innen beteiligen sich daran – schlagen wir meistens vor, mit der ganzen
20 Klasse oder einer Gruppe von Schülern zu arbeiten und diese in den Lösungsprozess einzubinden (basierend auf der Zwiebel-Methode respektive dem No Blame Approach). Dabei setzen wir auf Einsicht und Vertrauen seitens der beteiligten Jugendlichen. Wir zielen darauf ab, ihr Verantwortungsgefühl und ihre Zivilcourage zu stärken und fördern ihr Verständnis und Wiedergutmachung. Aus
25 gutem Grund vermeiden wir Schuldzuweisungen und Strafen. Im Gegenteil: Wir ermutigen alle Jugendlichen, sich an gerechten Lösungen für die Mobbingsituation zu beteiligen und somit die von Mobbing Betroffenen zu schützen.

4. Sie bilden an Ihrer Schule Jugendliche zu Mediatoren aus: Was lernen die Schülerinnen und Schüler von Ihnen?

30 Im Laufe dieser Ausbildung erhalten die Jugendlichen eine Einführung in die Theorie des Konfliktes sowie in die gewaltfreie Kommunikation. Sie erfahren die Bedeutung der Empathie, der Selbst- und Fremdachtung, des Nicht-Urteilens und aktiven Zuhörens. Zum Schluss lernen sie den Mediationsprozess und die Techniken der Mediation kennen.

35 *5. Welche Aufgaben erfüllen die Jugendlichen – nach ihrer Ausbildung an der Schule – bei der Gewaltprävention?*

In unserem Gymnasium gibt es das Patenschafts-Projekt. Die Mediationsschüler/innen begleiten regelmäßig die Anfangsklassen während ihres ersten Schuljahrs. Ziel dieses Projektes ist es, die Klassengemeinschaft zu stärken und den jüngeren
40 Schülerinnen und Schülern ein friedvolles Zusammensein zu erleichtern. Sie sollen sich sicher fühlen und sich zugleich so wohlfühlen, dass sie Konflikte klären und Mobbing nicht aufkommen lassen.

6. Kann jede(r) Mediator werden?

Ja, wir bilden alle freiwilligen Schülerinnen und Schüler aus, wenn die Anzahl
45 der Interessierten dies erlaubt. Somit sind auch Schüler willkommen, die ein eher auffallendes oder undiszipliniertes Benehmen zeigen.

Zu den Bedingungen für die Teilnahme gehört es, die Trainingsgrundsätze zu respektieren, als Mediatoren eine respektvolle Haltung einzunehmen und die Prinzipien der Mediation zu achten. Jugendliche, denen das nicht gelingt, sprechen
50 wir auf ihr Benehmen an und suchen gemeinsam mit ihnen Wege, eine angemessene Lösung zu finden, damit sie sich weiter am Programm beteiligen können oder eventuell aussteigen.

Erste Hilfe im Streit

An vielen Schulen gibt es Programme zur Streitschlichtung, bei der Schülerinnen und Schüler zu Mediatorinnen und Mediatoren ausgebildet werden.

1. Fasst mit eigenen Worten zusammen, welche Aufgabe Mediatorinnen und Mediatoren haben.

2. Sucht weitere Argumente, warum Mediatorinnen und Mediatoren unparteiisch sein sollten.

🦉 Überlegt euch, welche Werkzeuge, Charaktereigenschaften usw. in einen Erste-Hilfe-Kasten der Konfliktlösung gehören. Unterbreitet in kleinen Gruppen eigene Vorschläge und stellt sie in der Ethikgruppe vor.

Der besondere Text:
Widerstand in Weiß

Nach dem Ende des Bürgerkriegs in Liberia: Eine Frauengruppe um Leymah Gbowee singt und betet für Frieden in ihrem Land.

1: Leymah Gbowee (geb. 1972) ist eine Bürgerrechtlerin aus Liberia und Mutter von sechs Kindern. Sie bekam 2011 für ihren gewaltfreien Kampf gegen den Krieg und für Frauenrechte den Friedensnobelpreis. Ihre Autobiografie „Wir sind die Macht" ist 2012 auch in Deutsch veröffentlicht worden.

Der Weg in die Hölle

Trauma-Therapeutin Leymah R. Gbowee[1] kommt während des Bürgerkrieges in Liberia in ein Lager, in dem sich nur Kinder und Jugendliche befinden. Voller Bitterkeit wird ihr bewusst, dass die meist
5 minderjährigen Jungen in ihrem Leben schon mal auf dem Weg in die Hölle gewesen sind. Sie setzt sich mit einem 16-jährigen ehemaligen Kämpfer in den Schatten einer Palme und fragt ihn, ob er während des Krieges auch Frauen vergewaltigt habe. Er schaut
10 sie an und schüttelt den Kopf. Leymah glaubt ihm nicht und überlegt eine Weile. Dann fragt sie ihn: „Hast du während des Krieges Sex mit einer Frau gehabt?" Seine Augen blicken sie lächelnd an. „Na klar", antwortet er, „Frauen sind doch dazu da, um Sex zu haben!"
15 In diesem Augenblick denkt Leymah an ihre Jugend, als sie ihren Mann Daniel kennen gelernt hatte, der sie schlug, wenn sie keinen Sex mit ihm wollte. Es dauerte Jahre, bis sie sich von ihm lösen konnte und sich ein eigenes Leben aufbaute. Sie wurde Sozialarbeiterin in Liberia und studierte anschließend in den USA Psychologie. Diese Entwicklung wäre ohne die Hilfe ihrer Schwester nicht
20 möglich gewesen, die während des Studiums ihre vier Kinder betreute. Wenn Frauen zusammenhalten, dann sind sie stark, dachte Leymah, und setzte diese Überlegung in die Tat um. Als überzeugte lutherische Christin gründete sie während des liberianischen Bürgerkrieges zusammen mit Frauen muslimischen Glaubens die Friedensgruppe „Women Peace and Security Network Africa" (WIPSEN-Africa).
25 Die Frauen trafen sich regelmäßig in weißen Gewändern zum Gebet für den Frieden. Damit ihre Botschaft gehört wurde, griffen sie auch zu ungewöhnlichen Mitteln: Sie verweigerten ihren Männern den Sex, solange sie gegeneinander kämpften.

Barbara Brüning

Wissen und Merken: Frauen besetzen die Akropolis

Der griechische Komödiendichter Aristophanes* schrieb 411 v. Chr. die Komödie „Lysistrata". Sie erzählt, dass sich während des Peloponnesischen Krieges zwischen Athen und Sparta Frauen unter der Führung von Lysistrata sowohl vor der Akropolis in Athen als auch vor dem Heerlager in Sparta versammelten. Sie ver-
5 weigerten ihren Männern den Sex und forderten, den Krieg unverzüglich zu beenden. Nach einigen Tagen hatten sie Erfolg mit ihrer Aktion.

„General Leymah und ihre Truppen"

Als 2003 zwischen Charles Taylor und dem Rebellenführer Abubakar Friedensgespräche in Liberia stattfinden, versammelten sich ca. 150 Frauen vor der Tür.

„Setzt euch vor diese Tür und hängt euch mit den Armen bei den Frauen neben euch ein", bat ich sie. „Niemand wird diesen Ort verlassen, bevor nicht
5 ein Friedensabkommen unterzeichnet ist." Ich klopfte an das Glas, und als sich die Tür öffnete, übergab ich dem Mann drinnen einen Zettel. „Geben Sie das bitte General Abubakar." Ich sah, dass der General meine Nachricht las: „Wir
10 nehmen diese Delegierten, vor allem die Liberianer, als Geiseln. Sie sollen den Schmerz zu spüren kommen, unter dem unser Volk zuhause leidet."
Dann erschallte plötzlich seine Stimme über das Lautsprechersystem: „Verehrte Damen und Herren, die Friedenshalle wurde von General Leymah und ihren Truppen eingenommen!" Sofort eilten Sicherheitskräfte in die Halle. „Wer führt diese
15 Gruppe an?", rief einer. „Hier bin ich", sagte ich und stand auf. „Sie stellen sich der Gerechtigkeit in den Weg, und wir müssen Sie festnehmen." Hinter mir öffnete sich die Tür des Verhandlungsraums, und mehrere Männer steckten die Köpfe heraus. Ich stand der Gerechtigkeit im Weg? Hatte er das wirklich gerade zu mir gesagt? Hatte er wirklich das Wort Gerechtigkeit benutzt?
20 Ich war so wütend, dass ich nicht mehr an mich halten konnte. „Ich werde es Ihnen ganz leichtmachen, mich festzunehmen. Ich werde mich jetzt nämlich nackt ausziehen." Ich nahm mein Kopftuch ab. Sugars, die neben mir saß, stand ebenfalls auf und tat es mir nach. Ich streifte meine Lappa**[1]** ab, darunter kam meine Strumpfhose zum Vorschein. […]
25 Gedanken rasten mir durch den Kopf: Okay, wenn ihr glaubt, ihr könnt mich mit einer Festnahme demütigen, dann schaut mal her, wie wirkungsvoll – wirkungsvoller, als ihr euch träumen lasst – ich mich selbst demütigen kann. Ich war völlig außer mir, absolut verzweifelt. Jede Institution, von der man mich glauben gemacht hatte, sie existiere, um die Menschen zu beschützen, hatte sich als böse und
30 korrupt herausgestellt; alles, was ich für wertvoll gehalten hatte, war zusammengebrochen. Diese Verhandlungen waren meine letzte Hoffnung gewesen, nun ging auch hier nichts voran. Indem ich drohte, mich auszuziehen, hatte ich mich in eine mächtige Tradition gestellt. Nach afrikanischem Verständnis ist es ein fürchterlicher Fluch, mit ansehen zu müssen, wie sich eine verheiratete oder
35 ältere Frau aus freien Stücken entblößt.

Leymah R. Gbowee

Liberia wurde 1847 unabhängig. Seine Bevölkerung setzt sich aus ehemaligen afroamerikanischen Sklaven und Einheimischen verschiedener Ethnien zusammen. Zwischen diesen Parteien entwickelte sich von 1989–2003 ein blutiger Bürgerkrieg. James Taylor, der ihn begann, wurde 2012 vom UN-Kriegsverbrechertribunal in Den Haag zu 50 Jahren Haft verurteilt.

[1] Afrikanisches Wickelkleid

---

1. Versetzt euch an die Stelle der liberianischen Frauen! Haben sie eurer Meinung nach moralisch gut gehandelt? Begründet euren Standpunkt.

2. Projektvorschlag: Lest in Zusammenarbeit mit dem Deutschunterricht die Komödie „Lysistrata" und arbeitet Parallelen zwischen dem Widerstand der athenischen und liberianischen Frauen heraus.

3. Vergleicht Gbowees Bewegung mit dem gewaltlosen Widerstand von Mahatma Gandhi (Seiten 160/161). Findet Gemeinsamkeiten und Unterschiede heraus.

🦉 Leymah Gbowee ist davon überzeugt, dass Gewalt neue Gewalt erzeugt. Schreibt ihr einen fiktiven Brief* und begründet, ob ihr zustimmt oder nicht.

Wissen und Verstehen:
Konflikte und Gewalt

Das weiß ich: Diese Namen und Begriffe kann ich ordnen

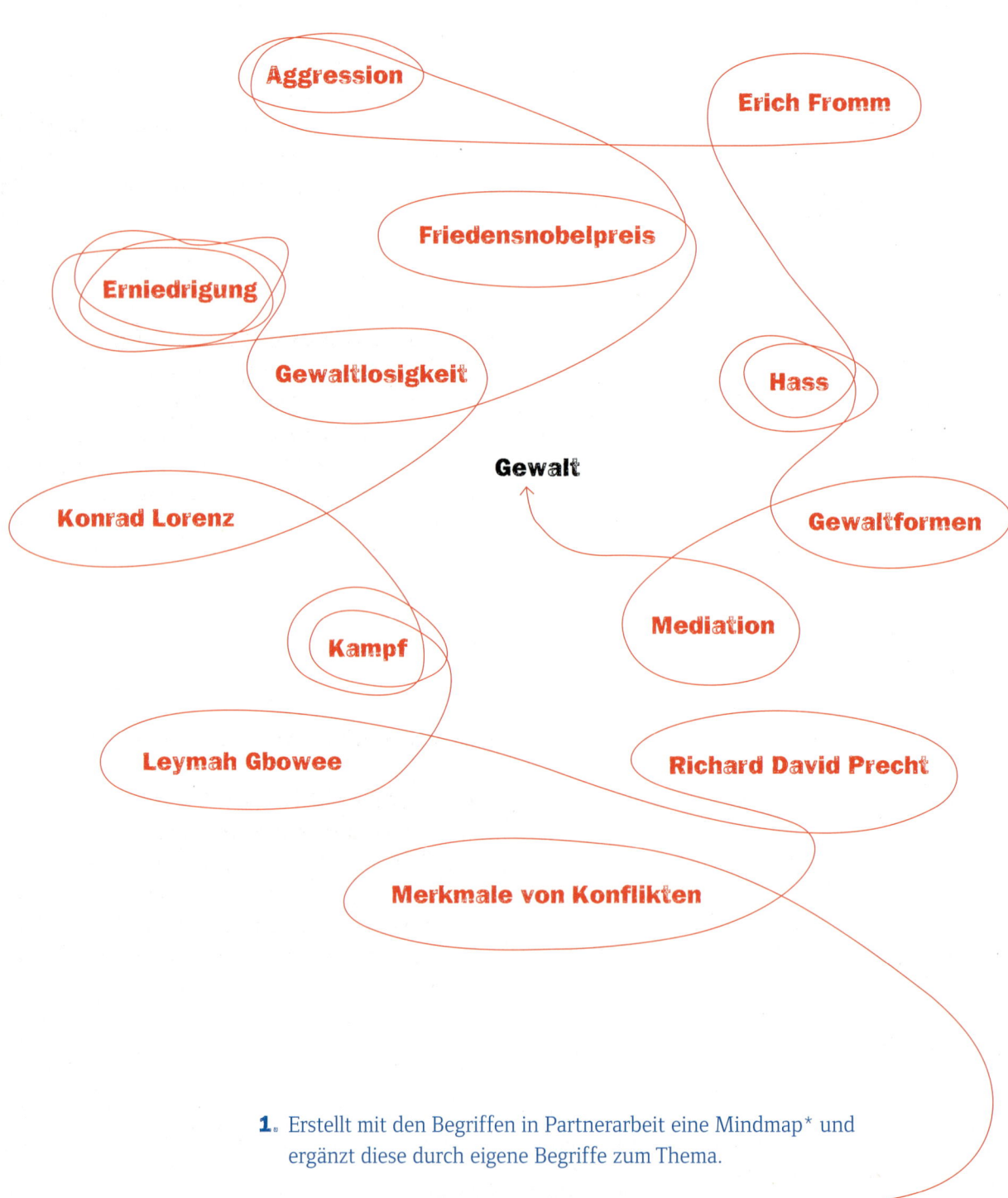

Aggression

Erich Fromm

Friedensnobelpreis

Erniedrigung

Gewaltlosigkeit

Hass

Gewalt

Konrad Lorenz

Gewaltformen

Mediation

Kampf

Leymah Gbowee

Richard David Precht

Merkmale von Konflikten

1. Erstellt mit den Begriffen in Partnerarbeit eine Mindmap* und ergänzt diese durch eigene Begriffe zum Thema.

Darauf kommt es an: Konflikte friedlich lösen

Der Mensch lebt in verschiedenen Gemeinschaften. Dazu gehören Familie, Freunde und fremde Menschen. Sobald man Mitglied einer Gemeinschaft ist, kommt es unweigerlich zum **Aufeinandertreffen verschiedener Meinungen und Ansichten**, aus denen sich **Konflikte** entwickeln können. Wie man mit Konfliktsituationen
5 umgeht, kann man durch **Streitschlichtungs- und Mediationsprogramme** lernen. Oftmals werden Konflikte durch Gewalt ausgetragen – sie kann **verschiedene Formen** annehmen, zum Beispiel physische oder psychische Gewalt. Ob aggressives Verhalten von Menschen angeboren ist, darüber wird in der Philosophie heftig gestritten. Für **Konrad Lorenz** ist Aggressivität natürlich – sie kommt bei Tieren
10 und Menschen vor. **Richard David Precht** und **Erich Fromm** meinen hingegen, dass es für Gewalt einen Auslöser aus dem persönlichen oder gesellschaftlichen Bereich geben muss, zum Beispiel das Machtstreben einzelner. Die liberianische Friedensnobelpreisträgerin **Leymah Gbowee** geht davon aus, dass Gewaltanwendung immer Gegengewalt erzeugt.

Das kann ich: Ein faires, gewaltfreies Klassenklima schaffen

Martin Buber[1] entwickelte den folgenden Gedanken: „Der Ursprung aller Konflikte zwischen mir und meinen Mitmenschen ist, dass ich nicht sage, was ich meine, und dass ich nicht tue, was ich sage." Um ein solches Verhalten in eurer Klasse zu unterbinden, könnt ihr gemeinsam Regeln erarbeiten, die euch in Zukunft ein
5 faires und möglichst konfliktfreies Klassenklima ermöglichen.

1: Martin Buber (1878–1965) zählt zu den bekanntesten deutsch-jüdischen Religionsphilosophen. Er flüchtete 1938 aus Nazi-Deutschland nach Palästina und lehrte an der Hebräischen Universität von Jerusalem. In Israel setzte er sich für eine Verständigung mit den Arabern ein und war ein Vorreiter des jüdisch-christlichen Dialogs. Eines seiner wichtigsten Bücher heißt „Ich und Du". Darin geht es um die Entwicklung von Dialogfähigkeiten.

2. Bildet kleine Gruppen und überlegt euch zunächst, was der Junge dem Mädchen antworten könnte.

3. Erarbeitet anschließend einen Katalog mit 5 bis 10 Regeln für ein faires und möglichst konfliktfreies Klassenklima. Lest hierzu noch einmal die Seiten 97 und 124/125 (Regeln beim Streiten und Mediation).

4. Stellt eure Regeln in der Ethikgruppe vor, und gestaltet dann abschließend einen gemeinsamen Katalog, den ihr in eurer Schule diskutieren könnt.

Kapitel 8:
Menschenrechte und Gerechtigkeit

*Die Grundrechte aus unserer Verfassung sollen nicht nur dem Einzelnen
zugutekommen, sondern zugleich auch das Gemeinwesen stärken.*
Nach Ernst Benda*, ehemaliger Präsident des Bundesverfassungsgerichts

1. Findet heraus, welche Grundrechte aus den Artikeln 1 bis 19 des
Grundgesetzes auf den Fotos dargestellt werden.
2. Erklärt unter Berücksichtigung der Fotos den Gedanken von Ernst Benda.

Fotos von Hans Keller im Rahmen einer Grundrechte-Ausstellung in der Frankfurter Paulskirche (2018)

In diesem Kapitel lernst du
– den Begriff der Menschenwürde zu verstehen
– Menschenrechte und Menschenrechtserklärungen zu beurteilen
– Prinzipien der Sozialethik zu prüfen

Dabei nutzt du
– die Methode des fremden Blicks
– Gedankenexperimente
– Rollenspiele

Du beurteilst und bewertest
– Grundrechte im Grundgesetz
– gerechtes Handeln in Gesellschaft und Wirtschaft
– humanitäre Interventionen

Warum Menschen eine Würde haben

Du wirst heiraten!

Marie bediente schon als Kind in der Gastwirtschaft, in der ihre Mutter arbeiten musste, um den Lebensunterhalt für sich und ihre nichteheliche Tochter zu verdienen. Sie schuftete von früh bis spät abends und trotzdem reichte es nicht zum Leben. Eines Tages verkündete sie ihrer 16-jährigen Tochter lächelnd: „Marie,
5 uns wird es bald bessergehen. Louis will dich heiraten."
„Was denn?", schrie Marie verzweifelt, „ich soll diesen Greis heiraten? Das ist unter meiner Würde." Vor Wut kippte Marie den Eimer mit dem Schmutzwasser auf den Fußboden.
„Er ist hier der Gastwirt, und uns wird es dadurch gut gehen", antwortete die
10 Mutter. „Deine Heirat ist keine Frage der Würde, sondern des Überlebens!"

FÜR KEIN BROT DER WELT GEBE ICH MEINE WÜRDE UND FREIHEIT AUF!

Wissen und Merken: Menschenwürde für alle

1: Olympe de Gouges
(1748–1793) bezeichnete die Ehe als „Grab für die Liebe und das Vertrauen" und heiratete als Witwe nicht wieder.

Marie Gouze gab sich 1770 den Namen Olympe de Gouges[1]. Sie verließ nach dem ungeklärten Tod ihres Mannes 1766 ihre Geburtsstadt Montauban in den Pyrenäen und ging nach Paris. Dort eröffnete sie einen philosophischen Salon, in dem auch über die Menschenwürde diskutiert wurde. Haben beispielsweise
5 Frauen die gleiche Würde wie Männer? Und was ist mit den Sklaven, die es auch im 18. Jahrhundert noch gab? Für Olympe de Gouges war Würde unteilbar. Sie sprach sich in ihrem
10 Theaterstück „Die Sklaverei der Schwarzen" für die Abschaffung der Sklaverei aus und verfasste eine Menschenrechtserklärung für die „Rechte der Frau und Bürgerin" (siehe
15 die Seiten 136/137).

Jeder Mensch hat seinen Zweck in sich selbst

Dieses Foto zu Artikel 1 des Grundgesetzes sowie die Fotos auf der Auftakt-Doppelseite wurden 2018 in der Frankfurter Paulskirche ausgestellt. Anlass war die Grundrechte-Ausstellung „Freiheit – Teilhabe – Toleranz".

Nun sage ich: Der Mensch und überhaupt jedes vernünftige Wesen existiert als Zweck an sich selbst, nicht bloß als Mittel zum beliebigen Gebrauche für diesen oder jenen Willen, sondern muss in allen seinen sowohl auf sich selbst, als auch auf andere vernünftige Wesen gerichteten Handlungen jederzeit zugleich als
5 Zweck betrachtet werden. […]

Handle so, dass du die Menschheit sowohl in deiner Person, als in der Person eines jeden andern jederzeit zugleich als Zweck, niemals bloß als Mittel brauchst. Wir wollen sehen, ob sich dieses bewerkstelligen lasse.

Um bei den vorigen Beispielen zu bleiben, so wird […] nach dem Begriffe der
10 notwendigen Pflicht gegen sich selbst derjenige, der mit Selbstmorden umgeht, sich fragen, ob seine Handlung mit der Idee der Menschheit als Zweck an sich selbst zusammen bestehen könne. Wenn er, um einem beschwerlichen Zustande zu entfliehen, sich selbst zerstört, so bedient er sich einer Person bloß als eines Mittels zu Erhaltung eines erträglichen Zustandes bis zum Ende des Lebens. Der Mensch
15 aber ist keine Sache, mithin nicht etwas, das bloß als Mittel gebraucht werden kann, sondern muss bei allen seinen Handlungen jederzeit als Zweck an sich selbst betrachtet werden. Also kann ich über den Menschen in meiner Person nichts disponieren, ihn zu verstümmeln, zu verderben, oder zu töten.

Immanuel Kant[1]

1: Immanuel Kants Formel zur Menschenwürde ist Teil des Kategorischen Imperativs (siehe die Seiten 83–85).

1. Fasst mit eigenen Worten zusammen, wie Kant die Würde des Menschen charakterisiert. Diskutiert auch über sein Beispiel „Selbstmord" aus dem Text.

2. Spielt in kleinen Gruppen eine Szene: Marie argumentiert ihrer Mutter gegenüber mit den Gedanken von Kant. Wertet eure Szenen in der Ethikgruppe aus.

3. Eine/r von euch spielt die Rolle von Immanuel Kant und sitzt auf einem Stuhl vor der Ethikgruppe. Ihr stellt ihm oder ihr Fragen. Er oder sie beantwortet diese Fragen mit Kants Gedanken aus dem Text.

🦉 Bei welchen Problemen spielt heute die Menschenwürde eine wichtige Rolle? Lest hierzu auch die Seiten 84/85, 92/93 und 210/211.

Der besondere Text:
Die Rechte der Frau und Bürgerin

Die Geschichte eines Menschenrechtsdokuments

1: Olympe de Gouges wurde am 3. November 1793 durch die Guillotine hingerichtet. Sie war nach Königin Marie Antoinette die zweite Frau, die durch das Fallbeil starb. Seit dem 19. Oktober 2016 steht ihre Büste in der Französischen Nationalversammlung.

2: Die Jakobiner übten ab 1793 während der französischen Revolution eine Schreckensherrschaft aus und ließen viele politischen Gegner zum Tode verurteilen.

Im Jahr 1791 wurde die „Erklärung der Menschen- und Bürgerrechte" in der französischen Nationalversammlung verkündet. Wenige Tage später legte Olympe de Gouges[1] einen eigenen Gesetzentwurf vor, der sie weltberühmt machte: die „Erklärung der Rechte der Frau und Bürgerin". Diese Erklärung ist das erste
5 Menschenrechtsdokument für die Rechte von Frauen weltweit (siehe unten). Darin forderte Olympe de Gouges den Zugang von Frauen zu allen öffentlichen Ämtern, damit sie genauso wie Männer die Möglichkeit erhalten, Politik mitzugestalten. Sie warb auf den Plätzen von Paris für den Zugang von Frauen zu allen Bürgerrechten. Ihr öffentliches Auftreten für die Rechte der Frauen und ihre Kritik
10 an der von den Jakobinern[2] praktizierten Todesstrafe gegen die Feinde der Revolution machten sie verdächtig und führten schließlich zu ihrer Verurteilung und Hinrichtung auf dem Place de la Révolution (heute „Place de la Concorde").

Delacroix, Eugène: Die Freiheit führt das Volk, 1830

Gerechtigkeit zwischen den Geschlechtern

Präambel
Wir Mütter, wir Töchter, wir Schwestern, Repräsentantinnen der Nation, fordern, Bestandteil der Nationalversammlung zu werden. [...]

I. Die Frau ist frei geboren und bleibt dem Manne gleich an Rechten. Die sozialen Unterschiede können nur auf gemeinsamem Nutzen gegründet sein.

II. Der Zweck jeder politischen Vereinigung ist die Erhaltung der natürlichen und unantastbaren Rechte der Frau und des Mannes: diese Rechte sind Freiheit, Eigentum, (Rechts-)Sicherheit und vor allem das Recht auf Widerstand gegen Unterdrückung. […]

VI. Das Gesetz muss Ausdruck des allgemeinen Willens sein; alle Bürgerinnen, und Bürger müssen an der Gesetzgebung persönlich oder durch ihre Vertretung mitwirken. Das Gesetz ist das gleiche für alle: Alle Bürgerinnen und alle Bürger, gleich in den Augen des Gesetzes, müssen gleichen Zugang haben zu allen Würden, Stellen und öffentlichen Ämtern, entsprechend ihren Fähigkeiten und ohne andere Unterschiede als die ihrer Tugenden und Talente. […]

Foto von Hans Keller zu Artikel 2.1 des Grundgesetzes über die „freie Entfaltung der Persönlichkeit" (Einzelheiten siehe Seite 133)

X. Keine/r darf verfolgt werden wegen ihrer/seiner Meinung, wie grundsätzlich auch immer; die Frau hat das Recht, das Schafott zu besteigen, sie hat gleichermaßen das Recht, die Tribüne zu besteigen, solange ihre Manifestationen die öffentliche Ordnung, festgelegt durch das Gesetz, nicht stören.

XI. Die freie Mitteilung der Gedanken und Meinungen ist eines der wertvollsten Rechte der Frau, da diese Freiheit die Legitimität der Väter hinsichtlich der Kinder sichert. Alle Bürgerinnen können in aller Freiheit sagen: Ich bin Mutter eines Kindes, das von Ihnen ist, ohne dass ein barbarisches Vorurteil sie zwingt, die Wahrheit zu verdunkeln, unter der Bedingung, dass sie den Missbrauch dieser Freiheit verantworten muss, in Fällen, bestimmt vom Gesetz. […]

XVII. Das Eigentum gehört beiden Geschlechtern, gemeinsam oder getrennt; jede Person hat darauf ein unverletzliches und heiliges Recht. Keiner/keinem darf es als ein wahres Erbe der Natur geraubt werden, außer in Fällen öffentlicher und gesetzlich festgestellter Notwendigkeit, und unter der Bedingung gerechter und im Voraus festgesetzter Entschädigung. […]

Lesetipp: UN-Konvention zur Beseitigung jeder Form von Diskriminierung der Frau (1979). In: *www.bmfsfj.de* (Suchwörter: „Beseitigung Diskriminierung der Frau").

1. Wertet die Menschenrechtserklärung in kleinen Gruppen aus: Welche Artikel überzeugen euch und welche nicht? Begründet euren Standpunkt.

2. Notiert: Was versteht ihr unter dem „Recht auf Widerstand gegen Unterdrückung" (Artikel II)?

3. Projektvorschlag: Recherchiert, ob es unter den Artikeln 1 bis 20 des Grundgesetzes Artikel gibt, die dem Artikel II bei Olympe de Gouges ähneln.

4. Vergleicht Olympe de Gouges' Menschenrechtserklärung mit der UN-Konvention für die politischen Rechte der Frau. Wo liegen Unterschiede und Gemeinsamkeiten?

🦉 Warum fürchteten die Jakobiner Olympe de Gouges' Menschenrechtserklärung und ließen sie hinrichten, um eine weitere Diskussion zu verhindern? Sammelt dazu Ideen in der Ethikgruppe.

Menschenrechte als gemeinsame Werte für die Staatengemeinschaft

„Wasser ist Leben"

Der Mann hebt die rechte Hand und schnippt mit den Fingern, während er dazu zählt: eins, zwei, drei. Dann hält er den kleinen Finger in die Höhe. Und es ist
5 sekundenlang still in der Generalversammlung der Vereinten Nationen in New York an diesem 28. Juli 2010. Als würden die Vertreter von 163 Ländern die Luft anhalten, während sie auf die Hand von Pablo
10 Solón aus Bolivien schauen. Sein Land hat die Resolution 64/292 in die Generalversammlung eingebracht, unterstützt von 33 weiteren Staaten.

„The human right to water and sanitation" steht auf dem Papier: Das Menschen-
15 recht auf Wasser und Sanitärversorgung. Der bolivianische UNO-Botschafter spricht von den fast zwei Millionen Menschen auf der Welt, die jedes Jahr sterben müssen, weil sie keinen Zugang zu sauberem Wasser haben. „Wir bestehen zu zwei Dritteln aus Wasser, unser Gehirn sogar zu drei Vierteln", sagt er. Pablo Solón spricht in Bildern: „Das Blut, das uns mit Nährstoffen und Energie versorgt, durch-
20 zieht unseren Körper wie ein Netzwerk von Flüssen." „Wasser ist Leben", sagt er. Und kein Wasser bedeutet, den Tod. „Alle dreieinhalb Sekunden stirbt ein Kind, weil es kein sauberes Wasser hatte", sagt er. Dann, hebt er die Hand: „Uno, dos, tres ..!

Florian Schwinn, *deutscher Journalist*

Wissen und Merken: Menschenrechtserklärungen

Bereits der römische Kaiser und Philosoph Marcus Aurelius* ging davon aus, dass alle Menschen von Natur aus gleich sind und somit auch gleiche Rechte und Pflichten haben. In der Bibel wird eine ähnliche Position vertreten: „Vor Gott sind alle Menschen gleich." (Römer 2, 11) Der englische Philosoph John
5 Locke* dachte diesen Gleichheitsgedanken weiter und bezeichnete alle Menschen als „Geschöpfe von gleicher Gattung und von gleichem Rang [...], zum Gebrauch derselben Fähigkeiten geboren, die ohne Unterordnung und Unterwerfung einander gleichgestellt " Diese philosophisch begründete Gleichheit des Menschen bildet den Ausgangspunkt verschiedener Menschenrechtserklärun-
10 gen in der Geschichte der Menschheit, die sich zum Ziel setzen, allen Menschen unveräußerliche Rechte qua ihres Menschseins zuzuerkennen.

Kurze Geschichte der Menschenrechtserklärungen

1215: Entstehung der Magna Carta Libertatum in England

1789: Erklärung der Menschen- und Bürgerrechte zu Beginn der Französischen Revolution

1791: Deklaration der Bill of Rights in den Vereinigten Staaten von Amerika als Zusatzartikel zur amerikanischen Verfassung

1791: Erklärung der Rechte der Frau und Bürgerin (siehe die Seiten 134/135)

1948: Allgemeine Erklärung der Menschenrechte der UNO

Gemeinsame Werte[1] für das Zusammenleben

Die Allgemeine Erklärung der Menschenrechte, abgekürzt AEM[2], kann als der bisher größte historische Beweis für den „Consensus omnium gentium"[3] hinsichtlich eines bestimmten Wertesystems erachtet werden. [...].
Sie wurde am 10. Dezember 1948 von 48 Staaten auf der Generalversammlung
5 der Vereinten Nationen verabschiedet und von da an als Orientierung angesehen, nicht nur für die Weiterentwicklung der internationalen Gemeinschaft zu einer Gemeinschaft von Staaten, sondern auch zu einer von freien und gleichen Individuen. Ich weiß nicht, inwieweit man sich darüber klar ist, dass diese Erklärung etwas völlig Neues in der Geschichte der Menschheit darstellt, denn hier wurde
10 zum ersten Mal ein System von grundlegenden Prinzipien des menschlichen Zusammenlebens in freier Entscheidung angenommen, explizit von der Mehrheit der auf der Erde lebenden Menschen, vertreten durch ihre jeweiligen Regierungen. Mit dieser Erklärung wird ein Wertesystem (wiederum zum ersten Mal in der Geschichte) universal[4], und zwar nicht im Prinzip, sondern faktisch, denn der
15 Konsens wurde als Regelung für das Zusammenleben der künftigen Gemeinschaft aller Menschen und Staaten formuliert. (Die Werte, die die Religionen und Kirchen repräsentieren, auch die der christlichen Religion als der am weitesten verbreiteten, haben faktisch, d. h. realgeschichtlich, bis heute immer nur für einen Teil der Menschheit Geltung besessen.) Erst nach der Erklärung der UNO
20 können wir historisch gesehen sicher sein, dass die Menschheit einige Werte teilt, und endlich die Überzeugung hegt, dass diese Werte in der Tat universell sind.
Nach **Norberto Bobbio**[5]

1: Zum Begriff „Werte" siehe Seite 111.

2: Weitere Infos zur AEM: *www.menschenrechte. jugendnetz.de* und *www.jugend-fuer-menschenrechte.org/ menschenrechte*

3: Lateinisch „Übereinstimmung der gesamten Menschheit".

4: Gilt für alle Menschen.

5: Norberto Bobbio (1909–2004) war ein italienischer Rechtsphilosoph und Publizist. Er veröffentlichte u. a. das Buch „Das Zeitalter der Menschenrechte: Ist Toleranz durchsetzbar?"

1. Warum forderte der bolivianische UNO-Botschafter ein Menschenrecht auf sauberes Wasser? Begründet euren Standpunkt.

2. Projektvorschlag: Recherchiert im Internet die Entstehungsgeschichte und wichtigste Inhalte der oben erwähnten Menschenrechtserklärungen und stellt sie in Kurzreferaten vor.

3. Worin sieht Norberto Bobbio das ethische Kernstück der Allgemeinen Erklärung der Menschenrechte? Diskutiert darüber in der Ethikgruppe.

🦉 Stellt euch vor, ihr solltet die AEM um einen weiteren Artikel zum Schutz der Umwelt als natürlicher Grundlage des Menschen ergänzen. Erarbeitet in Vierergruppen Vorschläge.

Exklusiv:
Menschenrechte im Grundgesetz der Bundesrepublik Deutschland

Interview mit Andreas Voßkuhle[1], Präsident des Bundesverfassungsgerichts

1: Andreas Voßkuhle (geb. 1963) ist Professor für öffentliches Recht an der Universität Freiburg. Von 2008 bis 2020 war er Richter am Bundesverfassungsgericht in Karlsruhe. Seit 2010 war Voßkuhle jüngster Präsident dieses höchsten deutschen Gerichts, das u. a. über die Einhaltung des Grundgesetzes wacht.

Was ist das Grundgesetz?
Das Grundgesetz (GG) umfasst die rechtliche und politische Grundordnung der Bundesrepublik Deutschland. Ihr Wertefundament sind die Grundrechte (Art. 1–19). Die weiteren Artikel 20–146 betreffen Fragen des Staatsaufbaus und der Aufgaben aller demokratischen Einrichtungen im Lande.

2: Die Europäische Menschenrechtskonvention (EMRK) wurde 1953 durch den Europarat verabschiedet. Bis Ende 2017 setzten 47 Staaten die EMRK in Kraft. Sie soll die Freiheitsrechte, z. B. das Recht auf Leben und den Schutz vor Folter, in den Mitgliedstaaten garantieren: *https://www.menschenrechtskonvention.eu/*

Schülerinnen und Schülern der Klasse 10 einer Schule aus Rüsselsheim haben Andreas Voßkuhle die folgenden Fragen gestellt.

1. Warum steht die Menschenwürde als erster Artikel im Grundgesetz?
Die Mütter und Väter des Grundgesetzes haben die Menschenwürde nach den Erfahrungen mit der nationalsozialistischen Gewaltherrschaft 1949 ganz bewusst an den Anfang der Verfassung gesetzt. Mit dieser „Schlüsselnorm" des Artikel 1
5 Absatz 1 wird zum Ausdruck gebracht, dass die Garantie der Unantastbarkeit der menschlichen Würde rechtlich verbindlich und damit für jedermann einklagbar ist. Gleichzeitig steht die prominente Stellung der Menschenwürde im Grundgesetz programmatisch für das freiheitliche Verständnis eines Staats, der für den Menschen da ist – und nicht umgekehrt.

10 *2. In welchem Verhältnis stehen die Grundrechte Artikel 1 bis 19 zu den allgemeinen Menschenrechten?*
Gleich nach der Menschenwürde, in Artikel 1 Absatz 2, enthält das Grundgesetz ein Bekenntnis zu den Menschenrechten. Menschenrechte stehen dem Menschen kraft ihrer Natur zu und sind Grundlage jeder „guten" menschlichen Gemeinschaft.
15 Ihre rechtliche Grundlage haben sie im Völkerrecht. Das unterscheidet sie von den Grundrechtsartikeln des Grundgesetzes, die zwar auch als Ausprägung der Menschenrechte verstanden werden können, ihre rechtliche Grundlage ist aber die Verfassung. Grundrechte sind in Deutschland daher unmittelbar geltendes und gerichtlich durchsetzbares Recht. Jegliche Form staatlichen Handelns – sei es
20 Gesetzgebung, vollziehende Gewalt oder Rechtsprechung – wird durch sie gebunden. Die Allgemeine Erklärung der Menschenrechte der Vereinten Nationen ist dagegen rechtlich unverbindlich. Etwas anders liegen die Dinge bei der Europäischen Menschenrechtskonvention[2]: Sie gilt in Deutschland zwar nur im Rang eines einfachen Bundesgesetzes und hat daher keine Verfassungsqualität.
25 Gleichwohl ist das Grundgesetz möglichst im Einklang mit der Europäischen Menschenrechtskonvention auszulegen.

In Bonn verkündeten 1949 gewählte Vertreter/innen des Parlamentarischen Rates das Grundgesetz.

3. Viele Menschen sagen, Menschenrechte sind zwar wichtig, aber man kann sie nicht einklagen. Wozu brauchen wir sie dann? Was meinen Sie dazu?

Menschenrechte sind wichtig. Allerdings sind Menschenrechtspakte häufig inter-
30 national zunächst nur eine Art politischer Appell der Weltgemeinschaft an sich
selbst. Die Wirksamkeit etwa der Allgemeinen Erklärung der Menschenrechte ist
weniger rechtlich, als vielmehr symbolisch: Dem Vorwurf durch die Vereinten
Nationen, sich als einzelner Staat menschenrechtswidrig zu verhalten, sieht sich
keine Nation gerne ausgesetzt. Aber klar ist auch, diese Warn- und Appellfunk-
35 tion verhallt nur zu oft ohne sichtbare Wirkung. Wichtig sind deshalb das Engage-
ment jedes Einzelnen und eine lebendige öffentliche Debatte, um eine Verbesserung des Menschenrechtsstandards einzufordern.

4. In der AEM gibt es in Artikel 2 ein Verbot der Diskriminierung. („Niemand darf diskriminiert werden.") Im Grundgesetz steht so etwas nicht, warum?

40 Das Grundgesetz hat einen sowohl griffigen als auch schlagkräftigen Grundrechte-
katalog, der in Artikel 3 ausdrücklich bestimmt: Alle Menschen sind vor dem
Gesetz gleich, Frauen und Männer sind gleichberechtigt und niemand darf wegen
seines Geschlechtes, seiner Abstammung, seiner Rasse, seiner Sprache, seiner
Heimat und Herkunft, seines Glaubens, seiner religiösen oder politischen Anschau-
45 ungen oder seiner Behinderung diskriminiert werden. Unser Grundgesetz bleibt
also keineswegs hinter der AEM zurück! In der öffentlichen Wahrnehmung erscheinen die internationalen Menschenrechtspakte mitunter als gewichtiger, weil
sie mit mehr Pathos daherkommen. Die Sprache des Grundgesetzes ist nüchterner,
der Schutz der Grundrechte im Alltag aber sehr viel stärker.

1. Fasst mit eigenen Worten zusammen, in welchem Verhältnis die Grundrechte 1 bis 19 im GG zur Allgemeinen Erklärung der Menschenrechte stehen.

2. Bildet kleine Gruppen und erarbeitet Vorschläge, wie ihr zur Verbesserung der Menschrechts-standards in eurem Umfeld beitragen könnt. Erarbeitet eine Liste mit Maßnahmen.

3. Projektvorschlag: Recherchiert zur EMRK im Internet und gestaltet für eure Schule eine Wandzeitung dazu.

Stellt euch vor, ihr seid der UN-Generalsekretär. Bereitet in Vierergruppen eine kurze Rede für ihn vor, worin er die Wichtigkeit der AEM hervorhebt.

Lässt sich Wohlstand gerecht verteilen?

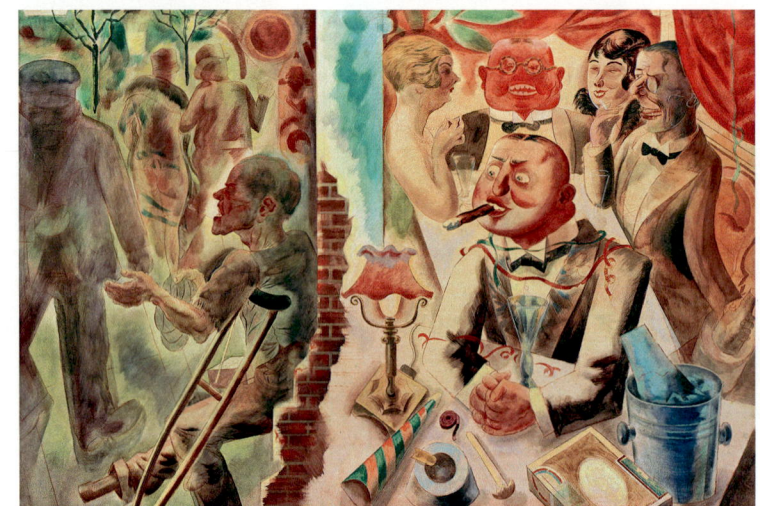

George Grosz:
*Drinnen und
Draußen, 1926*

1: Asit Datta (geb. 1937)
stammt aus Indien. Er war
Professor für Erziehungs-
wissenschaft an der Universität Hannover und Leiter
der Arbeitsgruppe „Inter-
kulturelle Pädagogik".

Die Hungernden und die Satten

Ein Fünftel der Menschheit – die Bewohner der Industriestaaten – beansprucht
die Hälfte der Jahresgetreideproduktion. Die Menschen essen sie natürlich nicht
nur in Form von Getreide. Fast die Hälfte der Jahresgetreideproduktion wird in
Fleisch umgewandelt, geht in Viehfutter ein. Diese Getreidemenge würde ausrei-
5 chen, etwa die Hälfte der Menschheit täglich ausreichend mit Nahrungsmitteln
zu versorgen.

Es ist aber leider nicht so, dass jene Menschen, die genug oder übermäßig viel zu
essen haben, auch gut und gesund leben. Jeder zweite Deutsche hat Übergewicht –
Männer durchschnittlich 8 Kilo, Frauen 6 Kilo [...].

10 Beide – sowohl die Hungernden und Unterernährten als auch die Über- und
Fehlernährten – könnten gut und gesund leben, wenn die vorhandene Nahrung
auf dieser Welt gerechter verteilt wäre.

Asit Datta [1]

2: John Rawls (1921–
2002) war einer der wich-
tigsten amerikanischen
Philosophen des 20. Jahr-
hunderts. In seinem Buch
„Eine Theorie der Gerechtigkeit" formulierte er auch
soziale Forderungen an eine
gerechte Gesellschaft.

Wissen und Merken: Die Schwächeren sollen profitieren

Die politische Philosophie hat seit über 2000 Jahren Vorschläge unterbreitet, wie
die materiellen Güter auf der Welt gerecht verteilt werden können. Im 20. Jahrhundert ging John Rawls [2] davon aus, dass es zwei Prinzipien für eine gerechte
Gesellschaft gibt: Das eine Prinzip sind die allgemeinen Menschenrechte (siehe
5 Seite 138). Das andere Prinzip betrifft die Verteilungsgerechtigkeit. Soziale und
wirtschaftliche Ungleichheiten sind nach Ansicht von Rawls so zu gestalten,
dass insbesondere auch die sozial Schwächeren davon profitieren.

🦉 Was heißt Sozialethik?

Die Sozialethik ist gewissermaßen das Gegenstück
zur Individualethik, insofern sie die Rechte und
Pflichten akzentuiert, die der einzelne nicht gegenüber sich selbst, sondern gegenüber der mensch-
5 lichen Gemeinschaft hat, in der er lebt.
Da der Mensch ein soziales Wesen ist, das, um
seine Bedürfnisse befriedigen zu können, auf
die Hilfe und Anerkennung anderer Menschen
angewiesen ist, haben sich gewisse Formen des
10 Zusammenlebens und -handelns etabliert bzw.
institutionalisiert (Ehe, Familie, Gesellschaft,
Staat). Deren Ordnungsprinzipien sind aus den ethischen Grundprinzipien Freiheit,
Gleichheit, Gerechtigkeit und Menschenwürde hervorgegangen und gebieten
ein Verhalten, das nicht nur das physische Überleben der Mitglieder der Gemein-
15 schaft ermöglicht, sondern auch zum größtmöglichen Glück und Wohlergehen
aller beiträgt.
Gegen natürliche Neigungen und Veranlagungen wie Egoismus, Neid, Machtstreben,
Hass und dergleichen führt die Sozialethik Nächstenliebe, Mitleid, Toleranz, Rück-
sichtnahme und Solidarität ins Feld, um den Sozialisationsprozess als ein nicht
20 bloß naturwüchsiges, sondern im wesentlichen moralisches Geschehen zu erweisen,
das einem unbedingten Anspruch genügen muss.

Annemarie Pieper [1]

*Foto von Hans Keller zu
Artikel 14.2 des Grund-
gesetzes: „Eigentum
verpflichtet. Sein Gebrauch
soll zugleich dem Wohle
der Allgemeinheit dienen."
(Einzelheiten siehe Seite 133)*

1: Annemarie Pieper
(siehe Seite 107)

Wir philosophieren: Den fremden Blick ausprobieren

David Hume[2] entwickelte durch seine ethische Theorie des Mitfühlens (siehe
Seite 86) auch die Methode des fremden Blicks. Sie geht davon aus, in philosophischen Diskussionen die eigene Position zu verlassen und sich in die Gedanken
und Gefühle einer anderen Person bzw. eines anderen Lebewesens hineinzuver-
5 setzen: *Wie würde ich mich fühlen, wenn ich zu den Hungernden gehören würde?
Wie sähe die Welt aus, wenn Tiere das Sagen hätten?*

2: David Hume
(siehe Seite 86)

---

1. Deutet das Bild von George Grosz (Methode siehe
Seite 159). Wer ist in unserer heutigen Gesellschaft
„drinnen" und wer „draußen"? Wendet auch die
Methode des fremden Blicks an: Was wäre, wenn
ihr draußen wärt? Tragt dazu Ideen zusammen.

2. Stellt eine Verbindung zwischen dem Foto und
dem Text zur Sozialethik auf dieser Seite her.
Das Foto symbolisiert ein Menschenrecht. Sucht
Begriffe aus dem Text, mit denen es charakterisiert
werden kann.

3. Wendet die beiden Prinzipien von Rawls auf das
Beispiel der Hungernden und Satten an. Was
müsste sich auf der Welt ändern, damit sie gerechter wird? Erarbeitet in kleinen Gruppen Vorschläge und berücksichtigt dabei auch die Prinzipien der Sozialethik.

🦉 Was würden Immanuel Kant und die Utilitaristen
zu den „Hungernden und Satten" sagen. Lest und
diskutiert dazu mithilfe der Seiten 84/85 und
88/89.

Gelten gerechte Maßstäbe auch in der Wirtschaft?

Wie soll sich Jennifer entscheiden?

Jennifer absolviert ihr Berufspraktikum in einem Maklerbüro im Zentrum von Mainz. Ihr Betreuer möchte, dass sie den Kolleginnen und Kollegen nicht nur „über die Schulter schaut". Deshalb überträgt er ihr eine Aufgabe zur selbständigen Bearbeitung. Jennifer soll eine 70 Quadratmeter-Drei-Zimmer-Wohnung im
5 Stadtzentrum vermieten. Es gibt folgende Bewerber: Ein alleinstehender IT-Spezialist mit einem sehr guten Einkommen; ein alleinerziehender Vater, der bei einer Spedition arbeitet und einen fast erwachsenen Sohn hat sowie ein Rentner-Ehepaar, das aus Frankfurt in die Nähe der Kinder und Enkel ziehen will. „Nach welchen Gesichtspunkten soll ich die Mieter auswählen?" fragt Jennifer ihren
10 Betreuer. Der lächelt und sagt: „Das sollst du selbst entscheiden!"

Wissen und Merken: Was ist Wirtschaftsethik?

1: Siehe Seite 141

Die Wirtschaftsethik repräsentiert eine Unterdisziplin der Sozialethik [1], und deshalb stehen im Bereich der Wirtschaftsethik auch vor allem Fragen der Gerechtigkeit, insbesondere der Verteilungsgerechtigkeit, im Vordergrund: Wer hat einen gerechten Anspruch auf die Profite, die lokale, nationale und globale Unternehmen abwerfen, und in welchem Maß? […]
5 Wenn es in unserer heutigen Lebenswelt bei irgendwelchen Projekten um konkrete Überlegungen geht, haben wir es vornehmlich mit der ökonomischen Vernunft* zu tun. Darunter ist jene Art der Vernunft* zu verstehen, die sich in Nützlichkeitserwägungen erschöpft und dabei vor allem darauf zielt, möglichst viel Geld zu
10 verdienen oder zu sparen, also möglichst maximalen Profit zu erzielen.
Urs Thurnherr [2]

2: Urs Thurnherr (geb, 1956) ist ein Schweizer Philosoph. Er lehrt an der Pädagogischen Hochschule in Karlsruhe. In seinem Buch „Angewandte Ethik" entwickelte er auch Maßstäbe der Wirtschaftsethik.

Nicht nur Shareholder Value[1] zählt

Im Jahr 1993 wurde innerhalb des „Projekts Weltethos"[2] ein „Code of Ethics on International Business for Christians, Muslims and Jews" beschlossen [Ethischer Kodex Internationale Geschäfte für Christen, Muslime und Juden]. Ein Jahr später beschlossen auf dem „Caux Round Table"[3a] führende internationale Geschäfts-
5 leute aus Europa, Japan und den USA, weltweite ethische Standards für einen fairen Wettbewerb auf dem Markt zu etablieren.

Die Caux-Erklärung[3b] geht aus vom Faktum der Globalisierung: „Die Mobilität von Arbeit, Kapital, Produkten und Technologie macht die Wirtschaft zunehmend global in ihren Transaktionen und ihren Effekten." Doch stellt sie zugleich fest,
10 dass die Unternehmen über die Gewinnerwirtschaftung hinaus Verpflichtungen haben und dass man sich für die Lösung der Probleme nicht nur auf die ‚Magie' des Marktes verlassen kann: „Gesetze und Marktkräfte sind notwendige, aber ungenügende Verhaltensrichtlinien. Verantwortung für die Geschäftspolitik und -aktivitäten und Respekt für die Würde und Interessen ihrer Akteure sind grund-
15 legend. Gemeinsame Werte, darin eingeschlossen die Verpflichtung auf gemein- samen Wohlstand, sind ebenso wichtig für die globale Gemeinschaft wie für Gemeinschaften kleineren Ausmaßes." Deswegen wird in der Erklärung die „Not- wendigkeit von moralischen Werten in den wirtschaftlichen Entscheidungs- prozessen" bejaht: „Ohne sie sind stabile Geschäftsbeziehungen und eine über-
20 lebensfähige Weltgemeinschaft unmöglich." […]

Was die Verpflichtungen der Unternehmen gegenüber ihren Arbeitnehmern be- trifft, stimmen beide Erklärungen überein. Die Caux-Erklärung führt aus: „Wir glauben an die Würde jedes Arbeitnehmers und ein Ernstnehmen seiner Interessen. Deshalb haben wir die Verantwortung:

25 – für Arbeitsplätze und Lohn zu sorgen, welche die Lebensbedingungen der Arbeiternehmer verbessern […].
– in aufrichtige Verhandlungen einzutreten, wenn ein Konflikt ausbricht […].
– in der Wirtschaft selbst die Anstellung verschieden begabter Menschen an Arbeitsplätzen, an denen sie wirklich nützlich sind, zu fordern".

Nach **Hans Küng**[4]

1. Bildet kleine Gruppen und trefft für Jennifer eine ökonomisch verträgliche und gerechte Entscheidung. Gestaltet anschließend dazu ein Rollenspiel.
2. Erarbeitet zur Wirtschaftsethik eine Mindmap*.
3. **Projektvorschlag:** Recherchiert im Internet über die Caux-Erklärung und den „Code of Ethics on International Business for Christians, Muslims and Jews".
4. Gestaltet zur Wirtschafts- und Sozialethik (siehe hierzu auch Seite 141) eine Mindmap.
🦉 Warum sollte die Verpflichtung auf gemeinsamen Wohlstand ein inter- nationales ethisches Prinzip sein? Begründet euren Standpunkt.

1: „Shareholder value" bedeutet Maximalprofit für den Aktionär (engl. share- holder)

2: Weltethos siehe Seite 169

3: Der „Caux Round Table", 1986 im schweizerischen Caux gegründet, wurde 1994 mit seinen „Principles for Business", der sog. Caux-Erklärung, weltweit bekannt.

4: Hans Küng (siehe Seite 169)

Gibt es gerechte Kriege?

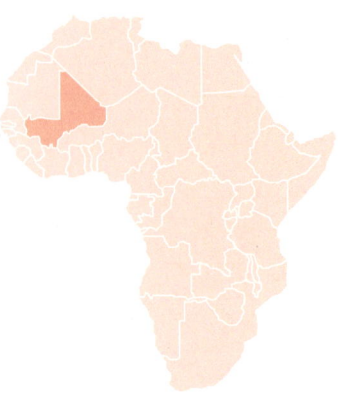

Blauhelme[1] in Mali

Sie wollten gerade gemeinsam auf Patrouille gehen: Kämpfer der Separatisten zusammen mit einer regierungsnahen Miliz – wie es das Friedensabkommen von 2015 vorsieht. Doch in Mali herrscht kein Frieden. Kurz bevor die Soldaten aufbrachen, explodierte in dem Militärlager in Gao, Nordmali, ein Fahrzeug. Fast 80
5 Kämpfer starben, mehr als 100 wurden verletzt. Der Anschlag in der vergangenen Woche war der schlimmste seit Jahren in dem westafrikanischen Land. Und er zeigt in grausamer Klarheit, wo Mali steht.
Fast auf den Tag genau fünf Jahre vor der Attacke nahm die Krise im Norden Malis ihren Anfang. Seither hat sich die Region zu einem der gefährlichsten Kri
10 sengebiete Afrikas entwickelt. Eines, in dem inzwischen auch deutsche Soldaten aktiv sind: Seit 2013 beteiligt sich die Bundeswehr an zwei Ausbildungseinsätzen sowie an der UN-Mission Minusma, die die Lage im Land stabilisieren soll. Etwa 12000 Blauhelme, dazu mehrere Tausend französische Soldaten, die mit ihrer Militäroperation „Barkhane" Islamisten in Mali und dem gesamten Sahel
15 bekämpfen – eine eindrückliche internationale Präsenz.

Isabel Pfaff, *Journalistin*

Wissen und Merken: Was sind humanitäre Interventionen?

Michael Walzer hat sich in seinem Buch „Erklärte Kriege – Kriegserklärungen" mit der Frage beschäftigt, unter welchen Bedingungen auch Kriege „gerechte Kriege" sein können. Er führte den Begriff der „humanitären Interventionen" ein. Humanitäre Interventionen sind nach seiner Ansicht nur zulässig, wenn eine
5 „Ethik des Notfalls" vorliegt. Solche „Notfälle" können beispielsweise die Ausrottung bestimmter Ethnien oder religiöser Minderheiten wie der Jesiden* 2015 in Syrien sein oder die physische Vernichtung ganzer Völker oder Staaten.

Intervenieren oder nicht?

Schuttreste eines zerstörten mittelalterlichen Mausoleums (Gebäude-Grabstätte) in Timbuktu, einer Oasenstadt im Norden Malis. 2012 wurden dort muslimische Mausoleen und Gräber, die zum Weltkulturerbe der UNESCO gehören, von Kämpfern des sog. Islamischen Staates zerstört (siehe auch die Folgeseite)..

Diese Frage sollte uns immer Kopfzerbrechen bereiten. Ob es sich nun um einen grausamen Bürgerkrieg, eine politisch verursachte Hungersnot oder um das Massaker an einer lokalen Minderheit handelt: Der Gedanke, Gewalt in anderer Völker Länder anzuwenden, sollte stets Zögern und Befürchtungen wecken. So
5 ist es heute auch bei kleinen Gruppen besorgter Leute, von denen einige am Ende einer Interventionspolitik zustimmen, andere sie ablehnen. Viele Regierungen und noch mehr Politiker scheinen die Frage zunehmend für unproblematisch zu halten: Ihre Antwort heißt nein. Häufig werden verhältnismäßig kleine Truppenkontingente zu Hilfsmissionen ausgeschickt, bei denen sie vermutlich nicht in
10 Kämpfe verwickelt werden, so machten es die Vereinigten Staaten in Somalia, die Europäer in Bosnien und die Franzosen in Ruanda. Das Ziel in all diesen Ländern ist nicht, die Machtverhältnisse im Lande zu ändern […], sondern nur ihre Folgen zu mildem – beispielsweise die unter Blockaden und Bombardements leidende Bevölkerung mit Nahrungsmitteln und Medikamenten zu versorgen, ohne aber
15 die Blockaden und Bombardements selbst zu bekämpfen. […]
Humanitäre Interventionen sind nicht um der Demokratie, der freien Marktwirtschaft, der ökonomischen Gerechtigkeit, freiwilliger Vereinigungen oder irgendwelcher anderer gesellschaftlichen Praktiken oder Einrichtungen willen erlaubt, die wir für die Länder anderer Leute erhoffen oder sogar fordern können. Ihr Ziel
20 ist seinem Charakter nach durch und durch negativ: Es soll ein Tun beendet werden, das, um den alten, aber zutreffenden Ausdruck zu verwenden, das „Gewissen der Menschheit schockiert".
Michael Walzer[1]

1: Michael Walzer (geb. 1936) ist ein amerikanischer Sozialphilosoph. Gemeinsam mit 58 anderen Philosophen und Wissenschaftlern unterzeichnete er 2002 ein „Manifest für einen gerechten Krieg".

1. Gestaltet in Vierergruppen ein Begriffsmolekül* zum Begriff „humanitäre Intervention". Berücksichtigt auch Begriffe aus dem Text.

2. Fasst mit eigenen Worten zusammen, wann nach Auffassung von Michael Walzer eine „Ethik des Notstands" vorliegt.

3. Sucht aus der aktuellen Presse Beispiele für humanitäre Interventionen, an denen Soldatinnen und Soldaten der Bundeswehr beteiligt sind.

4. Recherchiert in Internet zum Blauhelm-Einsatz in Mali und entscheidet, ob in Mali ein Notfall im Sinne Walzers vorlag. Begründet eure Entscheidung.

🦉 Unter welchen Umständen könnte eine humanitäre Intervention missbraucht werden? Sammelt dazu Stichwörter an der Tafel (siehe auch die folgenden Seiten und die Seiten 90/91 zur Gewissensentscheidung eines Soldaten).

Philosophisches Forum:
Frieden schaffen ohne Waffen?[1]

1: Der Spruch „Frieden schaffen ohne Waffen" stammt aus der Friedensbewegung der 1980er Jahre. Er richtete sich gegen die Stationierung amerikanischer Pershing-Raketen in Europa.

2: Udo Lindenberg (geb. 1946) ist ein deutscher Rockstar und Mitinitiator der Konzerte „Rock gegen rechts".

Wozu sind Kriege da?

Keiner will sterben, das ist doch klar,
wozu sind denn Kriege da?
Herr Präsident, du bist doch einer von
diesen Herren,
5 du musst das doch wissen,
kannst du mir das mal erklären?
Keine Mutter will ihre Kinder verlieren
Und keine Frau ihren Mann.
Aber warum müssen Soldaten losmarschieren,
10 um Menschen zu ermorden – mach mir das mal klar,
wozu sind Kriege da? […]

Udo Lindenberg[2]

Eingreifen!

3: Stadt im Nordirak

4: Abkürzung für „Islamischer Staat", einer terroristischen Miliz mit zehntausenden Anhängern. Der IS kontrollierte jahrelang Teile des Iraks und Syriens und verübt(e) zahllose Verbrechen gegen die Menschlichkeit.

Eine Organisation wie der „Islamische Staat" mit hochgerechnet 30000 Kämpfern ist für die Weltgemeinschaft nicht unbesiegbar – sie darf es nicht sein. „Heute sind sie bei uns", sagte der katholische Bischof von Mossul[3], Yohanna Petros Mouche, als er den Westen und die Weltmächte um Hilfe bat, um den IS[4] aus
5 dem Irak zu vertreiben. „Heute sind sie bei uns. Morgen werden sie bei euch sein." Ich möchte mir nicht vorstellen, was noch geschehen muss, damit wir dem Bischof von Mossul rechtgeben. Denn es gehört zur propagandistischen Logik des „Islamischen Staates", dass er mit seinen Bildern eine immer höhere Stufe des Horrors zündet, um in unser Bewusstsein zu dringen. Als wir uns nicht mehr über
10 einzelne christliche Geiseln erregten, die den Rosenkranz beten, bevor sie geköpft werden, fing der IS an, ganze Gruppen von Christen zu enthaupten. Als wir die Enthauptungen von unseren Bildschirmen verbannten, fackelte der IS die Bilder aus dem Nationalmuseum von Mossul ab. Als wir uns an zertrümmerte Statuen gewöhnt hatten, begann der IS, ganze Ruinenstädte wie Nimrod und
15 Ninive zu planieren. […] Das wird nicht aufhören. Der IS wird den Horror so lange steigern, bis wir in unserem europäischen Alltag sehen, hören und fühlen, dass dieser Horror nicht von selbst aufhören wird. […]
Darf ein Friedenspreisträger zum Krieg aufrufen? Ich rufe nicht zum Krieg auf. Ich weise lediglich darauf hin, dass es einen Krieg gibt – und dass auch wir […]
20 uns dazu verhalten müssen, womöglich militärisch und […] zivilgesellschaftlich.

5: Navid Kermani (siehe auch Seite 111)

Navid Kermani[5], *Dankesrede bei der Verleihung des Friedenspreises des Deutschen Buchhandels, 2015*

Nicht eingreifen!

Völkerrechtlich scheint die Lage ganz
klar zu sein. Im Prinzip unterliegen
Staaten untereinander dem Gewalt-
verbot. Erlaubt ist einem Staat Gewalt
5 nur zur Selbstverteidigung, sofern er
angegriffen wird, oder auf der Basis
eines Beschlusses des Sicherheitsrates
der Vereinten Nationen. Die Klarheit
der Rechtslage wird allerdings durch
10 die 2005 erfundene Behelfsnorm
getrübt, die völkerrechtlich nicht anerkannt ist, aber starke Befürworter
und quasi alles in sich hat – vor allem
das Potenzial zum Brandbeschleuniger.

*Pablo Picasso: Friedenstaube.
Entwurf für ein Plakat für
die französische Friedensbewegung 1962*

15 Diese „Norm" heißt „Responsibility to protect" („Schutzverantwortung") und zielt
auf Situationen ab, in denen ein Regime skrupellos gegen die eigene Bevölkerung
vorgeht. In diesem Fall soll eine Intervention – nach einem Beschluss des UN-
Sicherheitsrates – erlaubt sein. Die größte Schwäche der „Norm" ist nicht, dass
sie dem Missbrauch Tür und Tor öffnet, sondern dass sie auf dem ethischen
20 Gesinnungsbegriff „Verantwortung" beruht. Wer wofür in der Beziehung zwischen
zwei oder mehreren Staaten und überhaupt im politischen Kontext Verantwortung zu tragen hat, ist völlig offen.
So einleuchtend die Norm für individuell zurechenbare Handlungen sein mag, so
diffus wird die Reichweite von Verantwortung, wenn es um Naturzerstörung,
25 Gewalt gegen Minderheiten oder Armut geht. Ethische Gesinnungsbegriffe bilden
zwar eine Grundlage für rechtliche Normen, aber jene können direkt nicht folgenlos
in diese umgesetzt werden. Wer es dennoch versucht, landet bei Gesinnungs-
justiz, „humanitären Bombardements" oder religiös drapiertem[1] Fanatismus.

Rudolf Walther, *Journalist*

1: ausgeschmückt, garniert

1 Welche Position überzeugt euch mehr? Führt eine Pro- und Kontra-Debatte
zu humanitären Interventionen (Methode siehe Seite 113).

2. Lest im Internet die gesamte Rede von Navid Kermani und informiert euch
über den Friedenspreis des deutschen Buchhandels (Suchworte „Friedenspreis"
und „Kermani").

3. Rudolf Walther kritisiert, dass bei humanitären Interventionen oftmals nicht
klar ist, wer wofür die Verantwortung trägt. Welche Argumente lassen sich
dagegen anführen (Methode siehe Seite 37).

4. Projektvorschlag: Die Friedenstaube gilt als Symbol gegen den Krieg.
Gestaltet in kleinen Gruppen ein Symbol, das euren Wunsch nach Frieden
zum Ausdruck bringt. Organisiert dazu eine Ausstellung in eurer Schule.

Stellt euch vor, ihr solltet euren kleinen Geschwistern erklären, wozu Kriege
da sind. Was würdet ihr ihnen sagen? Schreibt es auf und tauscht euch
darüber in Partnerarbeit aus.

Wissen und Verstehen:
Menschenrechte und Gerechtigkeit

Das weiß ich: Diese Namen und Begriffe kann ich ordnen

Sozialethik

Menschenrechte

Grundrechte

Annemarie Pieper

Wirtschaftsethik

Olympe de Gouges

Andreas Voßkuhle

John Rawls

Michael Walzer

Gemeinsame Werte

Norberto Bobbio

Menschenwürde

Immanuel Kant

Humanitäre
Interventionen

Navid Kermani

Rechte der Frau
und Bürgerin

Rudolf Walther

Prinzipien
der Gerechtigkeit

Shareholder Value

Menschenrechtserklärungen

1. Erklärt in Partnerarbeit die wichtigsten Begriffe. Einer von
euch wählt einen Begriff aus, den der andere in einem Satz
erklären soll. Danach tauscht ihr die Rollen.

2. Schreibt zum Begriff der Wirtschaftsethik in wenigen Sätzen
eine Definition für ein Schülerlexikon.

Darauf kommt es an: Menschenwürde und Menschenrechte

Menschenrechte sind **universell**, d. h., sie gelten für alle Menschen in allen Kulturen zu allen Zeiten. In der **Allgemeinen Erklärung der Menschenrechte** von 1948 werden nach Ansicht von **Norberto Bobbio** erstmals allgemeine Werte der Menschheit wie das Recht auf Leben, Freiheit und Eigentum festgeschrieben. Im
5 **Artikel 1** wird die **Menschenwürde für alle Menschen** auf der Welt garantiert. **Immanuel Kant** hatte bereits 1785 angemahnt, dass kein Menschen den anderen als Mittel zum Zweck benutzen darf, sondern dass **jeder Mensch seinen Zweck in sich selbst** hat. Diese Forderung, die sich auch gegen die damals noch gültige Sklaverei richtete, erhob **Olympe de Gouges** auch für Frauen während der
10 Französischen Revolution. Ihre „**Erklärung der Rechte der Frau und Bürgerin**" von 1791 stellt Mann und Frau in allen Rechten und Pflichten einschließlich der Ausübung öffentlicher Ämter gleich.

Das kann ich: In die Rolle von Philosophinnen und Philosophen schlüpfen

Ihr bildet kleine Gruppen und notiert auf kleinen Kärtchen die Namen der Philosophinnen und Philosophen und anderer Persönlichkeiten aus diesem Kapitel (siehe Seite 148). Die Kärtchen werden anschließend „auf einen Blick" angeschaut und anschließend gemischt.
5 1. Runde: Ein Spieler oder eine Spielerin beginnt und zieht eine Persönlichkeit: einen Philosophen oder eine Philosophin. Er oder sie präsentiert einen ihrer Gedanken, ohne den Namen zu nennen, der von den Gruppenmitgliedern erraten werden soll. Wer die Persönlichkeit errät, begründet, in welchem Zusammenhang der Gedanke mit Menschenrechten und Gerechtigkeit steht. Danach legt er
10 oder sie die Persönlichkeit ab und zieht das nächste Kärtchen. Gewonnen hat in dieser Runde, wer die meisten Persönlichkeiten erraten hat.
2. Runde: Ihr zieht erneut Kärtchen. Der gezogene Name der Persönlichkeit wird laut vorgelesen. Danach sagt der- oder diejenige, welche(r) die Karte gezogen hat: *Ich wäre gern …* (Name der Persönlichkeit einsetzen), *weil …* (Grund angeben).
15 Wenn er nicht gern diese Persönlichkeit sein möchte, wird die Karte wieder in den Stapel gelegt. Die Runde ist beendet, wenn jede(r) mindestens eine Persönlichkeit gefunden hat, die für ihn oder sie eine ethische Bedeutung hat.
3. Runde: Ihr denkt euch selbst eine dritte Runde aus.

Kapitel 9:
Religionen im Dialog

Der Mensch ist nicht zum Scherz und für nichts erschaffen, sondern hoch ist sein Wert und groß seine Würde. […] Sein Leib ist irdisch, sein Geist ist göttlich.
Abu Hamid al-Ghazali*, muslimischer Theologe und Philosoph aus Persien

1. Deutet die Gedanken von Al-Ghazali und des Dalai-Lama und bezieht sie auf den Tempel der Religionen.

Diese Skulptur heißt „Le temple idéal" (Eine Kirche für alle Religionen). Sie wurde von der französisch-schweizerischen Künstlerin Niki de Saint Phalle im Jahr 1991 im US-amerikanischen Atlanta gestaltet. In ihrer Skulptur ist, ähnlich wie auf unserem Planeten, Platz für alle Religionen.

In diesem Kapitel lernst du

– ausgewählte Positionen und
  Probleme des Christentums, des
  Islams, des Hinduismus und
  des Buddhismus kennen
– das Projekt „Weltethos" zu
  verstehen

Dabei nutzt du

– die Methode der Symboldeutung
– Internet-Recherchen
– Gedankenexperimente

Du beurteilst und bewertest

– das Prinzip der Gewaltfreiheit
  von Mahatma Gandhi
– die Religionskritik von
  Xenophanes, Ludwig Feuerbach
  und Karl Marx sowie die
  Religionsverteidigung von
  Holger Tetens

Warum sind Religionen wichtig?

1: Die CISV richtet internationale Kinder- und Jugendbegegnungen aus. Sie wurde nach dem Zweiten Weltkrieg von der Psychologin Doris Allen in den USA gegründet: mit dem Ziel, Kinder und Jugendliche aller Kulturen und Religionen zu einem friedlichen Miteinander zu ermutigen. Siehe auch *www.cisv.org*

Johannes aus Mannheim hat in den Sommerferien an einem Summercamp der Jugendorganisation „Children's International Summer Villages" (CISV)[1] *teilgenommen. Er ist in die südkoreanische Hauptstadt Seoul geflogen, um mit anderen Jugendlichen über Religionen in verschiedenen Kulturen zu sprechen.*

Johannes: Ich bin katholischer Christ. Für mich ist Jesus ein Vorbild, weil er sich um die Armen und Schwachen gekümmert hat.

Laila: Ich bin Muslima aus dem Irak. Für mich ist Mohammed bedeutsam, weil er wollte, dass die Menschen barmherzig sind.

Sunmi: Ich lebe in Seoul und bin Buddhistin. Ich habe gelernt, durch Meditation meine innere Ruhe zu finden.

Yaro: Ich lebe in einem Dorf in der Nähe von Mumbai und bin Hindu. Ich glaube daran, wiedergeboren zu werden.

Nach dem Sommercamp chatten die Jugendlichen über eine Chatplattform miteinander. Da sich alle so gut verstanden haben, bleiben sie in Kontakt und können sich weiter über ihren Glauben und andere Dinge austauschen.

Fei: Ich komme aus Peking und bin nicht religiös, aber ich vertraue auf meine Stärken. Meine Oma ist Taoistin. Sie vertraut auf das Tao.

Wissen und Merken: Was bedeuten Religion und Atheismus?

Der Begriff der Religion wird von dem lateinischen Verb *religare* abgeleitet, was auf Deutsch „binden" oder „verbinden" heißt. Die Religion bindet einen Menschen an ein übersinnliches Gegenüber, das unterschiedliche Gestalt annehmen kann. Gläubige sind davon überzeugt, dass eine göttliche Kraft die Welt erschaffen hat
5 und diese bis heute erhält und beeinflusst. Entweder wird darunter eine überindividuelle Person, zum Beispiel *Gott*, verstanden (siehe Seite 153) oder aber ein unpersönliches Prinzip wie das *Tao* (das Ewige und Unteilbare: siehe die Seiten 168/169). Das Gemeinsame aller Religionen besteht darin, dass Menschen diesem übersinnlichen Gegenüber oder Prinzip vertrauen und es durch bestimmte
10 Glaubensregeln und Gebete verehren.

Menschen wie Fei aus Peking, die die Frage nach Gott für ungeklärt halten, gelten als *Agnostiker* (griechisch „ohne Erkenntnis"); wenn sie Religion bewusst ablehnen, sind sie *Atheisten* (griechisch „ohne Gott") – siehe auch die Seiten 172–175.

Glaube schenkt Mut

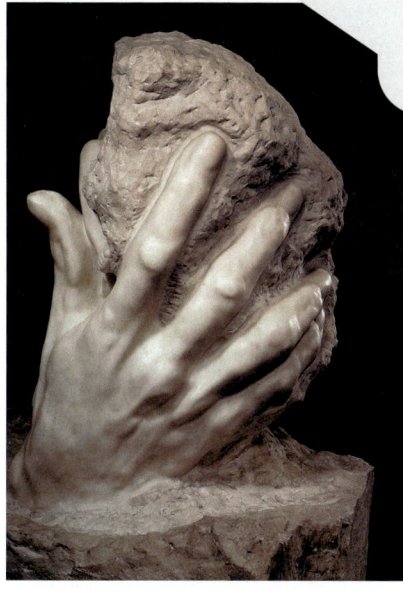

Auguste Rodin: Die Hand Gottes, 1902

In seinem autobiografischen Buch „Winter im Sommer, Frühling im Herbst" erzählt der ehemalige Bundespräsident Joachim Gauck **1**, *wie er seinen Glauben an Gott gefunden hat.*

5 Mein Elternhaus war nicht besonders religiös. Aber die Zeit und verschiedene Menschen führten uns Kinder näher an Glaube und Kirche heran. Selbstverständlich ging ich als Junge zu Herrn
10 Jarmatz in die leer stehende Garage in unserer Straße. Auf den kargen Holzbänken saßen Woche für Woche zwanzig bis dreißig Kinder. Der stoppelbärtige, vielleicht vierzigjährige Mann
15 mit dem traurigen Blick und dem knurrenden Magen erzählte dann von wunderbaren Dingen und rätselhaften Fernen. Ich hörte fremde Namen

wie Esau und Moses, hörte von der Schlange im Paradies, von Jerusalem, der
20 Stadt auf dem Berg. Zum ersten Mal sprach mir ein Erwachsener von Gott so, als könnte ich ihm begegnen wie einem Menschen.
Wenn er erzählte, wichen Traurigkeit, Hunger und Kälte aus Herrn Jarmatz, und für kostbare Minuten wurde er ein Bote. Gott beschrieb er als einen liebenden fürsorglichen Vater. Für uns war das eine Offenbarung. Viele Väter waren gefallen
25 oder noch in Kriegsgefangenschaft, und die bereits heimgekehrten verhielten sich oft herrschsüchtig, prügelten und betranken sich oder wussten alles besser. Wenn Herr Jarmatz sagte, dass Jesus nicht nur Mensch, sondern auch göttlich sei, wandelte sich die Garage zur „Hütte Gottes bei den Menschen", und Gott war in den Augen und Worten seines Zeugen. In diesen Augenblicken fühlten
30 sich die Flüchtlingskinder heimisch und die Hungrigen satt.

1: Joachim Gauck wurde 1940 in Rostock geboren. Er arbeitete zu DDR-Zeiten als evangelischer Pastor. Von 2012 bis 2017 war er Bundespräsident der Bundesrepublik Deutschland (siehe auch Denk(t)räume wagen 2, S. 93–95).

1. Überlegt, was für euch einen religiösen Menschen und einen Atheisten ausmacht. Beziehst dabei auch den Gedanken mit ein, ob jemand religiös sein kann, ohne an Gott zu glauben.

2. Diskutiert in Partnerarbeit, ob sich Religion und Wissenschaft gegenseitig ausschließen, und fertigt eine Pro- und Kontra-Tabelle an.

3. Beschreibt, was die biblischen Erzählungen von Herrn Jarmatz bei den Kindern und bei Joachim Gauck auslösten.

🦉 Gab es Situationen in eurem Leben, in denen euch Religion oder der Glaube an etwas Übersinnliches Mut oder Kraft geschenkt hat? Tauscht darüber Erfahrungen in der Ethikgruppe aus.

Jesus klagt nicht an

Johannes: Hallo ihr Lieben, wie schade, dass unser gemeinsames Sommercamp schon vorbei ist! Es ist so schön, dass wir uns dort alle kennengelernt haben und es hat mir sehr viel Spaß mit euch allen gemacht. Zum Glück können wir über diese Chatplattform weiterhin in Kontakt bleiben und uns auch über Gott und die Welt austauschen. Kennt ihr schon die Geschichte von Jesus und der Ehebrecherin? Ich mag die Geschichte sehr, weil sie zeigt, wie sich Jesus für die Schwächeren einsetzt und barmherzig mit allen Menschen ist.

Jesus und die Ehebrecherin

1: Berg vor den Toren Jerusalems

2: Religiöse Gruppe im antiken Israel

3: Hebräische Anrede für einen religiösen Experten, wörtlich: „mein Lehrer"

Mit mehr als zwei Milliarden Anhängern ist das Christentum die am weitesten verbreitete Religion. Eine zentrale Bedeutung im christlichen Glauben hat Jesus von Nazareth: Er gilt als Sohn Gottes und wird im zweiten Teil der Bibel, dem Neuen Testament, als Jesus Christus bekannt. „Christus" ist die lateinisch-griechische Bezeichnung für den hebräischen Begriff „Messias" (Maschiach – Gesalbter, Friedensbringer).

Jesus aber ging auf den Ölberg[1]. Am frühen Morgen begab er sich wieder in den Tempel, und das ganze Volk kam zu ihm, und er setzte sich und lehrte sie. Die Schriftgelehrten, Pharisäerinnen und Pharisäer[2] brachten eine Frau, die beim Ehebruch ergriffen worden war, und stellten sie in die Mitte, und sie sagten ihm:

5 „Lehrer, diese Frau ist ergriffen worden, wie sie gerade dabei war, Ehebruch zu begehen. In der Torah hat uns Mose geboten, solche Frauen zu steinigen. Was meinst du nun dazu?" Dies sagten sie aber, um ihn auf die Probe zu stellen, damit sie etwas hätten, um ihn anzuklagen. Jesus aber beugte sich nieder und schrieb mit dem Finger in den Sand. Als sie dabei blieben, ihn zu fragen, richtete er sich

10 auf und sagte ihnen: „Welche unter euch ohne Unrecht sind, mögen als Erste einen Stein auf sie werfen." Und er beugte sich wieder hinunter und schrieb in den Sand. Als sie dies hörten, gingen sie alle nacheinander weg, angefangen bei den Ältesten, und ließen ihn allein mit der Frau, die in der Mitte war. Jesus richtete sich auf und

15 sagte ihr: „Frau, wo sind sie? Hat dich niemand gerichtet?" Sie sagte: „Niemand, Rabbi."[3] Jesus sagte ihr: „Auch ich

20 richte dich nicht; geh und tue von jetzt an kein Unrecht mehr."

Die Bibel, Johannes 8, 1–11

Guercino (Giovanni Francesco Barbieri): Christus und die Ehebrecherin, um 1621

Was würde Jesus heute dazu sagen?

Christian und Tim sind schon lange ein Paar. Da es für die beiden lange Zeit rechtlich nicht möglich war zu heiraten, entschieden sich die beiden für eine „Ein-
5 getragene Partnerschaft". Damit hatten homosexuelle Paare zwischen 2001 und 2017 ähnliche Rechte wie verheiratete Paare; aber eine komplette Gleichstellung war nicht erreicht. „Ich verstehe das
10 nicht", sagte Tim. „Wir sind doch wie alle anderen Paare und sollten die gleichen Rechte haben! Der einzige Unterschied ist, dass wir nicht Mann und Frau, sondern Mann und Mann sind, doch die Liebe ist
15 bei allen Menschen gleich und sollte des-halb auch gleichberechtigt sein."
Christian ergänzte: „Im Oktober 2017 war es endlich soweit. Da wurde in Deutschland die gleichgeschlechtliche Ehe eingeführt und ich konnte meinem Tim einen Heiratsantrag machen! Jetzt sind wir endlich ein Ehepaar und über-
20 glücklich."

„Niemand ist ohne Sünde"

In den christlichen Kirchen war und ist die gleichgeschlechtliche Ehe umstritten. Während viele evangelische Kirchen für die Gleichberechtigung aller Eheformen eintreten, sind andere der Ansicht, die Ehe sei ein heiliges Bündnis ausschließlich zwischen Mann und Frau. Auch in der Bibel werden Homosexuelle als „Sünder"
5 angesehen.
Auf die Frage, ob Homosexuelle Sünder seien oder in der [katholischen] Kirche willkommen, antwortete ein Mitarbeiter von Papst Franziskus[1]: „Ob Homosexuelle Sünder sind, ist nicht entscheidend. Sonst wären wir ja alle unwillkommen in der Kirche. Auch der Papst."

1: Seit 2013 ist Jorge Mario Bergoglio, 1936 in Argen-tinien geboren, Bischof von Rom und damit Papst. **Papst Franziskus** ist das Oberhaupt der katholischen Kirche.

1. Wiederholt, was ihr aus früheren Klassen bereits über Jesus wisst. Erarbeitet anschließend die wichtigsten Gedanken aus dem Bibeltext „Jesus und die Ehebrecherin" (Methode siehe Seite 219).
2. Wie beurteilt ihr das Verhalten von Jesus? Diskutiert darüber in der Ethikgruppe.
3. Deutet die Gesten der Personen auf dem Gemälde von Guercino.
4. Stellt eine Verbindung zwischen dem Bibeltext und dem Zitat des Papst-Mitarbeiters her. Lest hierzu auch die Seiten 66/67 (Wenn ein Mädchen ein Mädchen liebt).
🦉 Überlegt, wie Jesus heute zur gleichgeschlechtlichen Ehe stehen würde.

Mohammed: Geben ist besser als nehmen

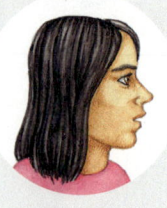

Laila: Hallo Leute! Ich hoffe, euch allen geht´s gut! Die Geschichte von Johannes über Jesus hat mir sehr gefallen. Auch ich möchte euch heute eine Geschichte erzählen. Sie handelt von unserem Propheten Mohammed[1] und zeigt, wie wichtig es ist, Menschen zu helfen, die in Not sind.

1: Mohammed (arabisch „der Lobenswerte") wurde um 570 n. Chr. in Mekka geboren und war Kaufmann. Mit 40 Jahren hatte er ein „Berufungserlebnis". Nach der Überlieferung begegnete ihm in der Höhle des Bergs Hira der Engel Gabriel – dieser las Mohammed die Worte Allahs vor und berief ihn zum Propheten und Gesandten. Um 632 n. Chr. starb Mohammed in Medina.

Lasst Mildtätigkeit walten

Jarir erzählt:

Im frühen 7. Jahrhundert stiftete Mohammed auf der Arabischen Halbinsel die muslimische Religion. Der Islam ist mit über 1,8 Milliarden Anhängern die zweitgrößte Weltreligion. Das Wort „Islam" bedeutet wörtlich das „Sich-Ergeben" (in den Willen Gottes).

Eines Tages bei Sonnenaufgang befand ich mich, gemeinsam mit anderen, in Gesellschaft des Propheten. Da kamen Leute aus Mudar zu ihm; sie hatten kaum Kleider am Leib, und ihre Schwerter hingen an ihren
5 Rücken. Beim Anblick dieser Armut wurde der Bote Gottes von Unwillen gepackt. Er zog sich in sein Haus zurück. Kurze Zeit danach erschien er wieder und befahl, dass Bilal zum Gebet rufen solle. Nachdem die Gebete verrichtet waren, sprach der Prophet in seiner Predigt: „Fürchtet den Herrn, ihr Leute, ihn, der alle aus einer Seele erschaffen hat. Gott wacht über euch […]. Lasst Mildtätigkeit
10 walten, gebt Geld, Weizen, Datteln – ja selbst nur eine halbe Dattel!" Einer der Gefolgsmänner brachte mehr Geld, als seine Hände tragen konnten. Danach kamen Leute mit Geschenken, bis sich zwei Stapel Nahrung und Kleider angesammelt hatten. Und das Gesicht des Propheten erstrahlte, als ob es mit Gold überzogen wäre. […] Er sprach: „Wer im Islam ein gutes Brauchtum einführt, dem
15 wird durch das Maß der Belohnung jener vergolten werden, die ihm nacheifern – ohne, dass deren Lohn auf irgendeine Weise geschmälert würde. Und wer im Islam auch immer etwas Schlechtes einführt, der wird dessen Last und die Lasten all jener tragen, die ihm folgen, ohne dass deren eigene Bürde auf irgendeine Weise verringert würde."
Erzählt von **Idries Shah**

Wissen und Merken: Reichtum ist den Menschen nur anvertraut

Eine Säule des Islam (Sakat) besagt, dass alle Dinge Gott gehören und der Reichtum den Menschen nur anvertraut ist. Der wahre Eigentümer aller Dinge ist also nicht der Mensch, sondern Gott. Deswegen sollen Muslime 2,5 Prozent ihres Vermögens spenden, außer sie sind selbst hoch verschuldet oder leben unter
5 dem Existenzminimum. Natürlich dürfen noch mehr freiwillige Almosen gegeben werden, wenn man das möchte und es sich finanziell leisten kann. Diese soziale Pflichtabgabe soll vor allem an arme Menschen gehen und die soziale Sicherheit und das Gemeinschaftsgefühl innerhalb der Bevölkerung stärken. Sakat zu
10 geben ist wichtig, da es den Menschen die Lebensgrundlage sichert, ohne dass der Empfänger der Spende sich dem Spender gegenüber verpflichtet fühlen muss. Außerdem wird die gute
15 Tat der Spende als eine Art Reinigung von Habsucht angesehen.

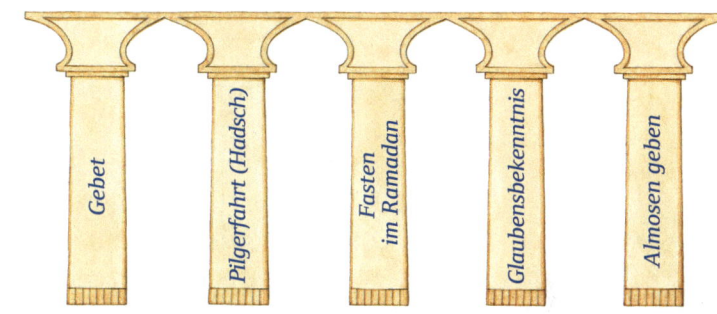

Gebet · Pilgerfahrt (Hadsch) · Fasten im Ramadan · Glaubensbekenntnis · Almosen geben

Hilfe für Freunde

So muss also die Angelegenheit deines Freundes dir ebenso wichtig, ja, noch wichtiger sein als deine eigene. Du musst darauf Acht haben, wann der Freund dich braucht, und musst dir sein Wohl und Wehe so angelegen sein lassen wie dein eigenes Wohl und Wehe. Du musst es ihm auch ersparen, zu bitten und sein
5 Bedürfnis nach Hilfe zu zeigen, sondern du musst ihm so helfen, als wüsstest du nichts davon, dass du hilfst. Du darfst auch für dich kein Recht beanspruchen um deiner Dienstleistung willen, nein, du musst dich vielmehr zum Dank verpflichtet fühlen, dass er deine Bemühung und Dienstleistung angenommen hat. Es genügt auch nicht, ihm zu helfen, wenn er Hilfe braucht, du musst ihn auch
10 ohne äußeren Anlass auf alle Weise ehren.

Abu Hamid al-Ghazali[1]

1: Abu Hamid al-Ghazali* (1058–1111) war ein muslimischer Philosoph und Mystiker aus Persien. In seinem Buch „Das Elixier der Glückseligkeit" beschäftigt er sich auch mit Problemen „des rechten Umgangs mit den Menschen".

1. Wiederholt, was ihr aus früheren Klassen bereits über Mohammed und die fünf Säulen des Islam wisst. Erarbeitet anschließend, wie Mohammeds Verhalten in dem Text von Idries Shah dargestellt wird.

2. Erklärt, was Mohammed mit seiner Aussage über gutes und schlechtes Brauchtum ausdrückt und wie dieser Gedanke seine Anhänger beeinflusst haben könnte.

3. Beurteilt den Wert von Freundschaft, den Al Ghasali einfordert.

🦉 Stellt auch vor, es gäbe in Deutschland das Gesetz, dass jeder, der finanziell dazu in der Lage ist, monatlich etwas von seinem Gehalt spenden muss. Erarbeitet in kleinen Gruppen mögliche Vor- und Nachteile dieses Gesetzes.

Hinduismus: Man lebt nicht nur einmal

Chat

Yaro: Hey Leute! Ich habe euch ja schon in Seoul erzählt, dass wir Hinduisten an die Wiedergeburt glauben und dass der Tod nicht das Ende des Daseins ist. Aber wisst ihr auch, dass der griechische Philosoph Platon genauso gedacht hat? Ganz liebe Grüße!

Nach dem Tod trennt sich die Seele vom Körper

Dem Leibe kommt zu, aufgelöst zu werden, der Seele hingegen, ganz und gar unauflöslich zu sein […]. Sie geht zu dem ihr Ähnlichen, dem Unsichtbaren, zu dem Göttlichen, Unsterblichen, Vernünftigen, wo ihr dann zuteil wird, glückselig zu sein, von Irrtum und Unwissenheit, Furcht und wilder Liebe und allen an-
5 dern menschlichen Übeln befreit, indem sie […] mit den Göttern lebt […] und später in einen anderen Körper zurückkehrt.

Platon [1]

Ein Yantra symbolisiert die Wiedergabe göttlicher Energie im Universum

1: Platon (siehe Seite 199)

2: Der Hinduismus entstand vor ungefähr 3000 Jahren und gehört zu den ältesten Religionen der Welt. Es gibt aktuell ungefähr eine Milliarde Hindus, davon 90 Prozent allein in Indien.

Wissen und Merken: Der ewige Kreislauf von Geburt, Leben und Tod

Im Hinduismus [2] glaubt man an die Wiedergeburt. Samsara ist der ewige Kreislauf von Geburt, Leben und Tod. Das ist der immerwährende Zyklus des Seins. Dieser Zyklus wird als leidvoll angesehen. Um dem Kreislauf zu entkommen, muss man alles Weltliche loslassen. Diese Befreiung von allen Banden der Welt nennt sich
5 Moksha. Es ist die Beseitigung allen Leids und das höchste Ziel des Samsara. Das Karma kann man sich wie eine Art Bankkonto des Lebens vorstellen, auf dem alle guten und schlechten Taten festgehalten werden. Für gutes Karma wird man belohnt, für schlechtes Karma wird man mit Leid bestraft. Wer mehr Gutes als Schlechtes tut, besitzt ein gutes Karma. Wie viel gutes Karma jemand gesammelt
10 hat, wirkt sich auf das nächste Leben aus. Nach hinduistischem Glauben wird jeder Mensch durch sein Karma in seinem letzten Leben in eine bestimmte Kaste geboren. Je besser das Karma, das man im vorherigen Leben gesammelt hat, desto höher ist die Kaste. Das Kastensystem ist die Ordnung der Gesellschaft in verschiedene Gruppen, den sogenannten Kasten. Hierbei gibt es eine strenge
15 Rangordnung: Es gibt vier Hauptkasten, die sich in Untergruppen gliedern. Die oberste Kaste ist sehr hoch angesehen (das sind beispielsweise Priester oder Intellektuelle), während die unterste kaum Ansehen und Besitz hat. Heute ist das Kastensystem größtenteils verboten.

Tiere sind heilig

Hi Paul,

bin gerade mit meiner Familie in Indien bei meinem Freund
Yaro und es ist total cool hier! Ganz anders als bei uns in
Deutschland. Du kannst dir gar nicht vorstellen, wie chaotisch
5 der Straßenverkehr ist. Alle Autos und Karren fahren kreuz
und quer und es wird von allen Seiten gehupt. Aber ganz egal,
wie sehr es sich hier staut, die Kühe auf den Straßen haben
immer Vorrang, denn Kühe sind hier heilig. Manche sind sogar
richtig hübsch geschmückt und bemalt. Die Kuh gilt hier als
10 Lebensspenderin und Mutter allen Lebens. Außerdem wuchs
die Gottheit Krishna[1] bei den Kühen auf und wurde von ihnen
genährt und beschützt. Deswegen betet man diese Tiere an
und füttert sie, denn dadurch verehrt man Krishna. Morgen
wollen wir einen hinduistischen Tempel besichtigen, mal
15 gucken, ob da auch Kühe sind. Ich hoffe, du hast auch einen
schönen Urlaub und genießt die Ferien!
Viele Grüße aus dem bunten, aufregenden Mumbai und
bis bald,
Dein Johannes

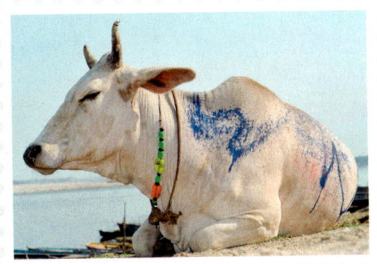

....

....

....

[1]: Krishna (auch Vishnu
genannt) ist eine der popu-
lärsten Gottheiten Indiens.
Da Krishna unter Kuhhirten
aufwuchs, wird er häufig
Flöte spielend mit überkreuz-
ten Beinen zwischen Kühen
und Hirten dargestellt.

Wir philosophieren: Symbole deuten

1. Schritt › Religionen sind von Symbolen geprägt. Wenn ihr sie verstehen wollt,
dann schaut euch das Symbol zunächst an. Beschreibt, was ihr seht: Wie ist
das Symbol dargestellt, könnt ihr bestimmte Formen oder Zeichen erkennen?
Fällt euch etwas Besonderes oder Einzigartiges auf?

2. Schritt › Symbole sind Bedeutungsträger, d. h. nach der Wahrnehmung müsst
ihr versuchen, ihre Bedeutung(en) herauszufinden. Recherchiert gegebenenfalls
die Bedeutung(en), wenn ihr sie nicht erkennen könnt.

---

1. Deutet das Yantra auf der Seite 158.

2. Projektvorschlag: Recherchiert im Internet, warum das Kastensystem
heutzutage in Indien größtenteils verboten wurde.

3. Projektvorschlag: Fertigt über eine Woche eine Liste an, in der ihr
täglich eure guten und schlechten Taten eintragt. Beschreibt anschließend in
kleinen Gruppen, wie ihr euch dabei gefühlt habt und überlegt, ob das
Aufschreiben euer Verhalten beeinflusst hat.

🦉 Stellt euch vor, Tiere wären bei uns heilig: Welche (gesellschaftlichen)
Veränderungen müssten geschehen? Arbeitet nach der Placemat-Methode*.

Widerstand braucht keine Gewalt

Der Salzmarsch

Im Frühjahr 1930 marschierte Mahatma Gandhi[1] mit 78 Gleichgesinnten in gut drei Wochen 241 Meilen von Ahmedabad nach Dandi. Er wollte mit diesem Marsch gegen eine von den britischen Behörden erhobene Salzsteuer protestieren, die von jedem Bürger Indiens im Jahr drei Tageseinkommen forderte. Gandhi kritisierte, dass diese Steuer vor allem die Ärmsten träfe, weil sie einen höheren Salzbedarf als die Reichen hätten, die nicht unter der dörrenden Sonne auf den Reisfeldern arbeiten müssten. Die britische Verwaltung blieb hart, und so begann der Marsch, dem sich Tausende Inder anschlossen, begleitet von unzähligen Journalisten.

1: Mahatma Gandhi (1869–1948) wurde im indischen Gujarat geboren. Er studierte in London Jura und wurde Politiker. Jahrelang kämpfte er gewaltlos für Indiens Unabhängigkeit. Im Jahr 1948 wurde Gandhi von einem fanatischen nationalistischen Hindu erschossen.

2: Moralische Grundhaltung der Gewaltlosigkeit

In vollständigem Schweigen marschierten die Gandhi-Leute auf und hielten etwa hundert Yards von der Einfriedung entfernt. Eine ausgewählte Schar löste sich aus der Menge, watete durch den Graben und näherte sich dem Stacheldrahtzaun […]. Plötzlich ein Kommando und Haufen von indischen Polizisten stürzten sich
5 auf die herandrängenden Demonstranten und ließen Schläge mit ihren stahlbeschlagenen Lathis auf ihre Köpfe regnen. Nicht einer der Demonstranten erhob auch nur einen Arm, um die Schläge abzuwehren. Sie fielen um wie die Kegel. Dort, wo ich stand, hörte ich die krank machenden Schläge der Keulen auf ungeschützte Schädel. […] Die Niedergeschlagenen fielen mit ausgebreiteten Ar-
10 men hin, bewusstlos oder sich krümmend mit gebrochenen Schädeln oder Schultern […]. Da gab es keinen Kampf, kein Handgemenge, die Demonstranten marschierten einfach vorwärts, bis sie niedergeschlagen wurden. […]
Das dauerte stundenlang, das dauerte tagelang. In diesem Satyagraha[2] verlor England das Gesicht. Es zeigte sich, dass seine Macht nicht unüberwindlich war
15 und dass der Tag kommen würde, wo es die Regierung in die Hände derer würde abgeben müssen, die sich ohne Widerstand zu leisten seinen Stockschlägen stellten. Die Geschlagenen wurden die Sieger.
Heimo Rau

Aimsha: Wir dürfen nichts zerstören

Ich glaube, dass der Mensch, da ihm nicht gegeben ist, etwas zu erschaffen, nicht das Recht hat, auch nur die kleinste Kreatur, die da lebt, zu zerstören. Das Vorrecht der Vernichtung gehört einzig und allein dem Schöpfer alles Lebendigen. Ich nehme gerne die Auslegung vom *Aimsha* [Nicht-Gewalt] an, der zufolge *Aimsha* nicht bloß einen negativen Zustand bedeutet, nämlich Unfähigkeit, Böses zu tun, sondern einen positiven Zustand, das heißt Liebe zu erweisen und Gutes zu tun, sogar dem Missetäter. Doch bedeutet es nicht, den Übeltäter in seinem ungerechten Tun zu unterstützen oder es in schweigender Duldung hinzunehmen. Im Gegenteil, die Liebe als aktive Qualität von *Aimsha* verlangt, dem Übeltäter zu widerstehen, mag es ihn auch beleidigen oder seelisch oder körperlich treffen. Fünf einfache Axiome[1] der Gewaltfreiheit, wie ich sie verstehe, sind:

1. Gewaltfreiheit schließt eine so völlige Selbstläuterung in sich, wie sie nur menschenmöglich ist.
2. Mensch für Mensch steht die Stärke der Gewaltfreiheit in genauem Verhältnis zu der Fähigkeit – nicht dem Willen – der gewaltfreien Person, Gewalt anzutun.
3. Gewaltfreiheit ist ausnahmslos der Gewalt überlegen, das heißt die einer gewaltlosen Person zu Gebote stehende Macht ist stets größer als jene, die er besäße, wenn er Gewalt anwendete.
4. Bei Gewaltfreiheit gibt es nicht so etwas wie Niederlage. Das Ziel der Gewalt ist sicherste Niederlage.
5. Das letzte Ziel der Gewaltfreiheit ist sicherster Sieg – wenn sich ein solcher Begriff bei Gewaltfreiheit anwenden lässt. In Wirklichkeit gibt es da, wo es keine Vorstellung von Niederlage gibt, auch keine Vorstellung von Sieg.

Mahatma Gandhi

1: Ein Grundsatz, der ohne Wenn und Aber als richtig erkannt wird

In Berlin gibt es ein zweisprachiges Informationszentrum über Mahatma Gandhi und seinen gewaltlosen Einsatz für Frieden; *www.nonviolent-resistance.info*

1. **Projektvorschlag:** Recherchiert im Internet weitere Einzelheiten zum Salzmarsch und haltet dazu Kurzreferate.

2. Überlegt, warum der gewaltlose Widerstand Gandhis zu einem so großen weltweiten Interesse und schließlich zur Unabhängigkeit Indiens geführt hat.

3. Deutet den Gedanken Gandhis, dass Aimsha sowohl einen negativen als auch einen positiven Zustand beschreibt.

4. Bewertet in kleinen Gruppen Gandhis Axiome zur Gewaltfreiheit und ergänzt sie durch eigene Vorschläge. Berücksichtigt dabei auch den Comic.

🦉 Führt ein Gedankenexperiment durch: Im 21. Jahrhundert gibt es viele politische Konflikte, die mit brutaler Gewalt ausgetragen werden. Wäre es auch heute möglich, gewaltlosen Widerstand zu leisten und dabei solche Veränderungen zu erreichen, wie Gandhi sie bewirkt hat? Begründet euren Standpunkt.

Buddha und die Erleuchtung

1: Es gibt ca. 500 Millionen Buddhisten auf der Welt.

Sunmi: Hallo Freunde! Ich möchte euch von meiner kleinen Schwester Nuri erzählen, die letzte Woche weinend zu mir kam. Sie war verzweifelt, denn sie hatte einer Freundin aus Neid das Armband geklaut. Nuri hatte danach ein schlechtes Gewissen – sie wusste nicht, wie sie ihre schlechte Tat wiedergutmachen könnte. Sie hatte Angst vor dem schlechten Karma, das auf sie zukommen würde – diese Vorstellung ist unter Buddhisten[1] ähnlich verbreitet wie bei den Hindus. So erzählte ich ihr diese Geschichte:

Der Räuber Angulimala

Das Leben Buddhas
– Als Siddharta Gautama 450 v. Chr. in Nepal geboren
– Führte im Palast des Vaters ein luxuriöses Leben
– Erkannte, dass das Leben mehr Leiden als Freude mit sich bringt
– Verließ mit 29 Jahren den Palast, um durch Askese und Einsamkeit den Lebenssinn zu finden
– „Erwachte" und erlangte mit 35 Jahren die „ewige Weisheit", meditierend unter einer Pappelfeige (Baum der Weisheit); wurde damit zum „Buddha" (zum Erwachten)

Zu Buddhas Zeiten lebte ein grausamer Räuber namens Angulimala. Er überfiel zahlreiche Menschen, raubte sie aus und tötete sie.

Eines Tages ging Buddha in den Wald, in dem der Räuber lebte. Als der Räuber den Buddha kommen sah, nahm er sein Schwert und folgte dem Erwachten. Der Buddha ging gemächlich und der Räuber folgte ihm schnell, um ihn einzuholen,
5 doch er kam dem Buddha nicht näher. Also rief er: „Bleib stehen, Mönch, bleib stehen!" Der Buddha antwortete: „Ich stehe fest für immer, denn ich werde weder von Hass noch von Verlangen getrieben. Du aber wirst von Hass und Begehren getrieben. Deswegen stehst du niemals still."

10 Diese Worte berührten den Räuber tief. Er erkannte, dass er den falschen Weg eingeschlagen hatte und versprach, dass er sich ändern wolle. Der Buddha nahm ihn in seine Gemeinschaft auf und so wurde der Räuber ein Mönch und ging mit dem Buddha in ein Kloster.

Inzwischen hatte sich herumgesprochen, dass der berüchtigte Räuber im Kloster
15 lebte, und die Menschen gingen voll Angst zum König. Da zog der König mit vielen Kriegern los, um den Räuber festzunehmen. Der König glaubte nicht, dass sich ein derart böser Mensch von Grund auf ändern könnte. Doch Angulimala erzählte ihm seine Geschichte und schließlich war dieser von der Bekehrung überzeugt und er sagte zum Buddha: „Ihr habt nicht nur das Böse überwunden, sondern ihr
20 habt es verwandelt, so dass es gut geworden ist. Das ist der höchste Sieg." Schließlich erreichte Angulimala die Erleuchtung.

Doch als Angulimala eines Tages unterwegs war, wurde er von Leuten, die ihn von früher kannten, aus Wut schwer verletzt. Mit letzter Kraft schleppte er sich zum Kloster, wo er starb und in das Reich ohne Geburt und Tod einging.
25 Der Buddha erklärte: „In den vergangenen Zeiten vollbrachte er alle diese bösen Taten, weil er die Lehre von der Wahrheit nicht kannte. Doch er verwandelte die Folgen seiner bösen Taten durch gute Taten und wurde dadurch erlöst."

Nacherzählt von **Helen Oppen**

Ethische Regeln im Buddhismus

Wenn wir eine Erfahrung – sei sie angenehm oder unangenehm – einfach als das nehmen, was sie ist, dann verursacht sie kein Leid. Wenn wir Trauer empfinden, ohne ein Ende dieses Zustands herbeizusehnen, dann können wir diese Trauer spüren, ohne unter ihr zu leiden. Und wenn wir Freude empfinden, ohne uns nach
5 immer […] intensiverer Freude zu sehnen, dann können wir diese Freude erleben, ohne dabei unseren inneren Frieden zu verlieren.

Aber wie schaffen wir es, die Dinge so zu akzeptieren, wie sie sind? […] Dazu entwickelte Gautama eine Reihe von Meditationstechniken, die uns helfen sollen, uns auf eine einzige Frage zu konzentrieren: „Was spüre ich in diesem Moment
10 wirklich?" und nicht auf die Frage: „Was würde ich in diesem Moment lieber spüren?" […]

Gautama verankerte diese Meditationstechniken in einer Reihe von ethischen Regeln, die es den Menschen erleichtern sollen, sich auf die Wirklichkeit zu konzentrieren statt sich Fantasien und Wunschdenken [dem Begehren] hinzugeben.
15 […] Wenn das Feuer des Begehrens erloschen ist, tritt an dessen Stelle ein Zustand völliger Ruhe und Gelassenheit, der als Nirwana bezeichnet wird (Nirwana bedeutet wörtlich „das Erlöschen des Feuers"). Wer das Nirwana erreicht, lässt alles Leid hinter sich und erkennt die Wirklichkeit […] ohne jedes Wunschdenken. […] Unangenehme Erfahrungen verursachen kein Leid mehr. Ein Mensch, der
20 nichts begehrt, kann nicht leiden.

Nach **Yuval Noah Harari** [1]

Buddhisten glauben, ähnlich wie Hindus, an das ewig gültige (kosmische) Gesetz des Karmas. Demnach folgt aus den Handlungen, die ein Mensch begeht, entweder ein gutes oder ein schlechtes Karma.

1: Yuval Noah Harari
(geb. 1976) lehrt Geschichte an der Hebräischen Universität in Jerusalem. In seinem Buch „Eine kurze Geschichte der Menschheit" beschäftigt er sich auch mit den großen Weltreligionen. Das Buch wurde in 40 Sprachen übersetzt.

Buddhas Lebensweisheit – der achtfache Pfad

Das Böse: Fluchen, Mord, Diebstahl, Angeberei, Neid, Sexuelle Ausschweifung, Lüge, Verleumdung, Begehrlichkeit

Das Gute: Wahrhaftigkeit (Ehrlichkeit), Selbstachtung, Sexuelle Enthaltsamkeit, Demut, Nächstenliebe, Mitleid mit allen Geschöpfen, Selbstbezwingung durch Meditation, Geduldiges Ertragen alles Leids, das einem zustößt

1. Diskutiert darüber, ob es möglich ist, dass sich eine Person so wandeln kann wie der Räuber Angulimala.

2. Bewertet das Zitat von Buddha „Doch er verwandelte die Folgen seiner bösen Taten durch gute Taten". Kann der Mensch die Folgen seiner bösen Taten durch gute Taten ausgleichen? Begründet eure Entscheidung.

3. Interpretiert die ethischen Regeln des Buddhismus und diskutiert den achtfachen Pfad zur Erleuchtung.

🦉 Deutet Buddhas Gedanken, dass ein Mensch, der nichts begehrt, auch nicht leiden kann. Positioniert euch dazu und begründet euren Standpunkt.

Exklusiv:
Mitgefühl mit allen Lebewesen

Fragen an den buddhistischen Lehrer Oliver Petersen

1: Der jetzige 14. **Dalai-Lama** wurde 1935 als Lhamo Thondup geboren, von Mönchen im Alter von drei Jahren „gefunden" und als Wiedergeburt des 13. Dalai-Lamas „erkannt". Da 1950 chinesische Truppen in Tibet einmarschierten, setzten sie ihn bereits mit 15 Jahren in sein Amt ein. Im Jahr 1959 musste der Dalai-Lama das Land verlassen; in Indien ist er bis heute das Oberhaupt einer tibetischen Exilregierung. 1989 erhielt er den Friedensnobelpreis.

2: Im altindischen Sanskrit wörtlich „Erleuchtungswesen". Gemeint ist ein spiritueller Lehrer, der die buddhistischen Ideale lebt und lehrt.

Im tibetischen Buddhismus gibt es neben dem Buddha eine weitere besondere Figur, den Dalai-Lama [1] („Ozeangleicher Lehrer") – ein Bodhisattva [2] mit unermesslicher Weisheit, von vielen Leuten verehrt und bewundert. Dalai-Lamas herrschen in Tibet seit dem 15. Jahrhundert. Jeder von ihnen, so heißt es, ist die Wiederverkörperung seines Vorgängers. Der jetzige Dalai-Lama wurde in Deutschland auch mit einem Buch zur Ethik bekannt: „Ethik ist wichtiger als Religion". Darin diskutiert er mit dem katholischen Journalisten Franz Alt über das Verhältnis zwischen Ethik und Religion.

Oliver Petersen, 1961 geboren, ist Lehrer des Buddhismus am Tibetischen Zentrum in Hamburg, das unter der Schirmherrschaft des Dalai-Lama steht. Heute führt Petersen unter anderem Meditationsseminare und Studienkurse durch. Tine und John, Schüler/innen in Frankfurt, haben ihm fünf Fragen gestellt.

1. Der Dalai-Lama sagte einmal: „Die Macht der Gewehre ist nur von kurzer Dauer". Denken Sie, dass man die heutigen politischen Konflikte auf der Welt auch ohne Gewalt lösen kann?
Durch Gewalt wird ein Konflikt nicht gelöst, sondern höchstens zwischenzeitlich
5 ruhiggestellt. Der Dalai-Lama vergleicht diese Situation oft damit, dass man die Symptome einer Krankheit mit einer sehr starken Medizin unterdrückt. Die Krankheit wird dadurch aber nicht geheilt und es entstehen weitere schädliche Nebenwirkungen. Diejenigen, die durch Gewalt unterdrückt worden sind, werden bei nächster Gelegenheit versuchen, sich zu rächen. Gewaltlosigkeit ist eine geistige
10 Einstellung, nicht schädigen zu wollen. Sie schließt damit nicht aus, dass man Schaden von sich und anderen abhält. Auf der Grundlage dieser Geisteshaltung kann man dann sinnvolle Verhandlungen über den Ausgleich von Interessen beginnen. Der Mensch hat das Potenzial, seinen Geist friedlich auszurichten und in einer globalen, hochtechnisierten Welt gibt es dazu keine Alternative, wenn
15 die Menschheit sich nicht gegenseitig vernichten will.

2. Was ist für Sie der Schlüssel zum Frieden und zur Solidarität unter den Menschen?
Der Schlüssel zum Frieden ist die Anlage zur Empathie und zum Mitgefühl, die in jedem Menschen angelegt ist. Die meisten Menschen werden von einer Mutter liebevoll aufgezogen und leben in Gruppen, in denen sie die Erfahrung von
20 Solidarität machen und sich gegenseitig unterstützen. Es ist wichtig, diese Veranlagung im Menschen durch Erziehung, Bildung und spirituelle Schulung zu fördern, damit sie sich nicht nur auf die eigene Gruppe bezieht, sondern auch auf Fremdgruppen.

Der Winterpalast des Dalai-Lama in Potala, im chinesisch besetzten Tibet, ist heute ein Museum.

25 *3. Heutzutage ist die Welt sehr vernetzt; trotzdem prallen Religionen und Kulturen aufeinander. Was ist für Sie der wichtigste Gedanke, wie man Fremden begegnen sollte?*

Es ist sehr wichtig, sich bewusst zu machen, dass auch eine fremde Person glücklich sein und nicht leiden möchte – genau wie wir selbst und unsere Lieben.
30 Unterschiede bezüglich der Kultur, der Religion, Hautfarbe usw. sollte man als nachrangig ansehen und die Gemeinsamkeiten aller Menschen betonen. In der globalen Welt von heute sind wir alle aufeinander angewiesen, um unsere gemeinsamen Probleme in Bezug auf Umweltzerstörung, Armut und Kriegen zu lösen.

4. In einem Buch hat der Dalai-Lama geschrieben, dass Ethik wichtiger als Religion
35 *sei. Warum?*

Der Dalai-Lama meint nicht, dass Ethik höherwertiger als Religion sei. Sie ist aber unverzichtbarer für unser Leben als Religion. Er vergleicht dabei Ethik mit Wasser und Religion mit Tee. Jeder Mensch muss Wasser zum Leben, aber nicht notwendigerweise Tee zur Verfeinerung des Getränks zur Verfügung haben. In
40 diesem Sinne können menschliche Gruppen nicht ohne Ethik zusammenleben. Der Einzelne muss aber nicht notwendigerweise religiös sein und etwa an ein Leben nach dem Tode, an Gott oder die Erlösung vom Leiden glauben. Da viele Menschen heute nicht mehr religiös sind und es auch nicht möglich ist, dass sich alle Menschen aus verschiedenen Religionen auf die gleichen religiösen Gebote einigen
45 werden, muss die Quelle einer gemeinsamen Ethik aller Menschen in einer Ausrichtung gefunden werden, die nicht religiös begründet ist.

5. Dalai-Lamas gibt es in Tibet seit dem 15. Jahrhundert. Ist es für Sie vorstellbar, dass es irgendwann vielleicht keinen (herrschenden) Dalai-Lama mehr geben könnte?
50 Der gegenwärtige Dalai-Lama hat bereits vor Jahren auf alle seine politischen Privilegien[1] verzichtet und erhebt auch in Bezug auf zukünftige Reinkarnationen[2] keinen Anspruch mehr auf weltliche Herrschaft in Tibet. Er wünscht sich ein säkulares[3] und demokratisches System für ein kulturell freies Tibet und praktiziert dieses bereits im Exil[4].

1. Warum ist Gewaltfreiheit für den Dalai-Lama das wichtigste Prinzip?
2. Recherchiert im Internet, warum der Dalai-Lama den Friedensnobelpreis erhalten hat.
3. Erklärt das Zitat „Die Macht der Gewehre ist nur von kurzer Dauer." Könnt ihr diesem Satz zustimmen? Begründet eure Meinung.

1: Lateinisch: Vorrechte, Vorteile"

2: Lateinisch:„Wiederfleischwerdungen". Buddhisten und Hindus glauben, dass alle Lebewesen über ihren körperlichen Tod hinaus weiter existieren und in anderen Körpern wiedergeboren werden (siehe Seite 158).

3: „weltliches". Eine Gesellschaft, in der Staat und Politik von der Religion unterschieden und getrennt sind.

4: Lateinisch: „in der Fremde sein" – die erzwungene Auswanderung in ein anderes Land. 1959 floh der Dalai-Lama vor den chinesischen Besatzern nach Indien, wo er Asyl bekam.

Der besondere Text:
Das Tao-Te-King

道

Fei: Hey, obwohl mich Religionen interessieren, bin ich, wie ihr wisst, nicht gläubig. Ich habe aber schon früh den Taoismus kennengelernt, weil meine Oma Taoistin ist. Sie vertraut auf das Tao. In einem Buch habe ich etwas über die Schöpfungsmythen des Tao gelesen, das mich beeindruckt hat.

Das Chaos, das Ei, der Mensch und die Könige

Im Anbeginn der Zeiten herrschte ein unförmiger und dunkler Nebel. Dann brachte das *Tao* Eins hervor, das sich in Zwei teilte. Zwei brachte Drei hervor, das zehntausend Wesen ergab, die das Yin auf dem Rücken trugen und das Yang umfassten. Nach andren Fassungen traten zwei Gottheiten aus dem Halbdunkel hervor:
5 Die eine wandte sich dem Himmel zu, die andre der Erde, sie wurden zu Vater und Mutter aller Lebewesen. […]
Der Name *Hun-tun* bedeutet Chaos und das Chaos hatte keine Form: Es war weder richtig rund, noch richtig eckig, es hatte keine Kontur. Es mit Öffnungen auszustatten war eine kühne Aufgabe. Aber leider starb der Herrscher Chaos daran
10 am siebten Tag und es entstand die Welt. […] Nach einer (anderen) volkstümlichen Erzählung ähnelte das Chaos einem kosmischen Ei, aus dem der Urmensch schlüpfte: *P`an-ku*. Als er nach 18000 Jahren starb, wurden seine Augen zu Sonne und Mond, sein Kopf zu einem Gebirge, sein Fett zu den Meeren, seine Haare zu Bäumen und anderen Pflanzen. Seine Tränen hatten den Fluss blau
15 und den Fluss gelb entstehen lassen, sein Atem war der Wind, seine Stimme der Donner. Aus seiner schwarzen Pupille schoss der Blitz hervor, seine Zufriedenheit war der wolkenlose Himmel und sein Zorn waren die Wolken. […]
Die Vorstellung von einem Urmenschen, aus dem die Welt entstand, war weit verbreitet. In China wurde der Mythos von *P`an-ku* später noch weiterentwickelt.
20 Man weiß nicht genau, in welcher historischen Zeit *P`an-ku*, der Urmensch, und Laotse, der Weise, sich zu einer Gottheit vereinigt hatten. Das linke Auge des verborgenen Weisen wurde zur Sonne, das rechte Auge zum Mond, seine Haare wurden die Sterne, sein Skelett die Drachen, sein Fleisch die Vierfüßler, seine Eingeweide die Schlangen, sein Bauch die Meere, seine Haare die Pflanzen und
25 sein Herz ein heiliger Berg. Schließlich unterbrach ein geheimnisvolles Wesen, das „Der Erhabene Herr" genannt wird, die Verbindung zwischen Himmel und Erde. Das waren die Schöpfungsmythen des Tao.
Catherine Clément[1]

1: Der Roman „Theos Reise" der französischen Autorin **Catherine Clément** (geb. 1939) handelt von dem 14-jährigen Theo, der schwer krank ist und mit seiner Tante auf eine Reise zu den Religionen der Welt aufbricht.

Das Tao – der Weg

Die größte Tugend* ist es, dem Weg zu folgen
und nur diesem Weg.

Das, was Weg genannt wird,
ist unfassbar und unvorstellbar.
5 Unvorstellbar und unfassbar,
und doch ist in ihm ein Bild;
unfassbar und unvorstellbar,
und doch ist in ihm ein Wesen;
unergründlich und dunkel,
10 und doch ist in ihm ein Geist.
Sein Geist ist die Wirklichkeit
Und darin liegt Vertrauen.
Vom Anfang der Zeit bis heute
wurde sein Name nicht vergessen,
15 weil er den Anfang aller Dinge bewirkt.
Wie erkenne ich denn sonst,
dass er den Anfang aller Dinge bewirkt,
wenn nicht gerade dadurch. […]

Weil das alles so ist,
20 umfasst der Weise die Einheit
und ist ein Vorbild für die Welt.
Weil er sich nicht hervortut,
Wird er anerkannt;
Weil er sich selbst nicht recht gibt,
25 wird er geehrt;
weil er sich seiner Verdienste nicht rühmt,
kommen ihm Verdienste zu;
weil er nicht prahlt,
wird er lange hochgeachtet;
30 weil er nicht streitet,
streitet auch niemand in der Welt mit ihm.
Lao Tse [1]

Wissen und Merken: Was ist das Tao-Te-King?

Das Tao-Te-King ist ein Buch mit einer Sammlung von Spruchkapiteln, das nach der chinesischen Legende ungefähr 400 v. Chr.
5 von Laotse verfasst wurde und nur 5000 Worte umfasst. Es handelt von der Entstehung der Welt und dem harmonischen Zusammenleben aller Menschen. Für die Anhänger des Taoismus ist das Tao-Te-King ein heiliger Text.
10 Der Taoismus kann gleichermaßen als philosophische Weltanschauung und als Religion betrachtet werden.

1: Laotse (ca. 570–490 v. Chr.) dessen Name „Alter Meister" bedeutet, war einer der bedeutendsten chinesischen Philosophen. Er gilt als der Begründer des Taoismus.
Über Laotses Leben ist wenig bekannt. Er wurde im Staat Tschu geboren und soll dort eine Zeitlang als Staatsarchivar gearbeitet haben. Später zog er als Wanderphilosoph durch China. Auf der Flucht nach Westen soll er das „Tao-Te-King" niedergeschrieben haben.

1. **Projektvorschlag:** Der Text aus dem Buch „Theos Reise" beschreibt vielseitige Schöpfungsmythen des Tao. Denkt euch weitere Mythen aus, wie das Tao entstanden sein könnte, und stellt sie einander vor.

2. Tragt an der Tafel die wesentlichen Merkmale des Tao zusammen und charakterisiert es anschließend mit eigenen Worten. Berücksichtigt besonders die Texte und Fotos auf dieser Seite und überlegt, warum das Tao auch „der Weg" genannt wird.

Haben Religionen einen gemeinsamen Kern?

Johannes: Es ist so schön, von euch allen und euren Geschichten zu hören. Jetzt haben wir viel von unseren Religionen erzählt und festgestellt, dass sie ganz schön unterschiedlich sind. Deswegen habe ich mich nun gefragt, liebe Freunde, ob unsere Religionen vielleicht auch etwas Gemeinsames haben?

🦉 Gibt es die einzig wahre Religion?

1: Eine Parabel ist ein kurzer lehrhafter Text, der durch den Leser gedeutet werden muss. Es wird eine Geschichte erzählt, die sich auf eine aktuelle Situation übertragen lässt.

In Gotthold Ephraim Lessings Drama „Nathan der Weise" wird die Hauptfigur Nathan zu Sultan Saladin gerufen und gefragt, welche der drei monotheistischen Weltreligionen die einzig wahre sei. Nathan antwortet dem Sultan mit Hilfe einer Ringparabel[1], in der ein Vater demjenigen Sohn einen Ring übergeben soll, der ihm der liebste sei. Der Sohn, der den Ring erhält, soll das Erbe des Vaters antreten. Da der Vater jedoch seine drei Söhne gleichermaßen liebt, lässt er Kopien von dem Ring anfertigen, um jedem Sohn einen geben zu können.

2: Gotthold Ephraim Lessing (1729–1781) war ein bedeutender deutscher Dichter. Mit seinem Werk „Nathan der Weise" leistete er einen wichtigen Beitrag für religiöse Toleranz.

Nathan: Kaum war der Vater tot, so kommt ein jeder mit seinem Ring, und jeder will der Fürst des Hauses sein. Man untersucht, man zankt, man klagt. Umsonst; der rechte Ring war nicht erweislich; – Fast so unerweislich, als uns jetzt – der rechte Glaube.

5 *Saladin:* Wie? Das soll die Antwort sein auf meine Frage? […] Ich dächte, dass die Religionen, die ich dir genannt, doch wohl zu unterscheiden wären. […]

Nathan: Und nur von Seiten ihrer Gründe nicht. Denn gründen alle sich nicht auf Geschichte? Geschrieben oder überliefert!

10 – Und Geschichte muss doch wohl allein auf Treu und Glauben angenommen werden? – Nicht? – Nun, wessen Treu und Glauben zieht man denn am wenigsten in Zweifel? Doch der Seinen? […] – Wie

15 kann ich meinen Vätern weniger als du den deinen glauben? Oder umgekehrt. – Kann ich von dir verlangen, dass du deine Vorfahren Lügen strafst, um meinen nicht zu widersprechen? Oder umgekehrt. Das

20 Nämliche gilt von den Christen. Nicht?

Gotthold Ephraim Lessing[2]

Wissen und Merken: Worauf gründet sich das Projekt Weltethos?

Die Idee des Weltethos geht auf den Theologen Hans Küng[1] zurück. Er stellte fest, dass alle Weltreligionen grundlegende Werte- und Moralvorstellungen teilen, zum Beispiel Gewaltlosigkeit, Gerechtigkeit oder die Goldene Regel. Diesen „Wertekanon" nannte Küng „Weltethos". Um ein friedliches Zusammenleben zu
5 ermöglichen, braucht eine Gesellschaft gemeinsame Grundwerte, Normen und Maßstäbe, an die sich ihre Angehörigen immer wieder erinnern müssen. Darum verfasste Hans Küng 1990 eine Programmschrift zu seinem „Projekt Weltethos" – ihr Ziel ist der friedliche Dialog der Religionen.
1993 unterzeichneten Repräsentanten aller Weltreligionen auf einer Tagung des
10 Parlaments der Weltreligionen die „Erklärung zum Weltethos". Dieses „Parlament" gibt es seit 1893 und wird von einflussreichen religiösen Führungskräften vertreten, darunter dem Dalai-Lama. Die 1995 gegründete Stiftung Weltethos will in allerlei Projekten die Werte des Weltethos fördern.

1: Hans Küng (1928–2021) war Theologe, Priester und Hochschullehrer an der Universität Tübingen, wo er auch das „Projekt Weltethos" begründete (siehe Denk(t)räume wagen 2, S. 137).
Zum Weltethos siehe auch: *www.weltethos.org*

Die Goldene Regel

Der chinesische Philosoph Konfuzius* soll um 500 v. Chr. als Erster die Goldene Regel formu-
5 liert haben, die in fast allen Weltreligionen zu finden ist: „Was du selbst nicht wünschst, das tue auch nicht an-
10 deren an."

Drei Religionen – eine große Party: das alljährliche Feiertagsfest in Wadi Nisnas/Haifa, Israel

---

1. Überlegt, was Nathan durch seine Ringparabel über Religionen zum Ausdruck bringt. Berücksichtigt in eurer Diskussion auch die obige Comic-Szene.

2. Projektvorschlag: Recherchiert zum Projekt „Weltethos" und gestaltet dazu eine Wandzeitung.

3. Diskutiert darüber, warum das „Projekt Weltethos" nach Hans Küng für unsere heutige Gesellschaft besonders wichtig ist.

🦉 Überlegt, warum die Goldene Regel in fast allen Weltreligionen vorhanden ist.

Gegen Ungläubige in den Krieg ziehen?

Schluss mit dem Dschihad[1]

1: Das arabische Wort „Dschihad" heißt ursprünglich „Anstrengung". Im Koran sind damit auch die „Anstrengungen" in militärischen Kämpfen gemeint. Ob sie sich „nur" gegen „Abtrünnige" oder auch gegen Andersgläubige richten, ist in der innerislamischen Auslegungsgeschichte umstritten. Radikale Muslime verstehen den Dschihad fast ausschließlich als „heiligen Krieg" gegen „Ungläubige".

Dies ist die Geschichte des 22-jährigen Peter, der vor einem Jahr noch fest entschlossen war, nach Syrien in den Dschihad zu ziehen. Und es ist die Geschichte des 45 Jahre alten Leipziger Imams Hesham Shashaa, genannt Abu Adam, der seit acht Monaten daran arbeitet, aus Peter einen friedliebenden Muslim zu machen. […]

5 Tausende junge Muslime in Deutschland haben sich in den letzten Jahren radikalisiert. Über 600 sind nach Syrien gezogen, haben sich Terrorgruppen wie dem „Islamischen Staat" (IS) angeschlossen, haben Schießen oder Bombenbauen gelernt. Etwa 190 sind zurückgekehrt, einige gelten als gefährlich. Peter könnte einer von ihnen sein. Der Imam Abu Adam will das verhindern. […] Abu Adam

10 hat ein eigenes De-Radikalisierungskonzept entwickelt, und Peter, so sagt er, befinde sich in Phase eins: „Er muss mich lieben lernen." Eine persönliche Beziehung soll entstehen. […] „Wir haben Peters Extremismus in allen Einzelheiten besprochen, jede falsch interpretierte Sure, jedes falsch verstandene Prophetenwort", sagt der Imam. Peter nickt: „[… Abu Adam] hat so viel mehr Wissen als

15 die, denen ich hinterhergelaufen bin." Peter weiß aber, dass er noch nicht über den Berg ist: „Wenn ich Abu Adam jetzt verlöre und wieder mit solchen Leuten zu tun bekäme, hätte ich nicht genug Wissen, um mich zu wehren."

„O die ihr glaubt! Nehmt nicht die Juden und Christen zu Freunden": So kann man Sure 5, Vers 51 des Koran übersetzen. Extremisten ziehen den Vers oft heran,

20 um Muslime von Andersgläubigen zu isolieren und Feindseligkeit zu stiften. „Aber die sind ungebildet", sagt Abu Adam. Die Sure befasse sich mit einer konkreten historischen Situation, sie enthalte daher keine allgemeine Maßgabe. […] Also: Ein Muslim dürfe mit Nicht-Muslimen befreundet sein. Das war eine der ersten Lektionen, die Abu Adam Peter erteilte, der Angst davor hatte, sich mit

25 Ungläubigen abzugeben. […]

Wie geht es Peter heute? „Phase zwei!", sagt Abu Adam: „Selbstständig werden. Nun muss er lernen, dass es falsch ist, nur zu imitieren. Jeder macht Fehler. Deswegen darf man auch niemandem einfach so folgen." […] Seine Syrien-Pläne

hält Peter heute für „naiv". […] Der Kampf
30 schien ihm der einzige Weg zu sein. Und natürlich war da die Sache mit dem islamischen Staat, der dort errichtet werden soll: ein Ideal, zum Greifen nah. Viele junge Radikale, sagt Abu Adam, leiden daran, dass Ideal und Realität
35 auseinanderklaffen. „Man muss ihnen beibringen: Allah hat uns gesagt, dass es das Böse immer geben wird. Lerne damit zu leben, dass die Welt nicht perfekt ist. […] Peter ist nicht mehr infiziert. Aber er hat noch einen langen
40 Weg vor sich."

Yassin Musharbash, *deutscher Journalist*

1: Eine anti-moderne religiöse und/oder politische Strömung, deren Anhänger sich an vermeintlich „wahren" Ursprüngen ihrer Religion oder Weltanschauung orientieren. Fundamentalisten vertreten häufig radikale religiöse und/oder politische Überzeugungen.

Die Gefahr des Fundamentalismus [1]

Die fundamentalistischen Muslime und ihre Vereinigungen haben einen zunehmenden Einfluss. Sie werden immer mächtiger in den Gemeinden, die angesichts von Arbeitslosigkeit und sozialen Problemen eine wichtige Anlaufstelle sind, weil sie Trost und eine soziale Identität versprechen. Eine große Anzahl von Mus-

5 limen ist in keiner Weise in die deutsche Gesellschaft integriert und lebt unter sozial schlechten Bedingungen. Aus dem Gefühl des sozialen und kulturellen Ausgeschlossenseins heraus greifen viele Deutschländer [Einwanderer] zu den Identitätsangeboten, die die Religion liefert. Dies geschieht sowohl als Reaktion auf die Ausgrenzung durch die Mehrheitsgesellschaft als auch mit der Absicht, sich von

10 der Mehrheitsgesellschaft abzugrenzen und gegen sie zu behaupten. Gerade den perspektiv- und ziellosen Jugendlichen der dritten und vierten Einwanderungsgeneration verschafft die Hinwendung zum Islam ein existenzielles Gefühl von Zugehörigkeit und Identität. Dabei schafft die Religion natürlich keine echte soziale Perspektive. Da, wo der Staat nicht mehr hilft, wo zum Beispiel Gelder im

15 sozialen Bereich gestrichen, wo Jugendeinrichtungen geschlossen werden, bieten sich islamische Vereinigungen und Moscheegemeinden als Anlaufstellen und Hoffnungsträger an. Sie nutzen die Gunst der Stunde, erweitern ihre Angebote, gehen auf die sozialen Probleme der Menschen ein. Und dies nicht selten mithilfe fundamentalistischer Kräfte.

Seyran Ateş [2]

2: Seyran Ateş (geb. 1963 in der Türkei) ist eine deutsche Rechtsanwältin, Frauenrechtlerin und Autorin. 2017 gründete sie in Berlin die Ibn-Rushd-Goethe-Moschee. Sie steht für einen liberalen Islam und setzt sich für eine zeitgemäße Auslegung des Korans ein (siehe hierzu auch Denk(t)räume wagen 2, S. 152/153).

1. Überlegt, warum sich manche Jugendliche radikalisieren und in den Krieg ziehen wollen. Berücksichtigt in eurer Diskussion auch die Gedanken von Seyran Ateş.

2. Interpretiert das Graffito (Methode siehe Seite 159). Diskutiert anschließend, inwieweit Peter durch seinen radikalen Glauben „blind" geworden ist.

🦉 Macht in Partnerarbeit weitere Vorschläge, was gegen Extremismus und Fanatismus innerhalb der heutigen Gesellschaft getan werden kann.

Religionen kritisieren?

Menschen machen Götter

Alles haben Homer und Hesiod den Göttern ange-
dichtet, was nur immer bei den Menschen Schimpf
und Schande ist: Stehlen, Ehebrechen und sich
gegenseitig Betrügen. Doch die Sterblichen wähnen,
5 die Götter würden geboren und hätten Gewand,
Stimme und Gestalt ähnlich wie sie selber. Die Äthi-
open stellen sich ihre Götter schwarz und stumpf-
nasig vor, die Thraker dagegen blauäugig und rothaarig.
Wenn Kühe, Pferde oder Löwen Hände hätten und
10 damit malen und Werke wie die Menschen schaffen
könnten, dann würden die Pferde pferde-, die Kühe
kuhähnliche Götterbilder malen und solche Gestalten
schaffen, wie sie selber haben. Herrscht doch nur
ein einziger Gott, unter Göttern und Menschen der
15 Größte, weder an Aussehen den Sterblichen ähnlich
noch an Gedanken. Ganz sieht er, ganz denkt er,
ganz hört er.

Xenophanes[1]

1: Xenophanes von
Kolophon (um 570 v. Chr.
bis ca. 470 v. Chr.) war ein
antiker griechischer Philosoph und Dichter.

Wissen und Merken: Was heißt „Religionskritik"?

Seitdem es Religionen gibt, melden sich auch kritische Stimmen zu Wort. Religionskritiker stellen Religionen mit ihren Glaubensaussagen, Wahrheitsansprüchen,
Institutionen und Erscheinungsformen sowohl mit rationalen Argumenten als
auch aus ethischen Motiven in Frage.
5 Zu den häufigen Kritikpunkten zählt der Absolutheitsanspruch der einzelnen
Religionen. Der griechische Philosoph Xenophanes (ca. 570–470 v. Chr.) gilt als
erster antiker Religionskritiker. Er war überzeugt, die verschiedenen Gottesbilder
seien von den jeweiligen Religionsanhängern „erfunden" worden.
Der Begriff der Religionskritik wurde erstmals 1791 durch den Theologen Johann
10 Tieftrunk populär. Er verstand darunter eine kritische Prüfung bestimmter
Religionsinhalte, aber auch die Kritik am religiösen Bewusstsein, sobald es der
Vernunft* widerspreche. Seit der Zeit der Aufklärung sind immer mehr Religionskritiker aufgetreten – mit je verschiedenen Theorieansätzen. Zu den bekanntesten
Religionskritikern in Deutschland gehören Immanuel Kant (1724–1804), Ludwig
15 Feuerbach (1804–1872), Karl Marx (1818–1883) sowie Friedrich Nietzsche
(1844–1900).

🦉 Der Mensch hat Gott geschaffen

Der religiöse Mensch gibt die Freuden dieser Welt auf, aber nur, um dafür die himmlischen Freuden zu gewinnen, oder vielmehr er gibt sie deswegen auf, weil er schon in dem wenigstens geistigen Besitze der himmlischen Freuden ist. Und die himmlischen Freuden sind dieselben, wie hier, nur befreit von den Schranken
5 und Widerwärtigkeiten dieses Lebens. Die Religion kommt so, aber auf einem Umweg, zu dem Ziele, dem Ziele der Freude, worauf der natürliche Mensch in gerader Linie zueilt. […] Das Jenseits ist das Diesseits im Spiegel der Fantasie – das bezaubernde Bild, im Sinne der Religion das Urbild des Diesseits: dieses wirkliche Leben nur ein Schein, ein Schimmer jenes geistigen, bildlichen Lebens. Das
10 Jenseits ist das […] von aller groben Materie gereinigte, verschönerte Diesseits […]. Wie der Glaube an Gott nur der Glaube an das *abstrakte* Wesen des Menschen ist, so [ist] der Glauben an das Jenseits nur der Glaube an das abstrakte Diesseits. Aber der Inhalt des Jenseits ist die Seligkeit, die ewige Seligkeit der Persönlichkeit, die hier *durch die Natur* beschränkt und beeinträchtigt existiert. Der Glaube
15 an das Jenseits ist daher der Glaube an die *Freiheit der Subjektivität von den Schranken der Natur* – also der Glaube an die Ewigkeit und Unendlichkeit der Persönlichkeit […] – folglich der Glaube an sich selbst. […] Der Mensch ist der Anfang der Religion, der Mensch ist der Mittelpunkt der Religion, der Mensch ist das Ende der Religion.

Ludwig Feuerbach [1]

1: Ludwig Feuerbach (1804–1872) war ein deutscher Philosoph und Religionskritiker. Er schrieb das erste größere Werk zur Religionskritik: „Vom Wesen des Christentums".

Michelangelo [2]*: Die Erschaffung Adams* [3]*, 1511/12 (Ausschnitt aus dem Deckenfresko der Sixtinischen Kapelle im römischen Vatikan)*

2: Michelangelo di Lodovico Buonarroti Simoni (1475–1564) war ein italienischer Maler, Bildhauer, Architekt und Dichter, der viele religiöse Themen gestaltet hat.

3: Das hebräische Wort „Adam" bedeutet „Mensch / Menschheit" und leitet sich aus dem Wort „adamah" (Erdboden) ab.

1. Überlegt euch für den Imam und den Priester aus dem Comic jeweils zwei Beispiele, wie sie den Satz „Wer meine Religion kritisiert, der …" beenden könnten. Dabei soll beiden einmal die Position für und einmal die Position gegen Religionskritik in den Mund gelegt werden.

2. Diskutiert, ob Religionskritik für die Gesellschaft, aber auch für die Religion selbst wichtig ist.

3. Arbeitet aus dem Texten von Xenophanes und Feuerbach Gemeinsamkeiten und Unterschiede heraus, und vergleicht die Religionskritik beider Philosophen.

🦉 Seht euch das Gemälde „Die Erschaffung Adams" an und gestaltet ein ähnliches Bild, auf dem „Adam" Gott erschafft (im Sinne der Religionskritik von Feuerbach).

Philosophisches Forum:
Religion als Opium des Volkes?

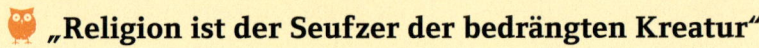

🦉 „Religion ist der Seufzer der bedrängten Kreatur"

1: Karl Marx
(siehe Seite 53)
2018 hat die Stadt Trier für
Karl Marx, der 200 Jahre
zuvor dort geboren wurde,
ein Denkmal errichtet.

Das Fundament der irreligiösen Kritik ist: Der Mensch macht die Religion, die Religion macht nicht den Menschen. Und zwar ist die Religion das Selbstbewusstsein und das Selbstgefühl des Menschen, der sich selbst entweder noch nicht erworben oder schon wieder verloren hat. […] Sie ist die fantastische Verwirk-

5 lichung des menschlichen Wesens, weil das menschliche Wesen keine wahre Wirklichkeit besitzt. Der Kampf gegen die Religion ist also mittelbar der Kampf gegen jene Welt, deren geistiges Aroma die Religion ist. Das religiöse Elend ist in einem der Ausdruck des wirklichen Elendes und in einem die Protestation gegen das wirkliche Elend. Die Religion ist der Seufzer der bedrängten Kreatur, das

10 Gemüt einer herzlosen Welt, wie sie der Geist geistloser Zustände ist. Sie ist das Opium des Volkes. Die Aufhebung der Religion als des illusorischen Glücks des Volkes ist die Forderung seines wirklichen Glücks. Die Forderung, die Illusionen über seinen Zustand aufzugeben, ist die Forderung, einen Zustand aufzugeben, der der Illusionen bedarf. Die Kritik der Religion ist also im Keim die Kritik des

15 Jammertales, dessen Heiligenschein die Religion ist.

Karl Marx[1]

*Atheistische Werbung
auf einem Sightseeing-Bus
in Berlin*

Die Sehnsucht nach dem ganz Anderen

Werbung einer christlichen Gegenaktion

„Das Bewusstsein unserer Verlassenheit, unserer Endlichkeit, ist kein Beweis für die Existenz Gottes, sondern es kann nur die Hoffnung hervorbringen, dass es ein positives Absolutes gibt. [...] Ausdruck einer Sehnsucht danach, dass der Mörder nicht über das unschuldige Opfer triumphieren möge."

Max Horkheimer, *deutscher Philosoph und Gesellschaftskritiker (1895–1973)*

1: Holm Tetens (geb. 1948) ist ein deutscher Philosoph, der bis 2015 Logik und Wissenschaftstheorie an der Freien Universität Berlin lehrte.

Der Satz „Menschen sind nichts anderes als ein Stück kompliziert organisierte Materie in einer rein materiellen Welt ist [...] kühn, um nicht zu sagen, tollkühn, ist unbewiesen und unbeweisbar, ist existenziell betrachtet absurd, bereitet allergrößte Schwierigkeiten, uns in seinem Lichte wirklich als vernünftige
5 Personen begreifen zu können. Seine Botschaft ist durch und durch trostlos. Zugegeben, der Satz könnte am Ende trotz allem wahr sein.
Der Satz „Wir und die materielle Welt sind Geschöpfe des gerechten und gnädigen Gottes, der vorbehaltlos unser Heil will", ist kühn, ist unbewiesen und in dieser Welt unbeweisbar, ist aber existenziell betrachtet nicht absurd, es spricht für ihn,
10 dass wir uns in seinem Lichte ohne Schwierigkeiten als vernünftige Personen verstehen können und dürfen. Und er drückt einen wunderschönen und ungemein trostreichen Gedanken aus. Zugegeben, der Satz könnte am Ende trotz alledem falsch sein.

Holm Tetens [1]

1. Deutet den Gedanken von Karl Marx, dass Religion Opium des Volkes ist.
2. Wie begründet Holm Tetens, dass Menschen Sehnsucht nach einer höheren Macht haben? Sucht Argumente in seinem Text und stellt weitere Gründe zusammen.
3. Gestaltet zu den Gedanken von Marx und Tetens eine Pro- und Kontra-Diskussion (Methode siehe Seite 113).
🦉 Führt ein Gedankenexperiment durch: Wie könnte eine Welt ohne Religion aussehen?

Wissen und Verstehen:
Religionen im Dialog

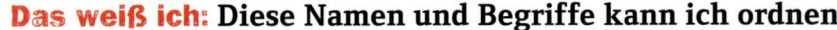

Das weiß ich: Diese Namen und Begriffe kann ich ordnen

Atheismus

Barmherzigkeit

Achtfacher Pfad

Dalai-Lama

Buddha

Erleuchtung (Moksha)

Fundamentalismus

Glaube

Ewiger Kreislauf (Samsara)

Holm Tetens

Kaste

Goldene Regel

Religionen

Heilige Tiere

Karl Jaspers

Leiden

Ludwig Feuerbach

Karl Marx

Karma

Sakat

Salzmarsch

Religionskritik

Taoismus

Tao-Te-King

Weltethos

Xenophanes

1. Wählt drei Namen oder Begriffe aus, die euch besonders interessiert, fasziniert oder überrascht haben: Recherchiert dazu im Internet. Arbeitet dann einen kleinen Vortrag von ungefähr fünf Minuten aus, den ihr der Klasse oder einer Arbeitsgruppe vorstellt.

Darauf kommt es an: Religionen respektieren

Was **Religion** und **Glaube** für den Menschen bedeuten, ist sehr individuell. Besonders in schwierigen Situationen kann der Glaube an eine höhere Macht Menschen **Mut**, **Kraft** und **Trost** schenken. Manche Menschen haben **keine Religion** und glauben an keinen Gott.

5 Wie Menschen Gott verehren, kann sehr unterschiedlich sein. Ob man meditiert, so wie **Buddha**, betet oder vielleicht sogar **Yoga** macht, hängt von jedem selbst ab. Deshalb sollten Menschen die Möglichkeit wahrnehmen, andere Religionen und ihre Gottesvorstellungen, Gebote und Verbote kennenzulernen. Das Projekt **Weltethos**, das von **Hans Küng** initiiert wurde, versucht **Gemeinsamkeiten**

10 zwischen den großen **Weltreligionen** herauszuarbeiten. Ein erster gemeinsamer ethischer Ansatz hierzu ist die **Goldene Regel**.
Wichtig ist es auch, den Sinn von Religion zu hinterfragen. So kritisierten **Xenophanes**, **Ludwig Feuerbach** und **Karl Marx** die Religion als menschliche **Fantasiegebilde**. Karl Marx sah noch einen sozialen Gesichtspunkt: Religionen

15 können von einem armseligen Leben im Diesseits ablenken und die Menschen auf das Jenseits vertrösten

Das kann ich: Den Lotussitz ausprobieren

Yoga ist eine aus Indien stammende philosophische Lehre, die geistige und körperliche Übungen umfasst. Ursprünglich war Yoga ein ausschließlich spiritueller Weg, der die eigene Erleuchtung zum Ziel hatte. Das

5 erkennt man am Buddha, der im „Lotussitz" durch Meditation die Erleuchtung fand. Probiert Buddhas Lotussitz einmal aus: Überkreuzt die Beine, ähnlich wie beim Schneidersitz, und bringt jeweils euren Zeigefinger und Daumen zusammen.

10 Heute geht es beim Yoga vor allem um die körperliche Betätigung also Sport oder darum, den Körper und den Geist zu entspannen und die innere Ruhe zu finden.

2. Probiert den Lotussitz des Buddha aus, und versucht dabei, euch zu entspannen und an „nichts" zu denken. Beschreibt anschließend eure Erfahrungen.

3. Recherchiert nach weiteren Yoga-Übungen. Schaut gegebenenfalls ein Video-Tutorial im Internet an, und macht diese Übungen nach. Wertet eure Erfahrungen anschließend gemeinsam aus

🦉 Vergleicht die in diesem Kapitel vorgestellten Religionen, Weisheitslehren und Weltanschauungen. Berücksichtigt folgende Aspekte: Erlösungs- bzw. Glücksvorstellungen, Stellenwert des Einzelnen, ethische Überzeugungen, Positionen zur Existenz eines Gottes sowie zu Staat und Gesellschaft. Diskutiert die Überzeugungskraft und Umsetzbarkeit der einzelnen Haltungen.

Kapitel 10:
Leben und Sterben

Zu leben muss man das ganze Leben lang lernen und – worüber du vielleicht noch mehr ins Staunen gerätst – das ganze Leben muss man lernen zu sterben.
Seneca, römischer Philosoph

1. Deutet den Gedanken von Seneca. Überlegt, in welchem Zusammenhang er mit der Zeichnung und dem Lied steht.

Unter dem hellblauen Himmel

Unter den Platanen im Stadtpark im leise rauschenden Wind
Auf einer aschgrauen Parkbank sitzt eine Mutter mit Kind
Die Augen ihres Neugeborenen, sie leuchten wie zwei schwarze Laternen
Und wenn sie tief hineinschaut dann ist ihr als fiele sie zwischen die Sterne
5 In die Tiefen des Universums wie in eine andere Welt
In der alles zärtlich und warm ist, und mit Sinnhaftigkeit gefüllt
Und sie fühlt sich so stark und frei und wahr und sie weiß
Sie ist nicht allein, nicht allein
[…]
10 Unter dem Neonröhrenlicht, auf dem schweißnassen Laken
Mit Schläuchen an Maschinen gebunden liegt ein Kranker und wartet
Bis endlich einer reinkommt und den Mut hat, seine Stecker zu ziehen
Ein Bote des Todes der ihm zuhört, wie seine letzten Seufzer verklingen
Und dem Mann sagt: Du darfst gehen, du darfst gehen, du bist frei …

Gisbert zu Knyphausen, *deutscher Liedermacher*

In diesem Kapitel lernst du

- ein Hospiz kennen
- Phasen des Trauerns nachzuvollziehen
- verschiedene Begräbnisformen zu unterscheiden

Dabei nutzt du

- Internet-Recherchen
- den philosophischen Essay
- die Methode des Portfolios

Du beurteilst und bewertest

- Nahtod-Erfahrungen
- Formen der Sterbehilfe
- Vorstellungen über die Unsterblichkeit

Leben und Tod gehören zusammen

Das Leben ist wie eine Zugfahrt

Stevie, 15 Jahre: Das Leben ist wie eine Zugfahrt, 2017
(Einzelheiten siehe auch Seite 201)

1: Wilhelm Schmid
(siehe Seite 34)

„Das Wissen von der Vergänglichkeit unterscheidet den Menschen von der übrigen Natur."
Thomas Mann, deutscher Schriftsteller

„Wir leben und sterben jeden Augenblick, beides zugleich."
Max Frisch, Schweizer Schriftsteller

Was ist eigentlich Leben?

Etwas, das intensiv spürbar ist, dann wieder gar nicht, scheinbar immer gleich, dann wieder ganz anders, zuweilen äußerst abwechslungsreich,
5 dann wieder reine Gewohnheit. Es bringt Lüste und Glück, aber auch Schmerzen und Unglück mit sich, und niemand weiß, wie die Aufteilung dazwischen genau funktioniert. Es lässt Menschen
10 nach Berührung und Beziehung suchen, die sie dann wieder fliehen, und es verlangt ihnen Besinnung ab, um dann wieder besinnungslos dahinzutreiben. Polarität ist ein Grundzug des
15 Lebens: Es pulsiert zwischen gegensätzlichen Polen wie Freude und Ärger, Angst und Hoffnung, Sehnsucht und Enttäuschung. Und zwischen Werden und Vergehen.
Wilhelm Schmid[1]

Kurz und einzigartig

Der Mensch hat nur ein Leben auf der Welt. Deshalb muss man sein Leben schätzen und genießen. Jeder kann sein Leben selbstständig gestalten. Anders gesagt: Der Mensch führt selbst Regie. Um als Mensch gut zu leben, ist die Gesundheit ganz wichtig; unser Körper ist auf Essen und Trinken angewiesen. Aber auch
5 die Seele spielt eine große Rolle: Dazu gehören zum Beispiel Freude, Glück und Träume. Sie motivieren uns und geben Hoffnung. Wir sollten auch Wunder schätzen, Risiken eingehen und versuchen, neue Dinge zu entdecken. Denn das Leben ist kurz und einzigartig.
Hosna, 16 Jahre

„Ich sah Wesen aus Licht"

Einen Scharlatan kann man Eben Alexander nicht nennen. Als die Sache mit dem Koma passierte, war er 54 Jahre alt und hatte gut 20 Jahre als Neurochirurg gearbeitet. Die meisten davon am Krankenhaus

5 der hoch angesehenen Harvard University. Sein Vater war Arzt, sein ältester Sohn plante, Arzt zu werden. Eben Alexander lebte in einer Welt, die von wissenschaftlichen Erkenntnissen geprägt war: Er hatte mehr als 150 Buchkapitel und Aufsätze für medizinische

10 Fachblätter verfasst, Hunderte von Konferenzen besucht. Unzählige Male Menschen am Gehirn operiert. Im November 2008 zog sich Alexander eine seltene Form der Hirnhautentzündung zu. Aggressive Bakterien drangen in sein zentrales Nervensystem ein

15 und attackierten die Großhirnrinde. Alexander fiel in ein Koma, und schon bald glaubte fast keiner seiner Ärzte mehr, dass er daraus je wiedererwachen würde. 90 Prozent der Patienten mit dieser Form der Hirnhautentzündung sterben.

20 Doch Alexander hatte Glück. Nach sieben Tagen erlangte er das Bewusstsein wieder und wurde gesund. Aber er erzählte eine seltsame Geschichte: In jenen Tagen, in denen er dem Tod nahe war, sei sein Geist nicht in seinem Körper gewesen. Vielmehr sei er in eine andere Welt gereist; an einen Ort, der schöner

25 war, als alles, was Alexander je gesehen hatte. Wolken von Schmetterlingen seien dort herumgeflogen. Die Bäume hätten ihre Knospen geöffnet, wenn er in ihre Nähe kam. Und die Bewohner hätten gesungen und getanzt. Im Zentrum dieser Landschaft habe er ein Wesen getroffen, das vor allem aus Licht zu bestehen schien. Und das eine überwältigende Liebe ausstrahlte. Nichts in seinem Leben,

30 sagt der Neurochirurg, nicht seine Karriere, nicht seine Familie, nicht die Wertschätzung von Kollegen, sei diesem Moment gleichgekommen, in dem er sich von dieser Liebe umhüllt gefühlt habe: „Sie zu finden ist die wichtigste Entdeckung, die ich je gemacht habe oder machen werde."

Ute Eberle, *niederländische Autorin*

1. Sucht weitere Beispiele für die Polarität des Lebens.
2. Schreibt ähnlich wie Hosna einen Miniaturtext* über die Einzigartigkeit des Lebens.
3. Worin seht ihr die Ursachen, dass Menschen mit Nahtod-Erfahrungen immer wieder von einem ungewöhnlichen Licht berichten? Sprecht darüber in der Ethikgruppe und berücksichtigt auch das Bild von Hieronymus Bosch.

🦉 Eben Alexander sagte: „Ich war nie glücklicher als während meines Todes." Deutet diesen Gedanken. Lest hierzu auch die Seite 197 (Leben in zwei Welten)

Hieronymus Bosch: Aufstieg ins himmlische Paradies, um 1490–1510 (Ausschnitt)

„Lebenslicht
Ein Licht
Ein besonderes Licht
Irgendwann wird es
verlöschen
Tod"
Vreda, 15 Jahre

Nahtod-Erfahrungen werden in der Wissenschaft kontrovers diskutiert. Einige meinen, dass es sich dabei um Fehlfunktionen des Gehirns bei schwerem Sauerstoffmangel handelt. Andere sprechen von einem ungelösten Rätsel.

Leben erhalten um jeden Preis?

Die Geräte abstellen?

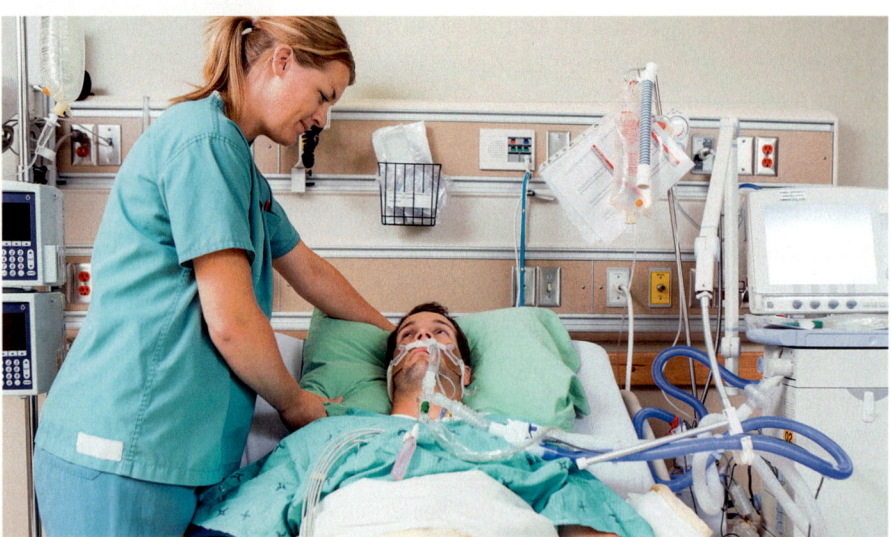

Weitere Informationen zur Patientenverfügung und zur Sterbehilfe (siehe die Seiten 184/185) findet ihr in dem Buch „Wie ich es will. 10 Entscheidungen, die jeder vor dem Lebensende treffen sollte".

Jonas hat gerade Abitur gemacht und studiert in Hannover Medizin. Alles läuft gut, er teilt sich mit seiner Freundin Anna eine kleine Wohnung, nicht weit von der Medizinischen Hochschule. Eines Tages machen die beiden einen Ausflug zum Maschsee, um gemeinsam einen schönen Sommertag zu erleben. Jonas ist
5 Motorradfan und beide fahren schon früh los. Als Jonas links auf eine Hauptstraße einbiegen will, nimmt ihm ein Auto die Vorfahrt. Seine Freundin wird nur leicht verletzt, Jonas jedoch schwer. Er liegt mit bleibenden Gehirnschäden im Koma. Die Ärzte sind sich einig, dass er fast keine Chance hat, je wieder aufzuwachen.
10 Nach einigen Wochen äußern seine Eltern deshalb den Wunsch, dass die künstliche Ernährung ihres Sohnes eingestellt wird. Sie sind der Meinung, dass diese Entscheidung im Sinne von Jonas gewesen wäre. Seine Freundin beurteilt den Fall jedoch ganz anders. Sie ist der Ansicht, dass die Ärzte alles versuchen sollten, Jonas zu retten. Sie hofft, dass er eines Tages wieder aufwachen wird.

Wissen und Merken: Was ist eine Patientenverfügung?

Hätte Jonas eine Patientenverfügung verfasst, hätten seine Angehörigen nicht für ihn entscheiden müssen. „Denn liegt dem Arzt eine Patientenverfügung vor, ist er gezwungen, sich nach dem Inhalt zu richten. Das kann im Ernstfall bedeuten, dass er lebenserhaltende Maßnahmen wie die künstliche Ernährung unterlassen
5 muss, da der Patient eben diese Handlungen nicht wünscht. Die Überzeugung des Arztes und auch der Angehörigen spielt dann keine Rolle."

Laura Brüning, *Juristin*

🦉 Sterbenden Beistand leisten

Jede medizinische Handlung ist an die Einwilligung des Patienten gebunden. Entweder erfolgt diese durch sein Handeln oder durch eine schriftliche
5 Zustimmung. Voraussetzung ist immer die Erläuterung der Maßnahme. Im Falle einer Blutentnahme reichen zum Beispiel die Ankündigung und das zustimmende Ausstrecken des Armes. Bei
10 Operationen ist vorher eine schriftlich durchgeführte „Aufklärung" erforderlich, die insbesondere auf die Risiken des Eingriffs eingeht. Je weniger erforderlich der Eingriff ist (z. B. sogenannte
15 Schönheitsoperationen), desto intensiver muss die Risikoaufklärung sein. An die Aufklärung werden juristisch hohe Anforderungen gestellt. Nur wenn

diese erfüllt sind, der Patient also wirklich informiert war, gilt seine ebenfalls
20 schriftliche Zustimmung. Es ist also jederzeit möglich, eine Maßnahme abzulehnen, schlicht Nein zu sagen.

Anders liegt der Fall, wenn die Einwilligung nicht gegeben werden kann. Auch dann müssen Ärzte zunächst handeln. Gemäß der Berufsordnung müssen sie das Leben erhalten und die Gesundheit schützen.

25 Die Berufsordnung für die in Deutschland tätigen Ärztinnen und Ärzte von 2011 verpflichtet diese auf den Hippokratischen Eid in Form des Genfer Gelöbnisses. Hier heißt es unter anderem: „Ich werde meinen Beruf mit Gewissenhaftigkeit und Würde ausüben. Die Erhaltung und Wiederherstellung der Gesundheit meiner Patientinnen und Patienten soll oberstes Gebot meines Handelns sein."

30 § 1 (2) der Berufsordnung präzisiert dann: „Aufgabe der Ärztinnen und Ärzte ist es, das Leben zu erhalten, die Gesundheit zu schützen und wiederherzustellen, Leiden zu lindern, Sterbenden Beistand zu leisten und an der Erhaltung der natürlichen Lebensgrundlagen im Hinblick auf ihre Bedeutung für die Gesundheit der Menschen mitzuwirken."

Hans-Udo Zenneck, *Arzt*

Muster einer Patientenverfügung: *www. bundesgesundheitsministerium. de* (Suchwort „Patientenverfügung"); außerdem: *www.dghs.de* (Deutsche Gesellschaft für Humanes Sterben); siehe auch die Seiten 186/187.

1. Wie sollten die Ärzte im Fall von Jonas entscheiden? Bildet kleine Gruppen und gestaltet eine Szene, in der Jonas´ Eltern und seine Freundin mit den Ärzten diskutieren.

2. Informiert euch im Internet über eine Patientenverfügung sowie das Arztgelöbnis, zum Beispiel unter *www.wissen.de/medizin/arztgeloebnis*. Recherchiert auch zum Eid des Hippokrates.

3. Ärzte dürfen in ihre Entscheidungen keine von außen kommenden ökonomischen Belange einfließen lassen. Erklärt am Beispiel von Jonas, wie das gemeint sein könnte.

🦉 Ärzte sollen Leben erhalten. Aber sollten sie nicht auch darauf verpflichtet werden, Menschen das Sterben zu erleichtern? Diskutiert darüber in der Ethikgruppe und bezieht auch den Comic mit ein.

Philosophisches Forum:
Ich will selbst entscheiden, wann ich sterbe

Tod am Hohenzollernkanal

1: Wolfgang Herrndorf
(1965–2013) war Schrift-
steller, Maler und Illustrator.

2010 wurde bei Wolfgang Herrndorf[1], der mit seinem Jugendroman „Tschick"
weltberühmt wurde, ein Gehirntumor festgestellt. Nach drei Operationen und
einer Chemotherapie machten ihm die Ärzte wenig Hoffnung, dass er die Krankheit besiegen würde. Als er den Schock dieser Schreckensnachricht überwunden
5 hatte, beschrieb Herrndorf, wie er tagtäglich um sein Leben kämpfte, während
der Tod immer näher rückte. Als Herrndorf 2013 befürchten musste, nicht mehr
„Herr seiner Worte" zu sein, erschoss er sich am Ufer des Hohenzollernkanals in
Berlin. Zuvor hatte er beklagt, dass es in Deutschland für Schwerstkranke keine
Möglichkeit gibt, eine medizinisch begleitete Selbsttötung mit Medikamenten
10 vorzunehmen. Deshalb könne sich ein Sterbewilliger nur erschießen, von einer
Brücke stürzen oder vor einen Zug werfen.
Barbara Brüning

Sterbehilfe sollte erlaubt werden

*Das Thema „Sterbehilfe" wird in der Ethik seit Jahrhunderten
kontrovers diskutiert. So beschäftigte sich bereits der
englische Philosoph Thomas Morus in seinem Buch „Utopia"
(siehe Seite 52) mit der Situation Sterbender.*

2: Thomas Morus
(siehe Seite 52)

Die Kranken pflegen sie, wie ich sagte, mit großer Hingebung, und sie versäumen
nichts, wodurch sie ihre Gesundheit wiederherstellen können, sei es durch Arznei-
mittel oder durch sorgfältige Diät. Sogar unheilbar Kranken erleichtern sie ihr
Los, indem sie sich zu ihnen setzen, ihnen Trost zusprechen und überhaupt alle
5 möglichen Erleichterungen verschaffen. Ist indessen die Krankheit nicht nur
unheilbar, sondern dazu noch dauernd qualvoll und schmerzhaft, dann reden
Priester und Behörden dem Kranken zu, da er doch allen Anforderungen des
Lebens nicht mehr gewachsen, den Mitmenschen zur Last, sich selber unerträglich,
seinen eigenen Tod bereits überlebe, solle er nicht darauf bestehen, die unheil-
10 volle Seuche noch länger zu nähren, und nicht zögern zu sterben, zumal das
Leben doch nur eine Qual für ihn sei; er solle sich also getrost und hoffnungsvoll
aus diesem bitteren Leben wie aus einem Kerker oder aus der Folterkammer
befreien oder sich freiwillig von anderen herausreißen lassen; daran werde er
klug tun, da ja der Tod keinen Freuden, sondern nur Martern ein Ende mache.
Thomas Morus[2]

Wissen und Merken: Die verschiedenen Formen von Sterbehilfe

Aktive Sterbehilfe: *Die Tötung geschieht auf ausdrücklichen Wunsch des Patienten. Die Verantwortung trägt nicht der Patient, sondern eine andere Person, z. B. der Arzt.*

Assistierter Suizid: *Der Arzt oder eine andere Person hilft dem Patienten, sein Leben durch entsprechende Medikamente zu beenden. Die Verantwortung dafür liegt beim Patienten.*

Passive Sterbehilfe: *bedeutet aus medizinischer Sicht „sterben lassen", durch Beendigung von lebenserhaltenden Maßnahmen wie der künstlichen Ernährung (siehe die Seiten 212/213).*

Indirekte Sterbehilfe: *Der Arzt verabreicht starke Medikamente zur Schmerzlinderung und nimmt dabei in Kauf, dass sich die Lebenszeit des Patienten verkürzt.*

Schmerzlinderung, nicht Sterbehilfe

Wenn wir die Freiheit haben, über den Tod, unsere Hoffnungen auf ein Leben und Sterben in Würde und über ein Leben nach dem Tod zu sprechen, kann sich vieles ändern. Ja, es geht um eine Balance! Aktive Sterbehilfe, bei der Menschen Angst haben müssen, dass sie „beseitigt" werden, weil sie anderen zur Last
5 fallen oder für die Pflegeversicherung zu teuer werden, ist mir ein Gräuel. Wir sollten aber offen über solche Themen sprechen, denn ich bin überzeugt, dass es eine Gesellschaft verändert, wenn aktive Sterbehilfe zur Normalität wird: Wie lange wird eine Demenzkranke[1] versorgt? Wann ist das Leben eines Alzheimerkranken[2] noch lebenswert? Wenn es hier um Hoffnung geht, hoffe ich, dass
10 gerade in Deutschland Menschen die Würde jedes anderen Menschen sehen, respektieren […] und entschieden für sie eintreten. […]
Auf der anderen Seite der Diskussion steht jedoch die Frage des Respektes vor dem Wunsch zu sterben. […] Wenn ein Mensch weiß, dass sein Leben zu Ende geht, und er nicht alle Schrecken und Schmerzen der letzten Phase erleiden will,
15 muss und darf es auch im christlichen Sinne eine Möglichkeit geben, schmerzfrei in den Tod zu gehen. Das kann durch Palliativmedizin möglich sein. Das kann durch die Geborgenheit in einem Hospiz eröffnet werden.
Margot Käßmann[3]

1: „Dementia" heißt auf Lateinisch „Unverstand". Menschen mit dieser Krankheit verlieren ihr Kurzzeitgedächtnis, ihre Sprache und ihr Denkvermögen.

2: Verbreitete Form der Demenz

3: Margot Käßmann (geb. 1958) ist Theologin und Schriftstellerin. Sie war 2009/10 Ratsvorsitzende der Evangelischen Kirche Deutschlands und von 2012 bis 2017 Lutherbotschafterin zum Reformationsjubiläum.

1. Recherchiert im Internet über das Schicksal von Wolfgang Herrndorf.
2. Welche Form von Sterbehilfe befürwortet Thomas Morus? Tauscht euch darüber aus und haltet Kurzreferate über sein Buch „Utopia" (Seite 52).
3. Diskutiert die Einwände von Margot Käßmann gegen die Sterbehilfe.
4. **Projektvorschlag:** Informiert euch im Internet über die gesetzlichen Regelungen in den Niederlanden und Luxemburg sowie in Deutschland.
🦉 Was bedeutet für euch selbstbestimmtes Sterben?

Exklusiv:
Selbstbestimmt sterben

Interview mit Dieter Birnbacher[1], Präsident der DGHS[2]

Eike und Felix, zwei Schüler aus einer 10. Klasse in Hamburg, haben Dieter Birnbacher zum Thema Sterbehilfe und der Tätigkeit der DGHS die folgenden Fragen gestellt.

1: Dieter Birnbacher (geb. 1946) ist ein deutscher Philosoph und Medizinethiker. Er lehrte als Professor an den Universitäten Dortmund und Düsseldorf. Sein neustes Buch trägt den Titel „Tod".

2: „DGHS" ist die Abkürzung für die Gesellschaft für humanes Sterben (*www.dghs.de*)

Werbung für die Legalisierung von Sterbehilfe (2014)

1. Wir kennen Sie als Philosophen. Warum sind Sie Präsident der DGHS geworden? Hat das etwas mit Philosophie zu tun?
Nein, ich habe nicht als Philosoph dieses Amt übernommen und auch nicht als Hochschullehrer, sondern als Mitglied, das sich seit langem für das Selbstbestim-
5 mungsrecht in Leben und Sterben engagiert, auch aufgrund von Erfahrungen mit dem nicht-selbstbestimmten Sterben älterer Verwandter.

2. Was heißt für Sie „humanes" Sterben?

3: Eine Behandlung, die auf Schmerzlinderung setzt

4: Ein schmerzlinderndes Rauschmittel

Der Name des Vereins stammt aus einer Zeit, in der es die Palliativmedizin[3] noch nicht gab und die Pflegekräfte mit schmerzlindernden Opiaten auch bei Tod-
10 kranken häufig geizten, so dass diese unnötig leiden mussten. Inzwischen haben die Palliativmedizin und der großzügigere Umgang mit Opiaten[4] das Sterben bereits weitgehend humanisiert. Das Hauptanliegen der DGHS ist die Selbstbestimmung über die Art des eigenen Sterbens. Dazu gehört die Beachtung von Patientenverfügungen und die Eröffnung von Wahlmöglichkeiten über die Art
15 und Weise des Sterbens. Manche Menschen wollen möglichst „natürlich" sterben und der Erkrankung, an der sie sterben, ihren Lauf lassen, mit mehr oder weniger medizinischer Unterdrückung von Symptomen wie Schmerzen, Angst Übelkeit oder Atemnot; andere möchten den zum Tode führenden Verlauf abkürzen und selbst bestimmen, wann ihr Leben zu Ende geht, etwa durch die Einnahme einer
20 tödlichen Substanz oder durch einen freiwilligen Verzicht auf Essen und Trinken.

3. Was ist die wichtigste Aufgabe der DGHS?

Die zwei wichtigsten Aufgaben sind einerseits die Hilfestellung bei der Abfassung von Patientenverfügungen, die Vermittlung von Bevollmächtigten [5] und die Durchsetzung des Patientenwillens in Fällen, in denen dieser nicht beachtet wird;

25 andererseits die Konfrontation der Politik und der Meinungsbildner mit dem starken Wunsch des überwiegenden Teils der Bevölkerung nach Selbstbestimmung im Sterben.

4. Aktive Sterbehilfe und assistierter Suizid sind in Deutschland verboten. Wie stehen Sie dazu?

30 Ich halte die starke Einschränkung des ärztlich assistierten Suizids durch das neue Strafgesetz § 217 von 2015 für eine unverhältnismäßige Einschränkung des Grundrechts auf freie Lebensgestaltung und der Berufsfreiheit der Ärzte. Es lässt nur noch die Suizidassistenz durch Verwandte zu, nicht aber durch Ärzte und Sterbehilfegesellschaften.

5: Bevollmächtigte sind Menschen, die stellvertretend für andere Personen in deren Namen handeln und entscheiden dürfen.

Die DGHS wurde 1980 als gemeinnütziger Verein gegründet und hat ungefähr 25 000 Mitglieder. Sie war maßgeblich an der rechtlichen Durchsetzung der Patientenverfügung beteiligt (siehe die Seiten 182/183). Die DGHS setzt sich politisch für eine umfassende rechtliche Regelung zur Sterbebegleitung und Sterbehilfe ein.

Wissen und Merken: § 217 im Strafgesetzbuch von 2015

Geschäftsmäßige Förderung der Selbsttötung

(1) Wer in der Absicht, die Selbsttötung eines anderen zu fördern, diesem hierzu geschäftsmäßig die Gelegenheit gewährt, verschafft oder vermittelt, wird mit Freiheitsstrafe bis zu drei Jahren oder mit Geldstrafe bestraft.

5 (2) Als Teilnehmer bleibt straffrei, wer selbst nicht geschäftsmäßig handelt und entweder Angehöriger des in Absatz 1 genannten anderen ist oder diesem nahesteht.

SELBSTBESTIMMT LEBEN DARF ICH, SELBSTBESTIMMT STERBEN NICHT!

1. Fasst mit eigenen Worten die wichtigsten Aufgaben der DGHS zusammen.

2. Recherchiert im Internet zu Sterbehilfeorganisationen.

3. Dieter Birnbacher kritisiert den neuen Paragrafen 217 im Strafgesetzbuch. Wie steht ihr dazu?

Begründet euren Standpunkt. Lest hierzu auch noch einmal die Seite 185.

🦉 Was würdet ihr anstelle des Enkels der Großmutter antworten? Entwerft eine Antwort in eurem Heft und diskutiert anschließend in der Ethikgruppe.

Leben im Hospiz

Emily war einfach weg

Mehr als 40.000 schwerstkranke Kinder leben derzeit in Deutschland. Nur wenige von ihnen verbringen ihre letzte Lebenszeit in einem Hospiz.

1: schmerzlindernd. „Palliativ"stammt aus dem Lateinischen (pallium = Mantel") und bedeutet wörtlich „ummantelnd". Gemeint ist hier, dass eine Krankheit nicht mehr geheilt, sondern die Beschwerden nur noch gelindert werden können.

2: Cicely Saunders (1918–2005) war eine englische Krankenschwester und seit 1957 auch Ärztin. Sie ist die Gründerin der internationalen Hospiz-Bewegung. Da sie gegen aktive Sterbehilfe kämpfte (siehe auch die Seiten 186/187), wollte sie durch Palliativmedizin ein schmerzfreies Sterben ermöglichen. Sie leitete zwischen 1967 und 1988 das St. Christopher´s Hospital in London, das erste Hospiz weltweit.

Als ich 5 Jahre alt war, starb eine gute Freundin von mir. Ihr Name war Emily. Vor ihrem Tod wusste ich nicht, dass sie krank gewesen war. Natürlich hatte ich bemerkt, dass sie merkwürdige Schläuche in der Nase hatte, aber das habe ich irgendwie als normal akzeptiert. Irgendwann wurde mir dann erzählt, dass Emi-
5 ly umziehen müsse.
Ich fand es in ihrem neuen Zuhause schön: Es gab Spielsachen, Essen und immer jemanden, der mit einem spielte. Erst viel später erfuhr ich, dass Emily die letzten Monate in einem Kinderhospiz gelebt hatte. Nach ein paar Wochen erzählten mir dann meine Eltern, dass Emily gestorben war und bald die Beerdigung
10 stattfinden würde. Damals bedeutete Sterben für mich, nur weg zu sein. Bei der Beerdigung hatte ich ein merkwürdiges Gefühl, denn alle Menschen um mich herum weinten und waren traurig. Ich aber war nicht traurig, denn ich freute mich, dass ich nach der Beerdigung auf den Spielplatz gehen durfte. Ich tat allerdings so, als ob ich traurig wäre, um ja nicht aufzufallen. Damals habe ich ge-
15 dacht, Emily ist einfach weg, einfach umgezogen. Meine Mutter hat mir dann später gesagt, dass sich Emily wahrscheinlich in einen Vogel verwandelt habe und mich immer beobachten würde.
Lasse, 16 Jahre

Wissen und Merken: Was ist ein Hospiz?

Der Begriff Hospiz wird von dem lateinischen Wort hospitum abgeleitet, was auf Deutsch „Herberge" bedeutet. Ein Hospiz ist eine Einrichtung zur ambulanten und stationären Sterbebegleitung für todkranke Menschen und ihre Angehörigen. Die Sterbenden werden in ihrer letzten Lebensphase 24 Stunden lang rund um die Uhr palliativ [1] versorgt, damit sie schmerzfrei sind. Denn Schmerz- und Symptomfreiheit werden in einem Hospiz als oberste Lebensqualität angesehen. Das erste Hospiz wurde 1967 in London von Cicely Saunders [2] eröffnet. Heute gibt es weltweit mehr als 8000 Hospize, davon 236 in Deutschland.

Alissa geht in ein Tageshospiz

Sie hat in der Nacht wieder nur drei Stunden geschlafen. Der Überwachungsmonitor von Alissa ist losgegangen. Piep, piep, piep. Ein lautes, nerviges Geräusch. Zum Glück war nichts, doch
5 Tiziana Lost ist immer auf der Hut, Tag und Nacht – seit der Geburt ihrer Tochter vor sechs Jahren. Das Mädchen hat eine sehr seltene Stoffwechselerkrankung. Es ist blind, hat Krampfanfälle und einen schwachen Muskeltonus. „Alissa
10 hat zudem immer wieder Atemaussetzer, deswegen hat sie ein Gerät, das ihre Vitaldaten rund um die Uhr überwacht", sagt die 37 Jahre alte Mutter, die noch eine Tochter (15) und einen Sohn (9) hat. Einmal hat sie Alissa eine halbe
15 Stunde lang reanimiert. „Ich gehe nicht duschen, wenn ich alleine mit ihr bin. Ich kann sie dann keine Sekunde aus den Augen lassen", sagt die Hamburgerin und wirkt erschöpft. Wer so ein Schicksal hat, braucht Ruhepausen. Zeit für sich
20 selber und vor allem für die anderen Kinder. Deswegen geht Alissa mindestens dreimal die Woche in das Theodorus Kinder-Tageshospiz in

Eidelstedt. Morgens wird die Kleine von einem Fahrer und einer Kranken-schwester zu Hause abgeholt. „Und dann habe ich acht Stunden keine fremden
25 Menschen um mich herum, das tut so gut", sagt Tiziana Lost. Denn die anderen Tage kommt ein Pflegedienst ins Haus. Manchmal fällt er aus, dann kann Alissa einen weiteren Tag ins Hospiz. „Die Leitung versucht im Notfall alles möglich zu machen, das ist großartig", sagt Lost, die zudem im Büro ihres Mannes arbeitet. Das Tageshospiz an der Alten Elbgaustraße hat 365 Tage im Jahr von sechs bis
30 22 Uhr auf. Fünf unheilbar kranke junge Menschen zwischen null bis 27 Jahren können dort täglich betreut werden, von acht Pflegekräften. Insgesamt 20 Hamburger Familien werden derzeit […] begleitet, die Warteliste ist lang.
Sabine Tesche, *Journalistin*

Zur Hospiz-Bewegung in Deutschland könnt ihr euch bei der Stiftung Patientenschutz informieren: *www.stiftung-patientenschutz.de*

Jeden zweiten Samstag im Oktober wird seit 2005 der Welthospiztag gefeiert: *www.koordinierungsstelle-hospiz.de*

1. Habt ihr ähnliche Erfahrungen wie Lasse gemacht? Erzählt in der Ethikgruppe über eure Begegnungen mit sterbenden Menschen.
2. Projektvorschlag: Recherchiert im Internet über Hospize in Deutschland und findet heraus, welche Aufgaben sie erfüllen. Unterscheidet zwischen stationären Hospizen und Tageshospizen.
3. Erarbeitet ein Kurzreferat zur Tätigkeit von Cicely Saunders.
4. Beschreibt die beiden Fotos. Welche Gedanken über Leben und Sterben bringen sie zum Ausdruck?
🦉 Interpretiert den Ausspruch: „Ein Hospiz ist kein Ort, sondern eine Lebenshaltung."

Der besondere Text:
Abschied mit Vollgas

Das Leben auch im Sterben genießen …

On the road

„Road-Trip statt Chemotherapie und Hospiz", „Lebenslust im letzten Stadium". Wer die Schlagzeilen und Internet-Einträge nachliest, die Norma Bauerschmidt bis zu ihrem Tod in den vergangenen 15 Monaten
5 weltweit auslöste, kriegt eine leise Ahnung, warum die traurige Nachricht, die jetzt aus dem kleinen Friday Harbour im US-Bundesstaat Washington ihren Weg in die Öffentlichkeit gefunden hat, Hunderttausende bewegt. Eine 91-Jährige hat der Welt ge-
10 zeigt, dass man den Abschied mit einem zufriedenen Lächeln auf den Lippen angehen kann. Und mit der Lust auf ein spätes Abenteuer.

Leo, ihr Mann, war nach 67 Jahren glücklicher Ehe gerade gestorben. Da erfuhr Norma Bauerschmidt im Sommer vergangenen Jahres die niederschmetternde
5 Diagnose: Gebärmutterkrebs. Stadium 4. Nicht mehr viel zu machen.
Im konventionellen Fall wäre die alte Dame nach OP, Bestrahlung und Chemotherapie in einem Heim, im günstigsten in einem teuren Hospiz gelandet, um die letzten Wochen oder Monate abzuwarten. Genau das kam für die kleine Frau aus Presque Isle/Michigan aber nicht infrage. „Ich bin 90, ich hau ab", ließ sie
10 damals Nachbarn und Freunde wissen.
Bauerschmidt tauschte ihr Heim mit dem zwölf Meter langen Wohnmobil, das schon lange das Zuhause von Sohn Tim und dessen Partnerin Ramie war. Beide Mitsechziger, beide pensioniert, haben das Heute-hier-morgen-dort-Nomaden-Leben gewählt und cruisen seit Jahren kreuz und quer durch die Weiten Amerikas.
15 Nachdem die Ärzte prinzipiell grünes Licht gaben, wurde Norma neben Pudel Ringe zum ständigen Fahrgast. Und zur Begleiterin für Hunderttausende, die via Internet am Schicksal der Seniorin Anteil nahmen. Binnen weniger Wochen wurde Bauerschmidt zum Star.
Facebook erklärt sie nach 400 000 „Likes" zur öffentlichen Person. An manchen
20 Tagen besuchten zwei Millionen Menschen die Seite, die Ramie für sie zusammengebastelt hatte.

Erst todkrank, dann wieder lebendig

Das Abenteuer ihres Lebens verändert die 90-Jährige auf wundervolle Weise. Anfangs zeigen die Fotos eine unsichere, tief gebeugte Frau mit ernster Miene. Schon nach wenigen Wochen, spätestens nach ihrem ersten Besuch im imposanten Yellowstone-Nationalpark, hellte sich ihr Gesicht auf. Später schnitt sie Grimassen,

5 lachte herzlich und oft. Norma Bauerschmidt, todkrank, lebte auf, nahm an Ge-
wicht zu, fand Freude an den Wundern der Natur, die Amerika im Übermaß zu
bieten hat. Reisen bildet(e) bei ihr neues Vertrauen in die Fähigkeit, die letzte
Etappe so lebenswert wie möglich zu gestalten. Auch im Rollstuhl. […]
Die Lebensfreude, das kleine Glück der Norma Bauerschmidt, löst eine Welle
10 von Danksagungen aus. „Euch mit eurer Mutter Lachen zu sehen" stellt meinen
Glauben an die Menschheit wieder her", schrieb erst vor zwei Wochen ein
Facebook-Freund. Die Hauptperson legt sich ein Standardwort zurecht auf die
Frage, wo es ihr am besten gefällt. „Genau da, wo ich gerade bin."
Im September wurden die Fotos von Norma Bauerschmidt immer weniger. Ihr
15 Zustand verschlechterte sich binnen Tagen. Tim und Ramie organisierten auf den
San-Juan-Inseln oberhalb von Seattle ein mobiles Hospiz-Team. In Friday Harbour
machte Norma Bauerschmidt Ende vergangener Woche für immer die Augen
zu. Sie schläft friedlich und ohne Schmerzen im Wohnmobil ihrer Kinder ein. Nach
20 000 unvergesslichen Kilometern.

Dirk Hautkapp, *Journalist*

Wir philosophieren: Ein Portfolio erstellen

Das Thema „Leben und Sterben" eignet sich in besonderem Maß, ein Portfolio
anzulegen. Es stützt sich auf die Vorliebe einiger Menschen, wichtige Gedanken
über ihr Leben in einem (manchmal geheimen) Tagebuch festzuhalten. In einem
Portfolio werden Ideen über (philosophische) Probleme gesammelt. Als Medien
5 kommen beispielsweise Gedichte, Aphorismen, kurze Textauszüge von Philosophinnen und Philosophen oder Bilder und Fotos in Frage. Im Vordergrund sollten
allerdings eigene Texte, Zeichnungen und Fotos stehen. Ein Portfolio kann, wie im
Fall von Norma Bauerschmidt, auch als digitales Tagebuch angelegt werden.
Dabei geht ihr wie folgt vor:

Magdalena Kronefeld: Mein Buch von Leben und Tod, 2015 (Einzelheiten siehe auch Seite 201)

1. Schritt > Ihr sammelt zunächst Materialien (Texte, Fotos) zu einem bestimmten Thema.

3. Schritt > Ihr ordnet euer Material den verschiedenen Kapiteln zu.

2. Schritt > Dann gliedert ihr euer Portfolio in verschiedene inhaltliche Abschnitte, z. B.: Wann ist mir der Tod zum ersten Mal begegnet? Leben und Tod im Kreislauf der Natur, Sterbehilfe.

4. Schritt > Ihr schreibt, zeichnet und klebt euer Portfolio zusammen.

1. Diskutiert: Wie bewertet ihr die Entscheidung von Norma Bauerschmidt, statt einer Therapie eine Reise mit dem Wohnmobil zu unternehmen?
2. Führt eine Pro und Kontra-Diskussion: War es sinnvoll, Millionen Facebook-Nutzer/innen an der „letzten Reise" teilhaben zu lassen? Begründet euren Standpunkt (Methode Seite 113).

3. **Projektvorschlag:** Erkundigt euch bei Verwandten und Freunden nach ungewöhnlichen Entscheidungen, vor dem Sterben noch einmal etwas ganz Besonderes zu machen. Schreibt dazu einen Essay*.
   Interpretiert den Gedanken: Wir sollten das Leben auch im Sterben genießen.

Wie ich begraben werden möchte

Ein Friedhof ist ein Bestattungsort und ein Ort der Erinnerung an die Toten. Im Mittelalter wurden Friedhöfe rund um Kirchen angelegt.

Friedhof Ohlsdorf in Hamburg: links „Paarurnen im Kolumbarium" von Marwin; rechts „Tor zur anonymen Begräbniswiese" von Hosna

Alle 16 deutschen Bundesländer haben eigene Friedhofs- und Bestattungsgesetze. Bremen ist seit 2015 das einzige Bundesland, in dem auch eine Bestattung der Urne außerhalb von Friedhöfen im heimischen Garten erlaubt ist. Weitere Infos: *www.postmortal.de*

Moderne Totenwanderung?

Eine Totenwanderung hat begonnen, eine moderne. In ihrer letzten Verwandlung, als zwei bis vier Kilo Asche, reisen Verstorbene in die Schweiz, die Niederlande und andere Länder, wo es erlaubt ist, sie von Heißluftballons und Leichtfliegern hinab wehen zu lassen, von Gipfelkreuzen und über Waldlichtungen.
5 Man sät sie auf Almwiesen und streut sie in Wasserfälle, sie säumen Felswände und schmiegen sich in Waldböden; manche vergehen in den Funkenschauern von Silvesterraketen, einige auch werden zu Diamanten gepresst und schaukeln fortan in den Ohrringen und Halsketten ihrer Kinder – eine große Unruhe hat die Toten erfasst. Oder ist es die heutige Form der Ruhe?
10 Bislang tritt nur eine kleine Minderheit solche Reisen an, aber sie ist die Vorhut einer Bewegung, die nur eine Richtung kennt: hinaus aus den Erdgräbern, hinfort von den Friedhöfen. Oder zumindest: hin zu anders gestalteten Friedhöfen.

Christoph Kucklick, *deutscher Autor*

Wissen und Merken: Verschiedene Bestattungsformen

Erdbestattung: *Die Toten werden in einem Sarg in der Erde begraben.*

Urnengrab: *Die Leiche wird verbrannt und in einer Urne in der Erde begraben.*

Kolumbarium: *Die Urnen werden in einem Urnenschrank an einem speziellen Platz auf dem Friedhof aufbewahrt.*

Anonyme Bestattung: *Die Urne wird ohne Grabstein anonym auf einer Wiese auf dem Friedhof begraben.*

Seebestattung: *Die Urne wird in einer speziellen Zeremonie auf einem Schiff ins Meer gelassen.*

Ruhewälder: *Die Urne wird an einem Baum mit oder ohne Grabstein in die Erde gelassen.*

Beerdigung auf Russisch

Die hartgefrorene Erde widersetzte sich den Spaten, so dass es lediglich gelang, eine Grube von knapp einem Meter Tiefe auszuheben. Da schlug der Freund des Verstorbenen, ein bärtiger Greis, vor, Sprengstoff zu Hilfe zu nehmen. Man tat es – legte Dynamit aus und brachte es zur Explosion. Dann glättete man Boden
5 und Seitenwände der Grube und bestattete den Leichnam. Als die Grube bereits zugeschaufelt wurde, fiel einem der Anwesenden ein, dass man vergessen hatte, die Füße des Verstorbenen loszubinden. Was nun? Die alten Frauen begannen zu weinen. „Wie soll er da auferstehen?", wimmerten sie. „Die Bänder werden ihn in der eisigen Erde festhalten und ihn nicht gen Himmel fahren lassen!" Man
10 legte den Sarg wieder frei. Es war so bitterkalt, dass das Atmen schmerzte und sich über dem Grab ein geheimnisvoller milchiger Schleier bildete. Man löste die Bänder von den Füßen des Verstorbenen und schloss das Grab abermals. Alle bekreuzigten sich erleichtert: Jetzt wird er ganz gewiss auferstehen. […]
Die russische Beerdigung weicht von der anderer Völker in mancher Hinsicht ab.
15 […] Der Tod selbst eines nahen oder sogar noch jungen Menschen darf nicht dazu führen, dass der Fortgang des Lebens zu lange stockt und sich die Angehörigen und Freunde vor Trauer aus der Bahn werfen lassen. Trauer – ja, aber dann muss das Leben weitergehen. Dass Russen lange Zeit Tränen um einen Verstorbenen vergießen, werden sie nicht erleben, weil in Russland nicht der Sieg des Todes
20 über das Leben, sondern der Sieg des Lebens über den Tod im Vordergrund steht.
Tatjana Kuschtewskaja[1]

„Eine meiner ungewöhnlichsten Friedhofserinnerungen ist eine Beerdigung im russischen Norden, im Gebiet Wologda. Ein einsamer alter Mann war gestorben, und das ganze Dorf, ein sehr kleines, mit kaum mehr als zehn Einwohnern, gab ihm am dritten Tag, wie es sich gebührt, das letzte Geleit. Es herrschte eine furchtbare Kälte – unter 40 Grad."

1: Tatjana Kuschtewskaja (geb. 1947) ist eine russische Schriftstellerin. Sie lebt seit 1991 in Deutschland. Bekannt wurde sie mit dem Buch „Hier liegt Freund Puschkin. Spaziergänge auf russischen Friedhöfen."

Einladung zu meiner Beerdigung

Nur bunte Sachen tragen: *Weil es mein Tag ist und ich es doof finde, wenn alle gleich aussehen.*
Pech, wenn du nicht kannst: *Weil du dann etwas verpasst. Außerdem wäre ich dann sauer auf dich.*
Auf keinen Fall Tränen: *Mein Tag! Meine Regeln! Du kannst gern danach weinen. Nicht während der Trauerfeier, weil die anderen dann nicht die Reden hören.*
Weiße Rosen: *Weil Rot für die Liebe steht, Schwarz zu traurig wäre, und die anderen Farben zu übertrieben sind. Außerdem mag ich Rosen.*
Lucy, 15 Jahre

1. Haltet zu jeder Begräbnisform ein Kurzreferat.
2. Tauscht Erfahrungen über Beerdigungen und Bestattungsformen in verschiedenen Kulturen aus. Erarbeitet dazu eine Wandzeitung.
3. Überlegt, warum es eine Bewegung gibt, die Beerdigungen von den Friedhöfen an andere Orte verlegen möchte.

4. **Projektvorschlag:** Besucht gemeinsam einen Friedhof. Findet heraus, wie die verschiedenen Gräber an die Einzigartigkeit der Toten erinnern. Macht Fotos und wertet sie gemeinsam aus.
🦉 Interpretiert den Gedanken, dass auf Beerdigungen in Russland „der Sieg des Lebens über den Tod im Vordergrund" steht.

Wenn Menschen trauern

Jeder trauert, wie er möchte

Virtuell trauern?
Ein Unternehmer aus Honkong hat die Idee eines virtuellen Grabs entwickelt: Die Asche der Toten wird verstreut, getrauert wird auf Internetportalen mit virtuellen Grabstätten, Blumen und Kerzen.

Zum Problem der virtuellen Realität siehe auch die Seiten 244/245.

Ich denke, dass Trauer etwas sehr Schwieriges ist und jeder Mensch damit anders umgeht. Deshalb ist es wichtig, dass man akzeptiert, wie jemand trauert, auch wenn man selbst eine traurige Situation anders verarbeiten würde.

Meine Mutter hat mir zum Beispiel erzählt, dass ihr Vater eine anonyme Bestat-
5 tung wollte. Das hat meine Oma dann auch so gemacht. Aber sie war danach unglücklich, weil sie keinen Ort hatte, an dem sie trauern konnte. Deshalb hat meine Mutter sie überzeugt, die Urne in ein richtiges Grab umbestatten zu lassen. Meine Oma hat einen sehr schönen Grabstein für meinen Opa ausgesucht und geht seit 18 Jahren mehrmals in der Woche zu diesem Grab und kann nun endlich
10 trauern. Seitdem fühlt sie sich besser.

Ich meine, dass derjenige, der noch lebt, mit dem Tod einer nahen Person umgehen muss und seine Trauer so leben sollte, dass es ihm gut geht.

Lasse

Wissen und Merken: Phasen des Trauerns

1: Verena Kast (geb. 1943) lehrte Psychologie an der Universität Basel. Mit ihrem Buch „Zeit der Trauer" wurde sie international bekannt.

Erste Trauerphase des Nicht-Wahrhaben Wollens: Nach der Nachricht vom Tod eines geliebten Menschen tritt oft ein Schock ein. Die Angehörigen wollen diesen Fakt erst einmal nicht wahrhaben.

Zweite Trauerphase der aufbrechenden Emotionen: Der Trauernde ist wütend.
5 Diese Wut bekommen Ärzte, aber auch Angehörige zu spüren. Manchmal wird eine Schuld am Tod des geliebten Menschen gesucht – bei anderen oder teilweise auch bei sich selbst. Vieles, was man mit dem Verstorbenen zu dessen Lebzeiten nicht mehr klären konnte, bricht auf. Aber es kommen auch schöne Erinnerungen an die gemeinsame Zeit.

10 **Dritte Trauerphase des Suchens und Sich-Trennens:** Manche Trauernde spüren den Verstorbenen noch bei sich. Er begleitet sie zum Beispiel beim Einkaufen und läuft beim Spazieren an ihrer Seite. Eine Zwiesprache entsteht.

Vierte Trauerphase des neuen Selbst- und Weltbezugs: Ist die Such- und Trennungsphase in ein Stadium gekommen, in dem der Tod nicht mehr im Vorder-
15 grund steht, dann kann ein für den Trauernden neuer Selbst- und Weltbezug entstehen. Der Verstorbene ist im Inneren des Hinterbliebenen ein Begleiter geworden, dessen Bild sich aber immer wieder wandeln darf und hinterfragt wird. Der Trauernde versteht, dass vieles, was er oder sie in der Beziehung gelebt hat, nun auch anders gelebt werden kann und darf.

Frei nach **Verena Kast** [1]

Der wichtigste Tag im Leben

Letztes Geleit für einen Häuptling der Ashanti, in einem Dorf im Norden Ghanas: Seine fünf Söhne, schwere Männer im mittleren Alter, tragen tiefrote Gewänder mit entblößter rechter Schulter. Ihr Blick ist starr, abwesend, ihre Körper sind in Trance und zucken nervös im Rhythmus der Trommeln.

5 Barfuß führen die Männer einen Trauerzug an, zum Haus des Verstorbenen. Hinter ihnen eine ausgelassene Menge von mehreren hundert Menschen. Männer, Frauen, Kinder. Eine traditionelle Beerdigung, aber so oder so ähnlich findet sie in Westafrika täglich statt – und zwar unabhängig von der Religion. André Quénum ist katholischer Pastor aus Cotonou, Benin: „Bei Trauerfeiern und Beerdigungen

10 geht es oft sehr heiter und fröhlich zu. Vielleicht nicht beim Tod selbst, dann wird auch getrauert – aber es sind rituelle Tränen, die fließen. Wenn die Angehörigen das hinter sich haben, feiern sie ausgelassen – mit Musik und viel gutem Essen; sie feiern das Leben des Menschen, den sie verloren haben. Das hat sich über viele Jahrhunderte so entwickelt."

15 Wenn in Benin, Togo oder Ghana Menschen sterben und bestattet werden, geht es immer besonders lebhaft und zugleich spirituell zu – ob im stark verbreiteten christlichen Glauben, in den unzähligen und komplizierten Formen des Voodoo[1] – oder in Verbindungen aus beidem. [...]

Fest steht: Das Ende des Lebens wird gefeiert – wie das Leben selbst. Aber eigent-
20 lich – gibt es gar kein Ende ... und die Toten sind gar nicht tot. Oft werden rituell ein paar Haarsträhnen und Fingernägel der Verstorbenen bestattet: Man glaubt, das seien die Teile des Körpers, die angeblich auch nach dem Tod noch wachsen. „Der Tod ist in Afrika eine
25 ernste und wichtige Angelegenheit. In dem Sinne, dass derjenige, der stirbt, eben nicht tot ist. Alle Verstorbenen sind da, sie sind der Wind in den Bäumen, das Wasser im Fluss."

Alexander Göbel, *Journalist*

1: „Voodoo" kommt von dem westafrikanischen Wort „Fon", das „Geist" bedeutet. Dabei handelt es sich um eine ursprünglich westafrikanische Religion, die sich vor allem mit christlichen Elementen verbunden hat. Gott gilt dort als so gewaltig, dass er nur über Loa, die vermittelnden Geistwesen, erreicht werden kann.

Totenumzug in Westafrika

1. Sprecht über eigene Erfahrungen des Trauerns. Schreibt dazu ein Elfchen*.

2. Wodurch unterscheidet sich die Trauer in Westafrika von der Trauer bei uns? Benennt Unterschiede und Gemeinsamkeiten; berücksichtigt dabei auch die Idee des virtuellen Trauerns.

3. Warum ist es wichtig, am Ende der Trauerphasen einen neuen „Selbst- und Weltbezug" zu finden? Sprecht darüber in der Ethikgruppe.

🦉 Erklärt, warum in manchen Kulturen das Ende des Lebens „gefeiert" wird.

Was passiert nach dem Tod?

Der Glaube an eine Wiedergeburt als Reinkarnation (Wiederverkörperung) geht davon aus, dass mentale Prozesse nach dem Tod in anderen Wesen fortbestehen. Ein anderer Begriff dafür ist die „Seelenwanderung".

Kunstwerk von S. Rajam zur Wiedergeburt: Hindus glauben an eine Wiedergeburt nach dem Tod (siehe auch Seite 158)

„Diese Frage kann niemand beantworten"

Was nach dem Tod kommt, das kann niemand genau beantworten, denn Tote können ja nicht reden und es uns erzählen. Dennoch bewegt mich die Frage immer wieder: Was passiert mit mir, wenn ich tot bin? Kann ich dann an einem anderen Ort in einer anderen Gestalt leben oder bin ich einfach ausgelöscht und vergessen?
5 Jede Religion hat eine andere Vorstellung davon, was nach dem Tod mit den Menschen passiert. Im Islam, im Judentum und im Christentum gibt es allerdings Ähnlichkeiten. Denn diese drei Religionen gehen davon aus, dass es ein Leben im Diesseits, also auf der Erde, und ein besseres Leben im Jenseits, also im Paradies oder Himmel gibt. Der Hinduismus und der Buddhismus hingegen glauben an
10 die Wiedergeburt. Ob wirklich etwas nach dem Tod passiert, wird wahrscheinlich noch lange Zeit unerforscht bleiben. Ich glaube zwar auch an ein Leben nach dem Tod, aber eine genaue Vorstellung davon habe ich nicht. Das wird wohl auch bis zu meinem Tod so bleiben.
Maggie, 15 Jahre

🦉 Leben in zwei Welten

Ich bin Physiker, begann mich vor ein paar Jahren aber für unser Bewusstsein zu interessieren. Und landete bei der üblichen Frage: Wie erzeugt das Gehirn unser Bewusstsein? Das ist völlig rätselhaft. Neben dem Bewusstsein gibt es noch ein weiteres sehr seltsames
5 Phänomen. Das stammt aus der Quantenphysik und nennt sich Verschränkung. Zwei verschränkte Objekte können sich augenblicklich beeinflussen, auch wenn sie Lichtjahre voneinander entfernt sind. Das entzog sich bislang jeder Erklärung. […]
Also begann ich nach der Lösung des Rätsels der Verschränkung zu
10 suchen. Irgendwann hatte ich den entscheidenden Gedanken: Neben der materiellen Welt existiert auch noch eine Welt losgelöst von Raum und Materie. Ich nenne sie die innere Welt. Sie ist mit der materiellen Welt aufs Engste verbunden, denn es herrscht zwischen beiden Welten ein äußerst intensiver Informationsaustausch. Damit
15 lässt sich die Verschränkung erklären. Denn mittels des Informationsaustauschs können beliebige Entfernungen augenblicklich überbrückt werden […].

Diesen Informationsaustausch gibt es auch bei uns Menschen. Er bewirkt, dass wir zwei Körper haben. Einen in der materiellen und einen in der inneren Welt.
20 Den Körper in der inneren Welt können wir zwar nicht mit den Sinnen wahrnehmen, aber wir kennen nur ihn. Denn er erzeugt unser Bewusstsein. Wobei das Gehirn eine wichtige Rolle spielt, denn es sorgt für die Strukturierung des Bewusstseins und damit für seine Inhalte. Deshalb, das ist sehr wichtig, gibt es keinen Widerspruch zu den Erkenntnissen der Neurowissenschaften*. […]
25 In der inneren Welt ist alles, da losgelöst von Raum und Materie, unvergänglich. Daher überdauert unser Körper in der inneren Welt den Tod. Und die Erklärung des Bewusstseins zeigt, dass die innere Welt reines Bewusstsein darstellt. Allerdings merken wir während des irdischen Lebens nichts von diesem Bewusstsein. Denn die Aktivität des materiellen Körpers bewirkt, dass der unvergängliche
30 Körper an ihn gebunden ist. Dadurch ist unser jetziges Bewusstsein isoliert und wird vom Gehirn strukturiert. Das ändert sich radikal mit dem Tod. Dann stellt der materielle Körper seine Aktivität ein. Was bewirkt, dass sich der unvergängliche Körper vom materiellen Körper löst und sich dem Bewusstsein der inneren Welt anschließt. Damit startet das neue Leben nach dem Tod.

Dieter Schuster[1]

1: Dieter Schuster (geb. 1961) ist Physiker und lebt in Köln. Er hat Bücher über den Zusammenhang zwischen Geist, Bewusstsein und Materie geschrieben.

1. Beschreibt das Bild auf der linken Seite (Methode siehe Seite 159). Welche Auffassung vom Leben nach dem Tod kommt darin zum Ausdruck? (Lest zum Hinduismus auch die Seiten 158/159.)

2. Erschließt den Text von Dieter Schuster nach der Plato-Methode (Seite 219) und fasst die Hauptaussage mündlich zusammen. Positioniert euch anschließend dazu.

🦉 Diskutiert die These „Für Menschen, die an ein Weiterleben nach dem Tod glauben, ist das Sterben einfacher."

Unsterblich sein?

„Wir sind Eintagsfliegen in der Geschichte"

> *Die TV-Moderatorin und Journalistin Bärbel Schäfer hat 2013 ihren Bruder Martin durch einen Autounfall verloren. Ihre Trauer hat sie in dem Buch „Ist da oben jemand?" verarbeitet, das sich auch mit Fragen der (Un)Sterblichkeit des Menschen auseinandersetzt.*

Immer noch hadere ich mit der Sterblichkeit. Warum lebt der Homo sapiens so kurz? Der Scolymastra joubini dagegen wird bis zu 10 000 Jahren alt. Diese arktischen Riesenschwämme jedenfalls sterben nicht von selbst. Hohe Widerstandskraft. Es sei denn, gewaltige Kräfte zerren am Schwamm. Stürme, Unterwasser-
5 strömungen oder bekloppte Taucher. Leider war Martin kein Schwamm. Leider war Martin kein Pantoffeltierchen. Die Einzeller haben die Chance, Milliarden von Jahren zu leben, weil sie sich immer wieder teilen können. Ihre DNA erfindet sich immer wieder neu, passt sich den Gegebenheiten an. Repariert. Angepasst. Es gibt also Lebewesen auf der Erde, die, zumindest in der Theorie, unsterblich sind.
10 Das Pantoffeltierchen braucht nur Zugang zu Wasser, dann teilen sich seine Zellen schneller, als Justin Bieber die Freundin wechseln kann, Martin konnte auch teilen. Seinen Humor auf Facebook oder Carsharing. Hat auch nichts genutzt. Dass der Mensch nach sieben Jahrzehnten voraussichtlich sterblich ist, empfinde ich als eine Katastrophe. Ich habe doch gerade erst verstanden, was es heißt,
15 zu leben. Schon jage ich ohne Rückfahrtticket dem Planeten Älterwerden entgegen. Hätte ich gewusst, wie rasch die Zeit uns durch die Jahre jagt, ich hätte sie besser genutzt. Ich habe mich verschenkt. An die Zeit. Überschwänglich. Leidenschaftlich. Wir sind Eintagsfliegen in der Geschichte. Eintagsfliegen mit der Angst vor der Endlichkeit im Nacken. Eintagsfliegen mit der Sehnsucht nach mehr
20 Lebenszeit.

Bärbel Schäfer[1]

1: Bärbel Schäfer (geb. 1963) ist Journalistin sowie TV und Hörfunk-Moderatorin. Sie hat sich in ihren Büchern mit Themen um Tod, Gefühle und Religion auseinandergesetzt (siehe auch Seite 35).

Wissen und Merken: Die Unsterblichkeit der Seele bei Platon

Platon war der erste Philosoph, der sich in seinem Dialog „Phaidon" mit der Frage der Unsterblichkeit des Menschen auseinandergesetzt hat. Er lässt den Philosophen Sokrates* (siehe Seite 96), der in Athen wegen Einführung neuer Götter zum Tode verurteilt wurde, an seinem Sterbetag im Kreise seiner Schüler
5 und seiner Ehefrau Xantippe über die ewige Existenz der Seele nachdenken. Sokrates nimmt seinen bevorstehenden Tod gelassen, denn er ist davon überzeugt, dass er durch seine philosophische Lebensführung in Frieden mit sich selbst die Welt verlassen kann.

🦉 „Die Seele verlässt den Körper"

„Wenn nun", sprach Sokrates, „dieses wahr ist, o Freund, so ist ja große Hoffnung, dass, wenn ich dort angekommen bin, wohin ich jetzt gehe, ich dort, wenn irgendwo, zur Genüge dasjenige erlangen werde, worauf alle unsere Bemühungen in dem vergangenen Leben gezielt haben; so dass die mir jetzt aufgetragene
5 Wanderung mit guter Hoffnung anzutreten ist [...]."
„Allerdings", sagte Simmias. „Heißt aber dies nicht Tod, Erlösung und Absonderung der Seele von dem Leibe?" „Allerdings", sagte jener. „Und sie zu lösen, erstreben immer am meisten [...] allein die wahrhaft Philosophierenden; und eben dies also ist das Geschäft der Philosophen, Befreiung und Absonderung der Seele von
10 dem Leibe; oder nicht?"

Platon [1]

1: Platon (427–347 v. Chr.) gehört neben Sokrates (siehe Seite 96) und Aristoteles (siehe Seite 45) zu den wichtigsten Philosophen der Antike. Er hat sich sowohl mit Erkenntnistheorie als auch mit Ethik und Staatstheorie beschäftigt und mehr als 25 Dialoge hinterlassen.

„Nichts verschwindet im Universum"

Ich glaube daran, dass unsere Seele weiterlebt, wenn unser Körper stirbt, denn nichts verschwindet einfach so im Universum. Unser Körper verwest und verändert sich. Doch was geschieht mit unserer Seele? Vielleicht verändert sie sich auch oder sie bleibt wie sie ist?
5 Außerdem gibt es viele Berichte über Nahtod-Erfahrungen, in denen Leute, deren Körper eigentlich tot waren, immer noch etwas fühlten. Außerdem glaube ich an einen tieferen Sinn im Leben. Wir leben doch nicht alle, nur um dann zu sterben, oder?
Falls ich falsch liege, und die Seele nicht auf diese Weise bestehen bleibt, geht das
10 auch anders. Wir könnten Teile unserer Seele weitergeben, zum Beispiel an unsere Kinder. Vielleicht gehört das, was wir an Erinnerungen im Leben zurücklassen oder die Gefühle, die durch uns entstanden sind, auch zu unserer Seele? Nein, es ist die Seele!
Ein Grund, der dagegen spräche, wäre allerdings: Was ist, wenn wir gar keine Seele
15 haben? Auf diese Frage weiß ich leider keine Antwort!

Nellie, 15 Jahre

„Tschi verlöscht"
„Der Mensch lebt, weil er den Krafthauch – Tschi – in sich trägt. Ist seine Lebenskraft erschöpft, so stirbt er. Sterben ist ein Zu-Ende-Gehen, ein Verlöschen. Man mag es vergleichen mit dem Feuer, das verlischt und kein Licht mehr spendet, wenn das Brennholz zu Ende geht. Darum bleibt vom Feuer nach dem Erlöschen auch keine Hitze mehr, ebenso wenig wie von dem Menschen nach dem Tode eine Seele übrigbleibt."

Yang Tschüen (um 250) war ein chinesischer Philosoph. In seinem Werk „Über die innere Ordnung der Dinge" vergleicht er das Leben mit dem Tod.

1. Was meint Bärbel Schäfer damit, sie habe sich an die Zeit verschenkt? Interpretiert diesen Gedanken nach der Placemat-Methode*.

2. Warum fürchtet sich Sokrates nicht vor dem Tod? Sucht Argumente aus dem Text.

3. Kriton, ein Schüler von Sokrates, versucht seinen Lehrer davon zu überzeugen, aus dem Gefängnis zu fliehen. Sokrates lehnt ab. Schreibt einen Miniaturtext* in Sokrates' Namen und begründet seine Ablehnung mit der Unsterblichkeit der Seele.

4. Diskutiert: Trifft es zu, dass wir Menschen Schwierigkeiten mit unserer Endlichkeit haben?

🦉 Interpretiert Nellies Gedanken, dass es einen tieferen Sinn im Leben gibt.

Wissen und Verstehen:
Leben und Sterben

Das weiß ich: Diese Namen und Begriffe kann ich ordnen

Begräbnisformen

Dieter Birnbacher

Totenfest in Afrika

Nahtod-Erfahrung

Hospiz

Margot Käßmann

Patientenverfügung

Platon

Leben nach dem Tod

Formen der Sterbehilfe

Tod

Thomas Morus

Tatjana Kuschtewskaja

Trauer in Afrika

Trauerphasen

(Un-)Sterblichkeit

Deutsche Gesellschaft für Humanes Sterben

Wilhelm Schmid

1. Tippt abwechselnd in Partnerarbeit auf einen Begriff oder Namen und gebt in einem Satz eine Begriffsdefinition bzw. eine Erklärung zu der jeweiligen Person.

2. Schreibt für jüngere Kinder eine kleine Geschichte. Erklärt darin anschaulich, warum Leben und Tod zum Kreislauf der Natur gehören. Ihr könnt als Beispiel auch eine Blume wählen.

Darauf kommt es an: Leben und Sterben selbst bestimmen

Leben und Tod bilden im **Kreislauf der Natur** eine **Einheit**. Während sich Philosophinnen und Philosophen insbesondere mit dem **selbstbestimmten Leben** beschäftigt haben, spielte das **selbstbestimmte Sterben** nur eine untergeordnete Rolle. Dem englischen Philosophen **Thomas Morus** gebührt das Verdienst, dieses
5 Thema in seinem Buch „Utopia" 1516 zur Diskussion gestellt zu haben. Die Utopier dürfen bei unheilbaren Krankheiten um Sterbehilfe nachsuchen: Ein Arzt verabreicht ihnen das tödliche Medikament (**aktive Sterbehilfe**). Weitere Formen der Sterbehilfe sind **der assistierte Suizid** (Der Patient nimmt selbst ein tödliches Medikament ein.), **indirekte Sterbehilfe** (Schmerzstillende Medikamente führen
10 zu einem schnelleren Tod.) und **passive Sterbehilfe** (Lebensrettende Maßnahmen werden eingestellt.).
Eine weitere philosophische Frage des Sterbens bezieht sich auf den Wunsch nach **Unsterblichkeit**. Der Dialog **„Phaidon"** des griechischen Philosophen **Platon** beschreibt zum ersten Mal in der philosophischen Tradition den Wunsch von
15 Sokrates, seine Seele möge nach dem Tod weiterleben.

„Dieser Tag, den du fürchtest, [...] ist der Geburtstag der Ewigkeit."
Seneca

Einige Statements, Fotos und Zeichnungen in diesem Kapitel stammen aus Portfolios von Jugendlichen, die in dem Buch „Lebenslicht" zum Thema „Leben und Tod" zusammengefasst wurden.

Das kann ich: Eine Lebensuhr entwerfen

Stellt euch vor, euer Leben würde nur noch 12 Stunden dauern. Was würdet ihr noch erleben oder erledigen wollen? Entwerft eure „Lebensuhr". Zeichnet zunächst auf den Papierbogen einen Kreis als Uhr mit
5 den entsprechenden Ziffern. Überlegt euch dann, wie ihr die einzelnen Stunden eures „letzten Tages" gestalten wollt und schreibt Stichworte in die Uhrenfelder. Erzählt dann eurem Nachbarn oder eurer Nachbarin anhand der Uhr, wie ihr die letzten Stunden
10 eures Lebens gestalten würdet. Diskutiert anschließend in der Ethikgruppe die folgenden Fragen.

3. Gehen Menschen in ihrem Leben immer bewusst mit ihrer Zeitgestaltung um? Warum (nicht)?
4. Haltet ihr eine Lebenszeitplanung sinnvoll? Warum (nicht)?
🦉 Hat eure Lebensuhr etwas mit dem Sinn des Lebens zu tun? Wenn ja, erklärt warum.

Ricarda Arfert, 18 Jahre: Der Tod hat seine Zeit

Kapitel 11:
Der Mensch zwischen Natur und Technik

Der Mensch hat sich in der Natur und gegen die Natur und ebenso unter den Menschen und gegen die Menschen zu behaupten.
Albert Schweitzer*

1. Erläutert anhand der Fotos und des Zitats von Albert Schweitzer den Zusammenhang zwischen Mensch, Natur und Technik.

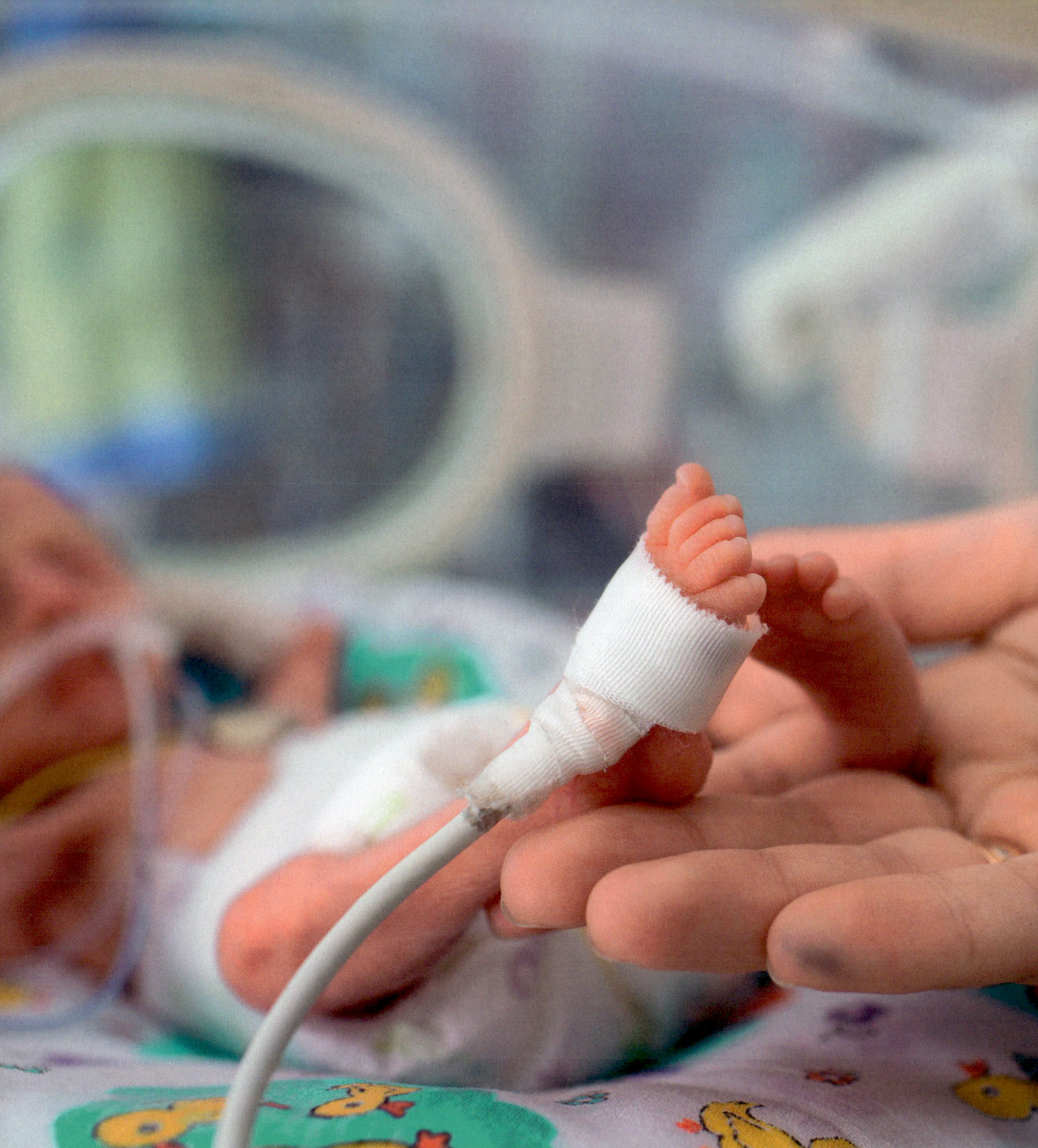

In diesem Kapitel lernst du

– die Begriffe „Natur" und „Kultur" zu unterscheiden
– die Theorie „Ehrfurcht vor dem Leben" zu verstehen
– den Menschen als Mängelwesen zu betrachten

Dabei nutzt du

– die Methode der Texterschließung
– die Pro- und Kontra-Diskussion
– die Methode des Argumentierens

Du beurteilst und bewertest

– ob der Mensch im Zentrum der Natur steht
– ob ein Embryo Menschenwürde hat
– ob Menschen geklont werden dürfen

Werden, wachsen und sich entwickeln

🦉 Der Mensch – das höchste Lebewesen in der Natur

Du musst wissen, dass Gott – gepriesen sei Er! – den Menschen von den anderen Lebewesen durch die Denkfähigkeit unterschieden hat, die Er zum Beginn seiner Vollkommenheit und zum Endziel seines Vor-
5 rangs über die geschaffenen Dinge und seines hohen Ranges gemacht hat; und zwar [ist es so]: Das Begreifen, welches das Gefühl des Begreifenden in sich selbst ist für das, was außerhalb seiner selbst ist, kommt speziell den Lebewesen zu, unter Aus-
10 schluss der anderen geschaffenen und in die Existenz gekommenen Dinge. Lebewesen können sich dessen, was sich außerhalb ihrer selbst befindet, durch die äußeren Sinne bewusst sein, die Gott in sie hineingelegt hat: das Hören, das Sehen, das Riechen, das Schmecken und das Fühlen. Der Mensch ist den anderen Lebewesen überlegen, weil er durch
15 das Denken, das über seine Sinneswahrnehmungen hinausgeht, erfassen kann, was außerhalb seiner Sinne ist. Das geschieht durch Kräfte, die ihm in die Höhlungen seines Gehirns gelegt sind, durch die er den mit den Sinnen erfassten Dingen Bilder entnimmt, seinen Verstand damit gründlich beschäftigt und dann aus ihnen andere Bilder abstrahiert.

Ibn Khaldoun[1]

1: Ibn Khaldoun (1332–1406) wurde in Tunis geboren. Er studierte arabische Sprachwissenschaft, Philosophie und Rechtswissenschaft und arbeitete bei verschiedenen Herrschern in hohen Ämtern. Sein wichtigstes Buch ist die „Muqaddima" (siehe Seite 206).

Wissen und Merken: Was heißt Natur?

Der Begriff „Natur" wird von dem lateinischen Wort *natura* abgeleitet, was auf Deutsch „Geburt" heißt. Er wird in der Philosophie als Gegenbegriff zur Kultur verwendet (siehe Seite 208). Natur umfasst alle Vorgänge, die eigenständig ohne das Zutun des Menschen ablaufen, also wachsen, werden und vergehen. In einer
5 zweiten Bedeutung ist damit auch das Wesen oder die Beschaffenheit einer Sache gemeint: So ist zum Beispiel der Kern oder das Wesen der Philosophie das Nachdenken über wichtige Lebensfragen.
„Natur" hieß im antiken Griechenland *physis* im Sinne von Entstehung.

🦉 Der Mensch ist für die Natur verantwortlich

2: Angehöriger der (adligen) Oberschicht

Der Mensch ist, biologisch gesehen, ein Aristokrat[2]. Er herrscht über die Tiere, die Pflanzen und selbst über die Landschaft seines Planeten. Der Mensch ist privilegiert, ökologisch betrachtet, steht er an der Spitze von Nahrungsketten und

-pyramiden. Der Mensch ist Herr im Haus des Lebendigen, und jede Überlegenheit
5 bedeutet ein Privileg. Ich glaube, dass Aristokratie kein vom Menschen ersonnener
Begriff ist, sondern ein beobachtbares Phänomen[3]. Unter dem Menschen gibt es
kleinere Herren, die wiederum die Spitzen ihrer eigenen kleinen Pyramiden
bilden, mag es sich nun um Tiger oder Adler, Rotkehlchen oder Maulwürfe, Libellen
oder Spinnen handeln. Das aristokratische Ideal ist allerdings ein Konzept des
10 menschlichen Geistes, und zwar ein sehr altes und ein sehr schönes […].
Ich betrachte dieses Ideal als die Grundlage einer Ethik verantwortlichen Verhaltens
des Menschen gegenüber seiner gesamten Umwelt. Das schließt alle anderen
lebenden Dinge ein, Landschaft, Luft und Wasser, aber auch die verschiedenen
Kulturdenkmäler in der Geschichte des Menschen, wobei ich Kultur als einen
15 Ausfluss der Natur verstehe. Die Zivilisation ist selbst eine Blüte der Evolution*,
welcher der Mensch nicht teilhaftig geworden wäre, hätte er nicht gelernt, die
ungeheuren Vorräte an mineralischen und organischen Stoffen, die der Planet in
seinen früheren Stadien hervorgebracht hatte, auszubeuten und den Lebensraum,
in dem er sich vorfand, zu verändern. Sofort hörte er auf, ein natürlich angepasstes
20 Lebewesen zu sein, das seine Erzeugnisse und Abfälle innerhalb seines eigenen
Lebensraumes wieder verwertet, und begann seine Welt auszubeuten. Er konnte
dies natürlich nicht auf Anhieb erkennen, besonders weil er ja immer noch um
das Überleben seiner Art zu kämpfen hatte. Dennoch gibt es in primitiven Kulturen
offenbar einen gewissen Sinn für die auf Gegenseitigkeit beruhende Beziehung
25 zur Umwelt oder eine Art Identifizierung als eines Teils mit dem Ganzen. Wenn
ein athabaskischer Indianer[4] den Bären, den er gerade jagt und zur Befriedigung
seiner Bedürfnisse töten muss, um Vergebung bittet, so zeigt er damit ein philosophisches Bewusstsein und Verständnis für seine eigene ökologische Situation,
welche ihn dazu zwingt, von dem Bären zu fordern, was dieser ihm für sein weiteres
30 Überleben zu bieten hat. Das Gebet des Indianers ist ein schönes Beispiel für
bescheidene Zurückhaltung […]

Frank Fraser Darling[5]

3: Erscheinung

4: Indigenes Volk im Nord-
westen Amerikas (altertüm-
liche Bezeichnung)

5: Frank Fraser Darling
(1903–1979) war ein briti-
scher Ornithologe, Umwelt-
schützer und Philosoph.
Er hat für viele UN-Umwelt-
projekte gearbeitet und
zahlreiche Bücher über das
schottische Hochland
geschrieben.

Wissen und Merken: Was ist anthropozentrische Ethik?

Die anthropozentische Ethik geht davon aus, dass der Mensch (griechisch *anthro-
pos*) im Mittelpunkt der Natur steht und verantwortlich mit ihren Ressourcen umgeht. Er ist aufgrund seiner Vernunftfähigkeit als einziges Wesen dazu in der Lage.

1. Warum ist der Mensch nach Ibn Khaldoun das höchste Wesen in der Natur?
Sucht nach Begründungen im Text.
2. Erklärt anhand eines selbstgewählten Beispiels den Begriff Natur.
3. Warum ist der Mensch für die Natur verantwortlich? Gebt mit eigenen
Worten eine Zusammenfassung des Textes von Frank Fraser Darling nach der
Plato-Methode (siehe Seite 219).
🦉 Frank Fraser Darling betrachtet die Kultur als „einen Ausfluss der Natur".
Wie versteht ihr diesen Gedanken? (dazu auch die nächste Seite).

Pflegen, bebauen und kultivieren

Guido Daniele (geb. 1950) ist ein italienischer Künstler, der Tierbilder auf Händen gestaltet (Handimals), um auf die Verbindung zwischen Mensch und Tier aufmerksam zu machen.

Wissen und Merken: Was heißt Kultur?

Der Begriff „Kultur" wird von dem lateinischen Wort *colere* abgeleitet, was auf Deutsch „pflegen", „bebauen" oder „kultivieren" heißt. Kultur wird in der Philosophie als Gegen-Begriff zur Natur verwendet: Der Mensch drückt durch sein geistiges, moralisches und künstlerisches Schaffen der Natur seinen Stempel auf.

5 Er kultiviert und bebaut sie durch materielle Güter (zum Beispiel technische Erfindungen und Bauwerke) sowie durch Werte, Normen und Werke der Kunst. Die Gesamtheit dieser Erfindungen und Entdeckungen des Menschen bezeichnet man als Kultur.

Die erste zusammenfassende Kulturgeschichte der Menschheit – „Muqaddima" –

10 hat Ibn Khaldoun geschrieben (siehe Seite 204). Nach seiner Ansicht zeichnen sich Kulturen durch Besonderheiten einzelner Völker aus, etwa durch unterschiedliche Sitten, Gebräuche und Religionen. Ihr wichtigstes Kennzeichen ist *ʿAsabīya* (arabisch عصبية), eine Art Wir-Gefühl der Zusammengehörigkeit.

🦉 Der Mensch macht Kultur

1: In Bezug auf den Aufbau und die Struktur der Organismen

Morphologisch[1] ist nämlich der Mensch im Gegensatz zu allen höheren Säugern hauptsächlich durch *Mängel* bestimmt, die jeweils im exakt biologischen Sinne als Unangepasstheiten, Unspezialisiertheiten, als Primitivismen, d. h. als Unentwickeltes zu bezeichnen sind: also wesentlich negativ. Es fehlt das Haarkleid und

5 damit der natürliche Witterungsschutz; es fehlen natürliche Angriffsorgane, aber auch eine zur Flucht geeignete Körperbildung; der Mensch wird von den meisten Tieren an Schärfe der Sinne übertroffen, er hat einen geradezu lebensgefährlichen

Mangel an echten Instinkten und er unterliegt während der ganzen Säuglings- und Kinderzeit einer ganz unvergleichlich langfristigen Schutzbedürftigkeit. Mit anderen Worten: Innerhalb *natürlicher*, urwüchsiger Bedingungen würde er als bodenlebend inmitten der gewandtesten Fluchttiere und der gefährlichsten Raubtiere schon längst ausgerottet sein. […]

Der Mensch ist, um existenzfähig zu sein, auf Umschaffung und Bewältigung der Natur hin gebaut, und deswegen auch auf die Möglichkeit der *Erfahrung* der Welt hin: Er ist handelndes Wesen, weil er unspezialisiert ist, und also der natürlich angepassten Umwelt entbehrt. Der Inbegriff der von ihm ins Lebensdienliche umgearbeiteten Natur heißt *Kultur*, und die Kulturwelt ist die menschliche Welt. Es gibt für ihn keine Existenzmöglichkeit in der unveränderten, in der nicht „entgifteten" Natur, und es gibt keinen „Naturmenschen" im strengen Sinne: d.h. keine menschliche Gesellschaft ohne Waffen, ohne Feuer, ohne präparierte und künstliche Nahrung, ohne Obdach und ohne Formen der hergestellten Kooperation. Die Kultur ist also die „zweite Natur" – will sagen: die menschliche, die selbsttätig bearbeitete, innerhalb deren er allein leben kann – und die „unnatürliche" Kultur ist die *Auswirkung* eines einmaligen, selbst „unnatürlichen", d.h. im Gegensatz zum Tier konstruierten Wesens in der Welt. *An genau der Stelle*, wo beim Tier die „Umwelt" steht, steht daher beim Menschen die *Kulturwelt*, d.h. der Ausschnitt der von ihm bewältigten und zu Lebenshilfen umgeschaffenen Natur. Schon deswegen ist es grundfalsch, von einer Umwelt des Menschen – im biologisch definierten Sinne – zu reden. Beim Menschen entspricht der Unspezialisiertheit seines Baues die Weltoffenheit, und der Mittellosigkeit seiner Physis die von ihm selbst geschaffene „zweite Natur". Hierin liegt übrigens der Grund, warum der Mensch im Gegensatz zu fast allen Tierarten nicht geographisch natürliche und unüberschreitbare Daseinsbereiche hat. Fast jede Tierart ist eingepasst in ihr klimatisch, ökologisch usw. konstantes „Milieu", der Mensch allein überall auf der Erde lebensfähig.

Arnold Gehlen [2]

2: Arnold Gehlen
(1904–1976) gilt als Begründer der philosophischen Anthropologie als der Wissenschaft vom Menschen und seiner Stellung in der Natur. Sein Hauptwerk heißt „Der Mensch".

1. Unterscheidet die Begriffe „Natur" und „Kultur". Berücksichtigt dabei das Handimal.
2. Warum ist der Mensch nach Ansicht von Arnold Gehlen ein Mangelwesen? Bezieht in eure Diskussion auch die Comic-Szene mit ein und analysiert den Text nach der Plato-Methode (S. 219).
3. Erklärt den Gedanken, dass die Kultur die „zweite Natur" des Menschen ist.
🦉 Arnold Gehlen meint, der Mensch zeichne sich im Unterschied zum Tier durch Weltoffenheit aus. Schreibt ein Elfchen* zu diesem Begriff oder entwerft eine Mindmap*.

Der besondere Text:
Prometheus bringt den Menschen das Feuer

Platon erzählt in seinem Dialog „Protagoras" den Mythos der beiden Halbgötter Epimetheus [1] und Prometheus [2]. Epimetheus stattete alle vernunftlosen Wesen mit bestimmten Fähigkeiten aus, nur für die Menschen blieb nichts mehr übrig. Deshalb kam ihnen Prometheus zu Hilfe.

1: Epimetheus bedeutet in der griechischen Götterwelt „Der zu spät Erkennende".

2: Prometheus ist der Vorausdenkende

Prometheus

3: Hephaistos ist der Gott des Feuers, der Schmiede und der Handwerker.

4: Athena ist die Beschützerin der Städte, besonders Athens, und auch die Schutzpatronin des Handwerks sowie der Künste und Wissenschaften.

5: Platon (siehe Seite 199)

Wie er [Epimetheus] noch in Verlegenheit ist, kommt Prometheus und will die Verteilung in Augenschein nehmen; er sieht, dass die übrigen Lebewesen mit allem angemessen ausgestattet sind, dass aber der Mensch nackt, ohne Schuhe, ohne Decken und ohne Waffen geblieben ist. Und schon war der schicksalhafte
5 Tag da, an dem auch der Mensch aus der Erde ans Licht treten sollte. In seiner Verlegenheit, welches Mittel zur Rettung und Erhaltung er für den Menschen finden könnte, stiehlt er dem Hephaistos [3] und der Athena [4] ihr kunstreiches Handwerk samt dem Feuer – denn es war unmöglich, es ohne Feuer zu erwerben oder nutzbar zu machen – und schenkt beides dem Menschen. Die Kunst, sein Leben
10 zu führen, erhielt also der Mensch auf diese Weise; die Staatskunst dagegen besaß er noch nicht. Denn diese lag bei Zeus. Prometheus wiederum hatte keine Möglichkeit mehr, in die Hochburg, die Behausung des Zeus hineinzukommen; abgesehen davon, dass Zeus furchterregende Wachen davor aufgestellt hatte. Doch in die gemeinsame Werkstatt der Athena und des Hephaistos, wo sie ihren
15 kunstvollen Liebhabereien nachgingen, schleicht er sich ein, stiehlt die Handwerkskunst des Hephaistos, die sich des Feuers bedient, und die andere der Athena und schenkt sie den Menschen. Von da an besitzt der Mensch die nötigen Hilfsmittel zum Leben; den Prometheus aber traf später, so erzählt man sich, die Strafe für seinen Diebstahl.
20 Nachdem nun der Mensch am göttlichen Los Anteil hatte, begann er erstens wegen dieser Verwandtschaft mit dem Gott als einziges Lebewesen an Götter zu glauben und machte sich daran, Altäre und Götterbilder zu errichten; sodann fing er bald auch an, Laute und Wörter auf kunstmäßige Art zu artikulieren und erfand den Bau von Wohnungen und die Herstellung von Kleidern, Schuhen und Decken und
25 den Gebrauch der Lebensmittel, die die Erde hervorbringt.

Platon [5]

Postbiologische Intelligenz

Was uns erwartet, ist nicht Vergessen, sondern eine Zukunft, die man aus heutiger Sicht am ehesten als „postbiologisch" oder auch
5 „übernatürlich" bezeichnen kann. In dieser zukünftigen Welt wird die menschliche Art von einer Flutwelle kultureller Veränderungen fortgerissen und von der eigenen
10 künstlichen Nachkommenschaft verdrängt werden. Wie diese Welt am Ende aussehen wird, wissen wir nicht; doch viele Zwischenschritte sind nicht nur vorhersagbar, sondern bereits vollzogen.
15 Heute sind unsere Maschinen noch einfache Geschöpfe, die wie alle Neugeborenen der elterlichen Pflege und

Fürsorge bedürfen und kaum als „intelligent" zu bezeichnen sind. Doch im Laufe des nächsten Jahrhunderts werden sie zu Gebilden heranreifen, die ebenso komplex
20 sind wie wir selbst, um schließlich über uns und alles, was wir kennen, hinauszuwachsen, so dass wir eines Tages stolz sein dürfen, wenn sie sich als unsere Nachkommen bezeichnen.

Da diese Kinder unseres Geistes nicht auf den stockenden Gang der biologischen Evolution* angewiesen sind, werden sie sich ungehemmt entfalten und sich
25 gewaltigen Aufgaben von grundsätzlicher Bedeutung im größeren Universum zuwenden. Wir Menschen werden eine Zeitlang von ihrer Arbeit profitieren. Doch über kurz oder lang werden sie, wie biologische Kinder, ihre eigenen Wege gehen, während wir, die Eltern, alt werden und abtreten. [...]

Wir sind dem Zeitpunkt schon sehr nahe, zu dem praktisch jede wichtige körper-
30 liche oder geistige Funktion des Menschen ihr künstliches Pendant haben wird. Die Verkörperung dieses Schnittpunkts vieler kultureller Entwicklungshilfen wird der intelligente Roboter sein, eine Maschine, die wie der Mensch denken und handeln kann, mag sie ihm im materiellen oder intellektuellen Detail auch noch so unähnlich sein.

Hans Moravec[1]

„Überall bleiben wir unfrei an die Technik gekettet, ob wir sie leidenschaftlich bejahen oder verneinen."
Martin Heidegger*

1: Hans Moravec (geb. 1948) ist ein österreichisch-kanadischer Computer-Wissenschaftler, der sich mit philosophischen Problemen der künstlichen Intelligenz, der Futurologie* und des Transhumanismus* beschäftigt.

1. Fasst zusammen, wie Platon die Entwicklung der Technik erklärt.

2. Vergleicht die Auffassungen von Platon (Seite 208) und Arnold Gehlen (Seite 207). Arbeitet Gemeinsamkeiten und Unterschiede der Kulturentwicklung heraus.

3. Wie beurteilt Hans Moravec die weitere Kulturentwicklung des Menschen mithilfe der Technik?

Argumentiert mit Gedanken aus dem Text.
Stellen intelligente Roboter die Zukunft einer postbiologischen Welt dar, die den Menschen von der Mühsal der Arbeit befreit? Führt dazu eine Pro- und Kontra-Diskussion. Lest hierzu auch die Seiten 52–55 über Utopien und Cyborg-Utopien; berücksichtigt dabei das Zitat von Martin Heidegger.

Technik und Medizin: Haben Embryos eine Menschenwürde?

Embryo ist nicht gleich Embryo?

Leas große Schwester ist schwanger. In einigen Monaten wird Emil auf die Welt kommen, die ganze Familie freut sich schon darauf. Lea hat Emil bereits auf einem Ultraschallfoto gesehen. Er liegt eingerollt mit einem riesigen Kopf in der Gebärmutter ihrer Schwester; mehr kann Lea noch nicht von ihm erkennen.

5 Emil atmet, bewegt sich, trinkt und wächst. Er ist ein sieben Wochen alter Embryo. Die Familie nimmt aber bereits jetzt Anteil an seiner Entwicklung. Alle reden von Emil, als ob er schon ein Familienmitglied wäre. Dabei ist er immer noch ein Embryo, der in einigen Monaten geboren wird. Alle tun aber schon so, als ob Emil ein richtiger Mensch wäre.

10 Lea hat im Biologieunterricht gelernt, dass menschliches Leben dann beginnt, wenn Ei- und Samenzelle im Mutterleib zu einer befruchteten Eizelle, der Zygote, verschmelzen. Irgendwann setzt dann auch der Herzschlag des Embryos ein. Er braucht insgesamt neun Wochen bis alle seine Organe voll ausgebildet sind. Dann ist aus dem Embryo ein Fötus[1] geworden.

15 Für Lea war dieser Entwicklungsvorgang bisher sonnenklar. Allerdings ist sie seit kurzem verunsichert. Im Babyvorbereitungskurs ihrer Schwester ist eine Frau, in deren Gebärmutter ein Embryo eingepflanzt wurde. Da sie nicht auf natürlichem Weg schwanger werden konnte, haben ihr die Ärzte Eizellen entnommen und mit den Samenzellen ihres Mannes im Reagenzglas vereinigt. Dabei entstanden
20 mehrere Embryos; nur einer wurde in den Mutterleib übernommen und entwickelt sich dort bis zur Geburt. Die anderen Embryos aus dem Glas blieben übrig. Sie werden entweder eingefroren, falls der eingepflanzte Embryo im Mutterleib absterben sollte, oder vernichtet. „Wieso kann man Embryos vernichten?", überlegt Lea. „Sie sind doch potenzielle Menschen!"

1: Der Begriff „Fötus" kommt aus dem lateinischen „Fetus" („Nachkommenschaft"). Dabei handelt es sich um einen Embryo mit voll ausgebildeten Organen ab der 9. Schwangerschaftswoche.

Wissen und Merken: Was ist eine künstliche Befruchtung?

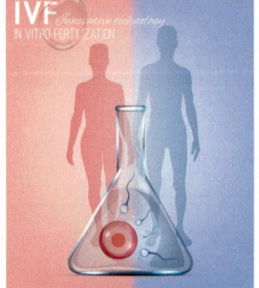

Zur Samenspende siehe auch: *www.wdr.de* (Suchwort: Embryonenspende)

Bei einer künstlichen Befruchtung (In-Vitro-Fertilisation) findet die Samenzellen in einem Reagenzglas den Weg zur Eizelle, die der Mutter zuvor in einem operativen Eingriff entnommen wurde. Diese Methode wird angewandt, um kinderlosen oder homosexuellen Paaren ihren Kinderwunsch zu erfüllen. Ethische
5 Probleme entstehen bei dieser Methode dann, wenn anonyme Samenbanken angelegt werden, aus denen sich Frauen und Paare unterschiedlichen Alters „bedienen" können. In Deutschland gibt es ein Recht auf die Kenntnis der Abstammung. Die Eizellenspende ist in Deutschland im Gegensatz zu anderen Ländern wie Tschechien oder Spanien im Embryonen-Schutzgesetz verboten.

Zweimal Menschenwürde

Im deutschen Grundgesetz beschäftigt sich der Artikel 1 mit dem Begriff der Menschenwürde[1]: „Die Würde des Menschen ist unantastbar. Sie zu achten und zu schützen ist Verpflichtung aller staatlichen Gewalt". Bisher wurde über diesen Paragrafen nicht kontrovers diskutiert, weil nicht in Frage gestellt werden kann,
5 dass sich Menschen als Menschen anerkennen und einander respektieren. Neuste wissenschaftliche Entwicklungen, insbesondere die Forschung an Embryonen, haben in den letzten Jahren zu einer öffentlichen philosophischen Diskussion geführt, wem Menschenwürde zukommt: nur den „geborenen Menschen" oder auch den ungeborenen Embryonen und Föten.
10 In der Ethik gibt es dazu zwei unterschiedliche Konzeptionen: die Konzeption der Achtung der Würde, die jedem einzelnen Menschen zukommt, und die Konzeption einer Achtung der Würde, welche die Menschheit als Gattung besitzt. Bei der ersten Konzeption bedeutet Menschenwürde die Achtung der Würde konkreter menschlicher Individuen, bei der zweiten Konzeption geht es um die
15 Achtung dessen, was den Menschen als Gattung über andere biologische Gattungen wie zum Beispiel die Tiere hinaushebt. Beide Konzeptionen betreffen die kollektive Selbstachtung der Angehörigen der Gattung Mensch; die Blickrichtung ist jedoch jeweils verschieden. Im ersten Fall ist der Gegenstand der Achtung ein konkreter „leibhaftiger" Mensch, im zweiten
20 Fall die Idee des Menschen, d. h. des Menschen als Gattung. Die Vertreterinnen und Vertreter der Konzeption einer individuellen Menschenwürde gehen davon, dass die Menschenwürde nur an eine Bedingung geknüpft ist, nämlich die, ein Mensch zu sein. Und von dieser Bedingung sollten keine Abstriche gemacht werden. Den Beginn der individuellen Existenz als Mensch und die damit
25 verbundene individuelle Menschenwürde ist in dieser Konzeption an die Durchtrennung der Nabelschnur nach der Geburt eines Kindes gebunden. Nach dieser Durchtrennung fängt die Existenz des Menschen als eigenständiges Individuum an. Die Vertreterinnen und Vertreter der zweiten Konzeption sind der Ansicht, dass bereits Embryonen und Föten Menschenwürde zukommt, weil in ihnen der Keim
30 der Gattung Mensch angelegt ist. Deshalb sollten wissenschaftliche Forschungen mit ihnen untersagt werden, wenn sie mit ihrer Tötung verbunden sind.

Barbara Brüning

1. Sind Embryos potenzielle Menschen? Sucht Argumente aus dem Text zur Menschenwürde heraus und positioniert euch. Formuliert anschließend einen fiktiven Brief * an Lea.

2. Lest noch einmal den Text zur Menschenwürde von Immanuel Kant (Seite 133). Lest und prüft, ob seine Argumente für die Diskussion hilfreich sind.

3. Projektvorschlag: Recherchiert, was Religionsgemeinschaften zur Menschenwürde von Embryos sagen.

🦉 Der Medizinethiker Valentin Zsifkovtis meint, der Mensch sei mit sich selbst identisch von der Befruchtung bis zum Tod. Stimmt ihr zu? Begründet euren Standpunkt.

1: Der Begriff der „Menschenwürde" hat in der Philosophie eine lange Tradition. Er gehört zu den schwierigsten Begriffen der Ethik und wurde insbesondere von Immanuel Kant in die Diskussion eingebracht. Kant wollte hervorheben, dass alle Menschen ihren Zweck in sich selbst haben und nicht von „außen" zugesprochen bekommen (siehe hierzu die Seite 133).

Das Embryonenschutzgesetz (ESchG) stammt aus dem Jahre 1990. In § 2 wurde ein Verbot der missbräuchlichen Verwendung menschlicher Embryonen festgeschrieben. Des Weiteren ist in § 6 ein Verbot des Klonens von Menschen geregelt (siehe auch die Seiten 218/219).

Philosophisches Forum:
Leben durch die Maschine?

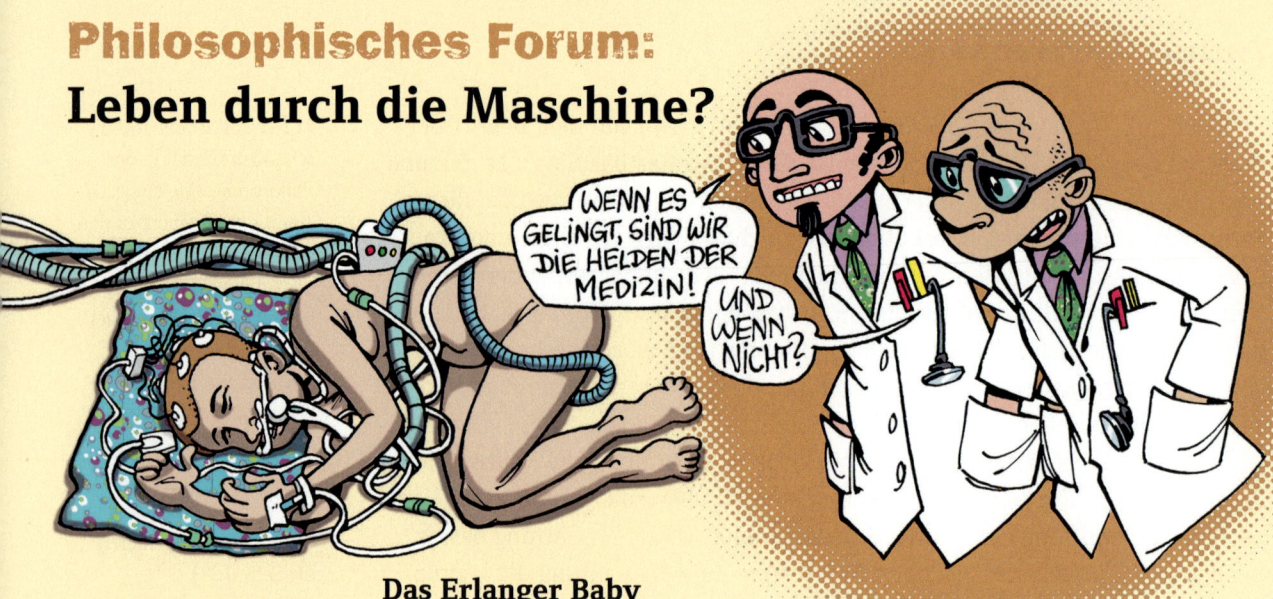

Das Erlanger Baby

Die Medizinethik beschäftigt sich mit ethischen Normen im Gesundheitswesen, z. B. mit der Selbstbestimmung von Patientinnen und Patienten, der Menschenwürde oder dem Arzt-Patient-Verhältnis.

1992 wurde in Deutschland monatelang ein medizinischer Fall diskutiert. Bei einem Unfall am 5. Oktober 1992 prallte die Zahnarzthelferin Marion P. frontal mit ihrem Auto gegen einen Baum. Die Achtzehnjährige erlitt dabei schwerste
5 Kopfverletzungen. Drei Tage nach dem Unfall stellen die Ärzte im Universitätsklinikum Erlangen den Hirntod fest und füllten den Totenschein aus. Das Beatmungsgerät stellten sie allerdings nicht ab. Der Grund: Marion P. war schwanger. Im Bauch der Toten wuchs ein Fötus heran, der zum Unfallzeitpunkt vierzehn Wochen alt war. Die Mediziner wollten das ungeborene Kind auf jeden Fall retten.
10 Am 16. November 1992, vierzig Tage nach Beginn des umstrittenen Experiments, entschied „die Natur". Die tote Marion P. verlor ihr Kind durch eine spontane Geburt (auch Spontanabort genannt) und „durfte" danach sterben.

Experimentieren und Leben retten

Das Handeln der Ärzte war auf jeden Fall gerechtfertigt. Nun ist das Kind zwar ein paar Wochen später verstorben, allerdings bestand eine nicht geringe Wahrscheinlichkeit, dass es überlebt. Ich finde, wenn es eine geringe Chance auf das Überleben gibt, sollte man ein solches Experiment auch probieren.
5 Ich verstehe das Argument, dass auch Tote eine Würde haben, die unantastbar ist, aber man sollte hier Unterschiede machen. Es stimmt, dass der Körper dieser Frau als „Brutplatz" benutzt wurde, aber das passierte ja nicht aus Spaß oder weil man sie entwürdigen wollte. Die Ärzte wollten das Leben ihres eigenen Kindes retten! Am Tod der Frau war nichts mehr zu retten, und sie hat von alledem
10 nichts mitbekommen. Deshalb finde ich das Experiment gerechtfertigt. Die Kritiker sollten sich fragen, wie denn die Frau sich entschieden hätte? Ich glaube, dass sie sich als Mutter des Kindes auch für die lebenserhaltenden Maßnahmen ausgesprochen hätte.
Muriel, 16 Jahre

Wissen und Merken: Wann ist jemand tot?

Herz-Kreislauf-Tod: Alle zentralen Körperfunktionen des Menschen müssen von selbst zusammengebrochen sein (Herz, Kreislauf, Atmung).
Hirntod: Hiernach werden Menschen für tot erklärt, wenn der vollständige und endgültige Ausfall der Gehirnfunktionen festgestellt wurde. Durch apparative
5 Beatmung und Medikamente werden Kreislauf und Sauerstoffversorgung jedoch künstlich aufrechterhalten.

Wichtige Gebiete der Medizinethik:
– Verhältnis von Krankheit und Gesundheit;
– Aufklärung über Krankheiten;
– Schwangerschaftsabbrüche und künstliche Befruchtung (siehe Seite 210);
– Experimente mit und an Menschen;
– künstliche Erzeugung von Menschenleben (siehe die Seiten 218/219).

Die tote Mutter war eine künstliche Hülle

Ich bin gegen das Retten ungeborener Föten, die in einer toten Hülle künstlich versorgt werden. Keiner wusste, wie es um das Kind steht und ob ein toter Körper die gesunde Entwicklung des Kindes garantieren kann.
5 Wer konnte überhaupt voraussagen, ob das Kind gesund zur Welt kommen würde? Wäre die hirntote Mutter hochschwanger gewesen, hätte ich keine Einwände gegen die Rettung des Kindes gehabt; das wäre dann wie eine Art Frühgeburt gewesen.
10 Das medizinische Experiment war ein Eingriff gegen die Natur, der sich nicht rechtfertigen lässt, da die Lebenschancen des Kindes gering waren. Außerdem wurde auch gegen die Würde der Toten verstoßen. Es wird immer gesagt, dass das Kind ein Recht auf Leben hat, aber
15 im Grundgesetz steht, dass die Würde des Menschen unantastbar ist, daher sollte der Mutter Respekt erwiesen werden [siehe hierzu auch die Seiten 133 und 211].

Anna, 17 Jahre

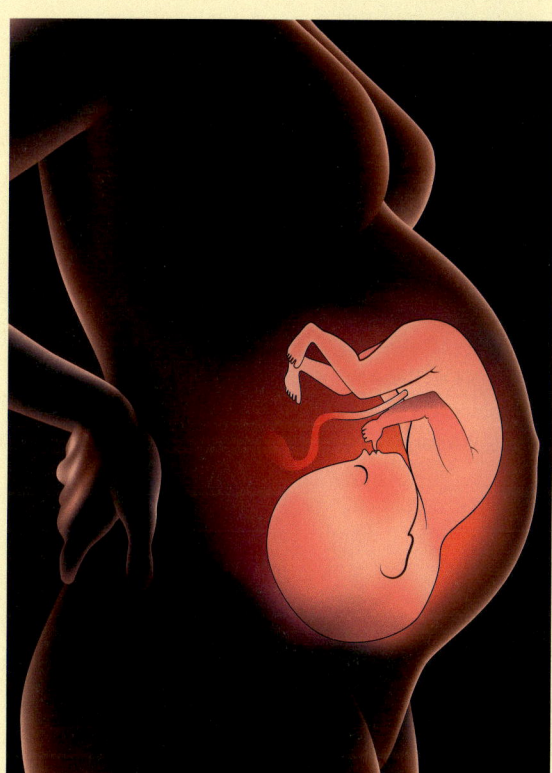

1. Bildet kleine Gruppen. Prüft Annas und Muriels Argumentation. Findet weitere Gründe für oder gegen den medizinischen Versuch mit dem Erlanger Baby. Führt anschließend dazu eine Pro- und Kontra-Diskussion (Methode: Seite 113).
2. Ging es in diesem Experiment eher um das Lebensrecht des Fötus oder um die Erweiterung medizinischer Möglichkeiten, d. h. neue Wege in der Forschung zu beschreiten? Begründet euren Standpunkt. Bezieht auch die Bilder in die Diskussion mit ein.

🦉 Stellt euch vor, jemand behauptet, die Erlanger Ärzte hätten unmoralisch gehandelt. Was würdet ihr darauf antworten? Unterbreitet schriftlich einen Vorschlag.
3. Recherchiert im Internet, welche Regelungen für einen Schwangerschaftsabbruch gelten. Sprecht dann darüber, wie ihr euch als Jugendliche entscheiden würdet, wenn ihr ungewollt schwanger würdet. Begründet, ob Mädchen und Jungen für eine Schwangerschaft gemeinsam die Verantwortung tragen.

Tragen Ärzte auch eine moralische Verantwortung?

Interview mit dem Mediziner René Keller

1: **René Keller** (geb. 1963) studierte Medizin an der Universität Rostock. und absolvierte seine Facharztausbildung in Rostock, Schwerin und Wismar. Er ist seit 2004 Chefarzt der Klinik für Innere Medizin und seit 2013 ärztlicher Direktor im Sana HANSE-Klinikum in Wismar. Gesellschaftlich engagiert sich René Keller als Kuratoriums-Vorsitzender der Bürgerstiftung Wismar.

Dr. med. René Keller [1] arbeitet seit mehr als 15 Jahren am HANSE-Klinikum in Wismar. Als Chefarzt für Innere Medizin trägt er Verantwortung für 20 Ärzte und jährlich ca. 5000 Patientinnen und Patienten. In seiner medizinischen Praxis geht es jedoch nicht nur um ärztliche Diagnosen, sondern auch um ethische Probleme. Irina und Tom, Schülerinnen und Schüler einer 9. Klasse in Rostock, haben ihm vier Fragen gestellt.

1. Wir haben uns im Unterricht mit Medizinethik beschäftigt. Wann haben Sie zuletzt ein ethisches Problem in ihrer medizinischen Praxis gehabt, und wie wurde es gelöst?

In meiner Tätigkeit als Chefarzt einer Klinik für Innere Medizin werde ich mit ethischen Problemen fast täglich konfrontiert. So behandeln wir sehr häufig
5 Patienten mit Demenzerkrankungen, die nicht mehr in der Lage sind, selbstständig zu essen oder zu trinken. Diese Patienten leben oftmals in Pflegeheimen und werden ins Krankenhaus eingewiesen, wenn eine Unterernährung oder die Austrocknung aufgrund mangelnder Trinkmengen drohen bzw. eingetreten sind. Einige dieser Patienten wehren sich aufgrund ihrer Demenz gegen eine notwen-
10 dige Tropfbehandlung. Dann gilt es, gemeinsam mit den Angehörigen abzuwägen, ob eine zeitweilige künstliche Ernährung im Sinne des betroffenen Patienten wäre.

2. Oftmals werden Menschen an Apparate angeschlossen, obwohl sie eigentlich nicht mehr leben wollen. Wie geht man als Arzt damit um?

Wir versuchen immer, den früher geäußerten Willen der Patienten zu erfragen
15 und zu berücksichtigen. Viele Patienten verfügen über eine sogenannte Vorsorge-vollmacht und/oder eine Patientenverfügung [2], in der bereits festgelegt ist, welche Behandlungen sie wünschen und welche Personen für sie entscheiden dürfen. In der Regel sind dies nahe Angehörige. Wenn diese Vollmachten nicht existieren, ist es Aufgabe der behandelnden Ärzte, in mehreren Gesprächen den
20 mutmaßlichen Willen dieser schwer erkrankten Patientinnen und Patienten zu ergründen, um in deren Sinne entscheiden zu können.

2: Zur Patientenverfügung siehe die Seiten 182/183.

3. Gibt es in Ihrer Klinik ethische Regeln, nach denen sich Ärztinnen und Ärzte richten müssen? Könnten Sie uns ein Beispiel dazu geben?

In unserem Klinikum existiert ein Ethikkomitee, welches die Regeln in speziellen
25 Verfahrensanweisungen festlegt. Zu diesem Komitee gehören speziell geschulte Mitarbeiter: zum Beispiel Ärzte, Pflegedienstmitarbeiter und die Krankenhaus-seelsorgerin. Das Ethikkomitee tritt zu festen Zeiten, aber auch zu speziellen Problemstellungen zusammen und berät die jeweiligen behandelnden Ärzte. Bei

30 besonderen ethischen Problemen, in denen es um Leben und Tod geht, ist es auch
möglich, das übergeordnete Ethikkomitee der Landesärztekammer Mecklenburg-
Vorpommern um Rat zu bitten.

4. Einige Schülerinnen und Schüler aus unserem Kurs möchten später Medizin
studieren. Welche Rolle sollten ethische Probleme in der Ausbildung von Ärztinnen
35 *und Ärzten spielen?*
Wer sich als junger Mensch entschließt, Ärztin oder Arzt zu werden, nimmt das
mindestens sechsjährige Studium ja nicht in Kauf, um später einen weißen Kittel
zu tragen. Die Studierenden haben sich bereits vor ihrem Studium entschieden,
anderen Menschen zu helfen, indem sie Krankheiten heilen oder Beschwerden
40 lindern. Technisch ist heute sehr viel möglich, aber aus Patientensicht nicht immer
sinnvoll. In diesem ethischen Spannungsfeld bewegt sich jede künftige Ärztin
oder jeder Arzt. Deshalb ist die unterschiedliche Betrachtungsweise ethischer
Fragestellungen sehr wichtig und spielt im Studium der Humanmedizin an allen
Universitäten eine große Rolle.

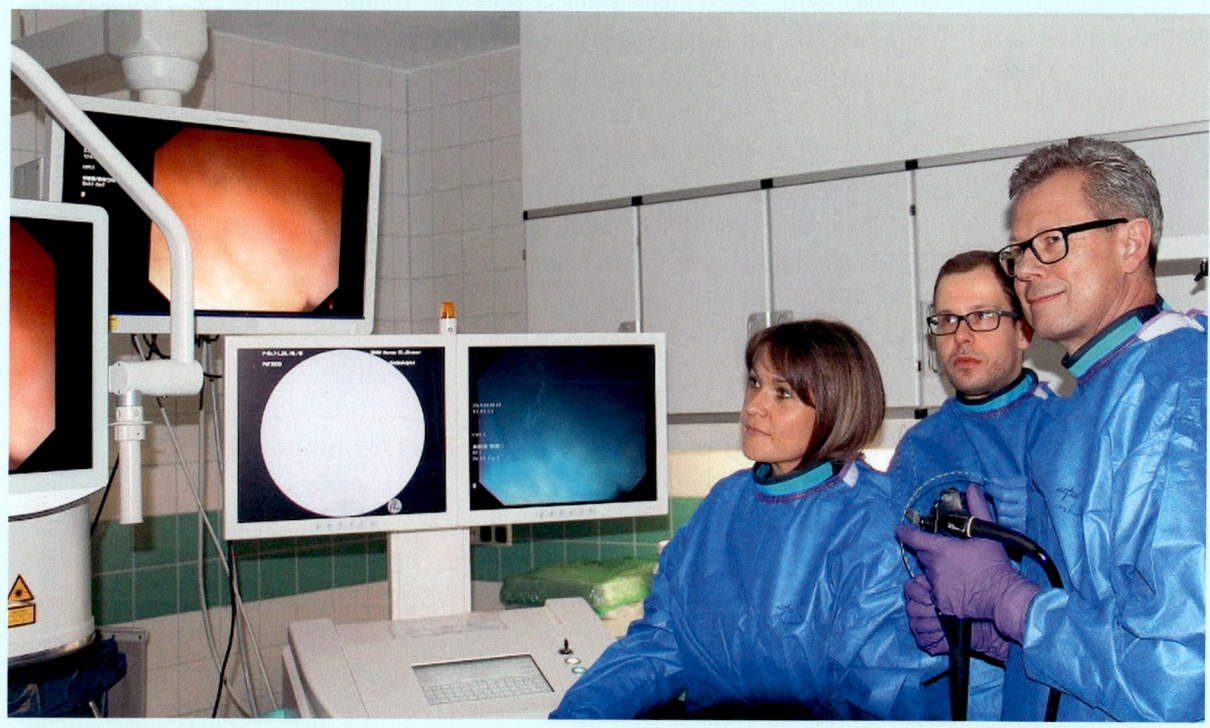

Das Team um René Keller im Einsatz

1. Stellt euch vor, euer Großvater oder eure Großmutter sollen gegen ihren
Willen künstlich ernährt werden, weil sie Essen und Trinken verweigern. Wie
würdet ihr euch als Angehörige entscheiden? Diskutiert Pro- und Kontra-
Argumente.
2. Projektvorschlag: Informiert euch darüber, ob es in den großen
Krankenhäusern in eurer Umgebung Ethikkommissionen gibt und mit welchen
Fällen sie sich in der letzten Zeit beschäftigt haben. Gestaltet dazu eine
Wandzeitung.

Warum sollen Menschen Organe spenden?

Ein neues Herz

Auf der breiten Avenida das Américas rauscht der Verkehr, die Olympischen Spiele[1] sind längst vergessen. Im hohen Tempo rasen die Autos an der Stelle vorbei, an der […] das Leben des deut-
5 schen Kanu-Slalom-Trainers jäh endete. Stefan Henze saß hier, wenige Kilometer vom Olympiapark in Rio de Janeiro entfernt, im Morgengrauen in einem Taxi zurück ins Olympiadorf. Als das Auto bei hohem Tempo von der Straße abkam,
10 erlitt Henze ein Schädelhirntrauma, er starb später im Krankenhaus. Mit 35 Jahren wurde der Mann aus Halle an der Saale aus dem Leben gerissen.

Weil Henze einen Organspendeausweis trug, konnte sein Herz ein anderes Leben retten: das der Brasilianerin Ivonette Balthazar (67).
15 Ihr gehe es relativ gut, sagt die fünffache Großmutter, die jetzt eine Mission hat: Sie will Vorträge halten und an ihre Landsleute appellieren, Spenderausweise einzuführen. Auch ihre 86-jährige Mutter blüht auf, seit die Tochter gerettet wurde – die alte Dame kämpft mit den Tränen, als Balthazar in ihrer 50-Quadratmeter-Wohnung im Stadtteil Copacabana von ihrer Genesung erzählt. Es ist zu spüren,
20 wie die Todesängste an den Grundfesten der Familie gerüttelt haben.

Georg Ismar und **Jonas Erlenkämper**, *Journalisten*

Wissen und Merken: Was ist eine Organspende?

Der Begriff Organspende bezeichnet die Möglichkeit, Organe zur Verfügung zu stellen, um sie einem Menschen als Ersatz für fehlerhafte oder gar nicht mehr arbeitende Organe einzupflanzen (lateinisch „Transplantation"). Organverpflanzungen können innerhalb eines Menschen durchgeführt werden, zum Beispiel
5 Hauttransplantationen, sowie zwischen Mensch und Mensch, beispielsweise die Transplantation von Herz[2], Niere oder Leber. Eine besondere Form ist die Xenotransplantation zwischen Tier und Mensch. So kann ein Mensch zum Beispiel die Herzklappen von einem Schwein erhalten.
Unterschieden wird auch zwischen der Lebend- und Todspende. Als Lebendspende
10 bezeichnet man die Organspende durch einen gesunden Menschen. Hierbei werden Organe oder Organteile von einem gesunden Menschen entnommen und einem Kranken übertragen. So spendete beispielsweise Bundespräsident Frank-Walter Steinmeier 2010 seiner Frau eine Niere[3]. Die Todspende hingegen ist die Organspende nach einer gravierenden Hirnschädigung, wie im Falle von
15 Stefan Henze.

Organe gerecht verteilen

Bisher ist die Spendenbereitschaft nicht besonders stark ausgeprägt. Durch den Mangel an Spenderorganen stellt sich deshalb immer wieder die Frage, welche Person von mehreren gleich bedürftigen Kranken als erste ein Spenderorgan erhalten soll. In der Praxis wird die Bedürftigkeit mithilfe medizinischer Kriterien
5 geklärt. Hierbei spielen unter anderem das Alter, die Übereinstimmung der Blutgruppe, die Gewebeverträglichkeit, der allgemeine Gesundheitszustand und die genetische Disposition eine Rolle. Auch die Frage der „längeren Lebensaussichten" wird mitberücksichtigt.

Für eine gerechte Verteilung von Spenderorganen sollten jedoch nicht nur medi-
10 zinische Kriterien berücksichtigt werden, da alle Menschen aufgrund des Artikel 2 des Grundgesetzes einen ethisch-rechtlichen Anspruch auf den Schutz ihres Lebens haben und nach Artikel 3 auch nicht benachteiligt werden dürfen, was ihren Anspruch auf gesundheitliche Fürsorge anbelangt. Aus der Gleichheit dieses Anspruchs leitet sich die Gleichheit der Verpflichtung ab, allen Kranken das
15 von ihnen benötigte Organ einzupflanzen. Diese Verpflichtung, Menschen als Menschen gleich zu behandeln, kann nicht mit einer medizinisch beschriebenen Ungleichheit der Kranken aufgehoben werden. […]

Aus ethischen Gründen wurde deshalb der Vorschlag gemacht, das Auswahlverfahren künftig nach dem Lotterie-Prinzip zu gestalten, d. h. die Umsetzung des
20 gleichen Anspruchs auf ein Organ dem Zufall zu überlassen. Wie bei der Lotterie üblich, haben Patientinnen und Patienten mit gleicher Punktzahl jeweils eine farbige Kugel in einer Trommel. Nach einer hinreichenden Durchmischung der Kugeln wird dann eine bestimmte farbige Kugel gezogen, und diejenige Person, die die Kugel eingebracht hat, erhält das Organ. Dieses Verfahren hätte den Vor-
25 teil, dass eine Bevorzugung bestimmter Patientinnen und Patienten bei der Organvergabe ausgeschlossen wäre.

Laura Brüning, *Juristin*

„Eine Organspende hängt aus ethischer Sicht vor allem mit dem Problem der Verteilungsgerechtigkeit zusammen. Es gibt mehr Menschen, die an Organversagen leiden, als in Europa Spenderorgane verfügbar sind. Durch dieses Missverhältnis sterben allein in der Bundesrepublik jährlich mehr als 14 000 Patientinnen und Patienten, weil es einen Mangel an Spenderorganen wie Herzen oder Nieren gibt. Dabei kann jeder ab dem 16. Lebensjahr für sich entscheiden, ob er nach dem Tod Organe spenden möchte, und seinen Willen in einem Organspenderausweis kundtun."

Laura Brüning

Die Verteilung von Spenderorganen übernimmt in acht europäischen Ländern die Stiftung" Eurotransplant":
www.eurotransplant.org

1. Wie beurteilt ihr den Vorschlag, die Organverteilung bei gleicher medizinischer Bedürftigkeit nach dem Lotterieprinzip vorzunehmen? Wäre dieses Vorgehen gerecht? Begründet eure Entscheidung (Lest hierzu auch die Seiten 140).

2. Welche Gründe könnte es geben, dass Menschen sich scheuen, einen Organspenderausweis zu erhalten? Sind Menschen überhaupt verpflichtet, Organe zu spenden? Sprecht darüber in der Ethikgruppe.

3. **Projektvorschlag:** Führt Interviews mit Menschen aus eurem Umfeld. Fragt sie, warum sie (k)einen Spenderausweis haben.

🦉 Stellt euch vor, ihr solltet für die Bundeszentrale für gesundheitliche Aufklärung für die Organspende werben. Entwerft dazu Werbeplakate.

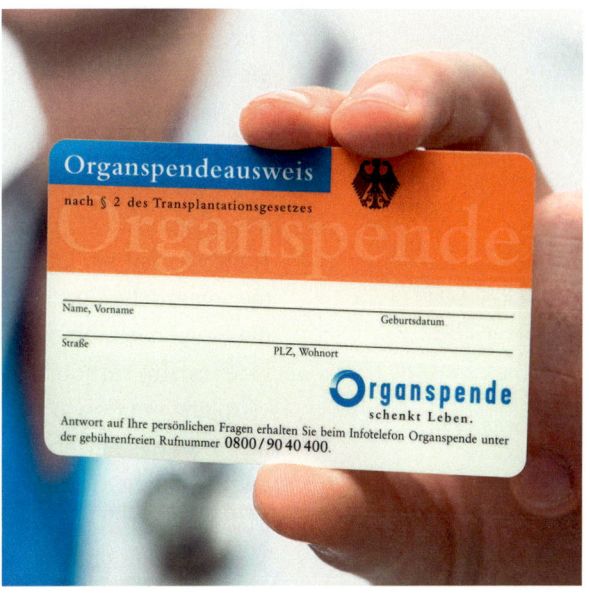

Dürfen wir in den Code des Menschen eingreifen?

Menschen nach Maß schaffen?

Geschichte des Klonens
1944: erste Befruchtung menschlicher Eizellen im Reagenzglas;
1952: Klonen von Kaulquappen aus Froschembryo-Kernen;
1953: Entschlüsselung der DNA-Struktur;
1959: Das erste im Reagenzglas gezeugte Säugetier wird geboren – ein Kaninchen.
1978: Das erste im Reagenzglas gezeugte Baby wird geboren.
1996: Das Klon-Schaf „Dolly" wird geboren.
2000: Zulassung des therapeutischen Klonens in Großbritannien.

Im September 1990 gab es in den USA eine medizinische Revolution. Der Arzt William French Anderson führte bei einem vierjährigen Mädchen eine Genbehandlung durch. Das Kind litt an einer tödlichen Erbkrankheit, dem ADA-Mangel. Bei dieser seltenen Erkrankung fehlt lediglich die Bauanleitung für das Enzym
5 Adenosin-Desaminase.
Dieser kleine Fehler hatte jedoch große Folgen für das gesamte Immunsystem des Mädchens. Immer wiederkehrende Krankheiten bedrohten ihr Leben. Aus diesem Grund schleuste Anderson, der heute als „Vater der Gentherapie" gilt, ein intaktes Gen in das Erbgut der weißen Blutkörperchen der Patientin ein. Seitdem ist das
10 kleine Mädchen kerngesund.
Mit seiner Operation hat Anderson verwirklicht, was bisher immer ein Traum vieler Wissenschaftlerinnen und Wissenschaftler gewesen ist: Er hat in den Code der Natur eingegriffen, um heilen zu können. Doch seine Therapie wirft auch Fragen auf, insbesondere bezüglich der ethischen Dimension: Wo liegt die Grenze
15 zwischen einer erwünschten Heilung und der ethisch fragwürdigen „Verbesserung des Erbguts"?
Andersen hat ein krankes Gen durch ein gesundes ersetzt. Und selbst wenn man die somatische Gentherapie[1] für ethisch gerechtfertigt hält, stellt sich dennoch die Frage nach ihren mittelbaren Folgen. Öffnet sie den Weg für die in Deutsch-
20 land bislang verbotene Keimbahntherapie[2]?
Wird erst ein Gen in die Keimzellen verpflanzt, sodass die Veränderung des Gens nicht nur das einzelne Lebewesen, sondern auch alle zukünftigen Lebewesen betrifft, können Wissenschaftlerinnen und Wissenschaftler einen Menschen nach Maß schaffen. Und sie würden dann vielleicht nur noch schöne und gesunde
25 Menschen züchten.

Barbara Brüning

1: Therapeutisches Klonen (siehe Seite 219)

2: Reproduktives Klonen (siehe Seite 219)

Wissen und Merken: Was heißt Klonen?

Klon bedeutet im Griechischen „Zweig" oder „Sprössling". Der Begriff „Klonen" bezeichnet einen Vorgang, bei dem eine genetisch identische Kopie oder zumindest Gewebezellen eines Lebewesens entstehen. Dafür gibt es zwei Verfahren.

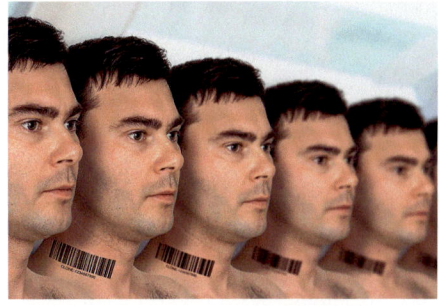

5 a) Beim *Embryonensplitting* wird ein Embryo in einem frühen Entwicklungsstadium in mehrere Zellen geteilt; diese können sich wiederum zu einem vollständigen Lebewesen entwickeln.

b) Beim *Zellkerntransfer* wird zunächst der Kern einer Zelle in eine unbefruchtete Eizelle eingepflanzt. Zuvor wird die Eizelle voll-

10 kommen entkernt, sodass sie nur noch aus dem Zellkörper besteht. Aus der nun zusammengesetzten Eizelle kann ebenfalls ein vollständiges Lebewesen entstehen. Dieser Vorgang wird als „reproduktives Klonen" bezeichnet.

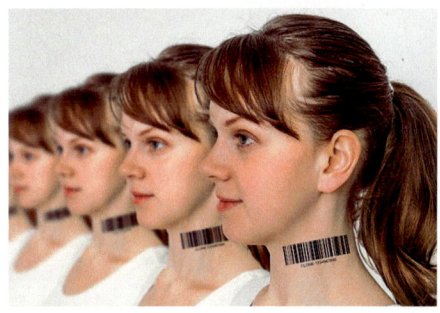

Wenn anstatt eines vollständigen Lebewesens aus einem Embryo

15 nur Gewebe gezüchtet wird, um beispielsweise geschädigte Herzzellen bei Infarkt-Patienten zu ersetzen, spricht man vom „therapeutischen Klonen".

Weitere Informationen über das Klonen: *www.bpb.de* (Suchwort: Klonen).

Wir philosophieren: Texte erschließen – nach der Plato-Methode

P Problem, Frage oder Thema des Textes benennen.　?

L Lösungsvorschlag, Position oder Antwort des Textes erfassen.

A Argumente für die im Text dargelegte Position analysieren.

T Tragfähigkeit der Argumente prüfen: Sind sie überzeugend?

O Orientierung finden: Erweitert der Text meinen Horizont?

Die Plato-Methode wurde von Joachim Kalcher und Michael Wittschier entwickelt.

1. Erschließt den Text „Menschen nach Maß schaffen" nach der Plato-Methode.

2. Beantwortet die Frage, ob Andersens Eingriff in das Erbgut des Mädchens auch aus ethischen Gründen zu begrüßen ist? Begründet euren Standpunkt.

3. Stellt in kleinen Gruppen Gründe für und gegen das Klonen zusammen und bewertet sie.

4. Schreibt eine Standpunktrede*: Sollte das therapeutische Klonen weiter ausgebaut werden?

🦉 Ein amerikanischer Wissenschaftler hat gesagt, durch das Klonen würden Genies oder Menschen mit großer Schönheit erzeugt, die das Leben der Gattung Mensch erfreulicher machten. Diskutiert über diesen Standpunkt und bezieht auch den Comic in eure Überlegungen mit ein.

Wissen und Verstehen:
Der Mensch zwischen Natur und Technik

Das weiß ich: Diese Namen und Begriffe kann ich ordnen

Ibn Khaldoun

Organspende

Muquaddima

Mängelwesen

Künstliche Befruchtung

Frank Fraser Darling

Menschenwürde von Embryos

Anthropozentrische Ethik

Mensch

Weltoffenheit

Postbiologische Intelligenz

Natur

Arnold Gehlen

Das Erlanger Baby

Prometheus

Hans Moravec

Kultur

Klonen

Handimals

Platon

1. Gestaltet mit den Begriffen eine Mindmap* zu den beiden Themen „Natur" und „Kultur".

2. Schreibt anschließend entweder zu Kultur oder Natur ein Elfchen*.

Darauf kommt es an: Natur und Kultur unterscheiden

Natur umfasst alle Vorgänge, die eigenständig ohne das Zutun des Menschen ablaufen: wachsen, werden und vergehen. In diesen Kreislauf ist auch der Mensch eingebettet, der sich durch seine **Denkfähigkeiten (Ibn Khaldoun)** und die **Weltoffenheit (Arnold Gehlen)** von den anderen Lebewesen unterscheidet. Er

5 ist zwar von seinen natürlichen Fähigkeiten her ein **Mängelwesen (Platon, Gehlen)**, aber er besitzt als Vorteil die **Fähigkeit, sein Leben zu planen und technisch weiterzuentwickeln (Hans Moravec)**. Er gestaltet somit die **Kultur**, d. h. er drückt durch sein **geistiges, moralisches und künstlerisches Schaffen** der Natur seinen Stempel auf.

Das kann ich: Erbkrankheiten bekämpfen – in einer Talkshow argumentieren

Ihr wählt fünf Schülerinnen und Schüler aus. Sie sollen in einer Talkshow miteinander diskutieren. Die Beteiligten vertreten folgende Rollen:

1. Beteiligt an der Talkshow ist ein *Mädchen mit einer Erbkrankheit*. Sie spricht über ihre Angst vor einem frühen Tod. Ihre Krankheit gilt bisher als unheilbar; nun

5 jedoch, so ergänzt sie, könne durch das therapeutische Klonen ein Medikament entwickelt werden, das mit hoher Wahrscheinlichkeit ihr Leben retten würde.

2. Auch ihre *Ärztin* plädiert dafür, jede nur mögliche Hilfe zu bieten und deshalb die Embryonenforschung voranzutreiben.

3. An der Diskussion nimmt auch ein *Vertreter der Pharmaindustrie* teil. Er stimmt

10 der Ärztin zu. Die Entwicklung von Medikamenten aus dem Gewebe von embryonalen Stammzellen würde viele Menschenleben retten.

4. Anschließend ergreift eine *Vertreterin der Kirche* das Wort. Sie verweist auf die göttliche Schöpfung des Menschen, in die vom Menschen nicht eingegriffen werden dürfe, denn nach der Befruchtung der Eizelle beginne das Leben.

15 5. Beteiligt ist auch noch ein *Philosoph*. Er argumentiert, dass eine Zelle keine Menschenwürde besitze und dass aus diesem Grund mit embryonalen Stammzellen geforscht werden dürfe.

1. Phase: Jeder von euch ordnet sich in Einzelarbeit einer Position zu und schreibt mindestens drei Argumente für diese Position auf.

20 **2. Phase:** Ihr bildet fünf Gruppen und versucht unter der Leitung der oben angeführten Interessenvertreter in der Gruppe die jeweilige Position überzeugend zu begründen und dadurch die Talkshow vorzubereiten.

3. Phase: Nun findet die Diskussion zwischen den Interessenvertretern unter Berücksichtigung der in der Gruppe entwickelten Argumente statt.

25 Nach der Talkshow wertet ihr das Spiel gemeinsam aus: Wer hat euch mit welchen Argumenten überzeugt? Gibt es eine Lösung des Problems?

Kapitel 12:
Wissenschaft und Wahrheit

Wissenschaft bedeutet, dass wir etwas über die Welt herausfinden wollen,
was wir noch nicht wissen.

Nach Richard Feynman, amerikanischer Physiker

1. Deutet den Gedanken von Richard Feynman im Zusammenhang mit den Fotos.
2. Gestaltet zu den Begriffen „Wissenschaft" und „Wahrheit" eine Mindmap*
und erweitert diese am Schluss der Unterrichtseinheit.

In diesem Kapitel lernst du

– verschiedene Einteilungen der
  Wissenschaften kennen
– unterschiedliche Methoden
  von Wissenschaft zu beurteilen
– logische Schlüsse zu ziehen

Dabei nutzt du

– induktive und deduktive
  Verfahren
– logische Schlussverfahren
– die Mindmap*

**Du beurteilst und
bewertest**

– die Wissenschaftsentwicklung
  von der Antike bis zur Neuzeit
– verschiedene wissenschaftliche
  Methoden
– die gesellschaftliche Bedeutung
  von Wissenschaft am Beispiel
  der Raumfahrt

Wenn der Zufall zu neuen Erkenntnissen führt

Die vergessene Platte

Kurz bevor er in den Urlaub fuhr, legte Alexander Fleming[1], der am Londoner
St. Mary's Hospital arbeitete, eine Nährbodenplatte an. Auf ihr befanden sich
Staphylokokken, eine bestimmte Art von Bakterien, die er beobachten wollte.
Während der Sommerferien vergaß Fleming diese Platte. Nach seiner Rückkehr an
5 das Hospital entdeckte er, dass auf ihrem Nährboden ein Schimmelpilz gewachsen war, in dessen unmittelbarer Nähe sich die Staphylokokken nicht vermehrt
hatten. Alexander Fleming nannte den Schimmel Penizillin[2] oder Bakterien-
Töter. Er experimentierte mit dem Penizillin weiter und erkannte, dass der Wirkstoff zwar nicht alle, aber viele Bakterien abtötete und dass Penizillin sowohl für
10 Menschen als auch für Tiere ungiftig war. Alexander Fleming freute sich über seine Entdeckung und veröffentlichte sie. Er kam jedoch nicht auf die Idee, den
Wirkstoff als Medikament weiter zu entwickeln.
Erst 10 Jahre später stießen andere Wissenschaftler auf der Suche nach einem
wirksamen Medikament, das Bakterien abtötet, auf Flemings Entdeckung. Sie
15 analysierten das Penizillin und schafften es, den Wirkstoff zu isolieren. Sie testeten
ihn zunächst an Ratten. Nach einer längeren Testphase wurde 1941 der erste
Mensch, ein Polizist aus London, der sich nach einer kleinen Schnittwunde eine
Blutvergiftung zugezogen hatte, mit Penizillin behandelt. Und die Wissenschaftler
waren verblüfft: Innerhalb von wenigen Tagen war sein Fieber verschwunden.
20 Da jedoch zu diesem Zeitpunkt kein Penizillin mehr vorhanden war, musste die
Behandlung gestoppt werden. Der Polizist verstarb kurz darauf und die Wissen-
schaftler erkannten, dass Penizillin länger eingenommen werden muss, um die
Bakterien restlos abzutöten.
Barbara Brüning

🦉 Was ist Wissenschaft?

(1) Subjektiv verstanden ist die Wissenschaft nichts anderes als systematisches Wissen. Sie ist (a) ein Wissen, also eine Eigenschaft des menschlichen – und zwar des individuellen – Subjektes. Wer eine Wissenschaft, wie man sagt, besitzt, der hat die Fähigkeit, manches in ihrem Gebiete zu verstehen und die dem Gebiete
5 zugehörenden (geistigen) Handlungen richtig auszuführen. So hat z. B. ein Mensch, der die Arithmetik besitzt, die Fähigkeit, arithmetische Gesetze zu verstehen und korrekt arithmetisch zu rechnen. Wissenschaft in diesem Sinne ist nichts anderes als eine solche Fähigkeit – die natürlich mit eigentlichem Wissen, d. i. in unserem Beispiel mit der Kenntnis von vielen Gesetzen, verbunden ist.
10 Darüber hinaus ist die subjektiv verstandene Wissenschaft (b) ein systematisches Wissen. Nicht jeder, der etwas in einem Gebiete weiß, besitzt die betreffende Wissenschaft, sondern nur jener, der das Gebiet systematisch durchforscht hat und außer den einzelnen Sachverhalten auch ihre Zusammenhänge kennt. Man spricht manchmal von wissenschaftlichen Tätigkeiten, also vom Forschen. Diese
15 werden „wissenschaftlich" genannt, weil ihr Ziel in der Bildung bzw. Ausbildung der Wissenschaft im subjektiven Sinne besteht. Denn wer forscht, lernt usw., der bemüht sich um ein systematisches Wissen.
(2) Objektiv verstanden ist die Wissenschaft nicht ein Wissen, sondern ein Gefüge von objektiven Sätzen. In diesem Sinne sagt man etwa „Die Mathematik
20 lehrt" oder „Wir entlehnen aus der Astronomie den Satz ..." usw. Die so verstandene Wissenschaft besteht offenbar nicht „an sich" – aber sie ist auch nicht an einen Einzelmenschen gebunden. Vielmehr handelt es sich bei ihr um ein soziales Gebilde, indem sie im Denken mehrerer Menschen besteht – und zwar oft so, dass keiner von diesen alle ihr zugehörigen Sätze kennt.

Joseph Maria Bocheński[1]

„Das Wort ‚Wissenschaft' hat unter anderen zwei wohl koordinierte, aber verschiedene Bedeutungen: Man kann es nämlich entweder im subjektiven oder im objektiven Sinne verstehen."
Joseph Maria Bocheński

1: Joseph Maria Bocheński (1902–1995) war ein polnischer Logiker und Philosoph, der 1927 in den Dominikanerorden eintrat. Er wurde von der syllogistischen Logik des Aristoteles beeinflusst (siehe nächste Seite). Sein wichtigstes Buch heißt „Zeitgenössische Denkmethoden".

Wissen und Merken: Einteilung der modernen Wissenschaften

Empirische Wissenschaften basieren auf Tatsachen, Beobachtungen und Experimenten, z. B. die Naturwissenschaften

Nichtempirische Wissenschaften arbeiten mit einem System von rationalen, nicht nachprüfbaren Aussagen, z. B. die Philosophie

---

1. Erklärt mit eigenen Worten am Beispiel von Alexander Fleming, worin der Zusammenhang von Wissenschaft und Zufall besteht.
2. Wählt und und erläutert das Zusammenspiel zwischen der subjektiven und objektiven Komponente der Wissenschaft.
3. Ordnet eure Schulfächer den empirischen und nichtempirischen Wissenschaften zu, und begründet eure Zuordnung. Überlegt insbesondere, wozu die Mathematik gehört.
🦉 Fädelt eine Gedankenkette*: *Eine Welt ohne Wissenschaft wäre …*

Wissenschaft und Methode – von der Antike bis zur Neuzeit

1: Aristoteles (siehe die Seiten 33 und 45) ist der Begründer der syllogistischen Logik. Durch das analytisch zergliedernde Verfahren wird ein komplexer Gegenstand auf seine einfachen Bestandteile zurückgeführt.

2: Das Seiende ist ein Synonym für den Begriff „Welt".

Das Seiende erforschen

Aristoteles[1] hat sich in seinem Buch „Physik" als erster Philosoph mit der Frage nach dem Wesen und der Einteilung der Wissenschaft beschäftigt.

5 „Die Philosophie als Wissenschaft betrachtet das Seiende[2] in seinem Wesen und seiner Gesamtheit. Sie sucht nach Prinzipien und höchsten Ursachen. Die Einzelwissenschaften hingegen

10 schneiden sich einen bestimmten Teil vom Seienden heraus, den sie ausführlich untersuchen." Als Ziel aller Wissenschaften bezeichnete Aristoteles „die Suche nach der Wahrheit".

15 Eine wissenschaftliche Untersuchung sollte nach Aristoteles mithilfe des logischen Denkens durchgeführt werden, da die wechselnden Erfahrungen der Menschen kein festes Fundament der Wissenschaft ermöglichen. Der Begriff „Logik" leitet sich aus dem griechischen Wort *Logos* ab, das mehrere Bedeutungen hat,

20 u. a. „Rede", „Gesetz" oder allgemein „Wissenschaft". Aristoteles entwickelte in seinem „Organon" ein wissenschaftliches Beweisverfahren, durch das die Richtigkeit von Behauptungen nachgewiesen werden kann. Als richtig können demnach nur solche Sätze anerkannt werden, die aus richtigen Vordersätzen (Prämissen) abgeleitet werden. Diese allgemeingültigen Sätze werden als „All-Sätze"

25 bezeichnet und gelten für alle denkbaren Fälle. Die Deduktion erfolgt in Form von Schlüssen (Folgerungen), die Aristoteles „Syllogismus" nannte. Ein Syllogismus ermöglicht nach Aristoteles, die Plausibilität von Wahrheitsansprüchen in den Wissenschaften zu überprüfen. Die deduktive Methode hat bis in die Neuzeit die Entwicklung der Wissenschaften beeinflusst und führte beispielsweise

30 zur Formulierung der Planetengesetze durch Johannes Kepler (siehe Seite 231).

Barbara Brüning

Wissen und Merken: Beispiel für die Methode der Deduktion

3: Sokrates (siehe Seite 96)

1. Prämisse:	Alle Philosophen streben nach Weisheit
2. Prämisse:	Sokrates[3] ist ein Philosoph.
3. Folgerung:	Also strebt Sokrates nach Weisheit.

Der Natur Geheimnisse entreißen

Francis Bacon […] kritisierte die herkömmlichen Vorgehensweisen der Wissenschaftler. Er war der Überzeugung, dass die Menschen durch wissenschaftliche Erkenntnisse Macht über die Natur erlangen könnten. Man müsse der Natur ihre Geheimnisse entreißen und sie dem Menschen dienstbar machen. Der wissen-
5 schaftliche Fortschritt sollte die Pläne und den Wohlstand der Menschen in unvorstellbarem Ausmaß fördern. Bacon war der Ansicht, dass die bisherige Vorgehensweise der Wissenschaftler nichts Neues zu enthüllen vermochte, solange sie von der Natur nur Zustimmung für Dinge suchte, die schon bekannt waren. Die Vorgehensweise in den Wissenschaften sollte sich dahingehend ändern, dass auf
10 Grundlage eines angesammelten Datenmaterials eine Hypothese aufgestellt wird, und diese dann anhand von Experimenten überprüft werden müsste. Eine Bestätigung der Hypothese mache es dann möglich, aus dem erhaltenen Naturgesetz weitere Einzelheiten abzuleiten, was nichts anderes bedeutet, als Vorhersagen zu machen. Die Methode der Induktion – das Schließen vom Einzelnen
15 auf das Allgemeine – und die Methode der Deduktion – das Schließen vom Allgemeinen auf das Einzelne – hat die Wissenschaft bis ins 20. Jahrhundert hinein geprägt.

Sabine Heister, *Philosophin*

Keine Wissenschaft ohne Erfahrung

So bleibt die bloße Erfahrung übrig, welche, wenn man ihr begegnet, Zufall, und wenn man sie sucht, Versuch genannt wird. Diese Art Erfahrung ist aber nur ein Besen ohne Band und ein bloßes Herumtappen, wie es des Nachts geschieht, wo man Alles befühlt, bis man zufällig den rechten Weg getroffen hat, während
5 es sicherer und ratsamer gewesen wäre, den Tag abzuwarten oder ein Licht anzuzünden und dann den Weg zu betreten. Die richtig geordnete Erfahrung zündet erst das Licht an, zeigt dann bei Licht den Weg, beginnt mit der regelrechten und umfassenden Erfahrung, nicht mit der voreiligen und herumtappenden; daraus zieht sie die Lehrsätze, und mit den festgestellten Lehrsätzen verbindet sie
10 neue Versuche; denn auch das göttliche Wort hat den Stoff der Welt nicht ohne Regel behandelt.

Francis Bacon [1]

1: Francis Bacon (1561–1626) war ein englischer Philosoph, Politiker und Naturwissenschaftler. In seinem Buch „Novum Organon" entwickelte er die induktive Methode.

1. Diskutiert über die Antwort, die Aristoteles seinem Schüler gibt. Begründet, ob ihr zustimmt oder nicht.

2. Sucht weitere Beispiele für Syllogismen und probiert sie im Schlussverfahren aus.

3. Vergleicht Aristoteles' Einteilung der Wissenschaften mit derjenigen von Seite 225.

4. Welche Rolle soll die Wissenschaft bei Francis Bacon spielen?

🦉 Unternehmt ein Gedankenexperiment: Wie würden Menschen mit nur ungeordneten Erfahrungen im Sinne von Francis Bacon leben? Verfasst dazu einen fiktiven Beobachtungsbericht aus der Perspektive eines außerirdischen Forschers.

Wege in die Wissenschaft – Jugend forscht

Drohende Vulkangefahr in Südwest-Island?

„Warnende Wärmebilder – Drohende Vulkangefahr in Südwest-Island?", so lautete der Titel meines Forschungsprojekts. Meine Feldarbeit habe ich in Island durchgeführt – während eines einwöchigen Aufenthalts im Rahmen einer „Jugend forscht[1]"-Reise unserer Schule, dem Gymnasium Heidberg in Hamburg.

5 Gearbeitet habe ich auf der Halbinsel Reykjanes im Hochtemperaturgebiet Seltún bei Krýsuvík. Hier steigen in einem Quadratkilometer großen Gebiet an vielen Stellen heiße Gase und sogenannte Fluide auf, die über dampfende Quellen (Solfataren) und Schlammtöpfe („Mud Pools") in die Atmosphäre austreten und dabei Temperaturen von zum Teil über 100 Grad Celsius erreichen. Sie sind ein

10 sichtbares Zeichen für die magmatischen[2] Bewegungen in der oberen Erdkruste. Da sich die Erdbebentätigkeit in der Region erhöht hatte, wollte ich herausfinden, ob diese mit einer verstärkten Tätigkeit im Hochtemperaturgebiet einhergeht. Meine Hypothese[3] lautete: Die Häufung von (schwachen) Erdbebenschwärmen ist ein Resultat verstärkter Bewegungen in der Magmakammer. Dabei werden

15 vermehrt Gase und Fluide – auch mit höheren Temperaturen – nach außen abgegeben. Dies müsste an der Oberfläche festzustellen sein.
Indikator waren bei meinem Forschungsprojekt die Temperaturen der austretenden Gase und Fluide, die ich im Verlauf der systematischen Begehung des Gebietes mithilfe einer Wärmebildkamera erfasst und dokumentiert habe. Aus einer früheren

20 wissenschaftlichen Untersuchung lagen Vergleichswerte vor, mit denen ich die von mir ermittelten Messwerte in Beziehung setzen konnte.
Als Ergebnis stellte ich fest: An mehreren Messpunkten war die Temperatur seither deutlich angestiegen. Für mich war dies ein deutliches Indiz dafür, dass sich hier zunehmend Magma der Erdoberfläche nähert. Meine Empfehlung

25 lautete deshalb, die Region verstärkt zu überwachen, um frühzeitig einen möglichen Ausbruch zu erkennen.
Florentine, 17 Jahre[4]

1: „Jugend forscht" ist ein Nachwuchswettbewerb, bei dem Jugendliche und Kinder ihre Forschungsarbeiten einreichen können. Siehe: *www.jugend-forscht.de*

2: „Magma" (wörtlich: „geknetete Masse") sind heiße Gesteinsschmelzen, die nach einem Vulkanausbruch allmählich abkühlen und erstarren.

3: Eine logisch aufgebaute Aussage, die zunächst nur eine unbewiesene Annahme ist

4: Florentine Mostaghimi-Gomi studiert inzwischen Biochemie in Lübeck. Sie hat als Schülerin an „Jugend forscht" teilgenommen.

🦉 So arbeiten Wissenschaftlerinnen und Wissenschaftler

Man wendet sich an die Erfahrung: Zunächst sucht man die Tatsachen zu vervielfältigen, indem man die Umstände abändert,
unter denen sie auftreten können. Das innere Gefühl für Analogie[1]
weist auf Gesetze hin, die noch nicht hervortreten: Und man
5 bemüht sich, die einzelnen Vorgänge, welche die Wirkungen kom-
plizierter machen, voneinander zu trennen. indem man beobachtet,
was den größten und den geringsten Einfluss auf sie ausübt.
Alsdann ordnen sich die Tatsachen, sie bieten einen Zusammenhang; eine Anordnung der Gesetze, deren Existenz man vermutet
10 hatte, tritt offen zutage und fügt sich an die älteren Kenntnisse
als ein neuer Zweig des Wissens an. Während einer solchen Periode
besitzt man indessen nur den experimentellen Teil. Die Theorie
wird erst gebildet, wenn man die Tatsachen auf einen mathemati-
schen Ausdruck gebracht und aus dieser Formel Folgerungen
15 abgeleitet hat, die sich mit der Erfahrung decken. Die aus den ersten
Beobachtungen hervorgegangenen Formeln offenbaren dann
wieder die Existenz bisher unbekannter Tatsachen.

Sophie Germain[2]

1: Ähnlichkeit, Gleichartig-
keit

2: Sophie Germain
(1776–1831) war eine französische Philosophin und
Mathematikerin. Sie hat
sich insbesondere mit dem
Unterschied zwischen Natur-
und Geisteswissenschaften
beschäftigt.

Wir philosophieren: Eine wissenschaftliche Hypothese aufstellen

1. Stufe: Beobachtung und Aufzeichnung von Phänomenen

2. Stufe: Zusammenstellung verschiedener Aussagen über die beobachteten
Phänomene in Protokollaussagen oder Beobachtungsberichten

3. Stufe: Aufstellung einer Hypothese, d. h. Erklärung der Protokollaussagen
unter Berücksichtigung eines verallgemeinernden Prinzips oder einer schon
existierenden Theorie – in den meisten Fällen nach einem Ursache-Wirkungs-
zusammenhang: *Wenn A, dann B …*

4. Stufe: Bildung einer Theorie

1. Fasst die Gedanken von Sophie Germain mit
   eigenen Worten zusammen.
2. Überprüft, ob Florentine im Sinne von Sophie
   Germain wissenschaftlich vorgegangen ist. Erklärt
   insbesondere den Zusammenhang zwischen
   Erfahrung, Tatsache und Theorie anhand von
   selbstgewählten Beispielen.

3. Informiert euch in Zusammenarbeit mit dem
   Geografie-Unterricht über die Vulkanlandschaft
   in Island.
🦉 Francis Bacon (siehe Seite 227) hat empfohlen,
   Kinder und Jugendliche schon frühzeitig an die
   Wissenschaften heranzuführen. Überlegt, warum
   das wichtig ist.

Der besondere Text:
Nach der Wahrheit suchen

Jan Vermeer: Der Astronom, 1668

1: Johannes Kepler (1571–1630) ist einer der bedeutendsten Astronomen der Wissenschaftsgeschichte. Auf seinen Reisen kam er mit einigen der wichtigsten Wissenschaftler seiner Zeit zusammen. Er war davon überzeugt, dass das Universum harmonisch und proportional geordnet ist und die Sonne im Mittelpunkt des Universums steht (heliozentrisches Weltbild).

Die Ordnung der Welt erkennen

Eine sternenklare Herbstnacht im frühen 17. Jahrhundert am Hof in Prag endet. Gleich wird die Sonne aufgehen. Johannes Kepler **1** sitzt in seiner Studierstube. Wieder schmerzen seine kranken Augen, der
5 Morgen graut und wieder hat er die Sterne nicht beobachten können, denen er doch sein ganzes Nachdenken widmet. Vor ihm auf dem Tisch liegt ein Kalender für das nächste Jahr. Die Arbeiten daran sind fast abgeschlossen. Viele Menschen warten
10 darauf, denn seine Kalender sind begehrt. Doch er hat keine Freude daran, ihm geht es um mehr. Das Universum ergründen und verstehen – das bedeutet Gott verstehen. Alles, jedes kleine Detail der Wirklichkeit, all das hat Gott in seiner Schöpfung so gemacht,
15 wie es sein soll. Es kann nicht anders sein. Die vernünftige Ordnung der Welt, so wie wir sie durch unsere Vernunft* und Wissenschaft erkennen können, zeigt sich in jedem kleinen Kieselsteinchen und in der Harmonie des ganzen Weltalls! Doch … – Kepler
20 hält inne. Aus seiner Tasche holt er eine Nachricht. Darin steht, dass seine Mutter in Württemberg erneut der Hexerei beschuldigt wird. Wieder muss er sich aufmachen, wieder das Studierzimmer verlassen, hinaus in die taumelnde Welt.

Daniel Nachtsheim

Wissen und Merken: Die Begründer der modernen Naturwissenschaft

Die Astronomen Nikolaus Kopernikus, Johannes Kepler, Galileo Galilei und der Physiker Issac Newton gelten als die Begründer der modernen Naturwissenschaft im 16. und 17. Jahrhundert. Sie verfügten über zwei wichtige wissenschaftliche Fähigkeiten: eine riesengroße Geduld bei den Beobachtungen des Kosmos
5 und sehr viel Kühnheit beim Aufstellen von Hypothesen über die Bewegung der Himmelskörper. Darüber hinaus zeigten sie Mut, das geozentrische Weltbild, das die Erde in den Mittelpunkt des Universums stellte, anhand ihrer wissenschaftlichen Erkenntnisse zu kritisieren.

Wie Kepler die Planetengesetze fand

Kepler ging nach der aristotelischen Methode deduktiv vor (siehe Seite 226). Er setzte voraus, dass die Planeten um die Sonne und nicht um die Erde kreisen, wie von den Vertretern des geozentrischen Weltbildes[1]

5 behauptet wurde. Außerdem vermutete er, dass die Bewegung der Planeten entweder zirkulär[2] oder aus wenigen zirkulären Bewegungen zusammengesetzt ist. Dazu stellte er drei Hypothesen auf:

1. Die Umlaufbahn des Mars ist ein Kreis um ein

10 Zentrum C, welches sich ein wenig von der Sonne entfernt befindet. 2. Die Umlaufbahn des Mars setzt sich aus zwei Kreisen zusammen, deren zusammengesetzte Form eiförmig ist, wobei das spitze Ende den sonnennächsten Punkt des Mars bildet. 3. Die Umlaufbahn des Mars ist eine

15 Ellipse mit der Sonne in einem der Zentren.

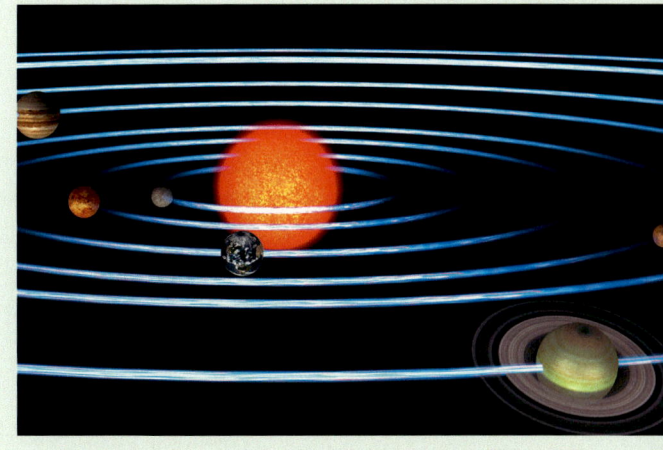

Jede dieser Hypothesen hat Kepler mit den von ihm gesammelten Beobachtungen über die Planetenbahnen verglichen. Die ersten beiden Vermutungen musste er aufgrund ihrer Nichtübereinstimmung mit den verfügbaren empirischen Daten verwerfen; nur die dritte Hypothese ließ sich aufrechterhalten. Sie ist als das Keplersche Gesetz in die Wissenschaftsgeschichte eingegangen.

Barbara Brüning

1: Das geozentrische Weltbild ist eine Vorstellung des Universums, in der die Erde im Mittelpunkt steht.

2: Kreisförmig, wiederkehrend

3: Eine wissenschaftliche Aussage oder Behauptung durch einen empirischen oder logischen Beweis widerlegen (falsifizieren)

Theorien falsifizieren

Meine Hauptthese ist: Was die wissenschaftliche Einstellung und die wissenschaftliche Methode von der vorwissenschaftlichen Einstellung unterscheidet, das ist der Lösungsversuch, das ist die Methode der Falsifikationsversuche[3]. Jeder Lösungsversuch, jede Theorie, wird so streng, wie es nur möglich ist überprüft.

5 Aber eine strenge Prüfung ist immer ein Versuch, die Schwächen des Prüflings herauszufinden. So ist auch unsere Überprüfung der Theorien ein Versuch, ihre Schwächen aufzudecken. Die Überprüfung einer Theorie ist also ein Versuch, die Theorie zu widerlegen oder zu falsifizieren.

Karl Popper[4]

4: Karl Popper (1902–1994) gehört zu den bekanntesten Philosophen des 20. Jahrhunderts. Er beschäftigte sich insbesondere mit Wissenschafts- und Erkenntnistheorien, aber auch mit unterschiedlichen Vorstellungen einer gerechten Gesellschaftsordnung.

1. Informiert euch über die vier erwähnten Naturwissenschaftler auf der Seite 230: Erarbeitet über ihr Leben und Wirken Kurzreferate.

2. Begründet, warum die Falsifikation von Hypothesen und Theorien eine wichtige Voraussetzung von Wissenschaft ist.

3. Informiert euch über Hexerei und Hexenverbrennungen sowie über Inquisition als Instrument, Wissenschaftlerinnen und Wissenschaftler unter Druck zu setzen.

🦉 Deutet den Gedanken Keplers, dass sich die vernünftige Ordnung der Welt in jedem Kieselstein zeigt.

Wahrheiten über die Welt sagen

Was ist Wahrheit?

Aristoteles hat sich als erster Philosoph mit der Frage nach der Wahrheit von Wissenschaft beschäftigt. Nach seiner Auffassung ist ein Satz dann wahr, wenn seine Aussage mit der Wirklichkeit übereinstimmt. Das Kriterium für eine wahre oder eine falsche Aussage ist demnach ihre Übereinstimmung mit der Wirklichkeit. Aristoteles erklärt das so:

Zu sagen, dass etwas, das ist, nicht sei, oder etwas, das nicht ist, sei, ist falsch; hingegen zu sagen, dass etwas, das ist, sei, und etwas, das nicht ist, nicht sei, ist richtig.

1.) „Zu sagen, dass etwas, das ist, nicht sei,

2.) … oder etwas, das nicht ist, sei, ist falsch;

3.) … hingegen zu sagen, dass etwas, das ist, sei,

4.) … und etwas, das nicht ist, nicht sei, ist richtig."

Die Wahrheit nicht finden – unsere Welt ist konstruiert

Es gibt einmal die Wirklichkeit, die uns unsere Sinnesorgane vermitteln. Ich möchte gar nicht darauf eingehen, dass die Wahrnehmung der Wirklichkeit über unsere Sinnesorgane das Ergebnis einer fantastisch-komplexen Konstruktion unseres Zentralnervensystems ist. Da draußen gibt es nämlich keine Farben,
5 sondern nur elektromagnetische Wellen. Wir sehen die Farben lediglich, weil wir Augen haben. Und ich pflege meine Kollegen von der Physik zu ärgern, indem ich sage: „Ihr lieben Leute, da draußen gibt's nur elektromagnetische Wellen, weil ihr Apparate gebastelt habt, die auf etwas ansprechen, das ihr „elektromagnetische Wellen" nennt. Damit ist die Sache nur weitergeschoben, aber nicht geklärt. [...]
10 Die Wirklichkeit erster Ordnung wäre also die direkte Wahrnehmung, die Wirklichkeit zweiter Ordnung ist dann eben die Zuschreibung von Bedeutung, Sinn und Wert. Und es gibt keine objektive Klarlegung oder Festlegung der Richtigkeit dieser Zuschreibung. Aber wir alle haben die merkwürdige Idee, dass die Art und Weise, wie wir die Welt sehen, die Welt in ihrem objektiven So-Sein widerspie-
15 gelt. Und wir legen uns nicht darüber Rechenschaft ab, dass wir es sind, die dieser Welt Bedeutung zuschreiben.

Paul Watzlawick [1]

1: Paul Watzlawick (1921–2009) war ein österreichischer Philosoph, Kommunikationswissenschaftler und Psychotherapeut. Er betrachtete die Welt als Konstruktion des menschlichen Bewusstseins.

Wissen und Merken: Wahre und falsche Aussagen

Aristoteles' Schlussverfahren (siehe Seite 232) haben die Philosophie der Logik jahrhundertelang beeinflusst, sodass Immanuel Kant sogar meinte, die Logik habe seit Aristoteles keinen Schritt vorwärts oder rückwärts getan. In seiner „Logica Mathematica" hob Gottfried Wilhelm Leibniz [2] in Anlehnung an Aristoteles
5 hervor, dass es in der Logik nicht auf die inhaltliche Bedeutung der einzelnen Elemente ankommt, sondern auf das formale Schema (Kalkül), in dem sie auftreten. In der modernen Logik werden – wie Leibniz betonte – Aussagen nicht nach ihren inhaltlichen Bedeutungen verknüpft, sondern bezüglich ihres Wahrheitswertes, ausgedrückt durch die Zeichen w (wahr) und f (falsch).
10 Der Wahrheitswert einer zusammengesetzten Aussage hängt davon ab, ob ihre Teilaussagen für sich genommen wahr sind; ist eine Teilaussage nicht wahr, ist die gesamte Aussage nicht wahr. Der Zusammenhang zwischen Teilaussagen und dem Wahrheitswert der gesamten Aussage kann in sogenannten Wahrheitstafeln* festgelegt werden (siehe Anhang, Seite 263).

2: Gottfried Wilhelm Leibniz (1646–1716) war ein deutscher Universalgelehrter, der u. a. als Jurist, Diplomat, Bibliothekar und Bergbauingenieur tätig war. Als Philosoph hat er sich insbesondere mit dem logischen Aufbau der Welt beschäftigt.

1. Erzählt die Bildergeschichte in Worten.
2. Untersucht, wie sich in jedem einzelnen Bild die Aussage zur Wirklichkeit verhält: Widerspruch oder Übereinstimmung? Formuliert anschließend die Theorie des Aristoteles mit eigenen Worten.
3. Bei Aristoteles ist von Aussagen über die Wirklichkeit die Rede. Gestaltet eine Geschichte, in der es um Gedanken über die Wirklichkeit geht. Erklärt anschließend den Unterschied.

🦉 Fasst zunächst die wichtigsten Aussagen des Textauszuges von Paul Watzlawick zusammen. Diskutiert anschließend darüber, ob Watzlawick der Meinung ist, dass jeder seine eigene Wahrheit „konstruiert".

Wissenschaftliche Forschung im Weltall?

1: Alexander Gerst
(geb. 1976) ist ein deutscher
Geophysiker und Astronaut.
Er nahm 2009 und 2018 an
Weltraummissionen auf der
Weltraumstation ISS teil.

2: Abkürzung für „International Space Station"

Nach Medienberichten
wurden 2017 in Deutschland 1,47 Milliarden Euro
aus Steuermitteln für die
Raumfahrt ausgegeben.

Wie die Raumfahrt unser Alltagsleben unterstützt

Alexander Gerst[1] wird auf der Internationalen Raumstation ISS[2] wenig Freizeit haben: Sein Alltag ist jetzt schon bis ins kleinste Detail festgelegt. Astronautenzeit – so nennen das die Raumfahrtexperten –
5 ist äußerst kostbar. Über 300 Experimente soll er in dem halben Jahr machen. Die meisten von ihnen sind Grundlagenforschung in Materialwissenschaften, Physik, Biologie und Medizin. […]
Die positiven Effekte der Raumfahrt: Gegenstände
10 des irdischen Alltags wie das Cerankochfeld und der Akkuschrauber. Lauter Nebenprodukte der Raumfahrt. […] Auch in der Medizin wird All-Erfahrung genutzt: beispielsweise eine Software, die benachbarte Galaxien analysiert. Sie wurde weiterentwickelt und kann heute schwarzen Hautkrebs erkennen. Welt-
15 raumtechnik wird aber auch in der Prävention von Waldbränden eingesetzt. So wurde für die Rosetta-Mission, die den Kometen Tschurjumow-Gerassimenko erforscht hat, eine hochsensible Kamera entwickelt, die 60 000 Grau-Abstufungen unterscheiden kann. Auf der Erde eingesetzt, kann sie nun an der Rauchfarbe erkennen, ob und was brennt: Sind das Nebelschwaden oder ein Waldbrand? […]
20 Viele dieser Entwicklungen hätte es auch ohne Raumfahrt gegeben, aber sie ist ein Antrieb für technologische Neuerungen. Bei der Miniaturisierung sind die Forscher immer an der Grenze des Machbaren: Bauelemente und Computerchips müssen sehr klein sein, damit sie in den engen Raum einer Rakete passen. Daneben müssen Materialien und Geräte im All effizient, langlebig und belastungsfähig
25 sein. […] Die Bedingungen im Weltall sind so hart wie nirgendwo auf der Erde. Haben die Wissenschaftler erst einmal eine Lösung dafür gefunden, gibt es meistens auch einen irdischen Nutzen.
Außerdem gibt es noch einen ganz entscheidenden Nutzen der Raumfahrt: Ohne sie würde das moderne Leben zusammenbrechen. Rund 1 500 funktions-
30 tüchtige Satelliten schwirren um die Erde. Würde man sie ausschalten, fielen alle Navigationsgeräte aus. Es gäbe keine Wettervorhersagen, kein Satellitenfernsehen und keine Live-WM-Berichterstattung. Außerdem helfen sie bei der Rettung von Menschen nach Naturkatastrophen wie Erdbeben. Und in Zukunft soll es – dank Satelliten – auch in entlegensten Gebieten Internet geben. […]
Die Raumfahrt bringt also viele Nebenprodukte für den Alltag – doch im Vordergrund stehen die großen Menschheitsfragen: Wie ist unsere Erde entstanden? Wie sieht das Universum Millionen Lichtjahre von uns entfernt aus? Letztlich geht es in der Erforschung des Alls vor allem um eins: menschlichen Wissensdrang.

Juliane Fliegenschmidt, *Journalistin*

Bemannte Raumfahrt-Forschung ist wenig effizient

Wolfgang Hillebrandt fällt über die Wissenschaft auf der Raumstation ein vernichtendes Urteil: „Also das, was da vorgeschoben wird an Grundlagenforschung, ist für mich ein Feigenblatt."

Alexander Gerst arbeitete 2018 in der ISS ein halbes Jahr lang mit fünf russischen und amerikanischen Kollegen zusammen. Seine vielen Experimente im All betrafen vor allem Materialwissenschaften, Physik, Medizin und Biologie.

5 Der renommierte Forscher und Wissenschaftsmanager vom Max-Planck-Institut für Astrophysik in Garching ist einer der profiliertesten Kritiker der bemannten Raumfahrt in Deutschland: „Das ist dann immer die Frage, ob die Experimente, die man dort tut, den
10 hohen finanziellen Einsatz, der dafür nötig ist, auch rechtfertigen. Da müsste man halt mal sagen: Gesetzt den Fall, ich möchte irgendwelche speziellen Kristallformen züchten in der Schwerelosigkeit. Würde ich das auch auf der Erde machen und dafür eine Milliarde ausgeben? Wahrscheinlich nicht." […]
Eine fast kuriose Entwicklung: Bis vor wenigen Jahren lautete der NASA-Slogan[1]
15 zur Raumstation „It's about Life on Earth" – es geht um das Leben auf der Erde. Jetzt geht es um das Leben auf dem Mond, auf dem Mars, irgendwo im All. Die Raumstation ist heute eine Art Selbsterfahrungsgruppe, um für lange Reisen durch das All gewappnet zu sein, kritisiert Wolfgang Hillebrandt: „Das ist ja genau die Situation, dass die meisten Experimente, die auf der ISS laufen, eigentlich
20 nur Sinn machen für die bemannte Raumfahrt" […]. „Im Endeffekt kann man eigentlich fast alles robotisch machen. Ich glaube, es gibt nur ganz wenig, wofür man den Menschen wirklich vor Ort braucht. Die Entwicklung in der Mikrotechnologie ist so rasant. Ich bin der Meinung, Proben kann man nehmen, analysieren, kann man vor Ort machen von Maschinen. Ich kann mir kaum etwas vorstellen,
25 dass die Anwesenheit des Menschen erfordert." […] „Ich meine, es ist klar, man ist immer fasziniert, jemanden da oben in der Schwerelosigkeit zu sehen. Man muss dann halt sagen, vielleicht ist es so was ähnliches wie Kultur. Der Mensch muss so etwas machen, der soll so etwas machen. Dann soll man das den Menschen und den Steuerzahlern auch so erklären. Wenn sie dann bereit sind, so viel Geld
30 auszugeben oder mehr für Opernhäuser und Museen und dergleichen, warum nicht, ist ja in Ordnung."

Dirk Lorenzen, *Journalist*

1: Abkürzung für „National Aeronautics and Space Administration" (Nationale Luft- und Raumfahrtbehörde), der staatlichen amerikanischen Forschungseinrichtung für Raumfahrt und Flugwissenschaft

---

1. Arbeitet die Argumente für und gegen die Raumfahrt heraus und stellt sie in einer Tabelle gegenüber. Ordnet die Argumente in den Spalten ihrer Stärke und Überzeugungskraft nach an.

2. Bildet Gruppen und verfasst ein gemeinsames Statement für oder gegen die Raumfahrt. Veranstaltet anschließend eine Debatte im Klassenraum, in der jede Gruppe ihren Standpunkt vorträgt. Stimmt anschließend für oder gegen die Raumfahrt ab.

🦉 Stellt euch vor, ihr wärt Erfinder, die eine Maschine konstruieren können, die es dem Menschen erlaubt, so schnell wie das Licht zu reisen. Mit dieser Maschine könnten Menschen das Sonnensystem verlassen und andere Planeten entdecken. Allerdings wäre auch eine militärische Nutzung der Technik als Raketenantrieb möglich. So ausgestattete Raketen könnten dann nicht mehr aufgehalten werden. Würdet ihr eure Erfindung öffentlich machen? Verfasst einen Essay* zu dieser Frage.

Wissen und Verstehen:
Wissenschaft und Wahrheit

Das weiß ich: Diese Namen und Begriffe kann ich ordnen

Vernunft*

Induktion

Erfahrung

Illusion

Falsifikation

Experiment

Wissenschaft

Johannes Kepler

Aristoteles

Erkenntnis

Joseph Maria Bocheński

Karl Popper

Logische Schlüsse

Naturwissenschaften

Objektivität

Konstruktivismus

Deduktion

Sophie Germain

Raumfahrt

Jugend forscht

Wahrheit

Paul Watzlawick

Alexander Gerst

Alexander Fleming

Geisteswissenschaften

1. Gestaltet mit den Namen und Begriffen ein Begriffsmolekül* zum Thema „Wissenschaft". Ergänzt weitere Begriffe.

Darauf kommt es an: Wissenschaft und Wahrheit

Wissenschaft ist nach Ansicht von **Joseph Maria Bocheński** das gesammelte Wissen über die Welt. Ihre subjektive Komponente besteht darin, dass manche Menschen über besondere Fähigkeiten verfügen zu forschen und die Erkenntnisse über die Welt in verschiedenen **Disziplinen** zu systematisieren.

5 Wissenschaft beschäftigt sich immer auch mit der **Suche nach der Wahrheit**. **Aristoteles** bestimmte die Wahrheit als **Übereinstimmung eines Satzes oder eines Gedankens mit der Wirklichkeit**. Doch ist der Mensch überhaupt in der Lage, **objektive und wahre Erkenntnisse über die Wirklichkeit** zu **gewinnen**? Oder baut jeder für sich seine eigene Wirklichkeit, wie **Paul Watzlawick** be-
10 hauptet?

Das kann ich: Der zündende Blick – Wissenschaft oder Einbildung?

Habt ihr schon einmal den Blick eines anderen Menschen gespürt, obwohl ihr ihn nicht sehen konntet? Wie kann man das erklären?

In vielen Kulturen spielt der Blick noch heute eine herausragende Rolle, so werden z. B. dem „bösen Blick" eines Schamanen oder einer Hexe schlimme Folgen zu-
5 geschrieben. Nach dieser Vorstellung geht von unseren Augen eine Kraft aus, die andere Menschen treffen und etwas verändern kann. Während der Renaissance[1] war das auch in Europa so, wenn auch etwas anders. Ein sehr berühmter Gelehrter, Arzt und Philosoph dieser Zeit war Marsilio Ficino (1433–1499). Für ihn war das Augenlicht verwandt mit dem Feuer. Ähnlich der Sonne ging demnach vom
10 Auge ein Strahl aus, ein Augenschein. Während wir heute das Auge für ein empfangendes Organ halten, das Licht empfängt, ging für Ficino und seine Zeitgenossen das Licht vom Auge aus. Ihre Körpervorstellung war vom angeblichen Mischungsverhältnis aus vier Säften bestimmt: grüner Schleim, schwarze Galle, gelbe Galle, Blut. Nach Ficino konnten leichte, luftige Bestandteile des Blutes auf
15 dem Strahl des Blickes ausgesendet werden. Dem zufolge konnten Blicke „treffen". Außerdem: Passte das Mischungsverhältnis der Säfte im Körper des einen Menschen zu dem Verhältnis im Körper des anderen Menschen, dann konnte ein „Blickkontakt", der Austausch der luftigen Blutbestandteile etwas auslösen: Beide würden sich sympathisch finden – und vielleicht sogar ineinander verlieben.

Daniel Nachtsheim

Der Blick der Mona Lisa. Gemäldeausschnitt von Leonardo da Vinci, Anfang des 16. Jahrhunderts

1: Epoche im Übergang vom Mittelalter zur Neuzeit, 15. und 16. Jahrhundert

2. Wie erklärt ihr euch, dass man Blicke spüren kann?

3. Erklärt mithilfe der Vorstellung von Ficino das Phänomen der „Liebe auf den ersten Blick".

4. Projektvorschlag: Recherchiert wissenschaftliche Erklärungen für das Spüren von Blicken und das „Verlieben auf den ersten Blick". Welche Erklärung erscheint euch am plausibelsten? Begründet eure Wahl.

5. Haltet ein Kurzreferat zum Leben und Wirken von Marsilio Ficino.

Kapitel 13:
Lassen wir uns von den Medien blenden?

Menschen sind für Illusionen empfänglich.

Nach Emilie du Châtelet

1. Beschreibt die beiden Bilder. Benennt Unterschiede und Gemeinsamkeiten.
2. Setzt euch mit Emilie du Châtelets Gedanken auseinander, und antwortet ihr in einem fiktiven Brief*.

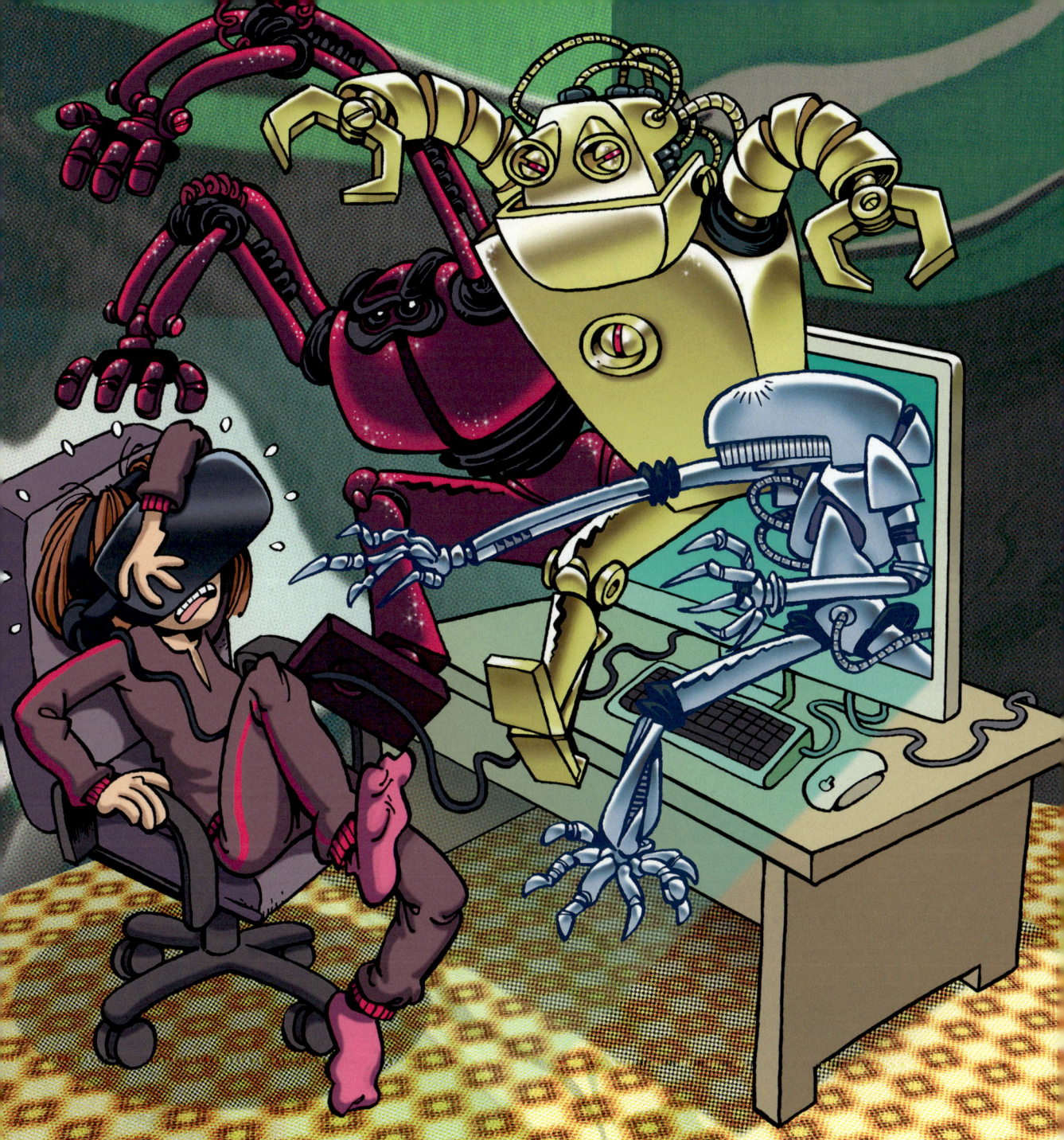

In diesem Kapitel lernst du

– das Höhlengleichnis zu deuten
– den Begriff der Wirklichkeit zu
  verstehen
– über eine Cyber-Gesellschaft
  nachzudenken

Dabei nutzt du

– die Methode „Wahrnehmen
  und Beschreiben"
– szenisches Gestalten
– Internet-Recherchen

Du beurteilst und bewertest

– Fake News
– die gesellschaftliche Verantwortung der Medien
– mediengerechtes Wissen
– das Höhlengleichnis
– das Kunstwerk „Auge mit
  Ausblick" von Salvador Dalí

Das Höhlengleichnis

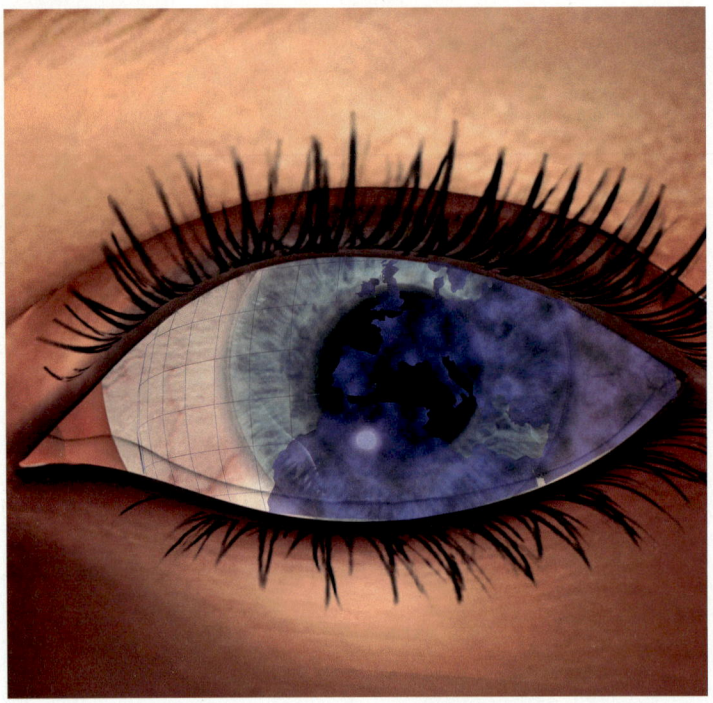

Sinne lassen sich täuschen.

„Stelle dir die Menschen vor in einem unterirdischen, höhlenartigen Raum, der gegen das Licht zu einen weiten Ausgang hat über die ganze Höhlen-
5 breite; in dieser Höhle leben sie von Kindheit, gefesselt an Schenkeln und Nacken, so dass sie dort bleiben müssen und nur gegen vorwärts schauen, den Kopf aber wegen der Fesseln nicht
10 herumdrehen können; aus weiter Ferne leuchtet von oben her hinter ihrem Rücken das Licht eines Feuers, zwischen diesem Licht und den Gefesselten führt ein Weg in der Höhe; ihm entlang
15 stelle dir eine niedrige Wand vor, ähnlich wie bei den Gauklern ein Ver-schlag vor den Zuschauern errichtet ist, über dem sie ihre Künste zeigen.“ „Ich kann mir das vorstellen“, sagte
20 Glaukon.

„An dieser Wand, so stell' dir noch vor, tragen Menschen mannigfache Geräte vorbei, die über die Mauer hinausragen, dazu auch Statuen aus Holz und Stein von Menschen und anderen Lebewesen, kurz alles Mögliche, alles künstlich her-gestellt, wobei die Vorbeitragenden teils sprechen, teils schweigen.“
25 „Merkwürdig sind Gleichnis und Gefesselte, von denen du sprichst.“
„Sie gleichen uns! Denn sie sehen zunächst von sich und den anderen nichts außer den Schatten, die von dem Feuer auf die gegenüberliegende Mauer geworfen werden, verstehst du?“
„Natürlich, wenn sie gezwungen sind, ihre Köpfe unbeweglich zu halten, ihr Leben
30 lang“. […]
Wenn sie sich untereinander unterhalten könnten, da würden sie wohl glauben, die wahren Dinge zu benennen, wenn sie von den Schatten sprechen, die sie sehen.“ […]

1: Platon (siehe Seite 199)

Platon[1]

Wissen und Merken: Das Höhlengleichnis

Das Höhlengleichnis beschäftigt sich mit dem Verhältnis von Wahrnehmung und Vernunft*. Wahrnehmungen beziehen sich nach Ansicht von Platon auf verän-derliche Einzeldinge und können uns täuschen, denn die Gefesselten halten die Schatten für die Wirklichkeit. Demnach sind nur unveränderliche Urbilder, die
5 Ideen, Grundlage unserer Erkenntnis. Die Höhle symbolisiert die veränderliche Welt der Sinne, die Welt außerhalb der Höhle dagegen die Welt der Ideen.

🦉 Die Welt der Schatten

Die Gefangenen können nicht einmal den Kopf wenden, sie können nur den Hintergrund der Höhle betrachten. Dort sehen sie die Schatten, die von den auf dem steilen Weg vorbeiziehenden Leuten nacheinander auf den Hintergrund der Höhle geworfen werden. Und da die Gefangenen nichts anderes wahrnehmen können,

5 halten sie die Schatten für die Wirklichkeit und widmen ihre ganze Aufmerksamkeit dieser Prozession. Einige von ihnen werden sehr geschickt, im Vorbeiziehen dieser Schatten eine gewisse Regelmäßigkeit festzustellen; manchmal können sie voraussagen, wann diese oder jene Silhouette wiederkehren wird.
Nun wird einer der Gefangenen losgebunden. Er steht mühsam auf, dreht sich

10 und sieht die Menschen und Gegenstände und das Feuer. Er geht unter Schmerzen zum Ausgang der Höhle, verlässt sie schließlich mit großer Anstrengung. Draußen ist er so geblendet, dass er überhaupt nichts sieht. Er muss sich erst an die neue Situation gewöhnen, sagt Platon, indem er die Schatten der Dinge draußen oder ihre Spiegelungen im Wasser anschaut. Langsam gewöhnt er sich, und es kommt

15 der Augenblick, wo er fähig wird, die Sonne selbst anzublicken.
Nun aber hat er eine so außergewöhnliche, wunderbare Welt entdeckt, dass er das nicht für sich behalten kann. Er muss es seinen Gefährten sagen: Sie seien töricht, dort unten zu bleiben, gefesselt und durch die Schatten betrogen. So kehrt er in die Höhle zurück.

20 Dort sieht er jedoch nichts mehr, weil es so dunkel ist. Er ist der Welt der Schatten entwöhnt, benimmt sich ungeschickter als alle anderen und wird von ihnen ausgelacht.
Was bedeutet dieses Gleichnis? Für Platon sind die Schatten in der Tiefe der Höhle die sinnlich wahrnehmbaren Dinge, an die wir im Alltag gewöhnt sind, die wir

25 für die ganze Wirklichkeit halten, da wir ja nichts anderes kennen. Wir merken nicht einmal, dass wir auch diese wahrnehmbaren Dinge nicht wahrnähmen, wenn nicht das Feuer, das wir nicht bemerken, dahinter brennen würde. Das Feuer steht für die Kraft des Denkvermögens, mit dessen Hilfe wir die Welt der sinnlichen Dinge erfassen. Das, was man heute Naturwissenschaft nennt. Platon ge-

30 braucht zwar das Wort nicht. Gemeint aber ist das Wissen von der Regelmäßigkeit der Erscheinungen. Die Wissenschaft gestattet uns vorauszusehen, befähigt uns, ın der Welt der Sinnendinge uns zurechtzufinden. […]
Die Welt außerhalb der Höhle ist die Welt der Ideen. Aber die ganze herrliche Welt der Ideen, die vor ihm liegt, kann der Gefangene zunächst nicht sehen. Warum nicht?

Jeanne Hersch[1]

Eine moderne Version des Höhlengleichnisses findet ihr im „Hochhausgleichnis" von Simone Blume. In: Barbara Brüning: Und die Welt von morgen? Weinheim: Beltz Verlag 2009, S. 108–111.

1: Jeanne Hersch (1910–2000) war eine Schweizer Philosophin und Pädagogin. Von 1966–1968 leitete sie die Abteilung Philosophie der UNESCO*. Eines ihrer wichtigsten Bücher heißt „Das philosophische Staunen. Einblicke in die Geschichte des Denkens" (siehe auch die Seite 109).

1. Beschreibt das Foto auf Seite 240 (Methode siehe Seite 159). Was hat es mit dem Höhlengleichnis zu tun? Sammelt Ideen in der Ethikgruppe. Betrachtet auch noch einmal das linke Bild auf der Einstiegsseite.

2. Warum wird derjenige Höhlenbewohner, der in die Höhle zurückkehrt, von den anderen ausgelacht? Gebt eine Begründung.

3. Beantwortet schriftlich die letzte Frage aus dem Text.

4. Sammelt zehn Wörter aus den Texten von Platon und Jeanne Herrsch und schreibt damit ein Elfchen*. Das erste Wort lautet: Höhlengleichnis.

🦉 Glaukon sagt über die Gefesselten zu Sokrates: „Sie gleichen uns." Fühlt ihr euch angesprochen? Begründet euren Standpunkt.

Die Welt des schönen Scheins

Germany's next Book Model

Eine moderne Version des Höhlengleichnisses liefert der Film „Matrix" aus dem Jahr 1999 (Warner Bros.). Darin geht es auch um die Frage, ob die Welt echt ist oder nur eine Simulation: Sind wir Menschen vielleicht nur ein Gehirn in einem Tank im Cyberspace (siehe hierzu auch die Seiten 244/245)?

Wir philosophieren: Wahrnehmen und Beschreiben

Wenn ihr einen Gegenstand, eine Situation oder ein Erlebnis beschreiben wollt, dann müsst ihr sie zunächst wahrnehmen – wenn möglich, mit allen Sinnen:

1. Schritt ⟩ sehen, hören, riechen, schmecken und fühlen;

2. Schritt ⟩ das Wahrgenommene möglichst neutral beschreiben, ohne eigene Bewertungen wie „das finde ich gut" oder „das gefällt mir";

3. Schritt ⟩ zum Schluss das Wahrgenommene bewerten, d. h. eigene Gedanken und Gefühle dazu darstellen.

Täuschen uns die schönen Bilder?

Laura steht vorm Spiegel und betrachtet sich in ihrem neuen Kleid. Sie möchte einfach nur schön sein, denn Schönheit ist für sie das Wichtigste im Leben. Sie isst nur wenig, damit ihr Körper kein Gramm Fett zu viel bekommt, und die Muskeln trainiert sie dreimal in der Woche in einem Fitness-Studio. Manchmal
5 isst Laura auch gar nichts, wenn die Waage anzeigt, dass sie wieder etwas zugenommen hat.
Laura bewundert die vielen Hollywood-Stars, die schlank in ihren Glitzerkleidern für sie Vorbilder sind. „Aber an denen ist doch nichts echt!", sagt eines Tages Lauras Freundin Sarah. „Sie haben zwar blendend weiße Zähne, aber die sind
10 doch alle künstlich. Und die Lippen werden mit einem Schönheitsmittel aufgespritzt. Und außerdem wird auf den Fotos sowieso alles wegretuschiert!" Laura lächelt. „Aber sie sind trotzdem makellos schön, richtige moderne Prinzessinnen, da kann man doch ein wenig nachhelfen!" Sarah überlegt einen Augenblick. „Ich verstehe nicht, was Menschen so alles machen, nur um schön zu sein. Die
15 Hollywood-Stars geben viel Geld für Schönheitsoperationen aus, und manch eine von ihnen sieht danach aus wie eine Roboterfrau!" Laura lächelt wieder. „Schau mal hier", sagt sie zu ihrer Freundin, „hier kommt der neuste Trend aus Hollywood. Megasonnenbrillen, mit denen man die Welt in verschiedenen Farben sehen kann, man muss nur an dem Knöpfchen drehen. Dann sieht man
20 die Wirklichkeit so, wie man sie gern sehen möchte."
Barbara Brüning

„Schönheit als Look
… verzichtet auf innerliche, ja moralische Werte, er pfeift auf ethische Tugenden und solidarische Kompetenzen im Glauben daran, dass nicht nur alles Jacke wie Hose ist, sondern im Wissen darum, dass sich weder unter Jacke noch Hose irgendetwas Wichtiges verbirgt."
Andreas Brenner *und* **Jörg Zirfas**, *Philosophen*

1. Macht schriftlich einen Vorschlag: Was könnte am Ende der Junge in der Bildgeschichte (Seite 242) zu dem Mädchen sagen? Diskutiert eure Ideen in der Ethikgruppe.

2. Deutet die Bildgeschichte im Zusammenhang mit Platons Höhlengleichnis auf den Seiten 240/241. Arbeitet Gemeinsamkeiten und Unterschiede heraus.

3. Fasst die Kritik von Sarah am Schönheitswahn als gesellschaftlichem Trend des 21. Jahrhunderts mit eigenen Worten zusammen und berücksichtigt auch das Zitat über „Schönheit als Look".

🦉 Interpretiert die Überschrift der Doppelseite „Die Welt des schönen Scheins".

Philosophisches Forum:
Verschiedene Wirklichkeiten?

🦉 Wirklichkeit ist das, was wir dafür halten

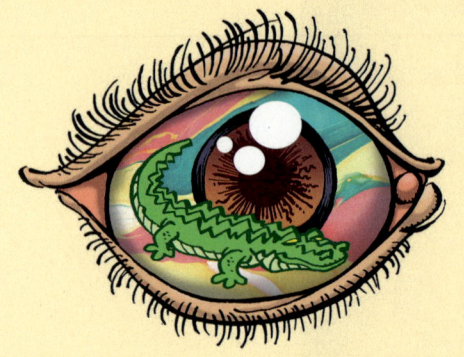

Leesn Sie enimal deiesn Txet. Wtteen, Sie vetsehern ihn, owbhol er egitenlich uverntsädnilch ist? Mit solchen Leseexperimenten hat der Linguist[1] Graham Rawlinson* nachgewiesen, dass man Texte auch versteht, wenn die Buchstaben vertauscht sind.

5 Der Versuch zeigt, wie sehr unser Leseverständnis von unserem Vorwissen geprägt ist, und belegt damit: Sehen heißt konstruieren. Statt die Wirklichkeit objektiv wahrzunehmen, sind wir ständig dabei, sie zu interpretieren. Was wir naiverweise für real halten, hängt […] stark von unserer persönlichen Deutung ab.

10 Im Licht der Entwicklungsgeschichte sind solche Realitätsverzerrungen verständlich. Unser Wahrnehmungsapparat ist ein evolutionäres Produkt. Das menschliche Gehirn hatte dabei nie die Aufgabe, die Außenwelt vollständig und objektiv abzubilden, sondern so, wie es die Bedürfnisse des Homo sapiens[2] erfordern. Ein schönes Beispiel für unser subjektives Realitätsempfinden ist das Phänomen[3]

15 der Zeit. Auf dem Zahnarztstuhl dehnen sich Minuten zu Stunden. Aber je mehr wir die Zeit auskosten wollen, desto schneller rast sie dahin. Für dieses schwankende Zeitgefühl haben Psychologen eine Fülle von Faktoren zutage gefördert – zum Beispiel: Je unangenehmer und monotoner eine Situation ist und je weniger wir aktiv sind, desto langsamer scheint die Zeit zu vergehen.

20

Aber was ist mit der physikalischen Zeit? Gibt es nicht doch einen unverrückbaren Takt des Universums? Einstein[4] definierte pragmatisch: „Zeit ist das, was man an der Uhr abliest." Und in seiner Relativitätstheorie zeigte er, dass jede Zeitmessung von der Bewegung des Betrachters abhängt. Von der Erde aus gesehen,

25 geht eine Uhr in einem schnellen Raumschiff etwas langsamer. Das wurde mit Atomuhren tatsächlich nachgewiesen.

Und auch was die Wirklichkeit der Materie angeht, stoßen die Physiker an Grenzen. In der Dimension von Atomen lässt sich die Realität nie ungestört beobachten,

30 sondern wird durch jede Messung beeinflusst. Der Grund für dieses „Beobachterproblem": In der Welt des ganz Kleinen ist das Mittel der Beobachtung (Licht- oder Röntgenstrahlen) notgedrungen von derselben Größenordnung wie das beobachtete Objekt. Atomphysiker sind daher permanent in der Situation von Blinden, die ihre Umgebung ertasten müssen, um sich von ihr ein Bild machen zu

35 können – und die mit jeder Berührung ihre Umwelt verändern. […]
Wie man es auch dreht und wendet: Bei der Frage nach der Realität landen wir am Ende bei uns selbst, bei den Begrenzungen und kulturellen Prägungen der menschlichen Wahrnehmung. Vielleicht lautet die beste Antwort auf die Frage nach der Realität daher einfach so: Realität ist stets das, was wir dafürhalten.

Ulrich Schnabel, *Wissenschaftsjournalist*

1: Sprachwissenschaftler

2: Aus dem Lateinischen: „weiser Mensch". Gemeint ist damit jener Menschentyp in der Evolutionsgeschichte, dem auch wir angehören.

3: Etwas, das sich beobachten und wahrnehmen lässt (Erscheinung)

4: Albert Einstein (1879–1955) war ein deutsch-jüdischer Physiker. Für seine Relativitätstheorie* erhielt er 1921 den Nobelpreis für Physik.

Reality und Disney-Reality

Was würden Sie lieber sehen – einen Krokodilroboter
von Disney oder ein echtes Krokodil? Die Disney-
Variante besitzt eine gewisse Lebendigkeit. Sie rollt
mit den Augen, kriecht auf allen vieren, verschwindet
5 unter der Wasseroberfläche und taucht wieder auf.
Das Disney-Krokodil soll uns elektrisieren und unsere
Aufmerksamkeit fesseln. Bei einem echten Krokodil
im Zoo, das die meiste Zeit vor sich hin zu dösen
scheint, ist dies nicht unbedingt der Fall.

10 Da wir nach einfachen Lösungen streben, glauben wir
nur allzu gern, das Internet liefere uns einen voll-
wertigen Ersatz für reale Interaktionen. Doch der
Übergang in die Virtualität entstellt unsere Erfahrung
des Realen in mehrfacher Hinsicht, beispielsweise indem […] künstliche Erfah-
15 rungen als real erscheinen. Wir wollen dies den „Disneyland-Effekt" nennen.
Nach einem Brunch in der Royal Street von Disneyland mag ein Cappuccino in
einem Restaurant der Kette „Bonjour Café" vergleichsweise real erscheinen.
Nach einem Videospiel mit einem Computerprogramm als Gegner mag Ihnen die
soziale Welt der MUDs[1] ebenfalls real vorkommen. Immerhin werden die meisten
20 Rollen hier von echten Menschen gespielt, und der Spielraum ist relativ offen.
Ein Teilnehmer vergleicht die Rollen, die er in Videospielen und in MUDs gespielt
hat. „Es gibt ein klasse Nintendo-Spiel, bei dem man vier Figuren spielen kann.
Aber auch wenn die echt stark sind", sagt er, „sind sie dir doch vorgegeben." Sie
wirken künstlich. In den MUDs dagegen „ist nichts festgeschrieben". Hier fühle
25 er sich frei, MUDs seien „echt", weil man sie selbst gestalten könne.
Eine weitere Folge der Simulation, die ich den „Artificial-Crocodile-Effekt" nennen
möchte, besteht darin, dass die Imitation faszinierender wird als das Original.
In „The Future Does Not Compute: Warnings from the Internet" zitiert Stephen L.
Talbott Pädagogen mit der Bemerkung, dass Kinder, die jahrelang regelmäßig
30 spannende Natursendungen gesehen haben, kein Interesse mehr an wirklichen
Naturerlebnissen zeigen. Tiere in freier Wildbahn verhalten sich nur selten so
bühnengerecht wie Tiere vor der Kamera. Dadurch wird die Welt der direkten,
unvermittelten Erfahrung entwertet.

Sherry Turkle[2]

1. Erklärt anhand der Zeichnungen die drei Realitätskonzepte: Wirklichkeit,
   virtuelle Wirklichkeit und konstruierte Wirklichkeit. Arbeitet Gemeinsamkeiten
   und Unterschiede heraus.
2. Sind alle drei Konzepte miteinander vernetzt? Begründet euren Standpunkt.
3. **Projektvorschlag:** Klärt in Zusammenarbeit mit dem Physikunterricht
   die Merkmale der Relativitätstheorie.

   Bezieht die Wirklichkeitskonzepte auf das Höhlengleichnis von Platon (siehe
   die Seiten 240/241). Könnt ihr sie dort wiederfinden? Begründet euren
   Standpunkt.

1: MUD = Multi-User-Dungeon ist eine von vielen Usern genutzte Spielwelt im Internet, in der die Teilnehmer/innen bestimmte Rollen spielen, die sie verändern oder ausbauen können.

2: Sherry Turkle (geb. 1948) ist eine amerikanische Psychologin und Computer-Philosophin. Sie untersuchte in zahlreichen Büchern wie z. B. „Leben im Netz", wie die digitalen Medien das Selbstbild von Menschen verändern.

Fake News

Wissen und Merken: Was sind Fake News?

1: Erscheinung

2: Gefälschte Nachrichten

3: Bedeutung

4: Schwierigkeit

5: Kümmerer

Früher wurde Propaganda größtenteils von staatlich gelenkten Organen verbreitet – heute kennt man ein ähnliches Phänomen[1] unter dem englischen Begriff Fake News[2]: Manipulative und inhaltlich in der Regel falsche oder mindestens um Halbwahrheiten ergänzte Meldungen, die sich vor allem aufgrund der heutigen
5 Relevanz[3] von modernen Informations- und Kommunikationstechnologien rasant verbreiten.

Das Internet [... ist] nahezu perfekt für die schnelle Verbreitung von Informationen. Die Krux[4] daran: Häufig werden Meldungen ungeprüft weitergegeben – unabhängige Stellen, die den Wahrheitsgehalt der Nachrichten prüfen, sind von ein-
10 geschränkter Reichweite. Insbesondere in sozialen Netzwerken [...] ist die Verbreitung von Fake News nicht aufzuhalten, da die Nutzer selbst als Kuratoren[5] agieren – und sich selten die Mühe machen, Hintergründe und Beweise auf ihre Stichhaltigkeit zu untersuchen.

Aus der Frankfurter Allgemeinen Zeitung

Pressefreiheit hat Grenzen

Ebenso sollten Presse, Radiosendungen und alles Ähnliche nicht nur bei einer Gefährdung der öffentlich anerkannten moralischen Prinzipien
5 strafrechtlich verfolgt werden können, sondern auch wegen niederen Tons und schäbiger Gesinnung, schlechten Geschmacks, vulgären

> *Die französische Philosophin Simone Weil schrieb ein Buch über Freiheit. Dennoch plädierte sie für eine Einschränkung der Pressefreiheit unter bestimmten Bedingungen.*

Stils, heimtückisch verdorbener moralischer Atmosphäre. Eine strafrechtliche
10 Verfolgung lässt sich ausüben, ohne die Meinungsfreiheit zu verletzen. Eine Zeitung kann zum Beispiel geschlossen werden, ohne dass die Redaktionsmitglieder

das Recht verlieren, zu publizieren, wo immer sie wollen, oder sogar in weniger schweren Fällen beisammenzubleiben und dieselbe Zeitung unter einem anderen Namen weiterzuführen. Nur wird diese öffentlich gebrandmarkt und riskiert
15 dasselbe auch für die Zukunft. Die Meinungsfreiheit steht einzig und allein und vorbehaltlos dem Journalisten zu, nicht der Zeitung; denn allein der Journalist, besitzt die Fähigkeit, sich eine Meinung zu bilden.

Simone Weil

5: **Simone Weil** (1909–1943) war eine französische Philosophin. Sie arbeitete als Studentin am Fließband, um am eigenen Leib zu erfahren, wie diese Arbeit Körper und Geist zerstört. Als Ergebnis ihrer Studien veröffentliche sie das Buch „Freiheit und Unterdrückung".

Fake News erkennen

Manche Fake News schleusen Computer-Viren ein. Mit deren Hilfe werden persönliche Daten der Nutzer ausgespäht. Das nennt man auch „Phishing". Diese Daten können missbraucht werden. […] Oft ist es nicht einfach, zu erkennen, ob es sich um eine echte Nachricht oder um Fake News handelt. Vier Tätigkeiten
5 können helfen, dies herauszufinden: genau hinsehen, selber denken, kritisch lesen und Quellen prüfen.

News genau anschauen

Schau die Nachricht aufmerksam an. Wenn alles wie eine Schlagzeile aussieht, wenn es vor allem um Stimmungsmache geht und
5 nur eine Meinung geäußert wird, ohne Erklärung, dann sei vorsichtig. Denke immer nach, bevor du eine Nachricht weiterleitest. Bei Zweifel an der Echtheit der
10 Nachricht: Lieber nicht liken und verbreiten.

Kritisch lesen

Oft werden in Fake News Zahlen und Zitate genannt. Sie erscheinen, ohne dass man erkennt, woher sie kommen. Da ist Vorsicht geboten. Prüfe, ob der Beitrag sehr einseitig ist. Wird nur eine Meinung vertreten oder kommen auch andere Ansichten zur Sprache?

Quellen prüfen

Echte Nachrichten kommen aus zuverlässigen Quellen. Prüfe, wer die Nachricht verbreitet! Auf jeder Veröffentlichung muss es ein „Impressum" geben. Dort müssen Name, Adresse und Kontaktmöglichkeiten der Person stehen, die für die Nachrichten auf der Seite verantwortlich ist. Wenn diese Angaben fehlen oder fehlerhaft sind, besteht Anlass zur Vorsicht. Wenn andere Medien diese Nachricht nicht verbreiten, besteht Anlass, an der Richtigkeit der Nachricht zu zweifeln.

15

Nach **Christiane Toyka-Seid**, *Autorin und Redakteurin*

1. Was könnte die zweite Person antworten? Entwerft schriftlich eine Sprechblase und vergleicht eure Ideen in der Ethikgruppe.
2. Simone Weil hat vor mehr als 70 Jahren Bedingungen für die Meinungs- und Pressefreiheit genannt. Könntet ihr euch vorstellen, sie bei Fake News anzuwenden? Führt eine Pro- und Kontra-Diskussion (Methode Seite 113).
🦉 Ein Journalist hat geschrieben, dass wir als Gesellschaft immer mehr zu Fake News tendieren. Trifft diese Behauptung zu und wenn ja, worin seht ihr die Ursachen. Schreibt dazu ein Essay*.
🦉 Gibt es einen Zusammenhang zwischen Platons Höhlengleichnis (siehe die Seiten 240/241) und Fake News? Begründet euren Standpunkt.

Informationen und Materialien zu Fake News: *https://www.bpb.de/ gesellschaft/medien/fake-news*

Medien und Gesellschaft

Freiwillige Selbstbeschränkung der Berichterstattung

Neben den moralischen Stimmen einer Gemeinschaft – die durch Intellektuelle, Geistliche und andere Persönlichkeiten laut werden – verfügt eine Gemeinschaft über Mittel, die sie in die Lage versetzt, auf unangemessene Formen der Rede abschreckend einzuwirken. [...]

5 Die Art und Weise, in der die britische Presse mit einem grausamen Verbrechen umging, liefert einen guten Beleg. Im Jahre 1995 erlebte England einen Prozess, der nahezu die gleiche Aufmerksamkeit fand wie der Prozess gegen O. J. Simpson[1] in den Vereinigten Staaten. Rosemary West wurde angeklagt, mehrere Mädchen ermordet zu haben, darunter ihre eigene Tochter. Die britische Presse, einschließ-

10 lich der Boulevardblätter, verständigte sich darauf, einige besonders grausame Einzelheiten über die Art und Weise, wie die Opfer ermordet wurden, nicht zu veröffentlichen. Auch wurden in keinem Fernsehprogramm Bilder der verstümmelten Opfer gezeigt. Die Verantwortlichen in den Medien fürchteten, mit einer solchen Zurschaustellung könnten die Maßstäbe für „Brutalität" herabgesetzt

15 werden und die Gesellschaft verrohen. Nicht zuletzt aufgrund solcher Erwägungen haben fast alle zivilisierten Gesellschaften aufgehört, öffentliche Hinrichtungen durchzuführen.

Solch freiwillige Selbstbeschränkung ist den amerikanischen Medien keineswegs fremd. Als O. J. Simpson eine Videokassette mit der Darstellung seiner Version

20 der Ereignisse zum Kauf anbot, lehnten 60 Prozent der Radio- und Fernsehstationen dieses Angebot ab. Viele Fernseh- und Radiostationen übertönen Obszönitäten durch einen Piepton. (Allerdings bezeugt die jüngste Mode, Filmszenen zu zeigen, wie Menschen in Badezimmern ihre Notdurft verrichten, eine gehörige Portion Geschmacklosigkeit.) Und die meisten Publikationen verbreiten keine offen

25 hasserfüllten und tief verletzenden Leitartikel – beispielsweise solche, die behaupten, Schwarze seien minderwertig, oder es habe keinen Holocaust gegeben. Wenn ein Kongressmitglied in einer Rede einen anderen Abgeordneten beleidigt, wird er dazu angehalten, sich zu entschuldigen und seine Worte künftig im Zaum zu halten.

30 Diejenigen, die befürchten, informelle soziale Mechanismen zur Eindämmung hasserfüllter und widerwärtiger Redeweisen seien mit Zensur gleichzusetzen, bedenken nicht den Unterschied zwischen einer staatlich auferlegten Zwangsbeschränkung und freiwilligen Selbstbeschränkungen der Medien.

Amitai Etzioni[2]

1: O. J. Simpson war ein amerikanischer Footballspieler, der beschuldigt wurde, seine Ex-Ehefrau und deren Geliebten getötet zu haben. Er saß neun Jahre im Gefängnis und wurde 2017 vorzeitig aus der Haft entlassen.

2: Amitai Etzioni (geb. 1929) ist ein amerikanischer Philosoph. In seinem Buch „Die Verantwortungsgesellschaft" fordert er ethische Standards für die Berichterstattung in den Medien (siehe auch Seite 19 in diesem Buch).

Mediengerechtes Wissen?

Leben wir nun in einer Informations- oder einer
Wissensgesellschaft? Informationen sind bekanntlich noch kein Wissen, sondern in gewisser Weise
aufgearbeitete Daten, die auf der Grundlage von
Medien für deren Benutzer zur Verfügung stehen.
Wissen dagegen bedeutet, Informationen aufnehmen
und verarbeiten zu. können, um bestimmte Ergebnisse zu erzielen oder Kenntnisse über Phänomene
in der Welt zu erlangen. Überdies ist Wissen ein
qualitativer Begriff. Die riesigen Datenfluten, die von
der Unterhaltungsindustrie über die Menschen
gespült werden, kann man wohl kaum als „Wissen"
bezeichnen, selbst, wenn ihre Produzenten oft
Wissensarbeiter (knowledge worker) genannt werden.

Doch in gewissem Sinne sind auch die dürftigsten,
und seichtesten Unterhaltungsangebote der Medien,
die in einer Gesellschaft die kollektiven Wahrnehmungsorgane und Selektionsin-
stanzen[1] der Aufmerksamkeit darstellen, Produzenten und Stabilisatoren eines
gemeinsamen Wissens über die Welt, die Einstellungen zu ihr, Erwartungen ihr
gegenüber und Verhaltensweisen in ihr schaffen und einüben.
Aufmerksamkeit ist mittlerweile fast so wertvoll geworden wie Wissen. Man muss
wissen, wie man die Aufmerksamkeit der Menschen weckt, wie man sie anspricht
und stimuliert, denn sonst verhallt jede Information, geht jede Kommunikation
ins Leere, zirkulieren nur Daten. Diese Kunst beherrschen die Unterhaltungs-
experten meisterhaft, die neben den eigentlichen „Wissensarbeitern" stehen und
die Informationen auf maximalen Aufmerksamkeitserfolg zuschneiden. Prominente sind ebenfalls Könner im Aufmerksamkeitsspiel, und sie müssen keineswegs
Wissensarbeiter sein. Es reicht auch, einen schönen Körper zur Schau zu stellen
oder etwas mit einem Präsidenten zu tun zu haben. Sie müssen nur fähig und
willens sein, sich ganz und gar in den Dienst der Aufmerksamkeitsökonomie zu
stellen. Diese stellt nicht wirklich ein Gegenstück zur Wissensökonomie dar,
denn auch Wissen, das als Ware auf einem Markt gehandelt wird, muss, um er-
folgreich zu sein, mehr und mehr medientauglich sein.

Florian Rötzer

1: Auswahlinstrumente

2: **Florian Rötzer**
(geb. 1953) arbeitet als
Chefredakteur des Online-
Magazins Telepolis. Er hat
verschiedene Bücher über
digitale Medien veröffentlichte, u. a. „Megamaschine
Wissen" und „Smart Cities
im Cyberwar".

1. Diskutiert darüber, warum Amitai Etzioni für die freiwillige Selbstbeschränkung der Medien plädiert. Vergleicht seinen Standpunkt mit dem von Simone
Weil (siehe die Seiten 246/247).

2. Mit welchen Argumenten begründet Florian Rötzer, dass Aufmerksamkeit so
wertvoll wie Wissen geworden ist. Stimmt ihr ihm zu? Begründet euren
Standpunkt.

3. Stars und Aufmerksamkeit. Gestaltet eine Collage* dazu.

🦉 Wissen hat nach Ansicht von Florian Rötzer nur Erfolg, wenn es medientauglich ist. Führt dazu eine Pro- und Kontra-Diskussion.

Der besondere Text:
Cyborgotopia

Drei Lebensformen auf der Erde

Fangen wir mit einem Szenario an, in dem Menschen friedlich mit technischen Systemen zusammenleben und in einigen Fällen mit ihnen verschmelzen. Zahllose Futuristen und Science-Fiction-Autoren haben dazu Vorstellungen entwickelt. In seinem Buch „Leben 3.0" skizziert Max Tegmark [1] die Vision einer zukünftigen robotergesteuerten Gesellschaft.

Das Leben auf der Erde ist vielfältiger als je zuvor. Wenn Sie sich Satellitenbilder der Erde anschauen würden, könnten Sie mühelos die Maschinenzonen, die gemischten Zonen und die Zonen, in denen nur
5 Menschen leben, identifizieren. Die Maschinenzonen sind riesige, von Robotern kontrollierte Fabriken und Rechenzentren, bar allen biologischen Lebens und darauf ausgerichtet, für jedes Atom eine möglichst wirtschaftliche Verwendung zu finden. […]
Die Bewohner der gemischten Zonen sind eine wilde und eigensinnige Mischung
10 aus Computern, Robotern, Menschen und Hybriden aus allen drei Lebensformen. Nach den Vorstellungen von Hans Moravec und Ray Kurzweil haben viele Menschen ihre Körper in mancherlei Abstufungen technisch zu Cyborgs aufgerüstet, während andere ihren Intellekt in neue Hardware hochgeladen und dadurch den Unterschied zwischen Mensch und Maschine verwischt haben. Die meisten intel-
15 ligenten Wesen haben keine dauerhafte physische Gestalt. Stattdessen existieren sie als Software, die imstande ist, sich unverzüglich zwischen Computern hin und her zu bewegen und sich in der physischen Welt in Roboterkörpern zu manifestieren.
Weil diese Intellekte mühelos verschmelzen oder sich vervielfältigen können, ver-
20 ändert sich die „Populationsgröße" immer wieder. Von ihrem physischen Substrat [2] befreit, haben solche Wesen eine völlig andere Sicht auf das Leben: Sie fühlen sich weniger vereinzelt, weil sie ohne Weiteres Wissens- und Erfahrungsmodule mit anderen teilen können. Außerdem fühlen sie sich subjektiv unsterblich, weil sie mühelos Sicherheitskopien ihrer selbst anfertigen können. In gewisser Weise
25 sind die wesentlichen Einheiten des Lebens nicht Intellekte, sondern Erfahrungen: Besonders fantastische Erfahrungen leben weiter, weil sie zur Freude anderer Intellekte kontinuierlich kopiert werden, während uninteressante Erfahrungen von ihren Besitzern gelöscht werden, um Speicherplatz für bessere freizugeben. Wenngleich die Mehrheit gemeinsamer Erlebnisse der Bequemlichkeit und Ge-

1: Max Tegmark
(geb. 1967) ist ein schwedischer Physiker und Philosoph. Er forscht am Massachusetts Institute of Technology über die weitere Entwicklung künstlicher Intelligenz (siehe auch Seite 55).

2: Material, Rohstoff

30 schwindigkeit wegen in virtuellen Umgebungen stattfindet, genießen viele Intellekte dennoch Interaktionen und Aktivitäten in physischen Körpern. So pflegen
beispielsweise hochgeladene Versionen von Hans Moravec[3], Ray Kurzweil[4] und
Larry Page die Tradition, abwechselnd virtuelle Realitäten zu erschaffen, um sie
dann gemeinsam zu erforschen; aber hin und wieder genießen sie es auch, in der
35 Wirklichkeit in Form von Robotern, die mit Vogelschwingen ausgestattet sind,
miteinander zu fliegen. Einige der Roboter, die in der gemischten Zone Straßen
und Seen durchkreuzen und am Himmel entlangziehen, werden auf ähnliche
Weise von hochgeladenen und optimierten Menschen kontrolliert, die es vorziehen,
sich in der gemischten Zone zu verkörpern, weil es ihnen Freude macht, unter
40 Menschen und unter ihresgleichen zu sein. […]
In der ausschließlich für Menschen reservierten Zone sind im Gegensatz dazu
Maschinen mit allgemeiner Intelligenz auf menschlichem Niveau und darüber
hinaus unerwünscht, genauso wie technisch erweiterte biologische Organismen.
Hier spielt sich das Leben kaum anders als das heutige Leben ab, außer dass es
45 hier mehr Überfluss und Bequemlichkeit gibt als heutzutage. Die Armut ist zum
größten Teil eliminiert worden, und für die meisten der heutigen Krankheiten
gibt es Heilmittel. Die wenigen Menschen, die sich für ein Leben in diesen Zonen
entschieden haben, existieren im Vergleich zu allen anderen Wesen auf einer
niedrigeren und eingeschränkten Wahrnehmungsebene. Sie begreifen nicht ganz,
50 was die intelligenteren Lebewesen in den anderen Zonen tun. Allerdings sind
viele von ihnen mit ihrem Leben ganz zufrieden.

Max Tegmark

3: Hans Moravec (siehe Seite 209)

4: Ray Kurzweil (geb. 1948) ist ein amerikanischer Erfinder, Autor und Leiter der technischen Entwicklungsabteilung bei Google.

Wissen und Merken: Was ist Transhumanismus?[5]

Transhumanismus ist eine philosophische Richtung auf der Grundlage von Naturwissenschaft, künstlicher Intelligenz* und Vernunft*. Sie untersucht, wie sich die physischen, psychischen und intellektuellen Möglichkeiten des Menschen insbesondere durch die Digitalisierung erweitern lassen. Die Erforschung transhumaner Wesen, wie sie im Text von Max Tegmark beschrieben wurden, steht dabei im Mittelpunkt.

5: Transhumanismus kommt aus dem Lateinischen. „Trans" heißt „über", „jenseits" oder „hinaus" und „human" bedeutet „menschlich". Transhumanismus bezeichnet also etwas, das über die Grenzen des Menschen hinausgeht.

1. Stellt die von Max Tegmark beschriebene zukünftige Welt für euch eine Utopie oder eine Dystopie dar (siehe hierzu die Seiten 52–55)? Begründet euren Standpunkt.

2. Könntet ihr euch vorstellen, in einer der skizzierten Zonen zu leben? Welche wäre für euch akzeptabel? Nehmt begründet dazu Stellung. Berücksichtigt auch die Aussage des Films „Matrix", dass wir Menschen vielleicht nur ein „Gehirn in einem Tank" sein könnten (siehe Seite 242).

3. **Projektvorschlag:** Das Institut, in dem Max Tegmark arbeitet, entwickelt auch transhumane Wesen. Stellt euch vor, ihr seid Journalisten und besucht Max Tegmark. Welche Fragen würdet ihr ihm stellen? Erarbeitet in kleinen Gruppen einen Fragenkatalog.

🦉 Einer von euch nimmt jetzt auf dem Philosophenstuhl vor der Ethikgruppe Platz und schlüpft in die Rolle von Max Tegmark (Methode des fremden Blicks siehe Seite 141). Ihr stellt ihm eure Fragen, und er oder sie antwortet darauf. Anschließend wertet ihr die Antworten gemeinsam aus.

Exklusiv:
Menschen oder Roboter?

Interview mit dem Philosophen Julian Nida-Rümelin[1]

1: Julian Nida-Rümelin (geb. 1954) hat 2018 zusammen mit Nathalie Weidenfeld das Buch „Digitaler Humanismus" veröffentlicht.

Julian Nida-Rümelin lehrt seit 2004 Philosophie und politische Theorie an der Universität München. Seine Spezialgebiete sind Ethik, Erkenntnistheorie und Forschungen zur künstlichen Intelligenz*. Von 2001 bis 2002 war Nida-Rümelin Kultur-Staatsminister in Berlin. Seit 2017 leitet er den Bereich Kultur am Zentrum für Digitalisierung in Bayern (siehe auch Seite 21).
Die Schüler Max und Eike aus Hamburg haben Julian Nida-Rümelin die folgenden Fragen gestellt.

1. Es scheint, als ob sich unsere zukünftige Gesellschaft auf ein Miteinander von Menschen und Maschinen zubewegt. Kann das funktionieren?
Seit Beginn des 19. Jahrhunderts leben wir in einer wissenschaftlich-technisch geprägten Kultur, in der das Miteinander von Menschen und Maschinen eine
5 wichtige Rolle spielt. So hat sich der Aufwand für Haushaltsarbeit durch den Einsatz von Haushaltsmaschinen und die Elektrifizierung im Vergleich zu früheren Jahrhunderten auf einen Bruchteil reduziert. Das Neue ist, dass wir nun mit der Digitalisierung äußerst komplexe technische Hilfsmittel zur Verfügung haben, die in hohem Maße in der Lage sind, menschliche Fähigkeiten zu simulieren (Ge-
10 sichtserkennung, Schachspielen, Kommunikation usw.). Diese von den Softwareentwicklern beabsichtigte Simulation führt zu dem Trugschluss, wir würden Gegenüber schaffen, also Software-Agenten und E-Persons, die nicht nur intelligent sind, sondern auch Emotionen haben, wie es uns die Filme suggerieren[2]. Hiergegen wendet sich der digitale Humanismus: Das Besondere von Menschen –
15 Absichten, Wünsche und Überzeugungen, Ängste und Hoffnungen haben, Glück und Trauer empfinden, miteinander kommunizieren und interagieren –, verschwindet auch in Zeiten der Digitalisierung und der künstlichen Intelligenzen nicht.

2: Jemandem etwas einreden bzw. etwas vorgeben, das nicht der Wirklichkeit entspricht.

2. Wer hat Ihrer Meinung nach das Sagen in der Gesellschaft von morgen: die Menschen, die Maschinen oder beide?
20 Nur Menschen entscheiden, nie Maschinen, aber es hängt von unserer Gestaltung des digitalen Fortschritts ab, in welchem Maße wir die Prozesse kontrollieren. Die Entwicklung der sozialen Medien, um ein Beispiel zu nennen, hat zu einer weitgehenden Enteignung der Nutzer geführt, sie sind ihres Rechts auf informationelle Selbstbestimmung als Nutzer weitgehend beraubt worden und es ist
25# mühsam, dies im Nachhinein etwa durch die europäische Datenschutzgrundverordnung[3] wieder einzufangen. So wie wir uns im Falle der fortgeschrittensten Energietechnologie, der des Schnellen Brüters[4], fast weltweit entschieden haben, diese nicht einzusetzen und viele Länder auf der Welt eine Absage auch an die friedliche Nutzung der Atomenergie formuliert haben, darunter Italien und

3: Diese Grundverordnung von 2018 umfasst datenschutzrechtliche Vorgaben zum Schutz personenbezogener Daten aller EU-Bürgerinnen und -bürger.

4: Kernreaktor, der zur Energiegewinnung mit gleichzeitiger Nutzung weiterer spaltbaren Materials eingesetzt wird.

30 Deutschland, so gilt auch für digitale Technologien, dass sie menschliches Produkte sind und unter menschlicher Kontrolle stehen.
Diese Kontrolle kann allerdings in der Regel nicht individuell ausgeübt werden, sondern nur kollektiv, d. h., es geht um eine
humane, ökonomisch, politisch und sozial gestaltete Entwicklung
35 digitaler Technologien.

*3. Welche Fähigkeiten werden Maschinen in 100 Jahren haben, die
wir Menschen nicht haben?*
Wir sollten uns auf solche Prognosen nicht einlassen, da sie immer
falsch liegen. Niemand kann heute vorhersagen, was in hundert
40 Jahren der Fall sein wird. Schon heute haben zahlreiche Maschinen
Fähigkeiten, die Menschen nicht haben. Autos entwickeln eine
Kraft und eine Geschwindigkeit, die wir Menschen nicht entwickeln
können. Jeder Taschenrechner übertrifft die Rechenfähigkeit
seiner Nutzer um viele Zehnerpotenzen, jede Spülmaschine über-
45 trifft die Leistung eines Spülers um ein Vielfaches. Die Menschheit
ist daran gewöhnt, dass viele ihrer Fähigkeiten und Praktiken
durch Maschinen ersetzt werden; dies wird durch den Einsatz digitaler Techniken enorm gesteigert, aber es ist nichts grundsätzlich
Neues.

50 *4. Was sollten insbesondere wir Jugendlichen im Umgang mit Maschinen beachten?*
Das Wichtigste ist, dass Jugendliche, die gerne als „Digital Natives" bezeichnet
werden, sich von den zum Teil exzellent ausgeführten Simulationen menschlicher
Fähigkeiten nicht verführen lassen, softwaregesteuerte Produkte zu mystifizieren [5].
Es bleiben Hilfsmittel, die wir instrumentell einsetzen, um unser Leben zu erleichtern, um ökonomische Prozesse effizienter zu gestalten und bislang unlösbare
55 Aufgaben zu lösen. Wir bevölkern die Welt nicht mit E-Persons, Kommunikations-
oder gar Liebespartnern und -partnerinnen. Ja wir schaffen damit weder hilfs-
bereite Geister noch gefährliche Gespenster, auch keine Super-Intelligenzen.

[5]: Einer Sache ein geheimnisvolles, schwer durch-
schaubares Image geben.

Künstliche Intelligenz*
KIs handeln nicht nach eigenen Gründen. Sie haben keine Gefühle, kein moralisches
Empfinden, keine Intentionen, und sie können diese anderen Personen auch
nicht zuschreiben. Ohne diese Fähigkeiten aber ist eine angemessene moralische
Praxis nicht möglich.
Julian Nida-Rümelin *in seinem Buch „Digitaler Humanismus"*

1. Fasst das Verhältnis zwischen Mensch und Maschine aus der Sicht von
Julian Nida-Rümelin mit eigenen Worten zusammen. Berücksichtigt dabei
auch das Zitat aus dem Buch „Digitaler Humanismus".
2. Erstellt einen Begriffskreis zum digitalen Humanismus (Methode: Seite 260).
Interpretiert das Bild und arbeitet heraus, ob und wie es die Gedanken
des Philosophen unterstützt (zur Methode „Symbole deuten" siehe die
Seite 159).

Wissen und Verstehen:
Lassen wir uns von den Medien blenden?

Das weiß ich: Diese Namen und Begriffe kann ich ordnen

Wirklichkeit

Amitai Etzioni

Das Höhlengleichnis

Meinungsfreiheit

Cyborgotopia

Disney-Reality

Medien

Halbwahrheiten

Umgang mit Fake News

Fake News

Max Tegmark

Jeanne Hersch

Simone Weil

Julian Nida-Rümelin

Mediengerechtes Wissen

Selbstbeschränkung der Medien

Sherry Turkle

Schattenbilder

Schöne Bilder

Transhumanismus

1. Bildet jeweils Begriffspaare und erklärt einander, wie sie zusammenhängen.

2. Sucht euch anschließend ein Begriffspaar aus und gestaltet dazu eine Mindmap*.

Darauf kommt es an: Verschiedene Wirklichkeiten zusammendenken

Platon hat in seinem **Höhlengleichnis** als erster Philosoph zwei Welten beschrieben: die **Welt des Wahrnehmbaren** in der Höhle und die **Welt der Ideen** außerhalb der Höhle. Seitdem streitet die Philosophie darüber, was Wirklichkeit ist. Existiert die **Wirklichkeit** als sinnlich wahrnehmbare Welt außerhalb des menschlichen

5 Bewusstseins oder ist sie ein Produkt unseres Geistes? Die **Entwicklung der digitalen Medien** hat diese Frage weiter zugespitzt; die **virtuelle Realität** wurde als Computerwelt in die Diskussion mit aufgenommen. So wird beispielsweise darüber nachgedacht, ob Spielwelten in den digitalen Medien von der Wirklichkeit getrennt existieren oder mit ihr zusammen?

10 Die Frage nach der Wirklichkeit wird nach den Ansichten von **Max Tegmark** und **Julian Nida-Rümelin** im 21. Jahrhundert zwar direkt auf den Menschen bezogen, zugleich aber sehr unterschiedlich beantwortet. Bei **Platon** war der Mensch als Sinnen- und Vernunftwesen zweigeteilt; der **Transhumanismus** unterteilt ihn in ein lebendiges und in ein maschinelles Wesen.

Das kann ich: Platons Höhle verlassen

Ihr bildet kleine Gruppen und setzt euch auf eine Decke; sie soll die Höhle symbolisieren. Ihr haltet ein Seil in den Händen, denn ihr seid wie Platons Gefangene in der Höhle gefesselt (siehe die Seiten 240/241). Einer aus eurer Gruppe löst sich nun aus den Fesseln und gestaltet den Aufstieg aus der Höhle mit einer

5 Pantomime:

1. Schritt: Mühsam aus der Höhle klettern
2. Schritt: Die Höhle verlassen und sich umschauen
3. Schritt: Vom Tageslicht geblendet werden
4. Schritt: Über die Welt staunen

10 Danach kommt der Aufsteiger zu euch in die Höhle zurück und beginnt, euch vom Aufstieg zu überzeugen, indem er die Welt außerhalb der Höhle „in höchsten Tönen" beschreibt. Ihr hört euch seine Schilderung an und bringt Einwände dagegen vor. Das Spiel ist beendet, wenn mindestens einer aus eurer Gruppe die Höhle verlässt. Wenn sich keiner dazu entscheiden kann, wird das Spiel abge-

15 brochen.

3. Sprecht bei der Auswertung des Spiels in der Ethikgruppe darüber, warum jemand von euch die Höhle verlassen hat und welche Vorteile ein Leben außerhalb der Höhle bietet.

4. Schreibt anschließend eine kleine Geschichte, in der ihr die Gefesselten überzeugt, die Höhle zu verlassen

5. Lest anschließend im siebten Buch aus Platons „Staat" nach, ob die Höhlenbewohner die Höhle verlassen oder nicht.

Anhang: Minilexikon

Wichtige Personen

Al-Ghazali, Abu Hamid (1058–1111)

war ein persischer Philosoph, muslimischer Theologe und Pädagoge, der in seinem Werk „Das Elixier der Glückseligkeit" die Erkenntnis Gottes als höchste Form der Liebe betrachtete. Für ihn waren Selbsterkenntnis und Mitgefühl mit anderen Lebewesen weitere wichtige Themen der Philosophie.

Arendt, Hannah (1906–1975)

gehört zu den wichtigsten Philosophinnen des 20. Jahrhunderts. Wegen ihrer Verfolgung durch die Nationalsozialisten flüchtete die deutsche Jüdin 1933 nach Frankreich, später in die USA, wo sie 1951 die amerikanische Staatsbürgerschaft erhielt. Innerhalb der politischen Philosophie beschäftigte sie sich mit den Merkmalen von totalitären politischen Systemen wie dem Nationalsozialismus. In ihrem Hauptwerk „Vita activa" geht es um die menschlichen Tätigkeiten arbeiten, herstellen und (politisch) handeln.

Aristophanes (ca. 450–380 v. Chr.)

ist der bekannteste Komödiendichter der griechischen Antike. Sein Stück „Lysistrata" wird auch heute noch häufig auf deutschen Bühnen gespielt.

Aurelius, Marcus (121–180)

war ein römischer Kaiser und Philosoph. In seinen „Selbstbetrachtungen" hob er die Gleichheit aller Menschen aufgrund ihrer göttlichen Natur hervor. Mark Aurel gehörte zur 500-jährigen philosophischen Richtung der Stoa in der Antike. Sie betonte die Selbstbeherrschung des Menschen und seine Eingebundenheit in die Menschengemeinschaft (siehe auch „Stoa").

Bacon, Francis (1561–1626)

war der Sohn eines Politikers und wurde nach dem Studium der Philosophie und Rechtswissenschaft selbst Politiker. Er brachte es bis zum Lordkanzler, der die Politik des englischen Königshauses vertreten musste. Die Gegner des Königs brachten ihn zu Fall und danach widmete sich Bacon nur noch der Philosophie. Er entwarf in seinem Buch „Nova-Atlantis" die Utopie einer Gesellschaft, die von Wissenschaftlerinnen und Wissenschaftlern geleitet wird. Ihr oberstes Ziel sind so viele Erfindungen wie möglich, um den Menschen das Leben zu erleichtern.

Benda, Ernst (1925–2009)

war von 1971 bis 1983 Präsident des Bundesverfassungsgerichts. Unter seiner Leitung wurde 1983 im Volkszählungs-Urteil das Recht auf informationelle Selbstbestimmung festgeschrieben. Es ermöglicht dem Einzelnen die Verfügungsgewalt über seine persönlichen Daten.

Châtelet, Émilie du (1706–1749)

gehörte zu den wichtigsten Philosophinnen der Aufklärung des 18. Jahrhunderts. Sie übersetzte die Schriften Isaac Newtons ins Französische und beschäftigte sich mit den Methoden der Wissenschaft. In ihrem „Traktat über das Glück" entwickelte sie ein Plädoyer für Sinnlichkeit und Leidenschaften als Grundlage eines gelingenden Lebens.

De Beauvoir, Simone (1908–1986)

gilt als Vorkämpferin der Frauenbewegung. In ihrem Buch „Das andere Geschlecht" arbeitete sie natürliche und gesellschaftliche Unterschiede zwischen Mann und Frau heraus. Sie schrieb auch philosophische Bücher über das Alter, und den Tod (siehe auch „Existenzphilosophie").

Escher, M. C. (Maurits Cornelis) (1898–1972)

war ein niederländischer Maler, der sich mit der Darstellung von optischen Täuschungen und unmöglichen Perspektiven einen

Namen machte. Er wollte damit zum Nachdenken über die Frage anregen, was in der Welt „wirklich" und was „konstruiert" ist. Über ihn gibt es ein großes Museum in Den Haag.

Heidegger, Martin (1889–1976)

war gemeinsam mit Karl Jaspers der Mitbegründer der deutschen Existenzphilosophie des 20. Jahrhunderts. Sie reflektierte alltägliche Fragen des Seins: Was ist Krankheit? Welche Rolle spielt der Tod im Leben? Wie verhalten sich Menschen in Grenzsituationen? Heideggers wichtigstes Werk heißt „Sein und Zeit" (siehe auch „Existenzphilosophie").

Konfuzius (551–479 v. Chr.)

war ein chinesischer Philosoph, der sich Fragen der Ethik zuwandte. Er hinterließ keine Schriften. In dem Büchlein „Lun-yu" haben seine Schüler Gedanken ihres Meisters aufgeschrieben, u.a. seine Auffassung von der Goldenen Regel (siehe Seite 169).

Locke, John (1632–1704)

gehört zu den wichtigsten Philosophen der englischen Aufklärung. In seinen „Abhandlungen über die Regierung" setzte er sich für die Gewaltenteilung ein und postulierte die natürliche Gleichheit aller Menschen. Er wird deshalb auch als „Vater der allgemeinen Menschenrechte" bezeichnet. In der Erkenntnistheorie setzte Locke auf die Erfahrung und sinnliche Wahrnehmung als Erkenntnisquellen des Menschen.

Luther, Martin (1483–1546)

soll als Professor für Bibelauslegung mit seinem Thesenanschlag an der Schlosskirche in Wittenberg am 31. Oktober 1517 die Reformation initiiert haben. Sie hatte die Gründung der evangelischen Kirche zur Folge. Luther weigerte sich, seine Thesen gegen den Papst und den Ablasshandel der katholischen Kirche auf dem Reichstag zu Worms 1521 zu widerrufen und wurde vom sächsischen Kurfürsten Friedrich dem Weisen auf der Wartburg versteckt. Dort begann er die Bibel ins Deutsche zu übersetzen. In seiner Schrift „Von der Freiheit eines Christenmenschen" entwickelte Luther seinen Gewissensbegriff.

Novalis (Georg Philipp Friedrich von Hardenberg) (1772–1801)

war ein deutscher Dichter aus der Zeit der Romantik. Mit seinem Roman „Heinrich von Ofterdingen", aus dem das Symbol der blauen Blume stammt, charakterisierte er die Romantik als Suche nach einer Weltharmonie.

Orwell, George (1903–1950)

war ein englischer Schriftsteller, der mit seinen dystopischen Romanen „1984" und „Farm der Tiere" das Bild einer totalitären Gesellschaft zeichnete, in der die Menschen ihre Individualität verlieren und nur noch Marionetten einer Elite sind (siehe Seite 54).

Popper, Karl (1902–1994)

wurde in Wien in einer jüdischen Familie geboren und emigrierte 1935 vor der drohenden Gefahr des Nationalsozialismus nach London. Er hat sich als Philosoph sowohl mit Logik und Wissenschaftstheorie als auch mit politischer Philosophie beschäftigt. In seinem Buch „Die offene Gesellschaft und ihre Feinde" kritisierte er vor allem Platons Staatsmodell als antidemokratisch.

Schweitzer, Albert (1875–1965)

war ein deutscher Arzt, Theologe und Philosoph, der im afrikanischen Urwald von Lambarene (Gabun) ein Hospital gründete, in dem auch Tiere behandelt wurden. In seinen Schriften legte er den Grundstein für ein biozentrisches Naturverständnis („Ehrfurcht vor dem Leben"), in dem Menschen, Tiere und Pflanzen als empfindungsfähig und somit gleichberechtigt angesehen werden.

Siena, Caterina von (1347–1380)

war die bedeutendste italienische Philosophin und Mystikerin des 14. Jahrhunderts. Sie wurde mit 17 Jahren Bußschwester im Laienorden der Mantellaten und starb im Alter von 33 Jahren auf einer Reise nach Rom an körperlicher Auszehrung. Sie wurde 1461 heiliggesprochen und 1939 zur Schutzpatronin Italiens ernannt. 1970 verlieh ihr Papst Paul VI. den Titel einer Doktorin der Kirche. In ihrem „Dialog, oder Buch göttlicher Lehre" untersuchte sie das Problem der Willensfreiheit: Gott hat den Menschen geschaffen, dieser ist aber für sein Handeln selbst verantwortlich.

Wichtige Begriffe

Aufklärung

ist eine europäische und nordamerikanische Geistesbewegung des 17. und 18. Jahrhunderts. Sie kritisierte die unumschränkte Autorität der Kirche und stellte den Gebrauch der Vernunft in den Mittelpunkt philosophischen Nachdenkens. In Deutschland war es vor allem der Philosoph Immanuel Kant, der mit seiner Schrift „Beantwortung der Frage: Was ist Aufklärung?" die Menschen zum eigenen Nachdenken und zur Loslösung vom blinden Vertrauen auf Autoritäten aufforderte.

Evolution

heißt auf Deutsch „Entwicklung". In der Biologie ist damit die stammesgeschichtliche Entwicklung von niederen zu höheren Formen gemeint. Laut der Evolutionstheorie von Charles Darwin (1809–1882) hat sich auch der Mensch aus niederen affenähnlichen Wesen entwickelt.

Existenzphilosophie

war eine philosophische Richtung des 20. Jahrhunderts, in der wichtige Probleme des menschlichen Daseins wie Leben, Tod, Krankheit, Zufall und Kampf untersucht wurden (siehe auch „Heidegger, Martin"). In der französischen Variante standen bei Jean-Paul Sartre, Albert Camus und Simone de Beauvoir das Problem der Freiheit und die Sinnhaftigkeit des Lebens im Vordergrund.

Futurologie

bedeutet „Zukunftsforschung", an der verschiedene Disziplinen, zum Beispiel die Philosophie, die Informatik und die Soziologie, beteiligt sind. Sie skizziert Entwicklungslinien von Mensch und Gesellschaft für die nächsten Jahrzehnte.

Ideologie

wird von dem griechischen Begriff idéa abgeleitet (auf Deutsch „Idee"). Damit ist im engeren Sinne die Ideengeschichte der Menschheit gemeint und im weiteren Sinne ein System von Weltanschauungen und Weltbildern verschiedener Gesellschaften oder Gemeinschaften. Ideologien erweisen sich in der Regel als Irrwege – sie enthalten Vorstellungen über die Wirklichkeit, die einen hohen Wahrheitsanspruch haben, obwohl sie mindestens unvollständige oder halbwahre Ideen transportieren.

Intelligenz, künstliche (KI)

beschäftigt sich mit der Automatisierung intelligenten Verhaltens von Maschinen: Maschinen werden so programmiert, dass sie selbstständig Entscheidungen in vielen Bereichen treffen können, die der menschlichen Entscheidungsstruktur sehr ähnlich sind. Ein wichtiger Anwendungsbereich von KI sind Roboter. Dabei handelt es sich um universell einsetzbare Bewegungsautomaten, die vielfältig zum Einsatz kommen: Als Pflegeroboter spielen sie mit Demenzpatientinnen und -patienten, als Mähroboter steuern sie autonom durch Gartenlandschaften und als Industrieroboter montieren sie beispielsweise Autos. Ziel der KI-Forschung ist es, Maschinen zu entwickeln, die sich mittels künstlicher Intelligenz selbst verbessern und reproduzieren, sodass sie intelligenter als Menschen werden. Die Philosophie hat hierzu den Bereich der Roboterethik entwickelt, in dem untersucht werden soll, wie wir Menschen mit den Chancen und Risiken künstlicher Intelligenz umgehen sollen, damit wir eines Tages nicht von Robotern „beherrscht" werden.

Jesiden

sind eine kurdisch sprechende religiöse Minderheit, die vorwiegend in Syrien und im Nordirak lebt. Sie sind Angehörige einer monotheistischen Religion, ohne heilige Schriften. Jesiden gehen davon aus, dass Gott die Welt aus einer Perle geschaffen hat; anschließend schufen sieben heilige Engel die Welt. 2014 wurden viele Jesiden Opfer eines Völkermords durch den sog. „Islamischen Staat".

Neurowissenschaften

umfassen alle Wissenschaften, die sich mit der Struktur und Funktionsweise von Nervensystemen beschäftigen, zum Beispiel die Physiologie, die Psychologie, die Medizin und die Informatik.

Psychoanalytiker/innen

sind Psychotherapeuten bzw. -therapeutinnen, die nach der Methode der Psychoanalyse arbeiten, die von Sigmund Freud (1856–1939) begründet wurde.

Sie liefert ein Erklärungsmodell für seelische Vorgänge und deren Störungen. Dabei werden vor allem Kindheitserlebnisse und sexuelle Erlebnisse als mögliche Ursachen untersucht.

Relativitätstheorie

Sie wurde von dem Physiker Albert Einstein (1879–1955), einem der bedeutendsten Wissenschaftler der Neuzeit, entwickelt. Sie befasst sich mit der Struktur der Materie und ihrer Existenz in Raum und Zeit.

Stoa

Der Name stammt von einer Säulenhalle (Stoa) auf dem Marktplatz von Athen, wo Zenon von Kition 300 v. Chr. eine Philosophenschule gründete. Die Stoa hielt sich fast 500 Jahre im Mittelmeerraum. Sie ging davon aus, dass hinter allem Weltgeschehen ein universelles (göttliches) Prinzip steckt. Der Mensch solle sich in das Weltgeschehen einfügen und nach Seelenruhe (Ataraxie), Gelassenheit und Weisheit streben (siehe auch „Aurelius, Marcus").

Tugend

wurde als Begriff von Platon (siehe Seite 199) in die Philosophie eingeführt und von seinem Schüler Aristoteles (siehe Seite 45) erweitert. „Tugend" bedeutet, dass Menschen durch fortwährende Übung eine bestimmte Lebenshaltung entwickeln, die sie zu moralisch gutem Handeln befähigt. Für dieses Ziel sollen alle Kräfte gebündelt werden; jeder muss sich aus eigenem Antrieb dazu entschließen. Deshalb bezeichnete Immanuel Kant (siehe die Seiten 11 und 108) die Tugend auch als die „moralische Stärke" des Menschen.

Die Tugend umfasst nach der griechischen Tradition drei Bestandteile: Wissen (jemand weiß, dass er Gutes tut); Können (jemand weiß, wie man Gutes tut) und Handeln (jemand tut das Gute in einer konkreten Lebenssituation).

Zu einer moralisch guten Lebenshaltung gehören nach Platon drei Grundtugenden: Weisheit, Tapferkeit, Besonnenheit und als höchste Tugend die Gerechtigkeit. In späteren Zeiten wurde diese Gruppe von Tugenden als „Kardinaltugenden" bezeichnet.

UNESCO

heißt auf Englisch „United Nations Educational, Scientific and Cultural Organization" (Organisation der Vereinten Nationen für Erziehung, Wissenschaft und Kultur). Sie wurde 1945 gegründet und hat ihren Sitz in Paris. Die UNESCO strebt „Bildung für alle" an und unterstützt zum Beispiel weltweit den Bau von Schulen. Für Schülerinnen und Schüler gibt es das Projekt „UNESCO-Schulen": Schulen, die in Zusammenarbeit mit außerschulischen Organisationen Projekte im Bereich von Wissenschaft und Kultur durchführen, können sich um den Titel „UNESCO-Schule" bewerben und Fördermittel erhalten.

Vernunft

gehört zu den wichtigsten Begriffen in der Philosophie. Sie umfasst die Fähigkeit des Menschen, mit Hilfe allgemeiner Prinzipien (Denkgesetze) nachzudenken und logisch von einem Gedanken auf den anderen schließen zu können, ohne sich in Widersprüche zu verwickeln. Dabei werden Argumente formuliert und überprüft sowie Zusammenhänge zwischen Gedanken, Hypothesen und Argumenten hergestellt – mit dem Ziel, neue Ideen zu entwickeln.

Methoden und Arbeitstechniken

Einen Aphorismus formulieren

In der Philosophiegeschichte erhielt der Aphorismus vor allem durch Francis Bacon (siehe Seite 227) eine große Bedeutung. Der englische Philosoph hob den Bezug des Aphorismus zu den Widersprüchlichkeiten des Lebens hervor und lobte, dass er eine originelle Sichtweise auf ein bereits bekanntes philosophisches Problem zum Ausdruck bringe.

Für das aphoristische Philosophieren braucht ihr keinerlei philosophisches Vorwissen; ihr formuliert in höchstens zwei Sätzen einen Gedanken über ein Thema wie „Glück" oder „Liebe", mit dem ihr andere zum Nachdenken anregen wollt.

Einen Begriffskreis gestalten

Ihr sucht nach Begriffen, durch die ein ethischer Begriff wie „Freiheit" bestimmt werden kann. In den Innenkreis, den Begriffskern, schreibt ihr diejenigen Begriffe, die ganz wichtig für die Charakteristik des zu klärenden Begriffes sind; bei „Freiheit" wären das zum Beispiel *Eigenständigkeit*, *Unabhängigkeit* oder *Selbstbestimmung*. In den Außenkreis, den Begriffsumfang, fügt ihr anschließend jene Begriffe ein, die auch zur Begriffsklärung beitragen, aber nicht ganz so wichtig sind: bei Freiheit gehören beispielsweise *Freilassung*, *Flucht* oder *Bewegungsfreiheit* dazu.

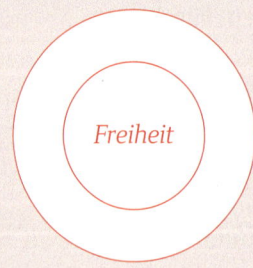

Ein Begriffsmolekül bauen

Ihr bildet kleine Gruppen und besorgt euch aus dem Bastelgeschäft Styroporkugeln. An eine zentrale große Styroporkugel wird der zu klärende Begriff mit einem selbstklebenden Zettel geheftet, zum Beispiel „Bedürfnisse".

Anschließend überlegt ihr, mit welchen Begriffen oder Symbolen ihr den zentralen Begriff klären wollt. Diese Begriffe schreibt ihr auf einen Zettel. Danach beratet ihr in der Gruppe, wie ihr diese Begriffe um die zentrale Kugel herum auf Kugeln mit selbstklebenden Zetteln postieren wollt. Die Verbindung zwischen den Kugeln verschiedener Größe erfolgt mit dünnen und spitzen Holzstäbchen (groß steht für wichtig und klein für nicht ganz so wichtig). Wenn alle Kugeln angebracht worden sind, entsteht ein Begriffsmolekül, das ihr dann den anderen Gruppen in der Klasse vorstellt.

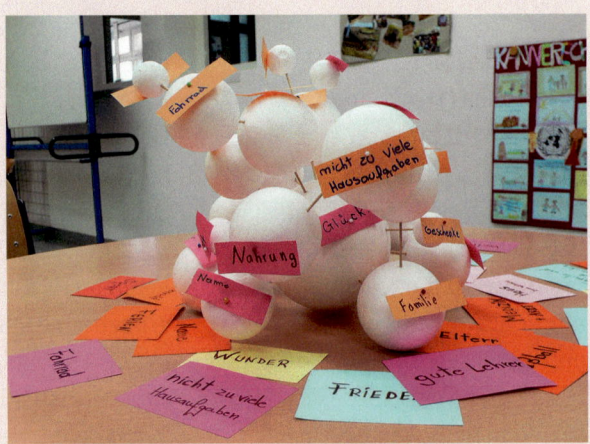

Dieses Begriffsmolekül zum Thema „Glück" wurde von einer 5. Klasse in Hamburg entworfen.

Ihr braucht folgendes Material: Styroporkugeln in verschiedenen Größen; Holzstäbchen (Zahnstocher und Schaschlik-Stäbchen); selbstklebende Zettel (Notizblöcke) und dicke Filzstifte.

Ein Blogeintrag verfassen

Ihr schreibt ein kurzes Statement zu einem philosophischen Thema in höchstens 10 Sätzen – und gestaltet ihn wie einen Artikel in einem Blog. Bezieht euch nur auf einen Aspekt des Themas und begründet eure Sichtweise.

Eine Collage gestalten

Eine Collage ist ein Klebebild. Der Begriff kommt aus dem Französischen und bedeutet „leimen" oder „zusammenkleben".

Wenn ihr eine Collage zusammenkleben wollt, braucht ihr Fotos aus Zeitungen oder Zeitschriften, bunte Papiersorten, Stoffreste, Schere, Klebestift, Buntstifte und vielleicht Pinsel und Wassermalfarben sowie ein DIN A3-Blatt. Und so wird es gemacht:

1. Ihr sucht zu einem Thema wie „Regeln in der Schule" einen Spruch oder einen Titel für eure Collage aus und schreibt ihn auf ein Blatt Papier, zum Beispiel: „Keiner kann machen, was er will."
2. Dann wählt ihr aus den Papier- und Stoffsorten etwas für den Hintergrund aus.
3. Anschließend schneidet ihr Figuren und Dinge aus den Zeitschriften aus, die ihr für euren Spruch oder Titel benötigt.
4. Nun beginnt ihr mit den Anordnungen: Zuerst legt ihr den Hintergrund. Danach probiert ihr mit euren Einzelteilen mehrere Anordnungen aus; ihr könnt die Teile hin- und herschieben; überlegt auch, an welche Stelle der Collage ihr den Titel anbringen wollt.
5. Ihr entscheidet euch für eine Anordnung und klebt sie auf.
6. Denkt daran, dass ihr auch mal Flächen auf der Collage freilassen könnt.
7. Wenn ihr alle Teile aufgeklebt habt, schreibt ihr den Titel auf. Ihr könnt eure Collage auch noch mit Buntstiften oder Pinsel und Farbe weiterzeichnen.

Einen fiktiven Brief schreiben

Ein fiktiver Brief wird an einen Philosophen oder eine Philosophin „adressiert", aber nicht wirklich abschickt. Er dient der Auseinandersetzung mit einem philosophischen Gedanken, zu dem der oder die Schreibende Stellung nimmt. Es muss u. a. begründet werden, ob der Gedanke als gut oder schlecht bewertet wird und warum.

Ein Elfchen verfassen

Das Elfchen ist eine poetische Form. Sie besteht aus 11 Wörtern, die auf 5 Zeilen verteilt werden. Beim Philosophieren wird sie meistens zur Begriffsklärung verwendet. Ein Beispiel:

1. Zeile = 1 Wort	Liebe
2. Zeile = 2 Wörter	kommt leise.
3. Zeile = 3 Wörter	Kribbeln im Bauch.
4. Zeile = 4 Wörter	Wir heben plötzlich ab.
5. Zeile = 1 Wort	Himmelhochjauchzend.

Einen Essay schreiben

Essay heißt in der französisch-englischen Originalbedeutung des Wortes „Versuch". Bei einem philosophischen Essay wird „versucht", ein philosophisches Problem von verschiedenen Seiten zu beleuchten. Diese Methode wendete 1580 als Erster der französische Philosoph Michel de Montaigne (1533–1592) an; sie dient dazu, lebenspraktische Fragen wie Freundschaft oder Gerechtigkeit in Verbindung mit eigenen Erfahrungen philosophisch zu gestalten. In den USA hat vor allem der Philosoph Jay Rosenberg (1942–2008) in seinem Buch „Philosophieren – Ein Handbuch für Anfänger" (Frankfurt/Main 2006) diese Methode zu einer eigenständigen philosophischen Form des Schreibens entwickelt.

Regeln für das Verfassen philosophischer Essays in Anlehnung an Jay Rosenberg:

– *Aufstellen einer These, die entweder aus einem Text stammt oder selbst formuliert wird, zum Beispiel: Alle Menschen brauchen Freunde.*
– *Schriftliche Darstellung der These: Was ist damit gemeint, dass alle Menschen Freunde brauchen?*
– *Kritische Prüfung der These mithilfe von Pro- und Kontra-Argumenten: Welche Argumente sprechen dafür, dass alle Menschen Freunde brauchen, und welche Argumente sprechen dagegen?*
– *Überprüfung der Schlüssigkeit der Argumentation: Habe ich mir in meiner Argumentation zum Beispiel widersprochen?*
– *Veranschaulichung der These durch Beispiele: Jeder wichtige Gedanke soll durch Beispiele veranschaulicht werden.*
– *Klare Unterscheidung zwischen den persönlichen Erfahrungen und Meinungen des Autors oder der Autorin (eigene Stellungnahme) und Aussagen und Argumenten von Philosophinnen und Philosophen.*
– *Die Sprache des Essays soll verständlich sein und den gängigen grammatischen Regeln folgen.*

Eine Gedankenkette aufreihen

Bei einer Gedankenkette äußert jeder von euch zu einem bestimmten ethischen Thema, zum Beispiel Glück, einen Gedanken in Form eines Satzes: „Alle Menschen streben nach Glück". Keiner darf wiederholen, was vorher schon gesagt wurde. Wenn jemand keinen Gedanken äußern kann oder wiederholt, was schon gesagt wurde, bricht die Kette ab.

Eine Mindmap gestalten

Ihr könnt Inhalte und Zusammenhänge in einer Mindmap darstellen (englisch „Gedankenlandkarte"). Geht so vor:

1. Nehmt ein unliniertes Blatt und legt es quer vor euch.
2. In die Mitte schreibt ihr in einen Kreis oder Kasten das Hauptthema, zum Beispiel „Mein Steckbrief".
3. Jetzt überlegt ihr wichtige Beispiele, die man auch Unterthemen nennt, und schreibt sie mit Groß-buchstaben auf Linien, die mit dem Hauptthema verbunden werden. Diese Linien nennt man Hauptäste und sie sollen auch dick gemalt werden. Auf einem solchen Hauptast könnte zum Beispiel stehen HOBBYS.
4. An den Hauptästen „wachsen" Nebenäste, auf denen weitere Stichworte stehen, zum Beispiel „Fußball spielen" oder „Tanzen".
5. Auch die Nebenäste könnt ihr weiter verzweigen. Auf einem solchen Zweig könnte beispielsweise „Mittelstürmer" oder „Hip-Hop" stehen.
6. Ihr könnt eure Mindmap auch farbig gestalten. Zum Beispiel könnt ihr alle Hauptäste rot zeichnen und die Nebenäste und Verzweigungen in anderen Farben.
7. Ihr könnt auch passende Bilder, Zeichnungen und Fotos in eure Mindmap einfügen.

Einen Miniaturtext verfassen

Diese Textform besteht aus höchstens 10 Sätzen. In einem solchen Text könnt ihr zum Beispiel einen schwierigen Begriff wie Freundschaft klären, eine Meinung zu einem philosophischen Problem abge-ben oder auch eine kurze Geschichte erzählen.

Mit der Placemat-Methode nachdenken

Die Placemat-Methode ist eine Form des kooperativen Lernens (Lernen in Vierergruppen). Ihr entwickelt zu einer ethischen Fragestellung wie „Muss ich immer die Wahrheit sagen?" zunächst eigene Gedanken. Anschließend diskutiert ihr eure Ideen mit den anderen Gruppenmitgliedern. Dazu wird ein Bogen Papier in vier gleich große Teile geteilt. Jeder von euch schreibt in seinen Teil des Bogens seine Idee. In der Mitte des Papiers wird Platz gelassen für die gemeinsame Antwort der gesamten Gruppe, die ihr aus eurer Diskussion ermittelt. Danach wird in der gesamten Ethikgruppe weiterdiskutiert.

Ein Standbild inszenieren

Ein Standbild ist eine Pantomime in der Gruppe. Ihr gestaltet mit eurem Körper einen Begriff, einen Gedanken oder ein Gefühl. Dabei dürft ihr die Hände und die Füße benutzen, aber nicht sprechen. Jeder von euch muss innerhalb der Gruppe eine spezielle Aufgabe übernehmen: Einer stellt zum Beispiel eine Pflanze dar und ein anderer ein Tier. Alle Darstellungen ergeben zusammen ein Bild. Einer von euch sollte dabei Regie führen und das Bild zusammenstellen.

Eine Standpunktrede halten

Viele Themen unseres Schülerbuches enthalten kontro-verse Themen, z. B. die Frage der Gerechtigkeit/ Ungerechtigkeit oder Natur/Technik. Dazu sollte sich jeder von euch eine Meinung bilden. Eine Methode der Meinungsbildung ist die Standpunktrede. Sie um-fasst fünf Schritte und sollte nicht mehr als eine Seite umfassen. Sie kann auch für einen mündlichen Vortrag in Stichworten ausgearbeitet werden:

1. Schritt: den eigenen Standpunkt formulieren:
Ich bin der Meinung, dass [...]
Mensch und Tier (nicht) gleichwertig sind [...],
2. Schritt: eine Begründung geben:
weil [...] *Menschen und Tiere [...] Gefühle haben und Tiere auch denken können.*
3. Schritt: ein Beispiel anführen:
So kann zum Beispiel [...] *ein Hund Liebe und Zuneigung empfinden, wenn er „sein Herrchen" sieht.*
4. Schritt: Ergebnis formulieren:
Deshalb komme ich zu dem Ergebnis: *Menschen und Tier haben eine Seele und sollten einander respektieren.*

5. Schritt: Appell:
Daher sollte […] *in Deutschland der Tierschutz weiter ausgebaut werden.*

Wahre und falsche Aussagen ermitteln
Wahrheitstafeln-Ergänzung zur Seite 233

Die Aussagenlogik führte die Zeichen p, q und v ein, um Sätze (Aussagen) abzukürzen und zu formalisieren. Durch ihre Verknüpfung können zusammengesetzte Aussagen gebildet werden. Logische Verknüpfungen sind zum Beispiel:

und: p ∧ q (∧ heißt „und")
oder: p v q (vel heißt im Lateinischen „oder")
Negation: Querstrich über einem Zeichen (p̄)

In der modernen Logik werden Aussagen nicht nach ihren inhaltlichen Bedeutungen verknüpft, sondern bezüglich ihres Wahrheitswertes, ausgedrückt durch die Zeichen w (wahr) und f (falsch).
Der Wahrheitswert einer zusammengesetzten Aussage hängt davon ab, ob ihre Teilaussagen für sich genommen wahr sind; ist eine Teilaussage nicht wahr, ist die gesamte Aussage nicht wahr.
Der Zusammenhang zwischen Teilaussagen und dem Wahrheitswert der gesamten Aussage wird in sogenannten Wahrheitstafeln festgelegt. Die folgende Wahrheitstafel zeigt die Verknüpfung mit „und" (p ∧ q) sowie „oder" (p v q).

	P	q	p ∧ q	p	q	p v q
1.)	w	w	w	w	w	w
2.)	w	f	f	w	f	w
3.)	f	w	f	f	w	w
4.)	f	f	f	f	f	f

P ∧ q sind wahr, wenn 1.) p und q beide wahr sind. P und q sind jedoch falsch, wenn 2.) p wahr, q jedoch falsch ist. Die Aussage ist auch falsch, wenn 3.) p falsch und q wahr ist und erst recht falsch, wenn 4.) sowohl p als auch q falsch sind.
P v q sind wahr, wenn 1.) P und q beide wahr sind; p v q sind auch wahr, wenn 2.) p wahr und q falsch ist, oder wenn 3.) p falsch und q wahr ist. P v q ist falsch, wenn p und q beide falsch sind.

Register

Text- und Bildnachweis

Textnachweis

8 Novalis (Georg Philipp Friedrich von Hardenberg). Fragmente I. Hrsg. v. Ernst Kamnitzer. Dresden: Jess Verlag 1929, Kapitel 5. Zitat nach dem Spiegel-Internetprojekt „projekt.gutenberg.de“ (http://gutenberg.spiegel.de/buch/fragmente-i-6618/5 – Aufruf: 24.4.2019)[K] **10** o. Joris (Joris Ramon Buchholz): Herz über Kopf (Auszug). Aus dem Album: Hoffnungslos hoffnungsvoll. Four Music (Sony BMG), 2015K **10** u. Martha Nussbaum: Warum Emotionen wichtig sind. Übersetzt v. Thomas Fehige. In: Christoph Fehige, Georg Meggle u. Ulla Wessels (Hrsg.): Der Sinn des Lebens. München: dtv 2000, S. 144f.[K] **11** Immanuel Kant: Anthropologie in pragmatischer Hinsicht (Auszüge). Werke in 6 Bänden. Hrsg. v. Wilhelm Weischedel. Darmstadt: Wiss. Buchgesellschaft 1975, S. 667f.[K] **12** Marc Calmbach u. a.: Wie ticken Jugendliche? Lebenswelten von Jugendlichen im Alter von 14 bis 17 Jahren in Deutschland. Sinus-Studie 2016. Wiesbaden: Springer Fachmedien Wiesbaden GmbH 2016. S. 65, 117 u. 118 (Auszüge)[K] **13** Konstantin Kolenda: Ethik für die Jugend. Hrsg. u. übersetzt v. Barbara Brüning. Hamburg: Verlag für Kinder und Eltern 1986, S. 17ff. (Auszüge)[K] **14/15** Martha C. Nussbaum: Gerechtigkeit oder Das Gute Leben. Hrsg. v. Herlinde Pauer-Studer, übersetzt v. Ilse Utz: Frankfurt/Main: Suhrkamp 1998, S. 200–203 (Auszüge)[K] **16/17** Wie können wir ein gutes Leben führen? Exklusiv-Interview mit der Philosophin Martha C. Nussbaum (mit freundlicher Genehmigung von Martha C. Nussbaum, 2019). Übersetzt v. Martin Kloke **18** Wilhelm Schmid: Von den Freuden der Eltern und Großeltern. Berlin: Insel Verlag 2016, S. 8ff. (Auszüge)[K] **19** Amitai Etzioni: Die Verantwortungsgesellschaft. Individualismus und Moral in der heutigen Demokratie. Übersetzt v. Christoph Münz. Frankfurt/Main u. New York: Campus Verlag 1997, S. 175f. (Auszüge)[K] **20** o. Franz Kafka: Brief an den Vater. Zürich: Diogenes Verlag 1996, S. 5f. (Auszüge) [K] **20** u. James Baldwin: Just Above my Head. New York: Random House 2000 (1979). Zitiert aus Lothar Schon: Sehnsucht nach dem Vater. Die Psychodynamik der Vater-Sohn-Beziehung. Stuttgart: Klett-Cotta 2015, S. 15 (Auszug übersetzt v. Lothar Schon)[K] **21** Julian Nida-Rümelin: Vom Wert des Lebens und der Freiheit. München: Komplett-Media GmbH 2018, S. 52[K] **22** Karl Marx: Frühe Schriften. Bd. 1. Hrsg. v. Hans-Joachim Lieber u. Benedikt Kautsky. Darmstadt: Wiss. Buchgesellschaft 1962, S. 177f.[K] **23** Mi. Julia Robert: Wer oder was will ich eigentlich werden? Originalbeitrag 2019 **23** re. Kompetenzzentrum Technik-Diversity-Chancengleichheit e.V. (Hrsg.): Girl's Day. Mädchen-Zukunftstag. Informations- und Arbeitsmaterialien zur Vorbereitung, Begleitung und Nachbereitung des Girls' Day im Unterricht. Bielefeld 2016 (https://mediaserve.kompetenzz.net/filestore/1/6/6/8/8_1dd193c9a8dfa18/16688_71e008420b4dd04.pdf?v=2017-01-12+12%3A53%3A32 – Aufruf: 24.4.2019)[K] **24** Jean-Jacques Rousseau: Émile oder Über die Erziehung. Hrsg. u. übersetzt v. Ludwig Schmidts. Paderborn: Schöningh Verlag 1971, S. 191ff. (Auszüge)[K] **25** Bertrand Russell: Lob des Müßiggangs. Übersetzt v. Elisabeth Fischer-Wernecke. München: dtv 2002 (© 1957 Zsolnay Verlag Wien), S. 9ff. (Auszüge)[K] **26** o. Jugendliche Statements. Aus: Marc Calmbach u. a.: Wie ticken Jugendliche? Lebenswelten von Jugendlichen im Alter von 14 bis 17 Jahren in Deutschland. Sinus-Studie 2016. Wiesbaden: Springer Fachmedien Wiesbaden GmbH 2016, S. 101 u. 325ff. (Auszüge)[K] **26/27** David Levithan: Letztendlich sind wir dem Universum egal. Übersetzt v. Martina Tichy. Frankfurt/Main: S. Fischer Verlag 2014, S. 7ff. (Auszüge)[K] **27** Mi. Frei nach Helmut Engels: „Nehmen wir an …“: Das Gedankenexperiment in didaktischer Absicht. Weinheim u. Basel: Beltz-Verlag 2004, S. 14–17[K/Ä] **27** u. Michel de Montaigne: Über die Unbeständigkeit der menschlichen Handlungen. Zitiert nach der Übertragung von Pascal Mercier: Nachtzug nach Lissabon. München: btb Verlag 2006, S. 9[K] **30** Hermann Hesse: Mit der Reife wird man immer jünger. Betrachtungen und Gedichte über das Alter. Frankfurt/Main: Suhrkamp 1990, S. 55 (Zitat)[K] **32** Cora: Im Kreislauf der Jahreszeiten. Aus: Barbara Brüning (Hrsg.): Lebenslicht. Wie Jugendliche über das Sterben denken. Bad Münder: Leibniz-Bücherwarte 2017, S. 36[K] **33** Hermann Hesse: Mit der Reife wird man immer jünger. Betrachtungen und Gedichte über das Alter. Frankfurt/Main: Suhrkamp 1990, S. 87 (Auszug)[K] **34** Wilhelm Schmid: Gelassenheit. Was wir gewinnen, wenn wir älter werden. Berlin: Insel Verlag 2014, S. 76f. (Auszug)[K] **35** Bärbel Schäfer: Meine Nachmittage mit Eva. Überleben nach Ausschwitz. Gütersloh: Gütersloher Verlagshaus 2017, S. 45f.[K] **36/37** Henning Scherf. Grau ist bunt. Was im Alter möglich ist. Freiburg: Herder Verlag 2011, S. 24ff.[K] **38** Felix Ekardt: Das Prinzip Nachhaltigkeit. Generationengerechtigkeit und globale Gerechtigkeit. München: C. H. Beck 2005 (3. Aufl. 2014), S. 15 [K] **39** Kurt Biedenkopf: Was ist Generationengerechtigkeit? Statement in: FAZ v. 6.8.2013 (http://www.faz.net/aktuell/wirtschaft/meinung-was-ist-generationen-gerechtigkeit-1230071.html – Aufruf: 24.4.2019)[K] **41** Alasdair MacIntyre: Der Verlust der Tugend. Zur moralischen Krise der Gegenwart. Übersetzt v. Wolfgang Riehl. Frankfurt/Main: Suhrkamp 1995, S. 290 u. 288 (Auszüge)[K] **42** Emilie du Châtelet: Über das Glück. Zitat aus Ruth Hagengruber (Hrsg.): Klassische philosophische Texte von Frauen. Übersetzt v. Eva Maria Rüther. München: dtv 1998, S. 121. (Original: Gabrielle-Emilie du Châtelet: Lettres inedites a. M. le Comte d'Argen tai. Paris: Xurouet 1806, S. 337–360)[K] **44** li. Frei nach Sylvain Mazas: Dieses Buch sollte mir gestatten den Konflikt in Nah-Ost zu lösen, mein Diplom zu kriegen und eine Frau zu finden: Teil 1. Mückenschwein Verlag: Stralsund 2007 (o. Seitenangabe)[K/Ä] **44** re. Maike van den Boom: Wo geht's denn hier zum Glück? Meine Reise durch die 13 glücklichsten Länder der Welt und was wir von ihnen lernen können. Frankfurt/Main: FISCHER Krüger 2015, S. 14f.[K] **45** Aristoteles: Die Nikomachische Ethik. Übersetzt v. Franz Dirlmeier. Berlin-Ost: Akademie Verlag 1989, S. 9 u. 11[K] **46** Wilhelm Schmid: Unglücklich Sein. Eine Ermutigung. Insel: Frankfurt/Main 2012, S. 7f.[K] **47** Fanny Jimenez: Bloß kein Glück bitte! (Auszüge). In: Die Welt v. 21.3.2014 (https://www.welt.de/print/die_welt/wissen/article126028431/Bloss-kein-Glueck-bitte.html – Aufruf: 24.4.2019)K **48/49** Wo geht's denn hier zum Glück? Exklusiv-Interview mit der Glücksforscherin Maike van den Boom (mit freundlicher Genehmigung von Maike van den Boom, 2019) **50** Epikur: Brief an Menoikeus. Aus: Ders.: Philosophie der Freude. Briefe. Hauptlehrsätze. Spruchsammlung. Fragmente. Übersetzt v. Paul M. Laskowsky. Frankfurt/Main: Suhrkamp / Insel 1988, S. 53f.[K] **51** Annaeus Seneca: Vom glückseligen Leben und andere Schriften. Hrsg. v. Peter Jaerisch. Übersetzt v. Ludwig Rumpel. Stuttgart: Reclam 2011, S. 71f. (Auszüge)[K] **52** li. Oscar Wilde: Der Sozialismus und die Seele des Menschen. Übersetzt v. Gustav Landauer u. Hedwig Lachmann. Zürich: Diogenes Verlag 1970 (1904). Zitiert nach Julian Nida-Rümelin u. Klaus Kufeld (Hrsg.): Die Gegenwart der Utopie. Zeitkritik und Denkwende. Freiburg: Verlag Karl Alber 2011, S. 172 (Zitat)[K] **52** re. Thomas Morus: Utopia (Auszüge). In: Der utopische Staat: Utopia – Sonnenstaat – Neu-Atlantis. Mitwirkender Autor: Tommaso Campanella. Übersetzt u. hrsg. v. Klaus J. Heinisch. Reinbek: Rowohlt Verlag 1960, S. 48–60[K] **53** Karl Marx: Die deutsche Ideologie (1846). In: Marx-Engels-Werke (MEW) Bd. 3. Hrsg. v. Institut für Marxismus-Leninismus beim ZK der SED. Berlin-Ost: Dietz Verlag 1969, S. 33 (Auszug)[K] **54** Aldous Huxley: Schöne neue Welt. Übersetzt v. Eva Walch. Berlin-Ost: Verlag Das Neue Berlin 1978, S. 211–219[K] **55** Max Tegmark: Leben 3.0. Mensch sein im Zeitalter Künstlicher Intelligenz. Übersetzt v. Hubert Mania. Berlin: Ullstein 2017 (3. Auflage), S. 232f.[K] **56** o. Josephine Matz: Du hast es in der Hand! In: Jemandes Zeitung. Schülerzeitung des Europäischen Bertha-von-Suttner Gymnasiums in Berlin. Nr. 2, 2017, S. 8f.[K] **56** u. Frei nach Til Knipper: Die Kreativ-Techniken der Thinktanks. In: Karriere.de. (Handelsblatt Media Group) v. 1.1.2009 (http://www.karriere.de/startseite/die-kreativ-techniken-der-thinktanks-8266/ – Aufruf: 24.4.2019)[K/Ä] **57** Ernst Bloch: Das Prinzip Hoffnung. Erster Band. Frankfurt/Main: Suhrkamp 1959, S. 1f.[K] **59** Martina Denda: Merkmale einer Utopie erkennen. Originalbeitrag 2019 **61** Martina Denda: Fragen über die Liebe. Originalbeitrag 2019 **62** Namika: Je ne parle pas français. Aus dem Album „Que Walou“, 2018 (Auszüge). Text: Simon Triebel, Sera Finale, Hanan Hamdi (Namika) u. Beatgees. © Budde Music Publishing GmbH (https://genius.com/Namika-je-ne-parle-pas-francais-lyrics – Aufruf: 24.4.2019)[K] **63** Klaus Waller: Von Achtung bis Zivilcourage. Lexikon der Werte und Tugenden. Zürich: Kreuz Verlag 2002, S. 128 (Auszug) [K] **64** o. Mechthild von Magdeburg: Das fließende Licht der Gottheit. Hrsg. u. übersetzt v. Margot Schmidt. Frommann-Holzboog: Stuttgart-Bad Cannstatt 1995, S. 78 [K] **64** u. Erich Fromm: Die Kunst des Liebens. Berlin: Ullstein 1990, S. 11[K] **65** Platon: Sämtliche Werke Bd. 2. Übersetzt v. Friedrich Schleiermacher. Reinbek bei Hamburg: Rowohlt 2002, 29. Aufl., S. 78f. (Auszug)[K] **66** Martina Denda: Das Gefühl zu platzen. Originalbeitrag 2019 **67** Elisabeth Badinter: Ich bin du. Auf dem Weg in die androgyne Gesellschaft. Übersetzt v. Friedrich Griese. München: dtv 1994, S. 207 (© Piper 1988)[K] **68** Sara: Jetzt bloß nicht heulen. In: Jugend schreibt. Die besten Beiträge aus der FAZ. Frankfurt/Main: FAZ-Verlag 2001, S. 64 **69** Richard David Precht: Liebe. Ein unordentliches Gefühl. München: Goldmann 2009, S. 247 (Auszug)[K] **70** Simone Debour: Ehrlichkeit in Beziehungen: Wann sie wichtig ist und wann sie sogar schadet. In: Focus Online v. 14.10.2017 (Auszüge). Aus: https://www.focus.de/wissen/experten/debour/gemeinsam-gluecklich-ehrlichkeit-in-einer-beziehung-ist-nicht-alles_id_7144538.html (Aufruf: 24.4.2019)[K] **71** Franz Josef Wetz: Lob der Untreue. Eine Unverschämtheit. München Diederichs 2011, S. 67f. (Auszüge)[K] **72** Nach Marliese Arold: Abgerutscht. Nina reißt aus. Bindlach: Loewe Verlag 1996, S. 129 [K/Ä] **73** Richard David Precht: Liebe. Ein unordentliches Gefühl. München: Goldmann 2009, S. 334f. (Auszüge)[K] **74/75** Ist gelingende Liebe möglich? Exklusiv-Interview mit dem Philosophen Markus Tiedemann (mit freundlicher Genehmigung von Markus Tiedemann, 2019) **78** Hannah Arendt: Vita activa oder vom tätigen Leben. München: Piper Verlag 1960 (12. Aufl. 2001), S. 34f.[K] **80** Adam Smith: Über die Selbstliebe. In: Adam Smith: Theorie der ethischen Gefühle. Übersetzt v. Walther Eckstein. Hamburg: Felix Meiner 1985, S. 122 (Auszug)[K] **81** Thomas Hobbes: Leviathan. Übersetzt v. Jacob Peter Mayer. Stuttgart: Reclam 2007, S. 113f. (Auszüge)[K] **82** o. Ludwig Siep: Die Bedeutung des Altruismus für die Ethik. In: Ethik & Unterricht. Seelze: Friedrich Verlag, Heft 3, 2005, S. 4 (Zitat)[K] **82** u. Franz Alt (Hrsg.): Der Appell des Dalai-Lama an die Welt: Ethik ist wichtiger als Religion. Salzburg: Benevento Publishing 2015 (13. Aufl. 2016), S. 21 (Auszug)[K] **83** Immanuel Kant: Metaphysik der Sitten. Tugendlehre § 30. Werke in 12 Bänden, Bd. 8. Hrsg. v. Wilhelm Weischedel. Frankfurt/Main: Suhrkamp Verlag 1977, S. 589 (Auszug)[K] **84/85** Jostein Gaarder: Sofies Welt. Roman über die Geschichte der Philosophie. Übersetzt v. Gabriele Haefs. München: Carl Hanser Verlag 1993, S. 393f. (Auszug)[K] **86** Barbara Brüning: Gefühle als Motor moralischen Handelns. Originalbeitrag 2019 **87** o. Adam Smith: Über die Selbstliebe. In: Adam Smith: Theorie der ethischen Gefühle. Übersetzt v. Walther Eckstein. Hamburg: Felix Meiner 1985, S. 4 (Auszüge)[K] **87** u. Nach Hildegard von Bingen: Der Mensch in der Verantwortung. Das Buch der Lebensverdienste. Übersetzt v. Heinrich Schipperges. Salzburg: Otto Müller Verlag 1972 (3. Aufl.), S. 62 (Auszüge)[K/Ä] **88** John Stuart Mill: Der Utilitarismus. Übersetzt v. Dieter Birnbacher. Stuttgart: Reclam 1975, S. 23[K] **90/91** Ferdinand von Schirach: Terror. München: btb Verlag 2016, S. 18ff. (Auszug)[K] **92** Rupert Scholz: Eine Frage der Menschenwürde (Pro). In: Focus online, Nr. 42, 15.10.2016 (Pro): https://www.focus.de/magazin/archiv/die-debatte-eine-frage-der-menschenwuerde_id_6069649.html – Aufruf v. 24.4.2019 (Auszug)[K]

93 Juli Zeh: Eine Frage der Menschenwürde (Kontra). In: Focus online, Nr. 42, 15.10.2016 (Kontra): https://www.focus.de/magazin/archiv/die-debatte-eine-frage-der-menschenwuerde_id_6069649.html – Aufruf v. 24.4.2019 (Auszüge)[K] **94** Barbara Brüning: Was ist kommunitaristische Ethik? Originalbeitrag 2019. **95** o. Simone Weil: Die Verwurzelung. Vorspiel zu einer Erklärung der Pflichten dem Menschen gegenüber. Übersetzt v. Marianne Schneider. Zürich: diaphanes 2011, S. 43 (Auszug)[K] **95** u. Alasdair MacIntyre: Der Verlust der Tugend. Zur moralischen Krise der Gegenwart. Übersetzt v. Wolfgang Rhiel. Frankfurt/Main: Suhrkamp 1995, S. 293ff. (Auszüge)[K] **96** Barbara Brüning: Wie Sokrates philosophieren. Originalbeitrag 2019; Zitat v. Gustav Heckmann aus: Ders.: Das sokratische Gespräch. Erfahrungen in philosophischen Hochschulseminaren. Hannover: Schroedel Verlag 1981, S. 7 (Auszug)[K] **97** Nach Gisela Raupach-Strey: Sokratische Didaktik. Die didaktische Bedeutung der Sokratischen Methode in der Tradition von Leonard Nelson und Gustav Heckmann. Bd. 10 der Schriftenreihe der PPA. Münster: Lit Verlag 2002 (2. Aufl. 2012), S. 138–141.[K/Ä] **101** Reinhard Mey: Über den Wolken (Auszug). Aus: Album „Die großen Erfolge" v. 1.1.1984. © 2018 Universal Music GmbH (http://www.reinhard-mey.de/start/texte/alben/%C3%BCber-den-wolken – Aufruf: 24.4.2019)[K] **102** Nach Fernando Savater: Die großen Fragen des Lebens. Fernando Savater lädt ein in die Welt der Philosophie. Übersetzt v. Andreas Simon. Frankfurt/Main: Campus Verlag 2000, S. 145[K/Ä] **103** Friedhelm Moser: Kleine Philosophie für Nichtphilosophen. München: C. H. Beck 2000, S. 111f. und 120 (Auszüge)[K] **104** li. Caterina von Siena: Gottes Vorsehung. Hrsg., eingeleitet und übersetzt v. Louise Gnädinger. München: Johannes Verlag 1989, S. 250[K] **104** re. Fernando Savater: Die großen Fragen des Lebens. Fernando Savater lädt ein in die Welt der Philosophie. Übersetzt v. Andreas Simon. Frankfurt/Main: Campus Verlag 2000, S. 141f. (Auszüge)[K] **105** Manfred Geier: Was konnte Kant, was ich nicht kann? Reinbek bei Hamburg: Rowohlt Verlag 2006, S. 162ff. (Auszüge)[K] **106** o. Konrad Lorenz: Das sogenannte Böse. Zur Naturgeschichte der Aggression. München: dtv 1977, S. 218[K] **106** Mi. Friedrich Engels: Herrn Eugen Dührings Umwälzung der Wissenschaft. In: MEW Bd. 20. Berlin-Ost: Dietz Verlag 1971, S. 105[K] **106/107** Annemarie Pieper: Einführung in die Ethik. Tübingen: Francke Verlag 1991, S. 30f.[K] **107** Mi. Otfried Höffe: Politische Gerechtigkeit. Grundlegung einer kritischen Philosophie von Recht und Staat. Frankfurt/Main: Suhrkamp 1989, S. 352[K] **108**a Barbara Brüning: Der Mensch muss sein Verhalten prüfen. Originalbeitrag 2019 **108**b Hildegard von Bingen: Der Mensch in der Verantwortung. Übersetzt v. Heinrich Schipperges. Salzburg: Otto Müller Verlag 1972 (3. Aufl. 1986), S. 118 (Zitat)[K] **108**c Immanuel Kant: Die Religion innerhalb der Grenzen der bloßen Vernunft. Hrsg. v. Rudolf Malter. Stuttgart: Reclam 2017, S. 247 (Zitat)[K] **108** li. Grundgesetz für die Bundesrepublik Deutschland. Textausgabe. Hrsg. v. der Bundeszentrale für politische Bildung. Bonn 2001, S. 13 (Art. 4, Abs. 1)[K] **109** Jeanne Hersch: Das philosophische Staunen. Einblicke in die Geschichte des Denkens. Übersetzt v. Frieda Fischer u. Cajetan Freund. München: Piper Verlag 1995 (7. Aufl. 2000), S. 23 (Auszüge)[K] **110/111** Susanne Porsche: Kinder wollen Worte. München: Südwest 2003, S. 19f. (Auszüge)[K] **111** Navid Kermani: Entlang den Gräben. Eine Reise durch das östliche Europa bis nach Isfahan. München: C. H. Beck 2018, S. 253 (Auszüge)[K] **112** Friedrich Nietzsche: Menschliches, Allzumenschliches. In: Werke Bd. I. Hrsg. v. Karl Schlechta. München: Ullstein Verlag 1969, S. 52[K] **113** Erich Fromm: Den Menschen verstehen. Psychoanalyse und Ethik. Überarbeitet v. Rainer Funk, übersetzt v. Paul Stapf u. Ignaz Mühsam. München: dtv 2017, S. 175 und 176f. (Auszüge)[K] **115** Kant-Beispiel, zitiert nach Hans-Ludwig Freese: Abenteuer im Kopf. Philosophische Gedankenexperimente. Weinheim und Berlin: Quadriga 1995, S. 261[K] **116** Matthäus 26, 52b. Aus: Bibel in gerechter Sprache. Hrsg. v. Ulrike Bail u. a. Gütersloher Verlagshaus: Gütersloh 2006 (3. Aufl. 2007), S. 1884 (Auszug[K] **117** Barbara Brüning: Fäuste ballen. In: Dies.: „Brücken bauen". Lernspiele für Sozialkompetenz. Berlin: Cornelsen 2017, S. 66 (Auszug)[K] **118** Nach Lutz Schrader: Was ist ein Konflikt? In: Bundeszentrale für politische Bildung (Hrsg.): Dossier „Innerstaatliche Konflikte" v. 17.1.2012 (http://www.bpb.de/internationales/weltweit/innerstaatliche-konflikte/54499/konfliktdefinition – Aufruf: 24.4.2019)[K/Ä] **119** Karl Jaspers: Psychologie der Weltanschauungen. München: Piper Verlag 1994 (2. Aufl.), S. 258f. (Auszüge)[K] **120** o. Konrad Lorenz: Das sogenannte Böse. Zur Naturgeschichte der Aggression. dtv: München 1974, S. 36f. u. 48f. (© Dr. G. Borotha-Schoeler Verlag: Wien 1963)[K] **120** u. Doris Wolf: Aggression. In: Psychologielexikon (digital). Hrsg. vom PAL Ratgeber Verlag, Mannheim (https://www.palverlag.de/lebenshilfe-abc/aggressionen.html – Aufruf: 24.4.2019) [K] **121** Richard David Precht: Die Kunst, kein Egoist zu sein. Warum wir gerne gut sein wollen und was uns davon abhält. München: Goldmann 2010, S. 196f. u. 206 (Auszüge)[K] **122** Andreas Brenner u. Jörg Zirfas: Lexikon der Lebenskunst. Leipzig: Reclam 2002, S. 196–199 (Auszüge)[K] **123** Nach Erich Fromm: Anatomie der menschlichen Destruktivität. Übersetzt v. Liselotte u. Ernst Mickel. Reinbek bei Hamburg: Rowohlt 1977 (26. Aufl. 2017), S. 245 u. 325 (Auszüge)[K/Ä] **124/125** Was tun gegen Mobbing und Gewalt in der Schule? Exklusiv-Interview mit der Mediatorin Manette Kayser (mit freundlicher Genehmigung von Manette Kayser, 2019) **126** Barbara Brüning: Der Weg in die Hölle. Originalbeitrag 2019 **127** Leymah Roberta Gbowee unter Mitarbeit v. Carol Mithers: Wir sind die Macht. Übersetzt v. Susanne Held. Stuttgart: Klett-Cotta 2012, S. 219ff. (Auszüge)[K] **129** Martin Buber: Der Weg des Menschen nach der chassidischen Lehre. München: Gütersloh: Gütersloher Verlagshaus 2000, S. 36[K] **130** Nach Ernst Benda. Zitiert nach Dietrich Wellershoff (Hrsg.): Freiheit – Was ist das? Herford: Verlag Mittler 1984, S. 214[K/Ä] **132** Barbara Brüning: Du wirst heiraten! Nach Motiven der Biografie von Olympe de Gouges. Originalbeitrag 2019[K] **133** Immanuel Kant: Grundlegung der Metaphysik der Sitten. Hrsg. v. Hans Ebeling. Stuttgart: Reclam 1990 (Nachdruck 2008), S. 63 u. 65f. (Auszüge)[K] **134/135** Olympe de Gouges: Erklärung der Rechte der Frau und Bürgerin (1791). Aus: Hannelore Schröder (Hrsg.): Mensch und Bürgerin; Die Rechte der Frau. Aachen: Ein-Fach-Verlag 1995, 107–119 (Auszüge)[K] **136** o. Florian Schwinn: Gibt es ein Menschenrecht auf sauberes Wasser? In: Regina Oehler/ Julika Tillmanns (Hrsg.): Philosophie. Was geht mich das an? München/ Grünwald: Verlag Komplett-Media 2015, S. 272[K] **136** u. John Locke: Zwei Abhandlungen über die Regierung. Hrsg. v. Walter Euchner, übersetzt v. Hans Jörn Hoffmann. Frankfurt/Main: Suhrkamp 1977, S. 201[K] **137** Nach Norberto Bobbio: Das Zeitalter der Menschenrechte. Ist Toleranz durchsetzbar? Übersetzt v. Ulrich Hausmann. Berlin: Klaus Wagenbach Verlag 1998, S. 9f.[K/Ä] **138/139** Menschenrechte im Grundgesetz der Bundesrepublik Deutschland. Exklusiv-Interview mit Bundesverfassungsgerichtspräsident Andreas Voßkuhle (mit freundlicher Genehmigung von Andreas Voßkuhle, 2019) **140** Asit Datta: Welthunger und Welthandel. München: dtv 1984, S. 193 [K] **141** Annemarie Pieper: Einführung in die Ethik. Tübingen: Francke Verlag 1991, S. 88f.[K] **142** Urs Thurnherr: Angewandte Ethik zur Einführung. Hamburg: Junius Verlag 2010, S. 91f. (Auszüge)[K] **143** Nach Hans Küng: Weltethos für Weltpolitik und Weltwirtschaft. München: Piper Verlag 1997, S. 13[K/Ä] **144** Isabel Pfaff: Bundeswehr in Mali – eine riskante Mission. In: Süddeutsche Zeitung v. 27.1.2017 (http://www.sueddeutsche.de/politik/afrika-die-bundeswehr-in-mali-eine-riskante-mission-1.3350888 – Aufruf: 24.4.2019)[K] **145** Michael Walzer: Erklärte Kriege – Kriegserklärungen. Übersetzt v. Christiane Goldmann. Frankfurt/Main: Europäische Verlagsanstalt 2003, S. 82 u. 84f. (Auszüge)[K] **146** o. Udo Lindenberg: Wozu sind Kriege da? Aus dem Live-Album Intensiv stationen, 1981 (Warner Music Germany / Udo Lindenberg Lyrics powered by www.musixmatch.com) http://www.songtexte.com/songtext/udo-lindenberg/wozu-sind-kriege-da-2bda740a.html – Aufruf: 24.4.2019 (Auszug)[K] **146** u. Navid Kermani: Über die Grenzen – Jacques Mourad und die Liebe in Syrien. Dankesrede bei der Verleihung des Friedenspreises des Deutschen Buchhandels (Auszüge). In: Friedenspreis des Deutschen Buchhandels / Navid Kermani: Ansprachen aus Anlass der Verleihung am 18. Oktober 2015. Frankfurt/Main: MVB Marketing- und Verlagsservice des Buchhandels GmbH 2015 (http://www.friedenspreis-des-deutschen-buchhandels.de/sixcms/media.php/1290/2015%20Friedenspreis%20Reden.1611966.pdf – Aufruf: 24.4.2019)[K] **147** Rudolf Walther: Schwache Argumente für einen gerechten Krieg (Auszug). In: Der Standard v. 5.9.2013 (https://derstandard.at/1378248215941/Schwache-Argumente-fuer-einen-gerechten-Krieg – Aufruf: 24.4.2019)[K] **150** Abu Hamid Al-Ghazali: Das Elixier der Glückseligkeit. Übersetzt v. Hellmut Ritter. München. Heinrich Hugendubel Verlag 2008, S. 108[K] **151** Der Appell des Dalai Lama an die Welt: Ethik ist wichtiger als Religion. Hrsg. v. Franz Alt. Salzburg: Benevento 2015 (13. Aufl. 2016), S. 13[K] **153** Joachim Gauck: Winter im Sommer – Frühling im Herbst. München: Siedler Verlag 2009, S. 105 (Auszug)[K] **154** Jesus und die Ehebrecherin. Aus: Johannes 8, 1–11. In: Bibel in gerechter Sprache. Hrsg. v. Ulrike Bail u. a. Gütersloher Verlagshaus: Gütersloh 2006 (3. Aufl. 2007), S. 1998f.[K] **155** Zitat des Papst-Mitarbeiters. Aus: Evelyn Finger: Triumph einer Sünderin. In: Die Zeit, Nr. 44 v. 23.10.2014 (https://www.zeit.de/2014/44/ehebruch-suende-bibel-jesus-familiensynode – Aufruf: 24.4.2019)[K] **156** Idries Shah: Die Karawane der Träume. Lehren und Legenden aus dem Orient. Übersetzt v. René u. Clivia Taschner. München: Diederichs 2001, S. 24 (Auszüge)[K] **157** Abu Hamid Al-Ghazali: Das Elixier der Glückseligkeit. Übersetzt v. Hellmut Ritter. München. Heinrich Hugendubel Verlag 2008, S. 108[K] **158** Platon: Phaidon. In: Sämtliche Werke, Bd. 2. Übersetzt v. Friedrich Schleiermacher. Reinbek bei Hamburg: Rowohlt 2002 (29. Aufl.), S. 138 (Auszüge)[K] **160** Heimo Rau: Gandhi. Reinbek bei Hamburg. Rowohlt 1970, S. 136ff. (Auszüge)[K] **161** Mahatma Gandhi: My life is my message: Das Leben und Wirken von M. K. Gandhi. Hrsg. v. Gandhi-Informations-Zentrum, Kassel: Verlag Weber, Zucht & Co. 1988, S. 135[K] **162** Helen Oppen: Der Räuber Angulimala. Originalbeitrag 2019 **163** Nach Yuval Noah Harari: Eine kurze Geschichte der Menschheit. Übersetzt v. Jürgen Neubauer. München: Deutsche Verlags-Anstalt 2013, S. 275 (Auszüge)[K/Ä] **164/165** Mitgefühl mit allen Lebewesen. Fragen an den buddhistischen Lehrer Oliver Petersen (Exklusiv-Interview mit freundlicher Genehmigung von Oliver Petersen, 2019) **166** Catherine Clément: Theos Reise. Roman über die Religionen der Welt. Übersetzt v. Uli Aumüller u. Tobias Scheffel. München: Carl Hanser Verlag 1998, S. 348f. (Auszüge)[K] **167** Lao Tse: Tao-Te-King. Übersetzt v. Hans J. Knospe u. Odette Brändli. Zürich: Diogenes 1996 (Auszüge), S. 21ff.[K] **168** Gotthold Ephraim Lessing: Nathan der Weise. Ein dramatisches Gedicht in fünf Aufzügen. Hrsg. v. Kai Bremer u. Valerie Hantzsche. Stuttgart: Reclam 2013, S. 88f. (Auszüge)[K] **170** Yassin Musharbash: Schluss mit Dschihad (Auszüge). In: Die Zeit, Nr. 7 v. 14.2.2015 (https://www.zeit.de/2015/07/islamismus-dschihad-imam/komplettansicht – Aufruf: 24.4.2019)[K] **171** Seyran Ateş: Der Multikulti-Irrtum. Wie wir in Deutschland besser zusammenleben können. Berlin: Ullstein Verlag 2007, S. 196 (Auszug)[K] **172** Xenophanes: Menschen machen Götter. In: Wilhelm Capelle (Hrsg. u. Übersetzer): Die Vorsokratiker. Stuttgart: Kröner Verlag 1968, S. 121[K] **173** Ludwig Feuerbach: Das Wesen des Christentums. Nachwort von Karl Löwith. Stuttgart: Reclam 1969, S. 280–283 (Auszüge) [K] **174** Karl Marx: Zur Kritik der Hegelschen Rechtsphilosophie. Einleitung. In: MEW Bd. 1, Berlin-Ost: Dietz Verlag 1984, S. 385 (Auszüge)[K] **175** o. Max Horkheimer: Die Sehnsucht nach dem ganz Anderen. Ein Interview mit Kommentar von Helmut Gumnior. Hamburg: Furche Verlag 1970, S. 55 u. 62[K] **175** u. Holm Tetens: Gott denken. Ein Versuch über rationale Theologie. Stuttgart: Reclam 2015, S. 89f. (Auszüge)[K] **178** Seneca: Der gute Tod. Übersetzt v. Gerd König. Stuttgart: Reclam 2017, S. 20 (Zitat)[K] **179** Gisbert zu Knyphausen: Unter dem hellblauen Himmel (Auszüge). Aus dem Album „Das Licht Dieser Welt", 27.10.2017. Produziert v. Jean-Michel Tourette / [PIAS] Recordings Germany (http://gisbertzuknyphausen.de/news/unter-dem-hellblauen-himmel/ – Aufruf: 25.4.2019)[K] **180** Mi. li. Thomas Mann: Lob der Vergänglichkeit (Zitat). In: Brigitte Bermann-Fischer: Sie schrieben mir oder: Was aus meinem Poesiealbum wurde. Zürich/ Stuttgart: Classen Verlag 1978, S. 24[K] **180** u. li. Max Frisch: Tagebuch 1946–1949. Frankfurt/Main: Suhrkamp 1962, S. 178 (Zitat)[K] **180** Mi re. Wilhelm Schmid: Gelassenheit. Was wir gewinnen, wenn wir älter werden. Berlin: Insel Verlag 2014, S. 18 (Auszug)[K] **180** u. re. Hosna: Das Leben ist einzigartig. In: Barbara Brüning (Hrsg.): Lebenslicht. Wie Jugendliche über das Sterben denken. Bad Münder: Leibniz-Bücherwarte 2017, S. 31 **181** li. Ute Eberle: „Ich war nie glücklicher als während meines Todes". In: Vom guten Umgang mit dem Tod. Geo-Wissen, Nr. 51. Hamburg: G+J Medien GmbH 2013, S. 134f. (Auszug)[K] **181** re. Vreda: Lebenslicht (Zitat). In: Barbara Brüning (Hrsg.): Lebenslicht. Wie Jugendliche über das Sterben denken. Bad Münder: Leibniz-Bücherwarte 2017, S. 7 **182** Laura Brüning: Die Patientenverfügung (Auszug). In: Barbara Brüning, Laura Brüning u. Hans-Udo Zenneck: Wie ich es will. Zehn Entscheidungen, die jeder vor dem Lebensende treffen sollte. Weinheim: Beltz Verlag 2015, S. 22[K] **183** Hans-Udo Zenneck: Ärzte im Zugzwang (Auszug). In: Barbara Brüning u. a.: Wie ich es will, a. a. O., S. 37ff.[K] **184** o. Nach Barbara Brüning: Wolfgang Herrndorf (Auszug). In: Barbara Brüning u. a.: Wie ich es will, a. a. O., S. 51 [K] **184** u. Thomas Morus: Utopia (Auszug). Zitiert nach Paul Moor (Hrsg.): Die Freiheit zum Tode. Ein Plädoyer für das Recht auf ein menschenwürdiges Sterben. Übersetzt v. Paul Moor. Reinbek bei Hamburg: Rowohlt 1979, S. 34f. [K] **185** Margot Käßmann: Sehnsucht nach Leben. München: Adeo Verlag 2011, S. 136f. u. 137f. (Auszüge) [K] **186/187** Selbstbestimmt sterben. Fragen an Dieter Birnbacher, Präsident der DGHS (Exklusiv-Interview mit freundlicher Genehmigung von Dieter Birnbacher, 2019) **188** Lasse: Emily war einfach weg. In: Barbara Brüning (Hrsg.): Lebenslicht. Wie Jugendliche über das Sterben denken. Bad Münder: Leibniz-Bücherwarte 2017, S. 25f. **189** Sabine Tesche: Eine Kita für unheilbar Kranke (Auszüge). Aus: Hamburger Abendblatt v. 29.7.2017, S. 24 (https://www.abendblatt.de/vermischtes/article211383741/Eine-Kita-fuer-unheilbar-Kranke.html – Aufruf: 25.4.2019) [K] **190/191** Dirk Hautkapp: Abschied mit Vollgas (Auszüge). Aus: Hamburger Abendblatt v. 5.10.2016 (https://www.abendblatt.de/vermischtes/article208349283/Abschied-mit-Vollgas-91-Jaehrige-Weltenbummlerin-ist-tot.html – Aufruf: 25.4.2019) [K] **192** Christoph Kucklick: Eine neue Kultur der Erinnerung (Auszug). In: Vom guten Umgang mit dem Tod. Geo-Wissen, Nr. 51. Hamburg 2013, S. 150f. [K] **193** o. Tatjana Kuschtewskaja: „Hier liegt Freund Puschkin". Spaziergänge auf russischen Friedhöfen. Übersetzt v. Ilse Tschörtner. Düsseldorf: Grupello Verlag 2006, S. 17 und 18f. (Auszüge) [K] **193** u. Lucy: Einladung zu meiner Beerdigung. In: Barbara Brüning (Hrsg.): Lebenslicht. Wie Jugendliche über das Sterben denken. Bad Münder: Leibniz-Bücherwarte 2017, S. 95f. **194** o. re. Lasse: Trauer ist vielfältig. In: Barbara Brüning (Hrsg.): Lebenslicht. Wie Jugendliche über das Sterben denken. Bad Münder: Leibniz-Bücherwarte 2017, S. 63 **194** u. Trauerphasen frei nach Verena Kast: Sich verlassen und loslassen. Neue Lebensmöglichkeiten bei Trauer und Trennung. Freiburg: Herder 1994 [K/Ä] **195** u. Alexander Göbel: Der wichtigste Tag im Leben. Der Umgang mit dem Tod in Westafrika (Auszüge). In: Deutschlandfunk Kultur v. 15.11.2012 (https://www.deutschlandfunk-kultur.de/der-wichtigste-tag-im-leben.979.de.html?dram:article_id=227949 – Aufruf: 25.4.2019) [K] **196** Maggie: Diese Frage kann niemand beantworten. In: Barbara Brüning (Hrsg.): Lebenslicht. Wie Jugendliche über das Sterben denken. Bad Münder: Leibniz-Bücherwarte 2017, S. 141 **197** Dieter Schuster: Quantenphysik, Bewusstsein und Leben nach dem Tod. Zusammenfassung (Auszüge). In: https://leben-nach-tod.de/zusammenfassung-2 – Aufruf: 25.4.2019 [K] **198** Bärbel Schäfer: Ist da oben jemand? Weil das Leben kein Spaziergang ist. Gütersloh: Gütersloher Verlagshaus 2016, S. 135f. (Auszug) [K] **199** o. Platon: Phaidon. Sämtliche Werke Bd. 3. Übersetzt v. Friedrich Schleiermacher. Reinbek bei Hamburg: Rowohlt 1962 (29. Aufl. 2002), S. 121 (Auszüge) [K] **199** u. Nellie: Nichts verschwindet im Universum. In: Barbara Brüning (Hrsg.): Lebenslicht. Wie Jugendliche über das Sterben denken. Bad Münder: Leibniz-Bücherwarte 2017, S. 152f. [K] **199** Mi. re. Yang Tschüen: Über die Seele (Auszug). Übersetzt v. Ernst Schwarz. In Ernst Schwarz (Hrsg.): So sprach der Weise. Berlin-Ost: Rütten & Loening 1981, S. 379 [K] **201** Seneca: Der gute Tod (Zitat). Übersetzt v. Gerd König. Stuttgart: Reclam 2017, S. 61 [K] **202** Albert Schweitzer: Kulturphilosophie. München: Verlag C. H. Beck 2007, S. 33 (Zitat) [K] **204** Ibn Khaldun: Die Muqaddima. Betrachtungen zur Weltgeschichte. Übersetzt v. Alma Giese u. Wolfhart Heinrichs. München: C. H. Beck 2011, S. 403f. (Auszug) [K] **204/205** Frank Fraser Darling: Die Verantwortung des Menschen für seine Umwelt. In: Dieter Birnbacher (Hrsg.): Ökologie und Ethik. Stuttgart: Reclam 1980 (1996), S. 76f. [K] **206/207** Arnold Gehlen: Der Mensch. Seine Natur und seine Stellung in der Welt. Wiesbaden: Quelle & Meyer 1997 (13. Aufl.), S. 33 u. 38 (Auszüge) [K] **208** Platon: Sämtliche Werke 1/ Apologie, Kriton, Protagoras, Hippias II, Charmides, Laches, Ion, Euthyphron, Gorgias, Briefe. Rowohlts Klassiker. Übersetzt v. Friedrich Schleiermacher. Reinbek bei Hamburg: Rowohlt 1977, S. 62f. (Auszug) **209** li. Hans Moravec: Mind Children. Der Wettlauf zwischen menschlicher und künstlicher Intelligenz. Übersetzt v. Hans Kober. Hamburg: Hoffmann und Campe 2001, S. 9f. (Auszüge) [K] **209** re. Martin Heidegger: Die Technik und die Kehre. Pfullingen: Verlag Günther Neske 1985, S. 5 (Zitat) [K] **210/211** Barbara Brüning: Technik und Medizin: Haben Embryos eine Menschenwürde? Originalbeiträge 2019 **212** Muriel: Leben retten. In: Barbara Brüning (Hrsg.): Lebenslicht. Wie Jugendliche über das Sterben denken. Bad Münder: Leibniz-Bücherwarte 2017, S. 120 **213** Anna: Die tote Mutter war eine künstliche Hülle. In: Barbara Brüning

(Hrsg.): Lebenslicht, a. a. O., S. 116f. **214/215** Tragen Ärzte auch eine moralische Verantwortung? Exklusiv-Interview mit dem Mediziner René Keller (mit freundlicher Genehmigung von René Keller, 2019) **216** Journalisten Georg Ismar u. Jonas Erlenkämper: Dankbar für ihr neues Leben. In: www.abendblatt.de v. 18.8.2017, S. 26 (Auszüge) [K] **217** Laura Brüning: Organspenden (Auszüge). In: Barbara Brüning, Laura Brüning u. Hans-Udo Zenneck: Wie ich es will. Zehn Entscheidungen, die jeder vor dem Lebensende treffen sollte. Weinheim: Beltz Verlag 2015, S. 171ff. [K] **218** Barbara Brüning: Menschen nach Maß schaffen? Originalbeitrag 2019 **219** Frei nach Michael Wittschier: Die Plato-Methode. In: Ders.: Textschlüssel Philosophie. 30 Erschließungsmethoden mit Beispielen. Arbeitsbuch. München: Patmos 2010, S. 114 [K] **221** Barbara Brüning: Erbkrankheiten bekämpfen – ein Argumentationsspiel. In: Dies.: Und die Welt von Morgen? Ethische Fragen aus Natur und Technik im Unterricht behandeln. Weinheim: Beltz 2009, S. 68f. [K] **222** Nach Richard Feynman: Was soll das alles? Gedanken eines Physikers. Übersetzt v. Inge Leipold. München: Piper 2001, S. 13 (Zitat) [K/Ä] **224** Barbara Brüning: Die vergessene Platte. Originalbeitrag 2019 **225** Joseph Maria Bocheński: Die zeitgenössischen Denkmethoden. Übersetzt v. Albert Menne. Tübingen/Basel: Francke Verlag 1951 (10. Aufl. 1993), S. 18 (Auszug) [K] **226** Barbara Brüning: Das seiende erforschen. Originalbeitrag 2019; Aristoteles: Metaphysik. Übersetzt v. Franz F. Schwarz. Stuttgart: Reclam 1984, S. 21 (Zitat) [K] **227** o. Sabine Heister: Einen Tango reiten. Wie Wissenschaft und Technik unser Leben bestimmen (Auszüge). In: Volker Steenblock: Theoretische Philosophie. Praxishandbücher Philosophie/ Ethik. Hannover: Siebert Verlag 2003, S. 165 [K] **227** u. Francis Bacon: Novum Organon. Kapitel 8, Aphorismus 82. Übersetzt v. Julius Heinrich von Kirchmann. Berlin: Verlag von L. Heimann 1870 (Auszug), zitiert aus Projekt Gutenberg: http:// gutenberg.spiegel.de/buch/neues-organon-7708/8 rechtschreibkorrigiert (Aufruf v. 25.4.2019) [K] **228** Florentine Mostaghimi-Gomi: Drohende Vulkangefahr in Südwest-Island? Originalbeitrag 2019 **229** Sophie Germain: Allgemeine Betrachtungen über die Beschaffenheit der Wissenschaften und Literatur in ihren verschiedenen Entwicklungsstufen (1833). In deutscher Bearbeitung hrsg. v. Lilly Michaelis. Leipzig: O. R. Reisland 1931, S. 30–33 (entnommen aus: Ruth Hagengruber (Hrsg.): Klassische philosophische Texte von Frauen. München: dtv 1998, S. 135f. (Auszug) **230** Daniel Nachtsheim: Die Ordnung der Welt erkennen. Originalbeitrag 2019 **231** o. Barbara Brüning: Wie Kepler die Planetengesetze fand. Originalbeitrag 2019 **231** u. Karl R. Popper: Alles Leben ist Problemlösen. Über Erkenntnis, Geschichte und Politik. Piper: München/Zürich 1995 (3. Aufl.), S. 26 [K] **232** Aristoteles aus: Metaphysik IV, 7, 1011b, 26f. Zitat übersetzt v. Daniel Nachtsheim (Originalbeitrag 2019) **233** Paul Watzlawick: Vom Sinn des Sinns oder Vom Sinn des Unsinns. München: Piper Verlag 1995 (10 Aufl. 2003), S. 53f. (Auszüge) [K] **234** Juliane Fliegenschmidt: Was bringt die Raumfahrt? (Auszüge). In: Tagesschau Faktenfinder v. 5.6.2018 (https://archive.is/oAvAN#selection-279.0-279.25 – Aufruf: 25.4.2019) [K] **235** Dirk Lorenzen: ISS, Mondbasis, Marsflug. Sinn und Unsinn der bemannten Raumfahrt (Auszüge). In: Deutschlandfunk Kultur v. 6.11.2014 (https://www.deutschlandfunkkultur.de/iss-mondbasis-marsflug-sinn-und-unsinn-der-bemannten.976de.html?dram:article_id=300279 – Aufruf: 25.4.2019) [K] **237** Daniel Nachtsheim: Der zündende Blick – Wissenschaft oder Einbildung? Originalbeitrag 2019 **238** Nach Emilie du Châtelet: Über das Glück. In Ruth Hagengruber (Hrsg.): Klassische philosophische Texte von Frauen. Übersetzt v. Eva Maria Rüther. München: dtv 1998, S. 212 (Original: Gabrielle-Emilie du Châtelet: Lettres inedites a M. le Comte d´Argen tai. Paris: Xurouet 1806, S. 337–360) [K/Ä] **240** Platon: Der Staat. Übersetzt v. Karl Vretska. Stuttgart: Reclam 2000, S. 313f. (Auszüge) [K] **241** Jeanne Hersch: Das philosophische Staunen. Einblicke in die Geschichte des Denkens. Übersetzt v. Frieda Fischer u. Cajetan Freund. München: Piper Verlag 1989 (7. Aufl. 2000), S. 33f. (Auszüge) [K] **243** Barbara Brüning: Täuschen uns die schönen Bilder? Originalbeitrag 2019 **243** re. Andreas Brenner u. Jörg Zirfas: Lexikon der Lebenskunst. Leipzig: Reclam 2002, S. 306 (Zitat) [K] **244** Ulrich Schnabel: Was ist Realität? (Auszüge) In: Zeit Online v. 20.12.2008 (http://www.zeit.de/zeit-wissen/2009/01/Titelstrecke-Frage1-Realitaet – Aufruf: 25.4.2019) [K] **245** Sherry Turkle: Leben im Netz. Übersetzt v. Thorsten Schmidt. Reinbek bei Hamburg: Rowohlt 1999, S. 382 u. 385 (Auszug) [K] **246** o. N. N.: Allgemeine

Infos über Fake News (Infokasten). In: faz.net, ohne Datumsangabe (www.faz.net/aktuell/politik/thema/fake-news – Aufruf: 25.4.2019) **246/247** Simone Weil: Die Verwurzelung. Zürich: diaphanes 2011, S. 29f. **247** Nach Christiane Toyka-Seid: Fake News. In: Hanisauland. Politik für dich. Online-Lexikon. Hrsg. v. der Bundeszentrale für politische Bildung. Bonn 2017 (https://www.hanisauland.de/lexikon/f/fake-news/: Aufruf v. 25.4.2019) [K/Ä] **248** Amitai Etzioni: Die Verantwortungsgesellschaft. Individualismus und Moral in der heutigen Demokratie. Hrsg. v. Christoph Münz. Frankfurt/Main: Campus Verlag 1997, S. 58f. (Auszüge) [K] **249** Florian Rötzer: Megamaschine Wissen. Frankfurt/Main: Campus Verlag 1999, S. 95f. (Auszug) [K] **250/251** Max Tegmark: Leben 3.0. Mensch sein im Zeitalter künstlicher Intelligenz. Berlin: Ullstein 2017, S. 246ff. (Auszüge) [K] **252/253** Menschen oder Roboter? Exklusiv-Interview mit dem Philosophen Julian Nida-Rümelin (mit freundlicher Genehmigung von Julian Nida-Rümelin, 2019) **253** u. Julian Nida-Rümelin u. Nathalie Weidenfeld: Digitaler Humanismus: Eine Ethik für das Zeitalter der Künstlichen Intelligenz. München: Piper Verlag 2018, S. 83 (Auszug) [K].

Erläuterungen zur Kenntlichmachung von Änderungen:

K: Dieser Text ist aus didaktischen Gründen gekürzt.
Ä: Einzelne Formulierungen wurden aus didaktischen Gründen vereinfacht.

Bildnachweis

Titelbild Shutterstock.com/NTYS20 PEFC Deutschland e.V. **8/9** akg-images/Javier Etcheverry/Science Photo Library/VW PICS **11** stock.adobe.com/orion_eff **13** dpa Picture-Alliance/dieKLEINERT.de/Tobias Schwarz **14** von li. nach re.: stock.adobe.com/Paylessimages; Imago Stock & People GmbH/robertharding; Shutterstock.com/michaeljung; Imago Stock & People GmbH/Westend61 **16** Martha Nussbaum **18** o.: ©Thomas Struth; mi. Shutterstock.com/Syda Productions **20** o.: Bridgeman Images/French School (20th century); u.: dpa Picture-Alliance/ZUMA Press/ZUMAPRESS.com **21** Courtesy Mai 36 Galerie, Zürich/ © VG Bild-Kunst, Bonn 2019; Stephan Balkenhol: Großer Kopf mit Figur, 2010 **25** mi.: interfoto e.k./Archiv Friedrich **27** stock.adobe.com/Georgios Kollidas **29** Michael Wittschier: Mond-Nacht, 2008 **30** Shutterstock.com/Ermolaev Alexander **31** o.li.: Shutterstock.com/Phovoir; o.re.: Shutterstock.com/Halfpoint; u.: Shutterstock.com/Mangostar **32** o.li.: Jessica Kronefeld; o.re.: Jessica Kronefeld; mi.li.: Jessica Kronefeld; mi.re.: Jessica Kronefeld **33** o.li.: akg-images/Erich Lessing; mi.re.: Imago Stock & People GmbH/Sven Simon **34** mi.li.: Imago Stock & People GmbH/Future Image **35** mi.re.: ©Verlagsgruppe Random House GmbH, München; u.: Shutterstock.com/Kichigin **36** mi.li.: dpa Picture-Alliance/dpa – Bildarchiv **37** o.re.: Imago Stock & People GmbH/APress; mi.re.: Ruprecht Stempel für BMFS-FJ **38** u.li.: dpa Picture-Alliance/ZB/Jan Woitas **39** mi.re.: Imago Stock & People GmbH/STAR-MEDIA **41** u.: stock.adobe.com/maettin **44** u.: Shutterstock.com/Ollyy **45** o.re.: bpk/Scala – courtesy of the Ministero Beni e Att. Culturali **47** o.: dpa Picture-Alliance/Uli Deck/www.MinisteriumFuerGlueck.de **48** o.li.: Imago Stock & People GmbH/APress; mi.li.: S. Fischer Verlag GmbH **49** stock.adobe.com/Happyphotons **50** Shutterstock.com/Kamira **51** Shutterstock.com/Everett Historical **52** Bridgeman Images/Granger **53** dpa Picture-Alliance/Romain Fellen/ ©VG Bild-Kunst, Bonn 2019; Ottmar Hörl: Karl Marx vor der Porta Nigra in Trier, Installation, 2013 **54** Bridgeman Images **57** akg-images **59** stock.adobe.com/CrazyCloud **60** mauritius images/alamy stock photo/Serge Bogomyako **61** Imago Stock & People GmbH/Westend61 **64** akg-images/Erich Lessing **65** akg-images **67** o.re.: Imago Stock & People GmbH/CHROMORANGE; mi.re.: Imago Stock & People GmbH/Leemage; u.li.: bpk/Bildarchiv Foto Marburg/Gregor Schuster **69** akg-images/ © VG Bild-Kunst, Bonn 2019; René Magritte: Die Liebenden, 1928 **70** Harald Ortmann **71** dpa Picture-Alliance/Felix Hörhager **72** mauritius images/alamy stock photo/Jochen Tack **73** dpa Picture-Alliance/dieKLEINERT.de/Ann-Kathrin Bus **74** o.li.: privat; mi.li.: Georg Olms Verlag AG **75** bpk/Bayerische Staatsbibliothek **77** akg-images/ © Succession Brancusi - All rights reserved / VG Bild-Kunst, Bonn 2019; Constantin Brancusi: Der Kuss, um 1920 **80** Shutterstock.com/Everett Historical **81** Shutterstock.com/Georgios Kollidas **83** bpk/Hamburger Kunsthalle/Christoph Irrgang **84** mi.li.: Jostein Gaarder, Sofies Welt Aus dem Norwegischen von Gabriele Haefs, ©1993 Carl Hanser Verlag GmbH & Co. KG, München **85** ob.re.: Imago Stock & People GmbH/teutopress; un.li.: Bernd Warncke, Quickborn **86** Shutterstock/Georgios Kollidas **87** akg-images/Michael Teller **88** mi.li.: stock.adobe.com/caifas **89** stock.adobe.com/Georgios Kollidas **90** Imago Stock & People GmbH/Martin Müller **91** o.re.: imago images/Apress; mi.li.: Imago Stock & People GmbH/Martin Müller **92** o.li.: dpa Picture-Alliance/dpa – Fotoreport/Hubert Boesl; u.li.: Imago Stock & People GmbH/Wolf P. Prange **93** o.re.: action press/gbrci/Future Image **94** o.li.: mauritius images/Glasshouse; mi.li.: Imago Stock & People GmbH/Keystone/ZUMA **95** o.re.: dpa Picture-Alliance/Whiteimages/Leemage **96** mi.li.: bpk/Archiv Mehrl; u.li.: bpk/Alfredo Dagli Orti **97** o.re.: Imago Stock & People GmbH/epd; mi.re.: dpa Picture-Alliance/Fritz Fischer; u.mi.: Shutterstock/Uncle Leo; u.re.: privat **100** stock.adobe.com/Olivier Rateau/olrat **101** Panther Media GmbH/Elena Duvernay **102** mi.li.: Imago Stock & People GmbH/ZUMA Press **105** mi.re.: akg-images/Anna Weise **106** o.re.: M.C. Escher's „Bond of Union“, ©2019 The M.C. Escher Company-The Netherlands. All rights reserved. www.mcescher.com; o.li.: Imago Stock & People GmbH/Sven Simon; mi.li.: Imago Stock & People GmbH/Leemage **107** o.re.: dpa Picture-Alliance/dpa-Zentralbild/Karlheinz Schindler; mi.re.: Imago Stock & People GmbH/Wolf P. Prange **108** o.li.: stock.adobe.com/O.M.; u.: Hans Keller **110** mi.li.: Imago Stock & People GmbH/Sven Simonv **111** Imago Stock & People GmbH/Gerhard Leber **112** mi.li.: Imago Stock & People GmbH/Leemage **113** akg-images **115** akg-images **116** bpk/Gemäldegalerie, SMB/Jörg P. Anders **117** Shutterstock.com/Ilya Morozov **119** Imago Stock & People GmbH/United Archives International **120** Imago Stock & People GmbH/Frank Sorge **121** Imago Stock & People GmbH/Kai Horstmann **122** mauritius images/Peter Widmann/blickwinkel **124** motionphotos/Arnd Nolte **126** o.li.: dpa Picture-Alliance/ASSOCIATED PRESS/Abbas Dulleh; mi.li.: Rothfos & Gabler, Hamburg **129** mi.re.: bpk/Werner Braun **130** Hans Keller **131** o.li.: Hans Keller; o.re.: Hans Keller; mi.: Hans Keller **132** u.li.: Bridgeman Images/Kucharski, Alexandre (1741–1819); u.re.: ©Isadora/Bridgeman Images **133** Hans Keller **134** akg-images **135** Hans Keller **136** Imago Stock & People GmbH/Westend61 **138** Imago Stock & People GmbH/photothek **139** akg-images **140** o.re.: akg-images/©Estate of George Grosz, Princeton, N.J. / VG Bild-Kunst, Bonn 2019; George Grosz: Drinnen und Draußen, 1929; mi.li.: dpa Picture-Alliance/Jens Kalaene **141** Hans Keller **143** dpa Picture-Alliance/dpa – Fotoreport/epa efe Vannucchi **144** Imago Stock & People GmbH/Markus Heine **145** o.: stock.adobe.com/Joe Penney/REUTERS; mi.re.: Bridgeman Images/Hannah Assouline/Opale **146** imago images/osnapix **147** bpk/RMN – Grand Palais/Bulloz/ © Succession Picasso / VG Bild-Kunst, Bonn 2019; Pablo Picasso: Friedenstaube, 1949 **150** bpk/Gwose/Herling/Sprengel Museum Hannover, Schenkung Niki de Saint Phalle (2000)/Werner/ © Niki Charitable Art Foundation / VG Bild-Kunst, Bonn 2019; Niki de Saint Phalle: Der Tempel der Religionen, 1991 **153** mi.li.: akg-images/Jean-Claude Varga; mi.re.: stock.adobe.com/Fabrizio Bensch/REUTERS **154** u.re.: akg-images **155** o.re.: Imago Stock & People GmbH/UPI Photo; mi.re.: Imago Stock & People GmbH/Pacific Press Agency **157** u.re.: mauritius images/alamy stock photo/Art Directors & TRIP **158** mi.li.: Shutterstock/Trikona **159** mauritius images/alamy stock photo/Alex Fox **160** o.re.: Imago Stock & People GmbH/United Archives International; mi.li.: Imago Stock & People GmbH/UIG **163** mi.re.: dpa Picture-Alliance/NurPhoto/Jonathan Nicholson **164** Imago Stock & People GmbH/Future Image **165** Imago Stock & People GmbH/imagebroker **166** u.li.: Catherine Clément, Theos Reise. Aus dem Französischen von Uli Aumüller, Tobias Scheffel © 2018 Carl Hanser Verlag GmbH & Co. KG, München **167** mi.li.: stock.adobe.com/thauwald-pictures; mi.re.: akg-images/Quagga Media UG **169** Shutterstock.com/PhotoStock-Israel **170** mauritius images/alamy stock photo/David Crausby **171** o.: Combo Cultural Kidnapper/ © VG Bild-Kunst, Bonn 2019; COMBO: Love is blind, o.J.; mi.re.: Dorothee Deiss **172** mi.li.: Shutterstock.com/kyrien **173** o.re.: mauritius images/alamy stock photo/The Picture Art Collection; mi.li.: akg-images/Erich Lessing **174** mi.li.: Imago Stock & People GmbH/imagebroker; u.: Imago Stock & People GmbH/PEMAX **175** o.: ©Campus für Christus, Foto: Lars-Christian Trommer; mi.re.: Bernd Wannenmacher **177** Shutterstock.com/F8 studio **178** Burkhart Brüning/Ricarda Arfert **179** akg-images/Lothar M. Peter **180** Burkhart Brüning/Stevie Malecki **181** Bridgeman Images/Bosch, Hieronymus (ca. 1450–1516) **182** o.re.: Shutterstock.com/Tyler Olson; mi.li.: Julius Beltz GmbH & Co. KG **184** o.li.: dpa Picture-Alliance/Patrick Seeger; u.li.: Imago Stock & People GmbH/imagebroker **185** dpa Picture-Alliance/Eventpress **186** o.li.: DGHS/Oliver Kirpal; mi.: Imago Stock & People GmbH/epd **188** o.: Kinderhospiz Bärenherz in Wiesbaden; mi.li.: dpa Picture-Alliance/dpa – Bildarchiv **189** ClipDealer GmbH/richterfoto **190** dpa Picture-Alliance/Westend61/Gustafsson **191** Burkhard Brüning/Magdalena Kronefeld **192** o.mi.: Marvin Tom Lorenzen; o.re.: Hosna Sidiqi **194** dpa Picture-Alliance/dpa – Report/KEYSTONE/Ayse Yavas **195** mauritius images/alamy stock photo/David Sutherland **196** mauritius images/alamy stock photo/Dinodia Photos **197** dpa Picture-Alliance/Annette Heinz **198** Imago Stock & People GmbH/Stefan Schmidbauer **199** stock.adobe.com/Dimitrios **201** o.re.: Cornelsen/Martin Kloke; u.re.: Burkhart Brüning/Ricarda Arfert **202** stock.adobe.com/Steffen Herre/HERREPIXX **203** Shutterstock.com/Kristina Bessolova **204** o.li.: Werner Woska **206** o.mi.: Guido Daniele/AC Event Management; o.li.: Imago Stock & People GmbH/Future Image **207** mi.re.: dpa Picture-Alliance/dpa – Bildarchiv/Schnoerrer **208** mi.li.: stock.adobe.com/matiasdelcarmine **209** mi.re.: ©Seegrid Corporation. All rights Reserved **210** Shutterstock/Double Brain **213** Shutterstock.com/nrey **214** Nicole Hollatz/Sana HANSE-Klinikum Wismar **215** Anne Mellenthin/Sana HANSE-Klinikum Wismar **216** Shutterstock.com/Syda Productions **217** stock.adobe.com/Alexander Raths **219** o.re.: Shutterstock.com/andriano.cz; mi.re.: Shutterstock.com/andriano.cz **222** Imago Stock & People GmbH/Xinhua **223** Imago Stock & People GmbH/Science Photo Library **224** stock.adobe.com/caifas **225** Michael Hänel, 1991 **227** Adobe Stock/Georgios Kollidas **228** Shutterstock.com/Catmando **229** Bridgeman Images/Photo ©Isadora **230** o.li.: akg-images; mi.li.: stock.adobe.com/Georgios Kollidas **231** o.re.: Imago Stock & People GmbH/imagebroker/saurer; u.re.: bpk/Ingrid von Kruse **233** o.re.: Bridgeman Images/SZ Photo/Teutopress; mi.re.: bpk/Kupferstichkabinett, SMB **234** dpa Picture-Alliance/REUTERS **237** bpk/RMN – Grand Palais/Michel Urtado **240** ClipDealer GmbH/Knut Niehus **241** dpa Picture-Alliance/KEYSTONE/Philippe Krauer **242** mi.li.: Shutterstock.com/Ilgouroux **243** imago images/Panthermedia **245** mi.re.: dpa Picture-Alliance/ZUMAPRESS.com/Javier Rojas **247** dpa Picture-Alliance/Whiteimages/Leemage **248** o.mi.: stock.adobe.com/Svetoslav Radkov; o.re.: Rupert Oberhäuser/imago images; u.li.: akg-images/Armin Pongs **249** o.re.: Imago Stock & People GmbH/Future Image; mi.re.: dpa Picture-Alliance/ZB – Fotoreport/ZB **250** o.li.: stock.adobe.com/illustrart; mi.li.: mauritius images/alamy stock photo/ES Tech Archive **253** Shutterstock.com/conrado **260** Burkhart Brüning, Hamburg **U3** u.: Imago Stock & People GmbH/imagebroker/saurer

Comics, Grafiken und Illustrationen
Cornelsen/Bernd Kissel, Überherrn-Berus **3**, **272/U3**
Cornelsen/Hans Wunderlich, Berlin **4** mi.li. und u.re., **6** u., **38** o., **39** o., **44** o.li., **54** o., **71** o., **82** (3), **84** (3), **86** o., **88** o., **95** u., **96** o.re., **99**, **104**, **105** o., **125**, **140** u. li, **151** (5), **152**, **154**, **156** o.li., **157** o., **158** o.li., **162**, **166** o., **168** (2), **172** o., **204** mi.li., **262**
Cornelsen/Jörg Peter, Würzburg **4** o.li., **5** (2), **6** mi.li., **7**, **10**, **12**, **19**, **22–26**, **34**, **36**, **42/43**, **46**, **50/51**, **55**, **62**, **66**, **68**, **78/79**, **80** o., **81** o., **102** o., **103**, **110** o., **112** o., **118**, **129** u., **132** o., **142**, **156** mi.re., **161**, **174** o., **183**, **187**, **205**, **207** o.re., **208** o., **209** o., **212**, **218**, **226**, **232**, **238/239**, **242** o., **244**, **245** o., **246**, **255**
Cornelsen/Roland Beier, Berlin **163** u.

Philosophieren lernen – Kompass durch das Labyrinth der Welt

Gedankenexperimente durchführen

Eine Frage oder Annahme im Konjunktiv formulieren:

Was wäre, wenn keiner mehr auf der Welt streben würde?

Verschiedene Antwortvarianten im Kopf durchspielen

Die überzeugendste Variante als Antwort formulieren

Texte erschließen

Das Problem oder die Frage des Textes benennen

Begriffe klären

Die Argumentationsstruktur herausfinden

Die Argumente prüfen

Die wichtigsten Gedanken abschließend zusammenfassen